Strange Food

Skurrile Spezialitäten

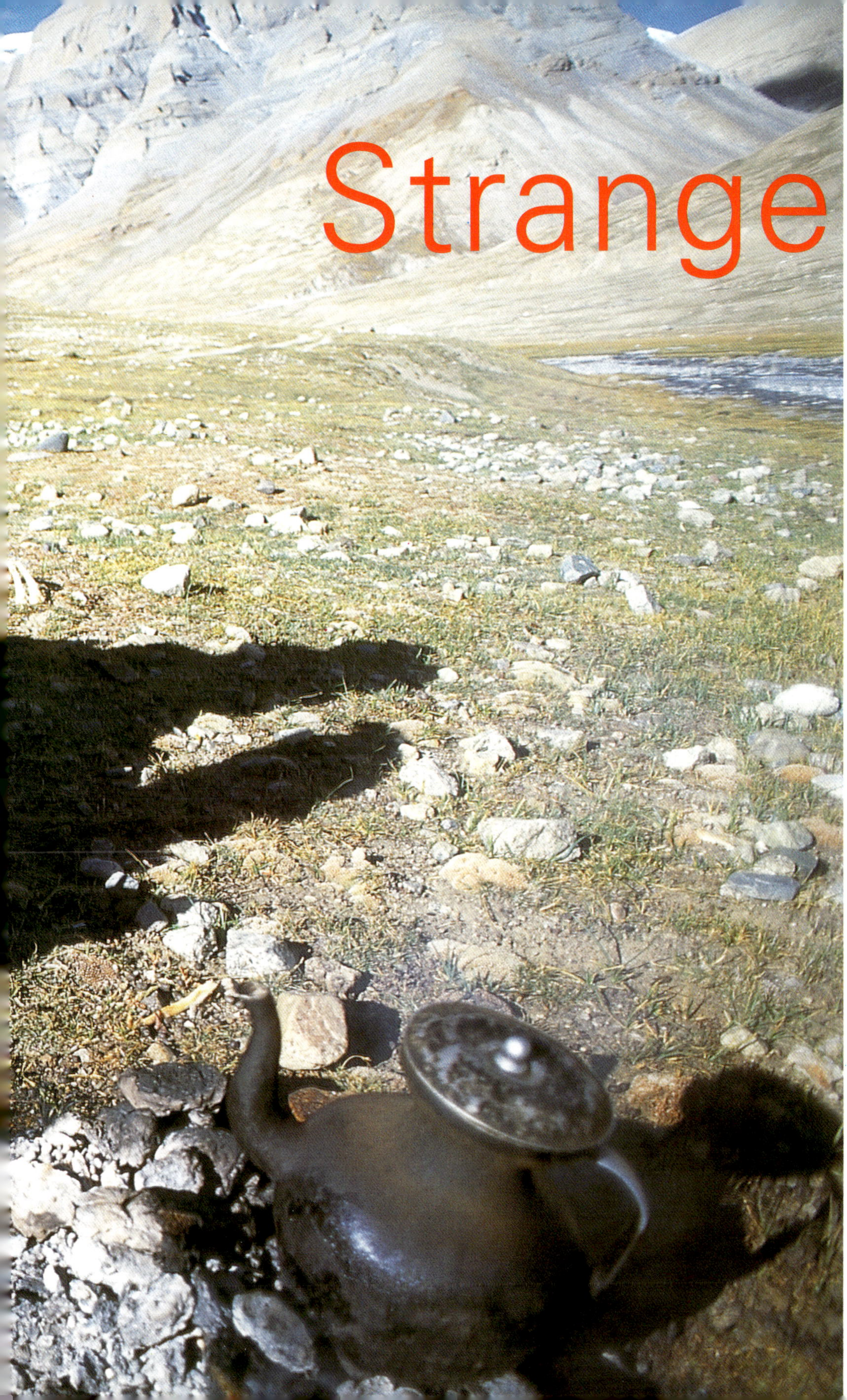

Strange Food

**Skurrile
Spezialitäten**

**Insekten, Quallen
und andere
Köstlichkeiten**

von Jerry Hopkins

Fotos von Michael Freeman

Deutsch von Michael Schmidt

Strange Food – Skurrile Spezialitäten
Insekten, Quallen und andere Köstlichkeiten
First published in English in 1999 by Periplus
Editions under the title:
STRANGE FOODS: Bush Meat, Bats and
Butterflies: An Epicurean Adventure around
the World

© der deutschsprachigen Ausgabe:
KOMET MA-Service und Verlags-
gesellschaft mbH, Frechen
Alle Rechte vorbehalten

Gesamtherstellung: KOMET MA-Service
und Verlagsgesellschaft mbH, Frechen

ISBN 3-89836-106-3

Vorsatzpapier vorn: Dieser Druck von 1840
zeigt die Zubereitung von Kassavabrot aus
giftigem Maniok in einem Wapisana-Dorf im
Innern des heutigen Guyana. Zwei Frauen
zerreiben die Knollen zu einem Brei, der in
dem langen Stoffschlauch hinter ihnen aus-
gedrückt wird. Die entstandene Paste – im
Trog vorn – wird zu dünnen Fladen geformt,
die eine andere Frau auf einem großen Blech
brät. Das fertige Brot wird auf dem Strohdach
gelagert.
Vorsatzpapier hinten: Grillen-Lolli – ein
Lutscher mit knuspriger Füllung.
Vorsatzpapier vorn, Rückseite: Der »Agaven-
wurm« in einer mexikanischen Mezcal-Fla-
sche ist eigentlich eine Schmetterlingspuppe.
Titelseite: Tibetische Pilger essen während
der beschwerlichen Umrundung des Mount
Kailash – dem heiligsten Berg Asiens – Yak-
fleisch und brühen Yakbuttertee auf.
Gegenüber: Ostiaken, eine der ältesten Eski-
mogruppen, essen rohes Rentierfleisch vom
Knochen – eine seltene Delikatesse für diese
Menschen.

Anmerkung des Fotografen

Meine geheime Ausbildung genoss ich als
Kind auf einem englischen Internat. Ich weiß,
dass nur wenige Leser dies nachvollziehen
werden, aber das Überleben dort hing entscheidend davon ab, dass man in der Lage
war, sich wochenlang nach einem Speiseplan
zu ernähren, der sich lose an die Ernährung
in viktorianischen Gefängnissen anlehnte.
Der Karikaturist Ronald Searle hat einmal ein
Buch über diese typisch englischen Institutionen herausgebracht, und meiner Meinung
nach ist seine Definition des Schulessens
unübertrefflich: »das Stück Kabeljau, das
jeder Beschreibung spottet«. Es kann keine
bessere Bildung des Gaumens geben, um das
Unmögliche zu akzeptieren, als die, die ich
und meine Mitinsassen genossen, und dafür
bin ich, wie wir vor jeder Mahlzeit im Chor
anstimmten, »wahrhaft dankbar«.

Als Fotograf kam mir mein katholisches
Geschmacksempfinden zugute, als ich vor
vielen Jahren die ausgefallenen kulinarischen
Gewohnheiten fotografierte, die ich erlebte –
großenteils in Asien, und zwar nicht nur, weil
diese Region so etwas wie meine Spezialität
wurde, sondern weil die Südchinesen und ihre
Nachbarn, besonders in Thailand, Laos und
Vietnam, ein größeres Faible für ungewöhnliche Speisen haben als jede andere Kultur, die
ich kenne. Und bezeichnenderweise lernte ich
Jerry in Bangkok kennen, wo wir entdeckten,
dass wir in geschmacklicher Hinsicht viel
gemeinsam haben.

Von ganz wenigen Ausnahmen abgesehen, aß ich, was Sie auf den Fotos in diesem
Buch sehen. Dass der Fotograf die Requisiten
behalten oder konsumieren darf, gilt als eine
angenehme Begleiterscheinung der Fotogra-
fie. Während ein Modefotograf nach dem
Shooting vielleicht die Kleider kriegt (oder
das Model, wenn er Glück hat), musste ich
mich mit den glibberigen Teilen begnügen.
Ja, dazu zählen die Ratten und die Fledermäuse und der Büffelpenis – 75 Zentimeter
lang übrigens, wenn er schlaff ist.

Ich bedaure nur, dass der Verleger aus
Anstandsgründen einige der besten Stücke
weggelassen hat. Sie hätten doch sicher keinen Anstoß genommen an dem Frühstück
aus rohem Hackfleisch vom Hund, mit seiner
Galle gewürzt, oder? Nach reiflicher Überlegung vielleicht doch.

Reptilien & Wasserlebewesen 70

Säugetiere 2

Inhalt

Insekten, Spinnen & Skorpione 142

Pflanzen 178

Reste 202

Vögel 118

Für den einen Fleisch ...
für den andern Gift

Das war
ein mutiger
Mann, der
als Erster
eine Auster
schlürfte.

Jonathan Swift

Vor rund 150 Jahren lud ein exzentrischer englischer Landedelmann namens Francis Trevelyan Buckland eine Gruppe einflussreicher Adeliger zum Essen ein und ließ ihnen in der renommierten Aldersgate Tavern in London die Keule eines frisch erlegten afrikanischen Tiers servieren. Das sei, sagte er, Elen, eine große Antilope, die seiner Meinung nach importiert und gezüchtet werden sollte, als Gaumenfreude und nützliche Nahrung der Bürger Großbritanniens. Die Kampagne im Anschluss an dieses Essen sorgte zwar für erhebliches Aufsehen in der Tagespresse, aber das Interesse daran verebbte rasch und das Elen blieb in Afrika.

Buckland ließ sich davon nicht entmutigen. Als Kind hatte er Hunde, Krokodile und Gartenschnecken verzehrt – eine Gewohnheit, die er sein Leben lang beibehielt. Einem Kommilitonen in Oxford gestand er, Ohrwürmer seien »furchtbar bitter«, doch am schlimmsten habe der Maulwurf geschmeckt – so lange bis er später eine Schmeißfliege gegessen habe.

1860 gründete Buckland die Acclimatisation Society von Großbritannien, der Schwestergesellschaften in Schottland, auf den Kanalinseln, in Frankreich, Russland, den USA, auf den Hawaiischen Inseln, in Australien und Neuseeland folgten. Doch Buckland scheiterte mit seinem Anliegen, weltweit neue Nahrungsquellen zu erschließen. Weder der tibetische Yak noch der eurasische Biber, weder Papageien noch Sittiche, weder die japanische Meeresnacktschnecke, das im Dampf garte Känguru, Seetanggelee, Seidenraupen, Vogelnestersuppe noch die Sehnen des Axishirschs erschienen auf den Esstischen der Welt. Und als Buckland 1880 starb, geriet er in Vergessenheit.

Seither hat es immer wieder öffentliche wie private Kampagnen zur Einführung »exotischer« Nahrungsmittel in die geschlossenen Märkte des »Westens«,

genauer: von Europa und Nordamerika (im Folgenden kurz: Euro-Amerika) gegeben. Fast alle sind gescheitert und gegen viele gab es erbitterten Widerstand.

Dann kam 1996 der »Rinderwahnsinn« und als die Einfuhr britischen Rindfleischs von der Europäischen Union verboten wurde, brachten die Medien Berichte über Strauß und Känguru und anderen Rinderersatz. Als British Airways Straußenmedaillons in der Ersten Klasse servierten, andere ungewöhnliche Proteinquellen in europäischen Supermärkten auftauchten und es in Nordamerika mehr Wild gab, begannen immer mehr Menschen, diese »skurrilen Spezialitäten« ernst zu nehmen. In Südostasien, Australien und in den USA entdeckten am Hungertuch nagende Alligator- und Krokodilfarmen neue in- und ausländische Märkte. Von Sydney bis Nairobi und Los Angeles lagen »Dschungelrestaurants«, in denen Wild und andere exotische Gerichte serviert wurden, im hochpreisigen Trend. Zugleich lieferten einige Naturforscher den Umweltschützern ein interessantes Argument, wie sich bedrohte Arten durch kommerzielle Aufwertung schützen ließen: Man garantiere ihr Überleben, indem man sie esse. Denn sobald es einen Markt für diese Tiere als Nahrungsmittel gebe, würden die Leute anfangen, gefährdete Arten zu züchten, statt sie zu töten.

»Auf der ganzen Welt sind nicht mehr als ein Dutzend Haustierarten die Hauptnahrungslieferanten«, erklärte Russell Kyle in seinem 1987 erschienenen Buch A Feast in the Wild. »Selbst wenn man die Arten von lokal begrenzter Bedeutung wie den Yak im Himalaya oder das Alpaca in den Anden hinzunimmt, spielen weniger als zwanzig Haustierarten eine wichtige Rolle als Nahrungsquelle. Und doch gibt es auf der ganzen Welt über 200 Arten Pflanzen fressender Tiere von der Größe eines Hasen aufwärts. Warum haben die Menschen anscheinend nie daran gedacht, so viele wilde Tiere gezielt für die Nahrungsproduktion einzusetzen?«

Die Bandbreite dessen, was im Laufe der Geschichte auf der ganzen Welt gegessen wurde, ist gewaltig. Großenteils sind die veränderten Ernährungsgewohnheiten eine Folge »natürlicher« Entwicklungen – so führten die Portugiesen beispielsweise brasilianische Chilischoten in die asiatische Küche ein, als sie den Handel mit Asien eröffneten, und Marco Polo brachte im Anschluss an seine ersten Reisen nach China Gewürze und Tees nach Europa zurück. Noch heute kehren Reisende heim mit einem neu entdeckten Gusto für Nahrungsmittel, die sie im Ausland probiert haben, und Einwanderer aus anderen Weltteilen bringen ihre spezielle Küche mit. Daher gibt es inzwischen in den meisten euro-amerikanischen Großstädten Sushi-Bars und Thai-Restaurants, die vor ein paar Jahren noch unbekannt waren. Im Laufe der Jahrhunderte wurde die Ernährung durch viele andere Faktoren beeinflusst, von Glaubensvorstellungen bis zu Hungersnöten, vom Geschmack bis zur Statusymbolik, von medizinischen bis zu aphrodisischen Eigenschaften.

Worauf all das hinausläuft, wurde von M. F. K. Fisher, der wohl besten Gastro-Schriftstellerin im 20. Jahrhundert, in einem Buch mit dem passenden Titel *How to Cook a Wolf* (1942) auf den Punkt gebracht: »Warum ist es letztlich schlimmer zuzuschauen, wie der Kopf eines Tiers statt einer Hüfte, einem Schwanz oder einer Rippe gekocht und zu unserem Vergnügen zubereitet wird? Wenn wir von anderen Bewohnern dieser Welt leben wollen, dürfen wir uns nicht an unlogische Vorurteile halten, sondern müssen die Tiere, die wir getötet haben, in vollen Zügen genießen.

Menschen, die meinen, dass die Backe eines Lamms derb und vulgär ist, ein Kotelett dagegen nicht, sind wie die mittelalterlichen Philosophen, die sich über solche haarspalterischen Probleme stritten, wie viele Engel auf einer Nadelspitze tanzen könnten. Wenn Sie diese Vorurteile haben, fragen Sie sich, ob sie nicht auf dem basieren, was Ihnen beigebracht wurde, als Sie

noch jung und gedankenlos waren, und dann lernen Sie, wenn Sie können, einige Teile eines Tiers zu genießen, die üblicherweise nicht zubereitet werden.«

Kalbshirne, Schafszungen, Hühnerfüße, Schweineinnereien, Fischköpfe – die Liste ist endlos. Nehmen Sie »ungewöhnliche« Arten dazu wie Ameisen und Termiten, Käfer, Fledermäuse, Wasserbüffel, Algen, Kakteen, Ratten und Mäuse, Blüten, Elefanten, Wale, Larven und Regenwürmer, und schon eröffnen Sie eine neue Liste. Und noch all diese Proteinquellen, die so viele Menschen nur für Haustiere halten: Katzen und Hunde, Hamster und Wüstenspringmäuse, Pferde, exotische Vögel und Fische. Wie viele von uns würden nicht entsetzt aufspringen, wenn solche Gerichte serviert würden, nur aufgrund der Vorurteile aus unserer Jugend?

Gleichwohl gibt es überall auf der Welt regionale Eigenheiten. In Taiwan ist Schlangenblut ein Tonikum. Im Südosten der USA schwören viele auf Klapperschlangensteak, Kängurufleisch ist ein Hauptbestandteil der Ernährung vieler australischer Aborigines und steht in Dutzenden australischer Restaurants auf der Speisekarte. Ein kleines Viertel in Hanoi und mehrere Stadtteile in Seoul sind auf Hundegerichte spezialisiert (nicht zu verwechseln mit Gerichten für Hunde). Bullen- und Schafhoden, so genannte Rocky Mountain Oysters, werden im amerikanischen Westen akzeptiert, während die Chinesen Schweineohren, Fischaugen und Hahnenkehllappen genussvoll mit ihren Stäbchen verzehren. In Südostasien gelten gebratene Heuschrecken als leckere Snacks, so wie Affeneintopf in Teilen von Afrika und am Amazonas eine Hauptmahlzeit ist und Meerschweinchen in Peru als wichtige Proteinquelle dienen. Ameisen und Termiten werden in Afrika und Südamerika geschätzt, Yakmilch wird in Tibet zu Butter verarbeitet und dann in

Oben: Die Ausgabe der französischen Satirezeitschrift *Le Don Quichotte* vom 22. November 1890 macht sich über kannibalistische Untaten lustig, die es angeblich in den britischen Kolonien in Afrika gab.

Tee serviert. Pferdefleisch hat seit Jahrhunderten in Frankreich begeisterte Anhänger und erlebt in Japan einen Aufschwung. – Was in einem Teil der Welt als abstoßend gilt, wird in einem anderen als Essen serviert.

Ich bin Mrs. Fishers Rat gefolgt und habe dieses Buch als Handbuch über die kulinarischen Vorlieben der anderen Hälfte und ihre Motive geschrieben. Ich bin zwar kein Frank Buckland, aber im Laufe von fünfundzwanzig Jahren habe ich häufig meine Fleisch-und-Kartoffel-Erziehung aus den USA abgelegt und eine große Vielfalt regionaler Spezialitäten probiert – von gedünsteten Wasserwanzen, gebratenen Heuschrecken und Ameisen bis zu Spatz im Pfännchen, gegrilltem Büffel und einem Krokodilcurry. In Mexiko habe ich frittierte Bullenhoden gegessen, lebendige Shrimpsushi auf Hawaii, über einem offenen Holzfeuer gekochte Mäuse in Thailand, Schweinemagensuppe in Singapur, Wasserbüffelhackfleisch und Yakbuttertee in Nepal, kurz gebratenen Hund und »Fünf-Penis-Wein« in China und in Vietnam das gekochte Blut verschiedener Tiere genossen. Die Liste ließe sich fortsetzen, und in den folgenden Kapiteln teile ich einige dieser Erlebnisse mit, zusammen mit einigen Rezepten.

Was auch immer Menschen essen, aus freien Stücken oder unter gewissen Umständen – eines haben all diese Gerichte miteinander gemeinsam: Sie müssen richtig zubereitet sein. Natürlich gibt es Menschen, die etwas gegen solche Forscherneugier haben. Mit Recht machen sich Naturschützer Sorgen über das Verschwinden gefährdeter Arten. Andere fürchten um die Rechte der Tiere und sind gegen die Art und Weise, wie sogar nicht gefährdete Arten in Ställen oder Käfigen gehalten und abgeschlachtet werden. Eine dritte Gruppe – in Tierfreundekreisen »bunny-huggers« genannt – schreit auf, wenn Menschen Tiere essen, die diese Häschenherzer Schoßtiere nennen, was mich an Alice in *Alice hinter den Spiegeln* erinnert, die bei dem Bankett den Hammel ablehnte, weil es unhöflich sei, etwas zu essen, dem man vorgestellt worden sei.

Ich will mich hier nicht auf eine Diskussion mit den Verfechtern von Tierrechten einlassen. Ihr Standpunkt ist akzeptabel, ja in seiner Tragweite unabsehbar in einer Welt, in der die Ressourcen und die Umwelt auf alarmierende Weise unablässig gefährdet sind. Viele behaupten, dies allein werde unsere gastronomischen Grenzen verschieben, ob uns das nun gefalle oder nicht. Wie Mr. Kyle schrieb: Rinder behandeln die Erde notorisch lieblos, und irgendwann wird es nicht genügend Weiden geben, um die Weltnachfrage zu befriedigen, und dann müssen wir auf alternative Proteinquellen zurückgreifen. Natürlich auf Insekten.

Ich bestehe nicht darauf, dass Sie Ihren Speiseplan um Strauß, Hund oder Heuschrecke erweitern, ich rate Ihnen allerdings, auch einmal etwas Außergewöhnliches zu probieren. Als passionierter Reisender empfehle ich jedem, der meine Leidenschaft für neue Orte und Menschen teilt, sich an den guten alten Rat zu halten: »In Rom tu, was Rom tut« – man passe sich

Rechts: Die Zutaten für eine balinesische Version von *pepes,* einem auf einem Grillfeuer gegarten Gericht in Bananenblattpäckchen: Knoblauch, Ingwer, Limone, Chilies, Fischpaste, Tamariskenpaste, Glutamat, Kokosnusspaste und frisch gefangene Libellen (ohne Flügel).
Gegenüber oben: Der Reiz von rohen Meeresfrüchten – hier Seeohr, Seescheide und Krake – basiert auf dem interessanten, oft gummiartigen Gewebe ebenso wie auf dem köstlichen Geschmack.
Gegenüber unten: Was könnte skurriler sein als Space-Shuttle-Essen? Bei einer Mahlzeit aus marinierten Shrimps, Nudeln, Erbsen, Obstwürfeln und Bonbons bekommt man Sehnsucht nach einem richtigen Essen.

seiner Umgebung an. Probieren Sie das einheimische Essen – ich glaube, damit lässt sich eine Kultur besser verstehen, als wenn man die fremde Sprache lernt, eine Einheimische heiratet oder zur örtlichen Religion konvertiert. Natürlich sind Tiere auf der Liste der gefährdeten Arten nicht zu empfehlen, außer unter besonderen Umständen (siehe die Abschnitte über Elefanten und Wale). Das ist nicht nötig, es existieren so viele schmackhafte Alternativen.

Mrs. Fisher schrieb in ihrem Buch *An Alphabet for Gourmets* (1949): »Ich habe immer geglaubt, vielleicht zu optimistisch, dass ich alles einmal probieren möchte, freilich nie vor lauter Hunger, der Freunde von mir 1942 in Frankreich veranlasste, Meerschweinchenragout zu essen, sondern aus reiner Lust am Essen.«

Denken Sie an den Menschen, der als Erster die Auster probierte. Das hat nicht nur etwas mit Essen zu tun, es ist ein Abenteuer.

Säugetiere

Säugetiere

Niemand weiß, was die ersten Menschen gegessen haben. Bei den Neandertalern spielte das Mammut eine große Rolle: Von mutigen Jägern mit Speeren erlegt, konnte es gut ein Dutzend Höhlen voller Menschen eine Woche oder länger ernähren. Viele Höhlenzeichnungen in Europa, Nordamerika und anderswo zeigen Menschen, die große, behaarte Tiere jagen. Ausgrabungen haben die gut erhaltenen Knochen von vielen Tieren zu Tage gebracht.

Seither hat sich die Zahl der auf der ganzen Welt verzehrten Säugetierarten rasch vermehrt und Fortschritte bei Jagd, Transport und Vermarktung ermöglichen es, dass alle Arten von Fleisch mehr Abnehmer in kleineren, handlicheren Portionen erreichen. Heute müssen wir uns nicht mehr mit einem toten Mammut vor der Höhle abplagen, wenn es Steaks im Gefrierschrank und Viertelpfünder in einer Hamburgerfiliale gibt.

Ungeachtet dieser Fortschritte und eines gegenwärtigen Trends zum Konsum von exotischen Lebensmitteln lässt sich feststellen, dass die Zahl der Proteinquellen für eine wachsende Weltbevölkerung eher ab- als zunimmt, und zwar mindestens proportional. Im Laufe der Geschichte haben die Menschen praktisch alles gegessen, was herumlief – auch einander. Doch der Verzehr der vier Pflanzen fressenden Säugetiere, die achtzig Prozent des Proteinbedarfs der Welt decken – Rinder, Schweine, Schafe und Ziegen –, hat immer mehr zugenommen.

Einige Kapitel dieses Buches handeln von Tieren, die auf der Liste der gefährdeten Arten stehen. Ich bin keineswegs für eine unverantwortliche oder illegale Jagd. Der Konsum dieser Arten hat indes eine lange Geschichte, die bis heute andauert, daher können sie in einem historischen Überblick nicht ignoriert werden. Vor allem sind einige dieser Tierarten *nicht an jedem Ort und unter allen Umständen bedroht.* Dass viele Säugetiere von der Speisekarte verschwunden sind, lässt sich teilweise dadurch erklären, dass eine Reihe von unglücklichen Arten auf die Liste gesetzt wurden, und ihr Verschwinden vom allseits anerkannten Speiseplan mag begrüßt werden. Gleichzeitig gewinnt die Viererbande – Rind, Schwein, Lamm und Ziege – an Boden, und zwar weil sie in Mode ist wie aufgrund äußerer Einflüsse, die den Druck der Geschichte begleiten. In Japan beispielsweise wurde Fleisch praktisch nicht angerührt, bis sich das Land Mitte des 19. Jahrhunderts dem Westen öffnete, und in China, wo Tofu vor rund zweitausend Jahren erstmals erzeugt wurde, konkurrieren heute McDonald's-Filialen mit den vegetarischen Restaurants in Peking.

Das Klassen- und Kastendenken übte andere Zwänge aus. So manche tierische Nahrung wie das Opossum in den USA wurde mit den Armen, mit der »Unterschicht«, assoziiert und daher an »besseren« Tischen nicht akzeptiert, so wie das so genannte

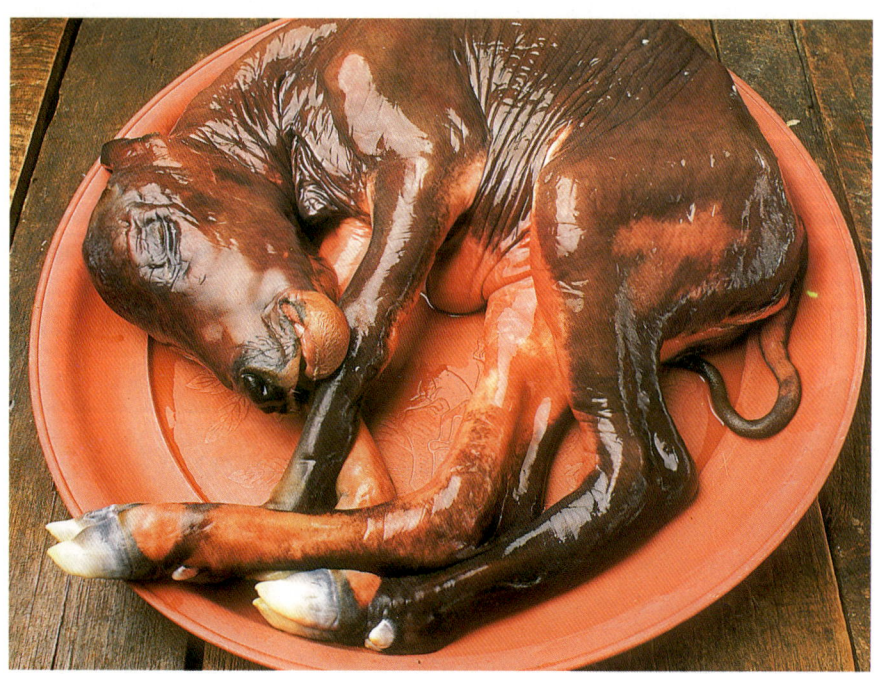

»Buschfleisch« in Afrika und die »Buschkost« in Australien traditionell von Eingeborenen verzehrt und daher von jenen gemieden wurde, die sich für Feinschmecker hielten. Zugleich wurden bestimmte Säugetierteile – etwa Blut, Hirn, gewisse Innereien und Geschlechtsteile – verschmäht, weil sie nicht als »richtige« Nahrung für die »richtige« Dame und den »richtigen« Herrn galten.

Auch die Religion spielte und spielt dabei eine Rolle. Hindus essen kein Rindfleisch, Muslime und orthodoxe Juden kein Schwein und bis heute essen viele Katholiken freitags nur Fisch. Für einige dieser Vorschriften und Tabus gibt es praktische Gründe. Schwein ist seit Jahrtausenden im Nahen Osten verboten und heutzutage für hunderte Millionen Menschen tabu, weil es ein unreines Tier ist und rasch verdirbt – obwohl die moderne Kühltechnik diese Gefahr weitgehend beseitigt hat. Man könnte auch argumentieren, Rindfleisch sei in Indien eine ineffiziente Nahrungsquelle, weil weidendes Vieh Land für produktivere Feldfrüchte wie Reis und Gemüse wegnähme – vor 800 v. Chr., als Indien nicht übervölkert war, war Rindfleisch tatsächlich beliebt.

Die folgenden Kapitel befassen sich mit Säugetieren, die von der Maus und der Fledermaus bis zum Elefanten und zum Wal reichen sowie Haustiere wie Wild umfassen. Ich habe Gerichte aus aller Welt aufgenommen, vom Pferdetartar in Frankreich bis zur Hundesuppe in Korea.

Manche Euro-Amerikaner mögen Anstoß daran nehmen, dass Tiere, die für sie Schoßtiere oder Partner sind, anderswo gegessen werden. Diese »gastronomische Kluft« macht vielleicht kein anderes Nahrungsmittel so deutlich wie der Hund, beliebt auf dem Schoß von Euro-Amerikanern wie auf den Tellern in China und Südostasien, wo er ein normales Gericht darstellt. Gleich nach dem Hund kommt das Pferd als des Menschen treuester Gefährte und Helfer in der Geschichte. Doch Pferde werden in sehr vielen Ländern als Delikatesse hoch geschätzt – von Frankreich und Belgien bis Japan.

Hunde & Katzen

In den meisten euro-amerikanischen Ländern ist der Hund »der beste Freund des Menschen«. Daher regt man sich dort so auf, wenn dieses Tier in vielen asiatischen und lateinamerikanischen Ländern einfach gegessen wird, und deshalb setzt sich die einstige französische Sexgöttin Brigitte Bardot so vehement dafür ein, dass Südkorea das Essen von Hunden noch vor der Fußballweltmeisterschaft 2002 verbietet.

Madame Bardot spricht für eine Tierrechtevereinigung, die ihren Namen trägt und die den Fußballfans nahelegt, die Spiele nicht zu besuchen, falls der Verzehr von Hunden nicht für ungesetzlich erklärt werde. Insbesondere in zahlreichen asiatischen Ländern kann man diesen Standpunkt nicht verstehen. Schließlich sind Hunde eine erschwingliche Proteinquelle – nicht nur in Korea, sondern in großen Teilen von Südchina (auch in Hongkong) und Südostasien ebenso wie in Teilen von Lateinamerika.

Schon 1988 freilich hatte die südkoreanische Regierung angeordnet, dass Restaurants, die Hundesuppe oder *Poshintang* servieren, schließen müssten, um den ausländischen Besuchern der Olympischen Spiele ein besseres Image des Landes zu präsentieren. Zehn Jahre später erließ der philippinische Präsident Fidel Ramos ein gesetzliches Verbot der Tötung von Hunden als Nahrungsmittel, obwohl Hundefleisch im Norden so beliebt war, dass eine erfolgreiche Durchführung dieses Verbots fraglich war.

Ähnliche Maßnahmen wurden anderswo ergriffen. 1989 standen zwei kambodschanische Flüchtlinge in Südkalifornien wegen Grausamkeit gegenüber Tieren vor Gericht, weil sie einen jungen Deutschen Schäferhund gegessen hatten. Die Anklage wurde schließlich fallengelassen, als ein Richter zu dem Urteil gelangte, der Hund sei gemäß den akzeptablen Praktiken beim Schlachten von landwirtschaftlichem Nutzvieh getötet worden. Im selben Jahr veranlassten unzufriedene Aktivisten den kalifornischen Gesetzgeber, ein Gesetz zu verabschieden, demzufolge der Genuss eines Hundes oder einer Katze ein Vergehen sei, das mit bis zu sechs Monaten Gefängnis und einer Geldbuße von 1000 Dollar bestraft werden könnte. Später wurde dieses Gesetz auf alle Tiere ausgeweitet, die traditionell als Schoßtier oder Hausgefährte gehalten werden.

Es ist kein Geheimnis, warum so viele Euro-Amerikaner gegen den Verzehr von Hunden sind. In der Literatur, in Film und Fernsehen gibt es so viele Hundehelden – in Geschichten von Jack London, in Filmen wie *Rin Tin Tin*, *Lassie*, *Benji* und Disneys *101 Dalmatiner* bis hin zu den Legenden über Bernhardinerhunde, die Verirrten in den Alpen ein Fässchen mit Leben spendendem Rum bringen. Außerdem hat sich der Hund – wohl ein domestizierter Abkömmling eines steinzeit-

Was kostet das Hündchen auf dem Reisfeld?

»Die Laoten sagen, Aal sei das beste Wasserfleisch und Hund das beste Landfleisch«, erklärte Chavalit Phorak, ein thailändischer Hundehändler, 1997 der Bangkoker Zeitung *The Nation* »Er ist viel schmackhafter als Rindfleisch und nicht so zäh. Früher aßen die Familien jede Woche einmal Hund. Die Leute mochten das Fleisch, mussten aber aufpassen, dass ihre Bestände nicht ausgingen. An einem großen Hund ist schließlich nicht viel Fleisch, und es dauert, bis ein Hund heranwächst, und daher ist ihre gezielte Aufzucht noch immer unpraktisch.«

In den meisten Ländern, in denen Hunde gegessen werden, ist das auch gar nicht nötig, da genügend Tiere herumstreunen. Daher erwerben Männer wie Chavalit Dorfhunde im Tauschhandel und verkaufen das Fleisch, die Inneren und die Häute. »Mein Lastwagen hat einen Lautsprecher«, berichtete er. »Wo ich hinkomme, sage ich den Leuten, dass ich ihnen Eimer für ihre frechen oder faulen Hunde gebe.«

Ein gesunder Hund war 1997 zwei Eimer wert. In drei bis vier Tagen hatte Chavalit hundert Hunde beisammen, und damit machte er einen kleinen Gewinn, da jede Fahrt etwa 400 Dollar für Benzin und Eimer kostete. Dann fuhr er zum Schlachthaus, wo die Metzger zwölf Cents für jeden Hund bekamen, den sie mit einem Hammerschlag auf den Schädel töteten, um die Haut nicht zu beschädigen.

Weitere zwölf Cents kostete das Häuten der Hunde und 16 Cents das Zerlegen des Fleischs. Das Fleisch wurde dann für bis zu zwei Dollar pro Kilo verkauft, wobei jeder Hund etwa drei Kilo auf die Waage brachte, die Häute wurden für ein bis zwei Dollar an Fabriken in Thailand, Taiwan und Japan verkauft, wo Golfhandschuhe daraus gefertigt wurden. (Denken Sie auf dem nächsten Grün daran.) Auch die Genitalien wurden verkauft, für etwa vierzig Cents, und vor allem in China, Korea, Vietnam und Japan für Suppen und Wein verwendet.

lichen asiatischen Wolfs – im Laufe der Zeit für den Menschen wegen seiner Schnelligkeit, seines Gehörs, Geruchssinns, Jagdinstinkts, seiner Hütefähigkeiten und als Gefährte als nützlich erwiesen. Daher ist selbst für die Menschen, die Schnecken und Tintenfische genießen und sogar so mutig sind, Klapperschlangenchili und Haifischflossensuppe zu probieren, die Grenze erreicht, wenn es dem besten Freund des Menschen ans Fell geht.

Dennoch war der Hund im Laufe der Geschichte und in vielen Teilen der Welt ein beliebtes Gericht. Der Verzehr von Hunden reicht in China nachweislich bis zur Zeit von Konfuzius zurück, also bis um 500 v. Chr., als das *Li chi*, ein 1885 übersetztes Handbuch alter Rituale, Rezepte für Köstlichkeiten enthielt, die zu zeremoniellen Anlässen zubereitet wurden.

Für die Chinesen (und andere Asiaten) war Hundefleisch mehr als eine kulinarische Leckerei. Es galt als sehr gut für das *Yang*, den männlichen, heißen, extrovertierten Teil der menschlichen Natur, gegenüber dem weiblichen, kühlen, introvertierten *Yin*. Man glaubte, es würde das Blut »wärmen«, und daher wurde es in den Wintermonaten sehr häufig verzehrt. Bereits im 4. Jahrhundert v. Chr. pries ein chinesischer Philosoph namens Meng-tsi (Mencius) Hundefleisch wegen seiner pharmazeutischen Eigenschaften und empfahl es gegen Leberbeschwerden, Malaria und Gelbsucht. Man glaubte auch, es würde – neben vielen anderen Nahrungsmitteln – die Männlichkeit steigern. Außerdem servierten die Chinesen eine Art Hundewein als Heilmittel bei Lustlosigkeit.

Später verbot die Mandschu-Dynastie, die in China vom 17. Jahrhundert an herrschte, den Genuss von Hundefleisch und erklärte ihn für barbarisch. Doch die Südchinesen aßen weiterhin Hunde und Sun Yat-sens oppositionelle Kuomintang kochten zu Beginn ihrer Zusammenkünfte Hundefleisch – ein symbolischer Akt ihrer Revolution gegen die Mandschu. Der Codename war »Drei-Sechs-Fleisch«, ein Spiel mit dem chinesischen Wort für die Zahl Neun, das sich auf das Wort für Hund reimt. Noch heute verwenden in Hongkong,

wo das Fangen oder Töten von Hunden oder der Besitz ihres Fleischs seit 1950 verboten ist, Metzger und Kunden den Ausdruck »Drei-Sechs-Fleisch«. Da die Hongkongchinesen aus Südchina stammen, wo Hund noch immer als Hauptnahrungsmittel gilt, lässt sich das Gesetz so gut wie nicht durchsetzen: Die Bestrafung (bis zu sechs Monate Gefängnis und eine Buße von 125 Dollar) wird lax gehandhabt, und das Gesetz wird weithin ignoriert, zumal in den Wintermonaten, wenn die Nachfrage am größten ist.

Bekanntlich stammten die nordamerikanischen Indianer aus der heutigen Mongolei, und man glaubt, dass sie den Hund mitbrachten, als sie das Beringmeer überquerten und die Wildnis von Nordamerika besiedelten. Europäische Forscher und Siedler zählten in der Neuen Welt 17 Hundearten, wobei viele als Nahrung gezüchtet wurden, auch wenn man feststellte, dass nicht alle Stämme diesem Genuss frönten. In seinem Buch *The First Pet History of the World* (1994) schreibt David Comfort, Jungtiere seien im Allgemeinen wegen ihrer Zartheit bevorzugt worden: »Sie wurden mit einer Spezialmischung aus Pemmikan und Trockenobst gefüttert. Nachdem der junge Hund mit einem Tomahawk erschlagen wurde, hängte man ihn kopfüber an einem Wigwampfosten auf und rieb ihn mit Büffelfett ein. Dann wurde er am Spieß gebraten.«

Viele frühe europäische Besucher beteiligten sich begeistert oder zumindest ausgiebig am Verzehr von Hundefleisch. Laut Comfort erlitt Cabeza de Vaca, der spanische Forscher, Schiffbruch im Golf von Mexiko und wanderte acht Jahre lang zu Fuß durch den amerikanischen Südwesten, wobei er regelmäßig Hund aß. Zur Zeit von Christoph Columbus waren die einzigen Haustiere in Mexiko der Truthahn und der Hund, und nach einer historischen Darstellung aus dem 17. Jahrhundert wurden beide Fleischsorten in einem einzigen Gericht serviert. Meriwether Lewis, Leiter der Expedition von Lewis und Clark, die den amerikanischen Nordwesten erschloss, schrieb 1804 in sein Tagebuch: »Nachdem wir so lange daran gewöhnt sind, von Hundefleisch zu leben, haben die meisten von uns eine

Die Hundehauptstadt der Welt

Guangzhou, etwa zwei Stunden von Hongkong entfernt, gilt als »Hundehauptstadt« der gastronomischen Welt. Ich war auf Shamian Island abgestiegen, einer einstigen Sandbank im Pearl River, die nach den Opium-Kriegen des 18. Jahrhunderts an die Briten und Franzosen abgetreten wurde und nun ein Viertel im europäischen Stil mit Gärten und Kolonialgebäuden sowie mehreren Touristenhotels ist. Auf der anderen Seite des Kanals, der Shamian Island von der unbedeutenden chinesischen Großstadt trennt, befindet sich der Qingping-Markt, einer der ersten, von freien Unternehmern betriebenen Straßenmärkte in China. Der Markt in Guangzhou ist freilich etwas Besonderes.

Nach zwei wohnblockgroßen Arealen von Ständen, an denen traditionelle Medikamente verkauft wurden – Käfer, Eidechsen, Seesterne, Seepferdchen, Hirschhorn, Blüten und andere getrocknete Substanzen –, gelangte ich an eine Querstraße, wo die Waren alle lebendig waren. Hunderte von Fröschen hüpften in Drahtkäfigen herum, Aale und Riesenwasserwanzen tummelten sich in Plastiktanks voller kohlensaurem Wasser. In anderen Behältern wimmelte es von Krabben, Langusten, Würmern und Skorpionen. In mannshoch übereinander gestapelten Käfigen waren Hunde, Katzen, kleine Rehe, Tauben, Pfauen, Meerschweinchen, Kaninchen und eine Reihe von großen Nagetieren namens Coypu zusammengepfercht. Alles wurde auf Verlangen sofort fachgerecht zerlegt oder in einen Sack gestopft, falls der Käufer sein Abendessen frisch zu Hause zubereiten wollte.

Das Ganze ist so etwas wie ein Zoo zum Mitnehmen. Die größte Auswahl gibt es vor 10 Uhr.

19. Jahrhunderts, die von den Eingeborenenkönigen veranstaltet wurden und an denen Seeleute aus England und den USA teilnahmen, wurden zwei- bis vierhundert Hunde bei einem einzelnen Mahl serviert.

1870 erschien in Frankreich ein Kochbuch mit Rezepten für Dutzende von Gerichten aus Hundefleisch. Jenseits des Ärmelkanals jedoch lehnten die Briten typischerweise alles ab, was die Franzosen genossen. Ein satirisches Gedicht aus den 1890er Jahren schilderte beispielsweise die kulinarischen Erlebnisse eines Engländers in China: Als der Fremde bei einem Mahl ein Gericht erblickte, das wie eine Ente aussah, deutete er auf den Teller und fragte seinen Nachbarn: »Quak, quak?« Der Chinese schüttelte den Kopf und erwiderte: »Wau-wau!«

Heute ist Hund nach wie vor beliebt in Südchina, Hongkong, Teilen von Japan, Korea, einem Großteil von Südostasien und in geringerem Maße – und nicht unumstritten – in Mexiko, Mittel- und Südamerika. Jahrelang begrüßten die Organisatoren der berühmtesten Hundeshow der Welt in England das Sponsoring des koreanischen Elektronikgiganten Samsung, bis der International Fund for Animal Welfare 1995 dagegen demonstrierte und behauptete, dass jährlich bis zu zwei Millionen Hunde für die koreanische Lebensmittelindustrie verarbeitet würden.

Als derartige Demonstrationen ein weltweites Medienecho fanden und die Aufmerksamkeit auf das Abschlachten von Hunden in Thailand lenkten, legte die britische National Canine Defense League Protest dagegen ein. Doch es war in Thailand kein Verbrechen, Hunde zu töten und zu essen, und daher konnte die Regierung kaum etwas dagegen tun, um den Hundeschutzbund zufriedenzustellen. Noch als Königin Elizabeth II. und Prinz Philip 1996 Bangkok besuchten, schworen Beamte in Sakon Nakhon – der Provinz, in der die meisten Hunde getötet wurden –, sie würden verhindern, dass während des fünftägigen Besuchs irgendwelche Hunde geschlachtet würden, um das britische Herrscherpaar nicht zu beleidigen. Dazu wäre es

Vorliebe dafür entwickelt, und unsere ursprüngliche Abneigung dagegen wurde durch die Überlegung überwunden, dass wir dank dieser Nahrung kräftiger waren und uns im Allgemeinen einer besseren Gesundheit erfreuten als irgendwann sonst, seit wir das Büffelland verließen.« Noch 1928 aß der norwegische Forscher Roald Amundsen seine Schlittenhunde in der Arktis, als er versuchte, den Nordpol zu erreichen – zugegebenermaßen aß er sie nicht freiwillig, sondern um zu überleben.

Die Hundeküche beschränkte sich auch nicht auf Asien und Nordamerika. Mindestens tausend Jahre lang schätzten die Polynesier den *Poi*-Hund, der seinen Namen seiner vegetarischen, vorwiegend aus *Poi* – gekochter Tarowurzel – bestehenden Nahrung verdankte. Er wurde auf primitiven Segelschiffen von Tahiti und den Marquesas nach Hawaii gebracht. Bei großen Festgelagen auf Hawaii zu Beginn des

wohl kaum gekommen, weil die Provinz 500 Kilometer von Bangkok entfernt ist.

Wer im Hundehandel arbeitet, muss wählerisch sein. Falls die Hunde nicht gut gefressen haben, kann das Fleisch sehnig und möglicherweise ungesund sein, und viele Streuner haben Tollwut oder ein räudiges Fell. In manchen asiatischen Ländern bemüht man sich heute nicht nur darum, das Schlachten zu regulieren und die Sauberkeit zu fördern, sondern auch die Etablissements zu ermitteln, die Hundefleisch servieren, denn zuweilen wird es als Ersatz für anderes Fleisch verwendet. So wurde mir beispielsweise »Wildschwein« in Saigon vorgesetzt, das bestimmt kein Wildschwein war – am nächsten Tag sah ich auf der Autobahn zur Stadt einen Lastwagen, der lauter Käfige mit Hunden geladen hatte. Ein Zufall? Vielleicht.

Ich habe auch in China und Vietnam Hund gegessen. Als ein befreundeter Fotograf Aufnahmen von einem gehäuteten Hund machte, der gerade an ein Restaurant in der chinesischen Provinz Yunnan geliefert wurde, winkte uns eine Frau herein. Auf dem Herd stand eine in mundgerechte Bissen zerlegte, pfannengerührte Keule in einem Wok, die vom Mittagessen übrig geblieben war und wie gekochtes Rindfleisch schmeckte, ein wenig fett, wie Hund oft sei, so sagte man mir. Zwei Wochen später servierte man mir im gebirgigen Nordwesten von Vietnam, nahe der chinesischen Grenze, dünne Scheiben Hundezunge, die mit Knoblauch und Gemüsen pfannengerührt gebraten waren. Auf einem Wochenendmarkt in derselben Provinz sah ich, wie über ein Dutzend wohlgenährte Hunde verschiedener Rassen zum Verkauf angeboten wurden (für etwa 10 Dollar das Stück), und später beobachtete ich, wie Angehörige des führenden Bergstamms der Gegend ihr Abendessen an der Leine heimführten. Im selben Jahr – 1998 – erklärte das Ministerium für Landwirtschaft und ländliche Entwicklung, in Vietnam gebe es mindestens vierzehn Millionen Hunde, deren Zahl rasch zunehme, da immer mehr Bauern lieber Hunde als Schweine hielten.

Auch in Thailand entdeckte ich Hund auf den Straßenmärkten, geschlachtet und küchengerecht zerlegt, aber auch als deftigen Eintopf für etwa achtzig Cents die Portion sowie in Streifen frittiert, auf denen man lange herumkaute. Dies erlebte ich in der Provinz, die während des Besuchs der englischen Königin mehr oder weniger ein Hundemoratorium ausrief – und wo, wie ich erfuhr, täglich rund tausend Hunde für die Märkte der Region getötet wurden. Diese Region ist auch für eine Art orientalisches Hundetartar bekannt. Dafür wird rohes Hundefleisch grob gehackt, mit ein paar Gewürzen und fein gewiegten Gemüsen vermischt und mit dem Blut sowie der Galle des Hundes serviert. Anders als in Vietnam, wo meist zarte Hündchen verarbeitet werden, kommen in Thailand die ausgewachsenen Tiere auf den Teller, die so zäh sind, das man sie am ehesten in gehacktem Zustand kauen und verdauen kann.

In Korea servieren hunderte, vielleicht sogar tausende Restaurants reichhaltige Suppen (für etwa 10 Dollar für eine mittelgroße Schale), Kasserollen (16 Dollar pro Portion) und gedünstetes Fleisch mit Reis (25 Dollar). Dabei ist es wie andernorts praktisch verboten, gekochtes Hundefleisch zu verkaufen, und die Wirte riskieren es, ihre Lizenz zu verlieren. Doch 1997 sprach ein Berufungsgericht in Seoul einen Hundefleischgroßhändler mit der Begründung frei, Hunde seien als Nahrung gesellschaftlich akzeptiert. Die anhaltende Besorgnis des Staates um das Image des Landes führt hin und wieder zu härterem Durchgreifen, so dass sich einige Restaurants veranlasst sehen, ihre Außenbeschilderung zu entfernen oder sich von den üblichen Touristenrouten in Nebenstraßen zurückzuziehen. Und viele zeichnen heute die Spezialgerichte nicht als Hund aus, sondern verwenden vielmehr Namen wie »Belebende Suppe«.

Der Verzehr von Katzen als Proteinquelle für den Menschen hat eine kürzere Geschichte als der von Hunden. Zumindest gibt es weniger historische Hinweise, und obwohl Katzen auch weiterhin auf den Esstischen von Südamerika bis Asien auftauchen, ist die Zahl der Konsumenten doch vergleichsweise gering. Dies mag darauf zurückzuführen sein, dass die Einstellung des Menschen zur Katze zwischen Anbetung und Verachtung schwankt, und nie schien sich das kleine Wesen mit dem herzerwärmenden Schnurren und den spitzen Krallen so für ein Eintopf- und Grillgericht zu eignen wie seine größeren Verwandten Puma und Panther, Leopard, Löwe und Tiger.

Natürlich gibt es zahlreiche Fälle, in denen die Hauskatze um des Überlebens willen gegessen wurde. 1975 beispielsweise wurde der britische Korrespondent Jon Swain in der französischen Botschaft in Phnom Penh nach der Eroberung der kambodschanischen Hauptstadt durch die Roten Khmer gefangen gehalten. »Je länger sich unsere Internierung hinzog, desto knapper wurden die Lebensmittel«, schrieb er in *River of Time* (1996). »Jean Menta, ein korsischer Abenteurer, und Dominique Borella, ein Söldner, der sich zurückhielt, um nicht erkannt zu werden, strangulierten und häuteten die Botschaftskatze nur widerwillig. Die arme Kreatur wehrte sich tapfer, und beide Männer wurden übel zerkratzt. Ein paar von uns aßen sie, mit reichlich Curry. Das Fleisch war so zart wie Huhn.«

Auch in Argentinien wurden 1996 gehäutete Katzen gegrillt, was die Medien entschieden missbilligten und die Gemüter heftig erregte. Presse und Politik stellten die rhetorische Frage, ob die Menschen so arm seien, dass sie Haustiere essen müssten. Die Antwort lautete natürlich Ja.

Im selben Jahr empfahl Richard Evans, ein Mitglied des australischen Parlaments, man solle doch möglichst die 18 Millionen Wild- und Hauskatzen von Australien ausrotten, um zu verhindern, dass sie jedes Jahr schätzungsweise drei Millionen Vögel und andere Tiere töteten. John Wamsley, Verwaltungsdirektor von Earth Sanctuaries, ging noch weiter und legte der Bevölkerung nahe, Wildkatzen zu fangen und zu essen – seine Empfehlung: »Pussy-Schwanz-Eintopf«. Wieder rauschte es im Blätterwald.

Nicht nur in Notfällen kommt die Katze in den Topf. In Guangs Hunde- und Katzenrestaurant im südchinesischen Jiangmen erklärte der Besitzer Wu Lian-

guan 1996 gegenüber Reportern: »Das Geschäft könnte nicht besser laufen. Je reicher die Chinesen werden, desto mehr sind sie um ihre Gesundheit besorgt – und nichts ist gesünder als Katzenfleisch.«

In den 1990er Jahren stand auf vielen nordvietnamesischen Speisekarten neben Hundegerichten auch Katze, weil man glaubte, Asthma ließe sich durch den Verzehr von Katzenfleisch heilen und die männliche Potenz mit Hilfe von vier in Reiswein eingelegten rohen Katzengallen wecken oder steigern. Katze wurde roh, mariniert, über dem Holzkohlenfeuer gegrillt oder in mundgerechte Bissen geschnitten und in einen mongolischen Feuertopf mit Gemüsen getaucht verzehrt. Laut Agence France Press entstanden in einem einzigen Viertel von Hanoi ein Dutzend auf Katzenfleisch spezialisierte Restaurants, und jährlich wurden in jedem von ihnen 1800 Katzen geschlachtet, wobei der Preis pro Mahlzeit innerhalb von nur zwei Jahren von 3,50 Dollar auf 11 Dollar stieg.

Bis 1997, als der Staat jedes weitere Abschlachten verbot, war Katzenfleisch – das im Allgemeinen nicht so fett wie Hund ist – ein Leibgericht der Gourmets in Hanoi. Warum dieses Verbot? Als die Katzenpopulation des Landes zurückging, vervielfachte sich – offiziellen Zahlen zufolge – die Anzahl der Ratten in alarmierendem Tempo, und in manchen Distrikten um die Hauptstadt herum fielen ihnen bis zu dreißig Prozent des Getreides zum Opfer. Daran seien die Restaurants schuld, hieß es.

Im selben Jahr ließen sich auf der anderen Seite der Welt die Behörden im peruanischen Lima in letzter Minute von Tierfreunden bewegen, ein Katzenkochfest zu untersagen, das zur Feier der heiligen Efigenica im Küstenstädtchen Canete veranstaltet werden sollte. Dennoch gilt Katze weiterhin als Delikatesse und steht immer noch auf lokalen Speisekarten, die allerdings nicht öffentlich ausgehängt sind.

Ein Schweizer Chefkoch, der in einem Fünfsternehotel in Asien arbeitete, lächelte, als ich die Katzenküche erwähnte. Er habe Katze in Norditalien gegessen und genossen, und wenn jemand ein Katzenrezept suche, müsse er nur ein Rezept für Eichhörnchen oder Kaninchen nehmen und diese Tiere durch die ähnlich schmeckende Katze ersetzen.

Derzeit scheint dem Genuss von Hund – und in geringerem Maße von Katze – eine gesunde Zukunft beschieden zu sein, insbesondere in Asien, wo damit kein gesellschaftliches Stigma verbunden ist. Und in den meisten Fällen, wo der Verzehr gesetzlich verboten ist, drücken die Gesetzeshüter eher ein Auge zu. Das kann sich natürlich ändern. Chang Moon Joon, ein Geschäftsführer des koreanischen Tierschutzverbandes und entschiedener Gegner des Verzehrs von Hunden, äußerte 1998 in einer Presseerklärung: »Da junge Leute heutzutage kein Hundefleisch essen, wird der Markt dafür zurückgehen und in zwanzig Jahren verschwinden.«

Mag sein. Dennoch lassen sich weder die Essgewohnheiten der Welt noch die rasch sich ergebenden Veränderungen hinsichtlich der Ernte ungewöhnlicher Feldfrüchte erklären oder vorhersagen. Vor ein paar Jahren war der Strauß nur ein großer, komisch aussehender Vogel. Heute wird er in großer Zahl in Südafrika, Australien, China und Nordamerika gezüchtet und als Lieferant von preiswertem, hochwertigem Protein gepriesen. Hunde und Katzen könnten die gleiche Rolle spielen.

Im April 1871 zeigte *Le Monde Illustré* Szenen aus dem Deutsch-Französischen Krieg und von der Belagerung von Paris – hier standen die Menschen an Marktständen an, die Ratten-, Katzen- und Hundefleisch verkauften.

Pferd

Pferdetartar

150–250 g magere Flanke
   oder Rumpsteak vom
   Pferd (pro Person)
1 Eigelb
1 Knoblauchzehe, gehackt
1 El rote Zwiebel, gehackt
1 El Petersilie, gehackt
1 Tl Kapern
1 Spritzer Worcestersauce
   oder Chilisauce
Ketchup, Olivenöl, Soja-
   sauce
Salz und Pfeffer

Das Fleisch durchdrehen,
mit Eigelb, Knoblauch,
Worcestersauce oder Chilisauce, Salz und Pfeffer vermengen, zu einer Kugel
formen und auf einen Teller
legen. Mit Zwiebel, Petersilie und Kapern garnieren.
Mit Ketchup, Olivenöl, Worcestersauce und Sojasauce
zum zusätzlichen Würzen
servieren.

Mein Freund Richard Lair, ein Elefantenfachmann, der in Thailand lebt – wo er, wie er sagt, praktisch alles außer Elefant gegessen hat –, besuchte Anfang der 1960er Jahre die San Francisco State University und lernte dort Pferdefleisch kennen. Ein Kumpel von ihm war Koch, der sein Essen oft in einer Tierhandlung einkaufte, denn nur hier konnte er ohne weiteres Pferdefleisch einkaufen – das galt nämlich (in Amerika) nur als Hundefutter.

Dieser Gentleman wusste, wie Pferd geschnitten wurde, erzählte mir mein Freund, und erkannte frisches Fleisch auf den ersten Blick. Fand das »Hundefutter« seinen Beifall, kaufte er etwas Rumpsteak und bereitete es zu Hause wie Bœuf bourguignon zu: Er wälzte die mageren Fleischwürfel in Mehl, briet sie in einem gußeisernen Topf mit Zwiebeln und Schalotten und vielleicht noch einem Schuss Cognac an und gab 20 Minuten vor dem Servieren noch Kartoffeln und Gemüse dazu.

Pferdefleisch? Manchen Euro-Amerikanern schaudert es bei dem Gedanken. Dies ist schließlich das Säugetier, das seit etwa 2500 v. Chr. am engsten mit dem Menschen verbunden ist, vornehmlich als Lasttier und als Transportmittel. Bereits 900 v. Chr. wurde das assyrische Pferd als Vorläufer der Kavallerie rekrutiert. Um dieselbe Zeit wurden Pferderennen in die ersten Olympischen Spiele einbezogen. Pferde zogen auch Streitwagen in die Schlacht und Pflüge über Felder.

Das Pferd wurde im 17. Jahrhundert von spanischen Konquistadoren in die »Neue Welt« eingeführt, wo es sich auf den riesigen Graseebenen rasch vermehrte und des Cowboys (in Argentinien des Gauchos) bester Freund und unverzichtbarer Partner wurde. Bevor Züge die USA durchquerten, wurde die Post vom Pony Express gebracht, und die Menschen wurden in Postkutschen mit Vierer- und Sechsergespannen befördert. Später zogen Pferde Straßenbahnwagen und Spritzenwagen. Fuhrleute und Händler transportierten ihre Waren in Pferdewagen. Im Laufe der Zeit wurde das Pferd ersetzt: vom Zug (anfangs das »eiserne Pferd« genannt), vom Traktor, vom Auto und vom Lastwagen.

Das Pferd eignet sich für praktische wie für romantische Aufgaben. Heute ziehen Pferde Kutschen durch den New Yorker Central Park, andere vollführen Tricks im Zirkus. Noch immer helfen Pferde den Cowboys, Viehherden zu hüten, und Pferde werden in Pferderennen eingesetzt oder springen über Hindernisse. Polo ist ein internationaler Sport, der aus dem alten Indien stammt, wo ein Ziegenkopf häufig als Ball diente. Es gibt Polizeipferde und Pferde auf Touristenranches und im Laufe des letzten Jahrhunderts waren Dutzende von Pferden sogar echte Filmstars. Überall gibt es Reitvereine, Reitturniere und Zuchtshows.

Vor diesem Hintergrund überrascht es nicht, dass Organisationen, vorwiegend in den USA, entschlossen sind, dem Töten von Wildpferden im amerikanischen Westen und in Kanada, die als Nahrung nach Europa exportiert werden, Einhalt zu gebieten. 1996 wies eine Statistik sieben Millionen Pferde in Amerika aus, etwa 20 Prozent mehr als ein Jahrzehnt zuvor. Von den auf Auktionen verkauften sollen die meisten »nach Paris gegangen« sein, wie der lokale Euphemismus für den europäischen Pferdefleischmarkt lautet.

Wir wissen aufgrund der eiszeitlichen Höhlenmalereien, dass der prähistorische Mensch das Pferd als Fleischlieferant jagte. Manche Historiker glauben, das Pferd sei zuerst als Nahrungsquelle domestiziert worden, bevor es als Lasttier eingesetzt wurde. Das Fleisch war zwar vom mosaischen Gesetz verboten, doch Joseph hielt während einer Hungersnot Pferde als Nahrung, und der griechische Historiker Herodot erzählt, dass Pferde gesotten und dann mit Ochsen gekocht wurden.

Später berichtete Marco Polo, dass die Mongolen regelmäßig ihren Reitpferden kleine Mengen Blut abzapften (mehr darüber im Abschnitt »Blut«), während sie durch Zentralasien zogen, und dass sie Stutenmilch tranken sowie zur Herstellung von Quark und Joghurt verwendeten. »Zunächst bringen sie die Milch [fast] zum Kochen«, schrieb der berühmte Händler und Forscher. »Im richtigen Augenblick schöpfen sie den Rahm ab, der auf der Oberfläche schwimmt, und geben ihn in ein anderes Gefäß, um daraus Butter zu bereiten. Dann stellen sie die Milch an die Sonne und lassen sie trocknen. Wenn sie sich auf eine Expedition begeben, nehmen sie etwa zehn Pfund von dieser Milch mit; und jeden Morgen geben sie etwa ein halbes Pfund davon in eine kleine kürbisförmige Lederflasche mit so viel Wasser, wie es ihnen beliebt. Während sie reiten, vermischt sich die Milch mit dem Wasser zu einer Flüssigkeit, die sie trinken. Und das ist ihr Frühstück.«

Rund 20 Jahre vor Marco Polo schilderte Wilhelm von Rubruk in *Der Bericht des Franziskaners Wilhelm von Rubruk über seine Reise in das Innere Asiens in den Jahren 1253/1255*, wie die Mongolen *kumiss* bereiteten, eine vergorene Flüssigkeit. Als die stehende Pferdemilch zu gären begonnen habe, sei sie in eine große Blase gegossen und geschlagen worden mit »einem eigens zu diesem Zweck geformten Stück Holz, das am unteren Ende einen Knoten wie ein Menschenkopf hat, der hohl ist; und sobald sie sie schlagen, beginnt sie zu kochen [schäumen] wie neuer Wein und sauer und von einem scharfen Geschmack zu sein; und sie schlagen sie auf diese Weise, bis Butter entsteht. Wenn ein Mensch einen Zug genommen hat, hinterlässt sie einen Geschmack wie von Mandelmilch, sie geht sehr angenehm die Kehle hinunter und berauscht schwache Köpfe, denn sie ist sehr schwer und stark.« Der Genuss von Pferdemilch und ihrer Nebenprodukte ist zwar heute nicht so verbreitet, doch eine schwache Version von Kumiss wird in Teilen Chinas getrunken. (Hier beträgt der Alkoholgehalt nur zwei Prozent, also weniger als bei den leichtesten Bieren.)

Die Franzosen, namentlich die Pariser, essen Pferdefleisch häufig und offen seit 1811, als es nach langem Verbot für legal erklärt wurde. Heute werden in Frankreich, insbesondere in der Camargue mit ihren oft fotografierten Wildpferdeherden, einige Rassen zur Fleischerzeugung gezüchtet, und wie bei den meisten Fleischsorten werden die Jungtiere – die Fohlen – wegen ihrer Zartheit bevorzugt. Pferdefleisch ist leicht verdaulich und hat weniger Kalorien als Rindfleisch – 94 pro hundert Gramm im Vergleich zu 156 bei magerem Rindfleisch.

Um die Nachfrage des Marktes zu befriedigen, der heute auch Japan umfasst, werden alljährlich tausende von Wildpferden, Eseln und Maultieren im Westen der USA getötet und geschlachtet. Merkwürdigerweise hat erst ein aufwendiges staatliches Programm diese Industrie geschaffen oder zumindest begünstigt. Mit diesem Programm des US-Bureau of Land Management sollen Wildpferde auf staatlichen Ländereien geschützt werden, wo sie mit dem Weidevieh um Wasser und Futter konkurrieren. »Überzählige« Pferde werden eingefangen und öffentlich zur Adoption angeboten. Der Staat gibt über 1000 Dollar für jedes Pferd aus, damit es eingefangen, geimpft, gebrandmarkt und amtlich erfasst wird, während die Adoptionswilligen 125 Dollar für ein gesundes und nur 25 Dollar für ein

Von der Prärie auf den Teller

Big Horn, Wyoming – Letztes Jahr fanden 86000 Pferde ihr Ende in den vier Pferdefleisch-Verpackungsfirmen, die es noch in Amerika gibt. 1996 exportierten diese Unternehmen Pferdefleisch im Wert von 64 Millionen Dollar nach Belgien, Frankreich, Mexiko und in die Schweiz. Spitzenkandidat fürs Schlachten, sagen Käufer, ist ein zehn bis zwölf Jahre altes muskulöses Reitpferd. Die Hinterteile werden eingefroren nach Europa geflogen, die Vorderteile gekocht und gehackt und per Schiff transportiert.

Dies ist ein so gut wie unsichtbarer Handel. Sogar das US-Landwirtschaftsministerium, die für die Inspektion von Pferdefleisch zuständige Behörde, knausert mit Informationen. Studien und Analysen der Industrie existieren praktisch nicht. Verpackungsfirmen sind so offen wie eine gefrorene Auster. Die Central-Nebraska Packing Company von North Platte wehrte den Besuchswunsch dieses Reporters höflich, aber entschieden ab. »Mit Leuten, die Fabriken niederbrennen, pflegen wir keine Besichtigungen zu veranstalten«, erklärte der Manager. Er bezog sich auf einen Vorfall vom Juli 1997, als Brandstifter bei der Cavel West Verpackungsfirma in Redmond, Oregon, die auf Pferdefleisch spezialisiert ist, einen Schaden in Millionenhöhe anrichteten. Eine abfackelfreudige Gruppe, die Animal Liberation Front, bekannte sich zu dem Anschlag.

The Economist, 23. Mai 1998

Oben: Von den vierzehn noch existierenden Pferdefleischmetzgereien in Paris hat dieser Laden in der schicken Rue St. Antoine (Besitzer Jean-Pierre Houssin) die traditionellste Fassade, samt den Glasmalereien und drei unübersehbaren vergoldeten Köpfen über dem Laden.
Unten: Ein mobiler Pferdefleischladen macht gute Geschäfte in einer französischen Provinzstadt, wo er frisch geschlachtete Steaks und Hackfleisch verkauft.
Gegenüber: Saucisson d'âne – Wurst aus getrocknetem Eselfleisch – ist eine Spezialität von Arles in Südfrankreich, die auf dem Samstagsmarkt zu sehen ist und mit Olivenbrot und einem Glas *Côte du Rhône* serviert wird.

altes oder lahmes Pferd zahlen. Die neuen »Eltern« erklären sich bereit, die Tiere mindestens ein Jahr zu behalten. Manche tun dies, viele nicht, und die meisten verkaufen sie schließlich dem Schlachter, von dem sie normalerweise 700 Dollar pro Pferd erhalten. Über 165 000 Tiere sind seit dem Start des Programms im Jahre 1982 eingefangen worden und haben den Staat über 250 Millionen Dollar gekostet. Ein Zehntel dieser Summe wird in einem guten Jahr beim Verkauf des Fleischs über den Export nach Europa und Japan erzielt.

»Getötet am Freitag, verarbeitet am Montag, donnerstags beladen wir den Lastwagen, und dann wird es nach Europa geflogen«, sagt Pascal Derde, Besitzer von Cavel West, einer Verpackungsfabrik in Redmond, Oregon. »Dienstags wird es gegegessen.«

So beliebt Pferdefleisch heute sein mag – es wird wohl kaum jemals wieder so ein Ereignis geben, wie es Mitte des 19. Jahrhunderts stattfand. So berichtete der *Larousse Gastronomique*, die berühmte Kochenzyklopädie, dass am 6. Februar 1856 eine Reihe von Metzgern und Köchen ein Bankett in einem der Pariser Grandhotels organisierten. Das Menü bestand aus Pferdebrühe mit Suppennudeln, Pferdewurst, gekochtem Pferd, Pferdeeintopf, Pferdefilet mit Pilzen, in Pferdefett gebratenen Kartoffeln, Salat mit Pferdeöl und einer Rumpastete mit Pferdemark. Zu den Gästen dieses Festmahls zählten auch der Romancier Alexandre Dumas, unter anderem Autor eines 1152-seitigen *Grand Dictionnaire de Cuisine*, und Gustave Flaubert.

Pferd kann in vielen Rezepten statt Rindfleisch verwendet werden – die Tiere sind schließlich miteinander verwandt – und ist besonders für rohe Gerichte geeignet, für die die magere Flanke dünn geschnitten und mit einer scharfen Sauce (Meerrettich eignet sich gut) oder als »Pferdetartar« angerichtet wird, vermischt mit gehackten Zwiebeln, Kräutern und Gewürzen und mit Worcestersauce serviert. In Japan ist *Umasashi*, Pferdefleisch-*Sashimi*, überaus geschätzt; in Südfrankreich basiert die heimische Wurst auf durchgedrehtem Pferdefleisch und wird gegrillt, gebacken oder gebraten.

Auch andere Mitglieder der Pferdefamilie werden gegessen, vor allem die Zebras in Afrika, wo sie so zahlreich waren, dass sie jahrhundertelang eine preiswerte und leicht verfügbare Proteinquelle abgaben. Laurens van der Post, ein südafrikanischer Schriftsteller, der in seinem Buch *First Catch Your Eland* (1977) seine gastronomischen Abenteuer als Kind und Jugendlicher zum Besten gab, meinte, Zebrafilets und -steaks seien »das zarteste und schmackhafteste Fleisch überhaupt« gewesen.

Heute gelangt Zebrafleisch auf offene Märkte in Ost- und Südafrika, wo es noch zahlreiche Herden gibt. In manchen Spezialitätenrestaurants wird es als Hauptgericht angeboten und gewöhnlich als Spießbraten am Tisch zerlegt.

Ratte & Maus

Von Nagetieren als Nahrungsmittel erfuhr ich zum ersten Mal, als mir jemand von einem Restaurant in London erzählte, wo ein französisches Ehepaar einen leckeren Ratteneintopf servieren würde. Wie es hieß, seien die beiden nach dem Zweiten Weltkrieg nach England ausgewandert und hätten ein Rezept mitgebracht, das sie sich während der deutschen Besetzung von Paris ausgedacht hätten, als Fleisch besonders knapp gewesen sei. Das Paar hätte Ratten in den Gassen gefangen und sie mit allen Gemüsen und Kräutern gekocht, die sie auftreiben konnten, und ein köstliches Gericht kreiert. »Leider waren die Ratten so sehnig und zäh wie die Pariser«, fuhr mein Freund fort. »Aber die Zeiten der Gassenratte sind vorbei. Heute ziehen sie ihre eigenen Ratten auf und füttern sie mit Getreide, bis sie rund und saftig sind.«

Leider waren die Besitzer des Restaurants inzwischen gestorben, und das Lokal existierte nicht mehr. Daher bekam ich erst Jahre später ein Nagetier zu essen, als ich mich zum ersten Mal bei den Eltern meiner Freundin Samniang Changsena aufhielt, Reisbauern im Nordosten von Thailand. Dort werden Feldmäuse als Delikatesse genossen und gleichzeitig wird man die verhassten Schädlinge in den Reisfeldern auch los. Samniang erklärte mir, die Ratten und Mäuse, die sie essen würden, seien gesund, weil sie in den Schlammdeichen zwischen den Reisterrassen leben würden. Da sie sich hauptsächlich von Reis ernähren, sind sie am fettesten zur Erntezeit von November bis Januar, als ich dort war.

Meine Freundin sagte, sie und ihre Schwester würden Wasser in ein Loch gießen, und wenn die kleinen Bewohner herausliefen, würden sie ihnen mit einem Stock auf den Kopf schlagen, und wenn sie nicht herauskämen, würden sie nach ihnen graben. Dann nähmen sie die Nager mit heim und würden sie direkt auf das im Freien brennende Holzkohlenfeuer legen, das der Familie als Herd diente; mit einem Stock würden sie umgedreht, bis sie knusprig seien. Samniang meinte, am zartesten seien die Babys – man äße sie einfach mit Haut und Knochen, eventuell mit einer würzigen Dipsauce.

Und genau das erlebte ich, als ich die Familie meiner Freundin besuchte. Ich sah zu, wie sie mehrere Mäuse auf den Kohlen grillten, bis sie knusprig waren, und dann aß ich sie mit Haut und Knochen und einer Chili- und Fischsauce.

Nagetiere haben weltweit einen schlechten Ruf. So beliebt Micky- und Minniemaus und andere Comicfiguren auch sein mögen – Ratte und Maus sind nach wie vor unheimliche und unbeliebte Wesen.

Schon lange ist Ratte ein Schimpfwort, mit dem jemand bedacht wird, der seine Freunde verraten hat. Mit ihrer zuckenden spitzen Nase und ihren Barthaaren, den gruseligen gelben Raffzähnen und dem haarlosen Schwanz gelten Ratten auch nicht gerade als Schönheiten.

Schlimmer noch: Ratten beißen Säuglinge in ihrer Wiege und verbreiten alle möglichen schrecklichen Krankheiten, und ständig lesen wir in der Zeitung, dass die Gesundheitsbehörden in modernen Großstädten, von Bombay über Berlin bis Beverly Hills, einer Verseuchung durch Ratten vorbeugen wollen. Nach einem Bericht von 1997 ist eins von zwanzig Häusern in England verseucht – und es gibt sechzig Millionen Ratten bei einer Bevölkerung von 58 Millionen Menschen.

Immerhin haben Ratten, Mäuse und andere Mitglieder dieser Nagetierfamilien eine lange kulinarische Geschichte, die zum Teil auf ihrer riesigen Anzahl und Vielfalt basiert. Sind die Nagetiere doch eine Ordnung, die fast vierzig Prozent aller Säugetiere der Erde umfasst, die alle essbar sind wie Kaninchen, Eichhörnchen, Murmeltier, Biber, Chinchilla, Meerschweinchen, Stachelschwein, Wüstenspringmaus, Hamster und in Lateinamerika Aguti, Nutria und Wasserschwein – ein großes, schwanzloses Lebewesen, das auf die gleiche Weise wie ein Spanferkel zubereitet wird. In manchen Gegenden gelten diese Nagetiere als ganz normale Mahlzeit. Zwischen eineinhalb und zwei Millionen Eichhörnchen werden alljährlich allein im amerikanischen Staat Illinois von Jägern getötet. Aber die meisten Nagetiere werden nur selten gegessen. Und manche sind für das vorherrschende euro-amerikanische Geschmacksempfinden ein Greuel, allen voran Maus und Ratte.

Die gemeine Hausratte kam höchstwahrscheinlich aus Asien und erreichte Europa im 13. Jahrhundert auf Handelsschiffen. Bald darauf sah man in Rattenflöhen die Ursache für die Verbreitung der Pest, der 25 Millionen Menschen – ein Viertel der damaligen Bevölkerung – zum Opfer fielen. Auf der ganzen Welt werden heute von Ratten und ihren Parasiten mindestens zwanzig verschiedene Krankheiten übertragen, von Typhus über Trichinose bis zum Lassafieber. Kein Wunder, dass das *Guinness-Buch der Rekorde* diese Spezies »das gefährlichste Nagetier der Welt« nennt.

Doch es gibt Ratten und Mäuse, die sich leicht fangen lassen und nicht nur sicher zu genießen sind, sondern auch seit Jahrtausenden verbreitet gegessen werden, sowohl in Notzeiten wie als Hauptnahrung oder als Delikatesse. Im alten Rom wurden Haselmäuse in Käfigen so lange mit Nüssen gefüttert, bis sie gut genährt waren für den anspruchsvollen Geschmack eines Kaisers. Diese Tiere, die eine Länge von bis zu zwanzig Zentimetern (ohne Schwanz) erreichten, waren so beliebt, dass sie auch gezüchtet und exportiert wurden, um den Hunger der römischen Besatzer in Großbritannien zu stillen.

Im chinesischen Kaiserreich wurde die Ratte »Haushaltswild« genannt und galt als besonderer Leckerbissen. Marco Polo schrieb, die Tataren hätten Ratten in den Sommermonaten gegessen, wenn sie in Hülle und Fülle zur Verfügung standen. Zur Zeit von Kolumbus, als die Lebensmittelvorräte eines Schiffs bei einer Ozeanüberquerung zur Neige gingen, wurde aus dem Rattenfänger des Schiffs ein Mann von gehobenem Status,

dessen Lohn erhöht wurde, wenn Nagetiere – die gewöhnlich als Schädlinge angesehen wurden – eine geschätzte Proteinquelle waren. Im Frankreich des 19. Jahrhunderts taten sich viele Bewohner von Bordeaux an gegrillten oder gekochten Ratten mit Schalotten gütlich. Thomas Genin, ein bekannter Koch und Organisator der ersten kulinarischen Wettbewerbe des Landes in den 1880er Jahren, rühmte die ausgezeichnete Qualität von Rattenfleisch. Henry David Thoreau soll gesagt haben, er habe gebratene Ratten mit Sauce genossen; allerdings behaupten manche Historiker, er habe von Bisamratten gesprochen, die wahrscheinlich am Walden Pond gelebt hatten. Während des Vietnamkriegs waren Ratten für den Vietkong eine wichtige Nahrungsquelle. G. Gordon Liddy, einer der Architekten von Präsident Richard Nixons Watergate-Skandal, prahlte damit, er habe Ratte auf amerikanische Art – also gebraten – gegessen, obwohl man allgemein annimmt, er habe damit nur seinen Mut beweisen und nicht etwa seinen kulinarischen Horizont erweitern wollen.

In Lateinamerika, Asien und in Teilen von Afrika und Ozeanien ist Ratte heute eine verbreitete Vorspeise. In manchen Gegenden von China wird sie immer noch in beliebten Restaurants auf über ein Dutzend Arten zubereitet. Sogar in Amerika gibt es Bezugsquellen für Ratten und Mäuse. Eine Firma, die sich Gourmet Rodent nennt, liefert die Nager küchenfertig und eingefroren oder lebendig. (1998 kosteten Mäuse zwischen 0,47 bis 0,67 Dollar das Stück, Ratten zwischen 0,62 Dollar und 2,17 Dollar für die 300 bis 400 g schweren »Jumbos«. Nachlässe gab es auf Bestellungen von mehr als fünfhundert Einheiten.) Angemerkt sei, dass solche Firmen ihre Anzeigen in Zeitschriften für Leute schalten, die Schlangen halten, es sei aber – so die Herausgeber – bekannt, dass einige Käufer in jüngerer Zeit in die USA eingewandert seien und keine Schlangen hielten.

Frittierte Feldratte

4 ausgewachsene oder 8 kleine Ratten
10–15 zerdrückte Knoblauchzehen
2 El Salz
½ El Pfeffer

Die Ratten häuten und ausnehmen, Kopf und Zehen entfernen. Knoblauch, Salz und Pfeffer zu einer Paste mischen und das Fleisch damit einreiben, dann 6–8 Stunden in die Sonne legen, bis es trocken ist. 6–8 Minuten in Pflanzenöl frittieren, bis es hellbraun und knusprig ist. Mit Klebereis, süßsaurer Sauce, Fischsauce oder scharfer Chilipaste und rohen Gemüsen servieren.

Traditionelles Isan-Rezept, mit freundlicher Genehmigung von Samniang Changsena.

Oben: Gegrillte ganze Babymäuse mit einer vietnamesischen Dipsauce aus fein gehacktem Ingwer, Knoblauch, Chilis und Koriander in Fischsauce und Reisessig.
Unten: Nach der Jagd unter Reisfeldern bei Madras grillt eine Gruppe von Rattenfängern einen Teil der Tagesausbeute an einem offenen Feuer.

Die Rattenfänger von Indien

Die meisten Ratten werden vielleicht in Indien verzehrt, wo jährlich Schwärme von Maulwurfsratten, Reisratten und Feldmäusen so viel Getreide vernichten, dass sich die 900 Millionen Bewohner des Landes drei Monate lang davon ernähren könnten. Viele Nager werden durch Chemikalien getötet, die auch das Wasser und die Erde vergiften und den Verzehr der Tiere zu einem gefährlichen Risiko machen.

Früher lebten die 28 000 Irulas aus dem Distrikt Chingleput, die Meisterrattenfänger von Indien, vom Schlangenfang. Als die Regierung Mitte der 1970er Jahre den Handel mit Schlangenhäuten verbot, verlegten sie sich auf den Rattenfang. Ende der 1980er Jahre bewiesen sie ihr Können anlässlich einer Studie der internationalen Hilfsorganisation Oxfam Trust. Bei fünfzig überprüften Jagden fingen die Irula mehrere tausend Ratten für etwa fünf US-Cents pro Exemplar, während beim Einsatz von Pestiziden die Kosten zehnmal so hoch sind.

Die Jagd ist einfach und modernen Ausrottungstechniken überlegen. Wenn die Männer in einem Feld einen Bau entdecken, zünden sie Gräser und Blätter in Tontöpfen an, so dass sich viel Rauch bildet. Die Töpfe werden über alle Ausgänge der Tunnel gestellt und der Rauch wird in die Baue geblasen. Dann graben die Irula die erstickten Ratten und Mäuse aus. Ein Teil der Beute wird an Krokodilfarmen in Madras verkauft. Der Rest gelangt auf den Markt oder wird nach Hause gebracht, wo die Tiere in einem Curry zubereitet oder gegrillt werden.

Oben: Nachdem die Irula alle Ausgänge ermittelt haben, räuchern sie die Ratten aus. Ein Tontopf mit einem Loch im Boden und glimmenden Reisstängeln gefüllt stellt eine wirkungsvolle Rauchmaschine dar. Der Rauch treibt die Ratten zu den Ausgängen, wo sie von den Rattenfängern erwartet werden.
Unten: Entlang des kleinen Walls zwischen den Reisfeldern gräbt eine Gruppe von Irulas nach einem Rattennest, das sie ausgemacht haben, indem sie auf Bewegungen dicht unterm Boden lauschten. Meist entdecken sie auch noch einen von den Ratten gestohlenen Reisvorrat, der das Essen der Fänger zusätzlich bereichert.

Gegenüber: Chockalingam, der erfahrenste Fänger der Irulas, gräbt mit Hilfe von Frau und Sohn nach einem Nest.

Oben: Zwei Hände voller Ratten. Sie werden entweder gegessen oder im Rahmen des Programms des Oxfam Trust und des indischen Ministeriums für Wissenschaft und Technik für eineinhalb Rupien pro Stück verkauft.

Unten: Ein nebliger Morgen kündigt einen heißen Tag am Ende der Reisernte an, der bevorzugten Saison für den Rattenfang.

Fledermäuse

Gebratene Fledermaus

6–8 Fledermäuse
2 mittelgroße Zwiebeln, in Scheiben geschnitten
2 Rübchen oder ähnliches Gemüse, in kleine Stücke geschnitten
1 rote Chilischote, ohne Samen und fein gehackt
2 Knoblauchzehen, fein gehackt
Salz und Pfeffer nach Geschmack
Öl zum Braten

Die Haare über einer offenen Flamme absengen, Flügel und Köpfe entfernen und das Fledermausfleisch in mundgerechte Stückchen schneiden. Das Fleisch in einem Wok mit wenig Öl über mittlerer Flamme braten, bis es zart ist. Das Gemüse und die anderen Zutaten erst in den letzten zwei, drei Minuten hinzugeben.

Vom Autor 1997 in Thailand und Indonesien entdeckt

Das Tri-Ky-Restaurant von Saigon existiert nicht mehr – auf seinem Grundstück wurde ein Bürohochhaus errichtet. Leider, denn es hatte eine der herausragenden Speisekarten mit »skurrilen Spezialitäten« in Südostasien, auf der Hund, Fledermaus, Schildkröte und eine Reihe von Wildgerichten ebenso wie eine Auswahl von Blutcocktails angeboten wurden. Das Restaurant befand sich in einem großen Raum im Erdgeschoss eines Gebäudes am Saigon River. Ich entdeckte es 1993, in seinen letzten Tagen.

Ich trat ein, nahm an einem Tisch an den großen Fenstern neben der Eingangstür Platz und betrachtete die Männer mit den Baseballkappen, die draußen in den Sitzen ihrer Fahrradrikschas dösten und auf Kundschaft warteten. Ich erinnerte mich, dass ich vor ein paar Jahren in Taipeh kein Schlangenblut trinken wollte, und dachte, es wäre an der Zeit, diese kulinarische Feigheit zu überwinden.

»Ich möchte eine von denen haben«, sagte ich und wies auf eine Zeile in der Speisekarte. »Die, äh, Kobra.«

»Fledermaus sehr gut, Sir«, erwiderte der Ober.

Offenbar hatte ich nicht die ganze Getränkekarte gelesen. »Fledermausblut?«, fragte ich. Ich versuchte, den Coolen zu spielen. »Was für eine Fledermausart?« Als ob das noch eine Rolle spielte.

»Flughund, Sir. Haben auch Fledermauseintopf. Sehr gut.«

Ich wollte es probieren. Mit einer Dose 333, dem einheimischen Bier. Besser mit zweien.

Was dann geschah, überraschte mich. Als das kalte Bier vor mir stand, wurde die lebendige Fledermaus an meinen Tisch gebracht. Der Ober hielt die Beine und Flügel mit einer Hand fest, während er dem Tier die Kehle mit einem kleinen, scharfen Messer durchtrennte. Das Blut lief in ein Gläschen.

»*Chuc suc khoe!*«, sagte der Ober. Das war der vietnamesische Standardtoast, er bedeutete »viel Glück«.

Ich hob das Gläschen und trank die warme Flüssigkeit, versuchte sie über meine Zunge gleiten zu lassen, als wäre sie ein edler Wein, spülte sie dann aber rasch mit einem Schluck 333 hinunter. Der Ober lächelte, die schlaffe Fledermaus noch immer in einer Hand, während er mit der anderen ihren Kopf in einer kleinen Schale bedeckte, um zu verhindern, dass Blut auf den Boden tropfte.

»Noch eine, Sir?«, erkundigte er sich.

»Vielleicht nach dem Essen.« Immer cool bleiben. Der Fledermauseintopf war übrigens sehr sehnig.

»Wie viele Ausländer bestellen Fledermaus?«, fragte ich beim Bezahlen.

»Sie sind der erste dieses Jahr«, erwiderte der Ober.

In amerikanischen Filmen haben Tom Cruise (in *Interview mit dem Vampir*, 1994) und eine Reihe von Schauspielern, die Batman gespielt haben, den schlechten Ruf von Fledermäusen vielleicht ein wenig aufpoliert, aber in weiten Teilen der Welt hat man noch immer Angst vor diesen Wesen. An diesem traurigen Zustand sind vor allem Bram Stoker, der Autor von *Dracula* (1897), sowie die amerikanische Autorin Anne Rice mit ihren Vampirromanen schuld. Ist es angesichts dieser unrühmlichen Vergangenheit und der Bilder von Blut saugenden Männern, die tagsüber in Särgen schlafen und nur durch einen Pfahl ins Herz oder einen Schuss mit einer Silberkugel getötet werden können, ein Wunder, dass es die Menschen bei der Vorstellung von frittierter Fledermaus oder einem Glas warmem Fledermauswein graust?

Und das ist noch nicht alles. Fledermäuse spielen eine grässliche Rolle in Volkssagen. Die Bibel nennt sie unreine Vögel – obwohl sie Säugetiere sind – und von Indien über Irland bis zu den USA gelten sie als Symbol des Todes. In vielen Volksmärchen nimmt der Teufel die Gestalt einer Fledermaus an und in weiten Teilen der euro-amerikanischen Welt glaubt man, Fledermäuse würden sich in den Haaren einer Frau so verhaken, dass sie sie nur mit einer Schere oder einem Messer wieder loswerden könnte.

Fledermäuse dürften eine so bedeutende Rolle spielen, weil es sie schon so lange gibt – seit fünfzig Millionen Jahren – und weil sie so weit verbreitet und so zahlreich sind: Man schätzt, dass jedes vierte Säugetier eine Fledermaus ist. Es gibt über neunhundert Arten, von der thailändischen Hummelfledermaus, die weniger als ein US-Penny wiegt, bis zu einigen »Flughunden« in Südamerika und im Pazifikraum, deren Körper so groß wie der eines kleinen Hundes ist und deren Flügelspannweite fast 1,80 Meter beträgt.

Fledermäuse sind auch nicht sehr attraktiv. Ihr Fellkörper sieht wie der einer Ratte oder Maus aus. Ihre ledrigen Flügel spannen sich über einen Rahmen wie bei einem sich öffnenden Schirm, ihre übergroßen, durchsichtigen Ohren sind von Knorpelrippen und Blutgefäßen durchzogen, von ihrer schweineartigen Schnauze stehen Fühlhärchen ab. Und sie schlafen kopfüber, indem sie sich mit den Füßen an eine Höhlendecke klammern – wirklich kein erhebender Anblick.

Dennoch sind Fledermäuse eine der interessantesten Schöpfungen der Natur, vor allem wegen ihres Ultraschallsensoriums. Indem sie hochfrequente Schallwellen aussenden und ihr Echo empfangen, können Fledermäuse Hindernisse und Beutetiere exakt lokalisieren.

Während Menschen Schallwellen nur bis zu zwanzigtausend Schwingungen pro Sekunde hören können, hören Fledermäuse noch Schallwellen zwischen fünfzig- und hunderttausend Schwingungen und senden rund dreißig Klicklaute pro Sekunde aus. Das Echolot von fischenden Fledermäusen ist so feinfühlig, dass sie die Bewegung der Rückenflosse einer Elritze ausmachen können, die sich nur den Bruchteil eines Millimeters über der Oberfläche eines Tümpels zeigt. Afrikanische Herznasenfledermäuse können über eine Entfernung von rund zwei Metern noch einen Käfer über Sand trippeln hören. Dieser Sonarsinn ermöglicht es den meist ziemlich blinden Tieren auch, selbst bei

großen Geschwindigkeiten Hindernissen auszuweichen.

Wie fängt man dann eine Fledermaus? Ganz einfach: Mehrere Männer stellen sich mit einem Fischernetz außerhalb einer der Höhlen auf, aus denen in der Dämmerung tausende von Fledermäusen herauskommen, um sich auf Nahrungssuche zu begeben. Ein Mann mit einer Schrotflinte kann um diese Zeit auch mit einem einzigen Schuss zwanzig bis dreißig treffen – allerdings muss der Koch bei der Zubereitung der Mahlzeit mühsam die Schrotkügelchen entfernen.

Was die Fledermaus als Nahrungsmittel so reizvoll macht, ist nicht nur diese leichte Fangmethode. Millionen Menschen glauben nämlich, dass der Genuss dieser Tiere die Fruchtbarkeit steigere, die Chancen auf ein langes Leben erhöhe und Glück bringe. Bei den Chinesen verweist ein Symbol für fünf Fledermäuse auf die fünf Segnungen: Reichtum, Gesundheit, Tugendliebe, hohes Alter und ein natürlicher Tod. Der Verzehr von Fledermäusen soll auch das Sehvermögen verbessern und in Indien wird Fledermausöl – aus geschmolzenem Fett, vermischt mit Blut, Kokosöl und Kampfer – als Heilmittel bei Rheuma und Arthritis verkauft. In Kambodscha wird Fledermaus bei Keuchhusten verschrieben. Und ... sie hat wenig Fett.

Heute wird die Fledermaus vorwiegend in Asien und im Pazifikraum gegessen. Eine Flederhundart in Guam ist zwar fast ausgestorben, aber anderswo sind sie noch zahlreich vorhanden – die Fledermaus zählt nicht zu den bedrohten Arten. Am meisten geschätzt sind wohl die Flughunde, die es in großen Teilen des westlichen Südpazifikraums, auf den Philippinen, in Indonesien und fast überall in Mikronesien gibt.

Die Zubereitung von Fledermaus ist immer einfach. Sie ist noch nicht so akzeptiert beim größeren Publikum, wie es der Emu und das Känguru in Australien und verschiedene Wildfleischarten in Afrika schon sind, wo »heimische« Nahrungsmittel »in« sind und sich die Köche phantasievolle Rezepte dafür ausdenken. Eines Tages könnte es Rezepte für Fledermauslasagne und Fledermauskasserolle geben, aber einst-

Rechts und gegenüber:
Gegrillte Fledermaus ist
eine lokale Spezialität an
den Ausläufern des Ge-
birgszugs, der Birma und
Thailand trennt. Der Kalk-
stein bietet den Fleder-
mäusen zahllose Höhlen,
und mehrere kleine Restaurants bei Ratchaburi (etwa
eineinhalb Fahrstunden
westlich von Bangkok)
servieren sie im Ganzen,
gegrillt oder frittiert.

weilen müssen wir uns meist mit Suppe begnügen, vielleicht mit etwas Ingwer, Sojasauce oder Kokossahne.

Der Verzehr einer Fledermaus mag auch denen Schwierigkeiten bereiten, die sich von ihrem Anblick auf dem Teller abgestoßen fühlen. Kaninchen sehen nicht wie Kaninchen aus, wenn sie serviert werden, aber Fledermäuse sehen oft tatsächlich noch wie Fledermäuse aus. Sie sind meist klein und werden im Allgemeinen gegrillt oder frittiert und als Ganzes zubereitet, einschließlich der Flügel, des Kopfes und der Knöchelchen, und das Knacken bei Tisch erinnert unweigerlich daran, was man gerade isst. Oder man kann die Fledermaus häuten, Kopf und Flügel entfernen – sie enthalten sowieso nur wenig Fleisch – und den Körper für Suppen oder Eintöpfe in Würfelchen schneiden.

Achtung: Die meisten Arten verströmen beim Kochen einen etwas stechenden Geruch. Der lässt sich durch Zugabe von Chilischoten, Zwiebeln oder Knoblauch oder einer Kombination davon überdecken.

Weitere Gründe, Fledermäuse zu lieben

Die größeren Arten werden auch wegen ihrer Haut gejagt und der Fledermausguano in den Höhlen wird seit über einem Jahrhundert als ausgezeichneter Dünger geschätzt. Wichtige Nutzpflanzen wie Bananen, Brotfrucht und Mangos bis zu Cashewnüssen, Datteln und Feigen werden von Fledermäusen befruchtet. Eine einzige braune Fledermaus kann in einer Stunde 600 Moskitos fressen und die 20 Millionen mexikanischen Bulldogg-Fledermäuse, die in einer Höhle bei Austin, Texas, leben – eine Touristenattraktion –, vertilgen jede Nacht 250 Tonnen Insekten.

(Ein amerikanischer Freund, der in Indonesien lebt, meint, es helfe auch, wenn man beim Kochen mehrere Flaschen des heimischen Biers trinke.)

Auf meiner Straße in Bangkok lebt eine Fledermaus. Ich weiß nicht, wo sie tagsüber herumhängt, aber ich sehe das einsame Wesen in der Dämmerung durch die Luft taumeln – Moskitos fressend, vermute ich. Ich weiß nicht, warum ich nur eine sehe. Aber jedesmal, wenn ich dieses kleine Tier sehe, muss ich an die Cocktailstunde in Saigon denken.

Fledermaus vom Grill

6–8 Fledermäuse
Salz und Pfeffer
4 Knoblauchzehen, fein gehackt
4 Chilischoten, ohne Samen fein gehackt

Die Fledermaushaare über einer offenen Flamme absengen, dann die Haut entfernen. Nach Wunsch Kopf und Flügel abtrennen. Das Fleisch mit Salz, Pfeffer und Knoblauch einreiben und alles eine Stunde ziehen lassen. Bei mittlerer Hitze oder über einem offenen Feuer oder Holzkohlegrill grillen, bis das Fleisch knusprig ist. Den gehackten Chili darüber streuen und etwa zehn Minuten ruhen lassen, bis sich der strenge Geruch verzogen hat. Mit Reis servieren.

Gegenüber: Seit Jahrhunderten bewohnen Fledermäuse den großen Tempel von Angkor Wat aus dem 12. Jahrhundert, wo sie im dunklen Inneren der berühmten Türme von Wänden und Decken hängen. Im zwei Jahrzehnte währenden Bürgerkrieg in Kambodscha wurde die Tempelanlage vernachlässigt. Seitdem hat sich die Fledermauspopulation vermehrt.

Links: Dieser einheimische Bauer bereichert die Ernährung seiner Familie durch Fledermäuse. Er klettert in den Türmen herum und zieht mit einem Haken an einem Bambusstock die Tiere aus den Spalten und wirft sie dann zu seinem unten wartenden Neffen hinunter. Am liebsten bereitet er die kleinen Fledermäuse zu, indem er sie mit Reismehl bestäubt und frittiert.

Primaten & anderes Buschfleisch

Karl Ammann entdeckte sein dringendes »Anliegen« 1988, als er auf dem Kongo in Zentralafrika unterwegs war. Hier zählte er auf einem der legendären Flussschiffe zweitausend geräucherte Primatenrümpfe und etwa tausend frische. Affe. Schimpanse. Auf Ammann wirkte das wie ein menschliches Leichenschauhaus en miniature.

Seither verbringt Ammann, ein Schweizer Fotograf, viel Zeit mit der Untersuchung des Buschfleischhandels in Afrika, wo der Gorilla zu den gefährdeten Arten gehört (man schätzt, dass jedes Jahr 800 Exemplare getötet und gegessen werden), und in Indonesien, wo der Orang-Utan ebenfalls auf der Liste der vom Aussterben bedrohten Arten steht. Ammann ist ein Fanatiker. Er weist darauf hin, dass sich der genetische Code von Schimpansen zu 98,6 Prozent mit dem des Menschen deckt, und fragt, ob das Abschießen von Schim-

pansen nicht zu 98,6 Prozent Mord und der Verzehr nicht zu 98,6 Prozent Kannibalismus sei.

Eine unbestreitbare Tatsache ist, dass Affen und andere Dschungeltiere seit zehn-, vielleicht hunderttausenden von Jahren die primäre Proteinquelle für Menschen in vielen Teilen von Zentral- und Südamerika, Asien, Afrika und Ozeanien sind. In manchen Gebieten von West- und Zentralafrika ist das sogenannte Buschfleisch bis heute die einzige tierische Proteinquelle. (Die Viehhaltung ist in den Tropen oft unmöglich, weil es keine Weiden gibt und die Tiere der Tsetsefliege und Tierepidemien ausgesetzt sind.) Der World Wildlife Fund (WWF) erklärt:

• Buschfleisch liefert 50 Prozent des in Äquatorialafrika konsumierten Proteins, 75 Prozent in Liberia.

• Die zwei Millionen Bewohner des Bundesstaats Amazonas in Brasilien jagen und verzehren alljährlich drei Millionen Säugetiere (sowie eine Million Vögel und mehrere hunderttausend Reptilien).

• Von den 214 in einem Wald im indischen Bundesstaat West Bengal entdeckten Arten werden 155 von der einheimischen Bevölkerung für Nahrung, Brennstoffe, Fasern, Futter, Medikamente und religiöse Riten benutzt.

Ammanns Frage lautet: Wie lange kann dies so weitergehen? Laut dem Biosynergy Institute, einem amerikanischen Naturschutzverein, der das Bush Meat Project leitet und einer von Ammanns Verbündeten ist, hätte eine »zerlumpte Armee von 1500 Buschfleischjägern« allein 1998 über zweitausend Gorillas und viertausend Schimpansen in der Waldregion von West- und Zentralafrika geschossen, geschlachtet und jedes

---

Wie man südafrikanisches Biltong richtig zubereitet

Wildfleisch
Steinsalz
Schwarzer Pfeffer, grob gemahlen
Koriander, gemahlen
Essig, am besten Apfelessig

Zunächst das Fleisch längs der Faser in ein Zentimeter dicke, etwa 15 Zentimeter lange Streifen schneiden. Großzügig mit Salz bestreuen und eine Stunde stehen lassen. Je länger es ruht, desto salziger wird es.

Danach alles überschüssige Salz mit einem Messer abstreifen (nicht in Wasser tauchen!). Dann etwas Essig in eine Schüssel geben und die Streifen kurz hineintauchen, den überschüssigen Essig abtropfen lassen und das Fleisch auf allen Seiten mit gemahlenem Pfeffer und Koriander bestreuen. Nun kann man es trocknen lassen. Es gibt mehrere Methoden.

Man kann es an einem kühlen Ort auf einer Leine vor einen laufenden Ventilator hängen. Wenn die Luft allerdings feucht ist, kann das Fleisch verderben. Ich verwende eine selbst gebastelte »Biltongbox«. Das ist eine einfache Holzkiste (Sie können auch einen Karton nehmen) mit Löchern und einer 60-Watt-Lampe darin. Man hängt das Fleisch an den Deckel der Kiste und lässt die Lampe am Boden an. Die Wärme der Glühlampe trocknet das Fleisch (selbst bei feuchtem Wetter) in etwa drei bis vier Tagen. Die Kiste muss auf allen Seiten geschlossen sein, bis auf die paar Löcher, die für eine gute Luftzirkulation in der Kiste sorgen.

Jahr mehr große Menschenaffen verzehrt, als in Zoos und Labors in Nordamerika gehalten würden.

Und das ist noch nicht alles. Nicht nur eine jahrhundertealte Essgewohnheit führt zum »größten Naturschutzproblem, vor dem Afrika seit der Elfenbeinkrise steht«, wie CNN es formuliert hat. Die Arbeiter deutscher, britischer, japanischer und amerikanischer Holzfirmen, die im Regenwald operieren, ließen den Nahrungsbedarf dramatisch ansteigen. Jäger in abgelegenen Dörfern töteten einst nur Wild, um ihre Familien zu ernähren, aber heute errichten sie Lager in Holzfällersiedlungen und jagen auf kommerzieller Basis. Neu angelegte Straßen durch die Wälder erleichtern den Transport von Buschfleisch zu den großen Städten der Region wie Doula und Yaounde in Kamerun, Brazzaville und Pointe Noire in Kongo und Kinshasa in Zaire. Dort sieht man nicht selten einen Lastwagen auf den Markt fahren, an den Dutzende von Tieren angebunden sind. Buschfleisch wird häufig auch geräuchert oder in Teilen (Arm, Bein etc.) verkauft oder in Steak- und Gulaschportionen zerlegt.

Gesetzliche Verbote behindern den Verkauf von Buschfleisch nicht. »Buschfleisch von allen möglichen Arten war auf allen großen Märkten erhältlich, außerhalb wie innerhalb der Jagdzeit«, schrieb Ammann 1998 in einer seiner regelmäßig in Newsletters und im Internet publizierten Attacken. »Während das Fleisch geschützter Arten auf einigen Märkten kaschiert war, wurde es auf anderen offen ausgestellt.«

Laut Ammann ist der Buschfleischhandel »so sehr kommerzialisiert, dass er ein integraler Bestandteil der Wirtschaft ist – ein Problem, das von Naturschutzorganisationen nicht mehr zu bewältigen ist«. Sogar die Holzfäller mussten kapitulieren, sagte er: Ein leitender Angestellter einer großen französischen Firma habe gegenüber CNN erklärt, seine Firma habe inzwischen Angst vor den Wilderern, die automatische Waffen hätten; einige deutsche Holzfäller, die die schlechte Publicity leid waren, forderten 1997 die Transporteure ihres Bauholzes auf, ihre Fahrer anzuweisen, kein Buschfleisch mehr mitzuführen. Die Fahrer streikten,

und die Holzfäller und Transporteure gaben nach.

Ammann hat einmal die Preisunterschiede zwischen Buschfleisch und dem Fleisch von Haustierarten wie Schwein und Rind ermittelt. »Wir gingen auf den Yaounde-Buschfleischmarkt und kauften zwei Gorilla-Arme«, schrieb er. »Dann erstanden wir die entsprechende Menge Rindfleisch. Ferner kauften wir den eingefrorenen Kopf eines Schimpansen und verglichen den Preis mit einem viel größeren Schweinskopf. Wir nahmen alles ins Hotel mit und versahen das Fleisch mit Preisschildern, um zu veranschaulichen, dass Rind und Schwein nicht einmal halb so viel kosteten wie Gorilla und Schimpanse.«

Für viele Länder außerhalb der dritten Welt ist der Verzehr von Primaten inakzeptabel.

»Wir, die wir Primaten studieren und schützen, fühlen uns verständlicherweise nicht wohl dabei, wenn wir sie auf der Speisekarte sehen«, schrieb Dr. Anthony Rose vom Biosynergy Institute 1998 in *Pan Africa News*. »Dieses Unbehagen mag egozentrisch sein und

Wieder in Schwierigkeiten

Redmond O'Hanlon ist Anthropologe und ein hoch begabter und exzentrischer Reiseschriftsteller. Seine Bücher, in denen er seine Reisen in die Dschungels von Borneo, Südamerika und Afrika schildert, sind Bestseller und wahre Kultbücher. In seinem zweiten Buch, *In Trouble Again: A Journey Between the Orinoco and the Amazon* (1990) erzählt er die Geschichte von einem geschossenen Brüllaffen, der »etwa so groß wie ein Cockerspaniel« war.

»Chimo und Pablo breiteten Palmwedel auf dem Boden aus und begannen den Brüllaffen zuzubereiten, indem sie ihn in kochendem Wasser siedeten und das Fell abzogen. Seine Haut wurde weiß, wie die eines Babys.

An diesem Abend, als Pablo den Körper zerlegt und Galvis ihn gekocht hatte, reichte Chimo mir ein verdächtig volles Kochgeschirr. Als ich die Suppe auslöffelte, kam der Affenschädel zum Vorschein, dünn bedeckt von seinem roten Fleisch, die Augen noch in ihren Höhlen. ›Wir haben ihn dir extra gegeben‹, sagte Chimo ganz ernst, während er neben mir auf einem Baumstamm saß, noch eine Handvoll Maniok aus der Schüssel nahm und in seine Schale tat. ›Das ist eine Ehre in unserem Land. Wenn du die Augen isst, bringt uns das Glück.‹

Der Schädel starrte mich mit bleckenden Zähnen an. Ich hob ihn hoch, presste die Lippen abwechselnd an jede Augenhöhle und saugte. Die Augen lösten sich von ihren weichen Stielen und glitten meine Kehle hinunter.

Chimo setzte seine Schüssel ab, faltete die Hände über seinem Wanst und brüllte vor Lachen.

›Du Wilder!‹ schrie er. ›Du entsetzlicher nackter Wilder! Meinst du nicht, dass er wie ein Mensch aussieht? He? Wie konntest du nur so was Widerliches tun?‹«

Redmond O'Hanlon, *In Trouble Again*

Oben: Diese Höhlenmalerei von Buschmännern im Giant's Castle in den südafrikanischen Drakensbergen zeigt Speere schwingende Jäger und ihre Beute. Auf den Jäger-Sammler-Ursprüngen der Menschheit beruht die anhaltende Faszination, die von »Buschfleisch« ausgeht.
Gegenüber: Ein Restaurantschild im Städtchen Kulai bei Johor Bahru in Malaysia preist einige der in der Region beliebten »Dschungelspezialitäten« an.

markt zu verkaufen oder kostenlos mit anderen Dorfbewohnern zu teilen. Heute werden automatische Waffen verwendet, und dieselben Lastwagen, die die Jäger in den Wald bringen, kehren auch mit dem Frischfleisch zurück. Sogar einige traditionelle Flussboote haben inzwischen Gefriertruhen.

So gelangt immer mehr Buschfleisch schneller und effizienter auf den Markt, da sich der Markt selbst ständig erweitert. Laut einer Studie von 1997 wurden auf dem Markt von Ouesso, einer Kleinstadt in Kongo (11 000 Einwohner), jede Woche über sechs Tonnen Buschfleisch verkauft, von acht verschiedenen Affen- und Gorilla-Arten.

Buschfleisch gelangt nicht nur auf afrikanische Esstische. 1998 berichtete der WWF, Schimpanse und Gorilla hätten auf Speisekarten in Paris und Brüssel gestanden, wo das Fleisch getrocknet, geräuchert, als Steaks und als reichhaltige Wildeintöpfe serviert wurde. Affe ist auch ein beliebtes Gericht in ländlichen Gegenden von Südchina und Südostasien.

So bedrohlich dies alles klingen mag – viele, wenn nicht die meisten Dschungeltiere, die auf den Speisekarten in äquatorialen Restaurants oder auf den Speiseplänen in tropischen Ländern stehen, sind auf keiner Liste gefährdeter Arten zu finden. Die vielen Primaten, die auf solchen Listen stehen – Gorilla, Schimpanse, Organ-Utan, eine Pavianart und über ein Dutzend anderer Affenarten –, sollten nicht gegessen werden, selbst wenn es noch ziemlich große Populationen gibt. Allerdings existieren noch andere Arten von Buschfleisch, in Australien »bush tucker« genannt.

Drei Länder in Afrika – Namibia, Simbabwe und Südafrika – exportieren Wildfleisch nach Europa und eine Reihe privater Wildranches laden Jäger zu Safaris ein, die an die Zeiten erinnern, als Ernest Hemingway auf Großwildjagd ging. Gegen ein entsprechendes Abschussgeld kann der Jäger Elen, Impala, Kudu, Waldducker, Springbock, Buschschwein, Zebra und Kuhantilope schießen.

Man kann sich leicht vorstellen, was Hemingway von den »Dschungelrestaurants« halten würde, die es

aus unseren persönlichen Esstabus oder aus unserer Sorge herrühren, dass Tiere an unseren Feldforschungsstätten getötet werden könnten, bevor wir unsere Forschungen abgeschlossen haben. Es mag anthropozentrisch sein – Ausdruck unserer Abneigung, etwas so Menschenähnliches wie einen Gorilla oder Pavian zu essen. Oder es mag aus einer biozentrischen Sorge um Einzelwesen und Arten herrühren, denen das Aussterben droht, die hoch oben auf der Nahrungskette stehen oder nachweislich fühlende und leidende Lebewesen sind.«

Mittlerweile bemüht sich eine Allianz von über dreißig internationalen Organisationen um eine Veränderung der Ernährungsweise, die nicht nur in Afrika, sondern auch in Südamerika, in Süd- und Südostasien seit Jahrtausenden existiert. Ihr Anliegen, erklären die Tierschützer, sei dringlich, weil sich die Jagdmethoden geändert hätten. Früher seien die Tiere mit Pfeil und Bogen, Speeren und Netzen gejagt worden, mit dem einzigen Ziel, Essen auf den Familientisch zu bringen und gelegentlich überschüssiges Fleisch auf dem Dorf-

heute in vielen Großstädten auf der ganzen Welt gibt. Dazu zählen auch zwei afrikanische Restaurants namens Carnivore – eins in seinem geliebten Kenia, das andere in Südafrika. Das Carnivore bei Nairobi, eine der beliebtesten Touristenattraktionen, bietet täglich zwei verschiedene Sorten von Wildfleisch an. Es wird über einer riesigen Holzkohlengrube gleich am Eingang zubereitet, durch das Restaurant auf traditionellen Massai-Macheten getragen und direkt auf den brutzelnden gusseisernen Tellern des Lokals zerlegt. In den Spitzenmonaten Dezember und Januar wurden hier 1997 jeweils 13 000 Portionen serviert, 70 Prozent davon an Touristen. Zum Standarddinner gehören Krokodil (das auf einer Farm an der Küste gezüchtet wird), Zebra, Elen, Kapbüffel, Kuhantilope, Gazelle, Giraffe, Impala, Kamel, Oryx, Weißschwanzgnu und Strauß. Das Ganze nennt sich – wie witzig – »gnu-velle cuisine«.

Ähnliche Restaurants gibt es auf der ganzen Welt. Das »bush tucker« – »tucker« ist in Dutzenden australischer Restaurants ein Slangwort für Essen – umfasst Gerichte, die einst als typisch für die Aborigines-Bevölkerung galten. Heute sind Kängurufilets, Straußensteaks und Krokodilspießchen nicht nur akzeptiert, sondern begehrt. Hier wie anderswo gleichen die »exotischen« oder »Dschungel«-Restaurants den Hard-Rock-Café- und Planet-Hollywood-Filialen, wo das Thema wichtiger als das Essen zu sein scheint.

Die Preise in solchen Etablissements entsprechen der Luxusklasse. Man gewinnt den Eindruck, die Gastronomen meinen, Gerichte, die einst angeblich nur für die »Eingeborenen« geeignet waren, ließen sich am besten dadurch aufwerten, dass man einen exorbitanten Preis dafür verlangt.

Die meisten Wildfleischsorten sind im Allgemeinen trockener und weniger zart als Fleisch von Haustieren und haben einen penetranteren Geruch und Geschmack. Da Wildvögel und -säugetiere auf Beutejagd gehen, entwickeln ihre Muskeln mehr Bindegewebe als die Muskeln von Haustieren – daher gilt: Je jünger das Tier, desto weniger zäh, so wie manche

Menschen Kalb dem Fleisch älterer Rinder vorziehen. Das strenge Aroma von Wildtieren rührt vor allem von deren Fett her, daher kann es wichtig sein, das Fleisch von allem Fett zu befreien.

Um eine gewisse Zartheit zu erzielen, marinieren Carnivore-Köche das Fleisch auch acht bis 24 Stunden in einer Mischung von Öl, Wasser, Sojasauce, Zitrone, Estragon, Rotwein, Salz, weißem Pfeffer und Kardamom und begießen es während des Garens mit einer Barbecuesauce aus Honig, Limonensaft, Öl, Sojasauce und Stärkemehl.

Fast alle Wildtiere eignen sich für Eintöpfe und Stroganoffs oder lassen sich grillen, im Ofen braten oder backen. In Südafrika werden Buschschweine und einige Gazellenarten routinemäßig zu Biltong (Trockenfleisch) verarbeitet, einer uralten Methode der Fleischkonservierung.

Elefanteneintopf

1 Elefant
Braune Sauce
Salz und Pfeffer
2 Kaninchen (optional)

Suchen Sie zuerst Ihren Elefanten. Schneiden Sie ihn in mundgerechte Stücke. Nehmen Sie sich entsprechend Zeit dafür. Die Stücke in einem großen Topf mit brauner Sauce bedecken. Über einem offenen Feuer vier Wochen lang bei 240 Grad kochen. Das ergibt etwa 3800 Portionen. Erwarten Sie mehr Gäste, können Sie 2 Kaninchen hinzufügen, aber nur im Notfall, weil die meisten Menschen keinen Hasen im Eintopf mögen.

Oben: Ein Ober im Carnivore-Restaurant in Nairobi serviert das Buschfleisch des Tages, das direkt am Tisch der Gäste zerlegt wird. *Unten:* Känguru ist seit kurzem in der modernen Küche beliebt. Im Londoner Sugar Club serviert der renommierte Chefkoch Peter Gordon, ein Neuseeländer, einen würzigen Kängurusalat im Thaistil – er mag das Fleisch wegen seines Geschmacks und seiner Zartheit.

Elefantenschützer halten das vielleicht nicht für witzig, weil beide Elefantenarten – der Asiatische und der Afrikanische Elefant – weltweit auf der Liste der gefährdeten Arten stehen. Wo einst zahlreiche Elefanten Afrika von der Sahara bis zum Kap der Guten Hoffnung durchstreiften und fast überall in asiatischen Wäldern heimisch waren, existieren sie nur noch in geringer Zahl, und die Aussichten sind düster. Wilderer töten sie immer noch wegen ihres Elfenbeins und allein in dem Jahrzehnt vor dem Verbot im Jahre 1989 sollen 700 000 Elefanten abgeschlachtet worden sein. Rodungen haben ihre natürlichen Lebensräume großenteils beseitigt, insbesondere in Asien. Von wenigen Exemplaren abgesehen, die der Unterhaltung von Touristen dienen, werden Elefanten heute kaum noch für Transporte benötigt. Gleichzeitig haben Einschränkungen beim Holzfällen in vielen Ländern andere traditionelle Arbeitsplätze vernichtet.

Gleichwohl wird der Afrikanische Elefant immer noch als Nahrungslieferant getötet. Ganz legal. Und wenn Sie eines der Länder besuchen, wo Elefant auf der Speisekarte steht, können Sie Elefanteneintopf – ohne Hase – und Elefantenrüsselsteak genießen, das als besonders schmackhaft gilt. Sie können vielleicht sogar Elefantenbüchsenfleisch als Souvenir mit heimnehmen, um Ihre Freunde zu beeindrucken oder zu beleidigen.

Elefantenfleisch wird seit zehntausenden von Jahren gegessen – primitive Jäger erlegten die Ahnen der heutigen Dickhäuter, Mammut und Mastodon, mit Speeren oder trieben sie mit Feuer über Felsklippen. Sogar in jüngerer Zeit stand das Tier bei vielen afrikanischen Völkern auf dem Speiseplan. Die Pygmäen waren bekannt dafür, dass sie die Tierriesen mit vergifteten Pfeilen zur Strecke brachten.

Solches Tun und Treiben wirkte sich nicht auf die Population aus – die Geburtenrate war höher als die Zahl der Getöteten. Es war eine nachhaltige Jagd.

Nicht in allen afrikanischen Ländern sind die Elefanten gefährdet. In Simbabwe waren die Schutzbemühungen so erfolgreich, dass der Staat ein Programm zur gezielten Begrenzung der Elefantenpopulation initiierte. 1995 erklärte George Pangeti, stellvertretender Direktor des Department of National Parks and Wildlife, es gebe zwischen siebzig- und achtzigtausend Elefanten in einem Revier, das nur die Hälfte von ihnen ernähren könne. Ein ausgewachsener Elefant fresse bis zu 450 Pfund Pflanzen täglich, sagte Pangeti, und große Teile der Nationalparks würden durch Übervölkerung verwüstet, wodurch das zur Erhaltung anderer Wildtierarten erforderliche ökologische Gleichgewicht gestört werde.

Ähnlich argumentierte man in Südafrika, wo die Elefantenpopulation im Krüger-Nationalpark – einem Wildreservat so groß wie Israel – von den paar hundert Exemplaren, die die Elfenbeinjäger Anfang der 1990er Jahre übrig gelassen hatten, auf achttausend anwuchs. Auch hier ordnete der Staat einen gezielten Abschuss sowie den Verkauf der Häute (für teure Koffer usw.) und des Fleischs an, wobei die jährlichen Einnahmen von bis zu 500 000 Dollar den Naturschutzprogrammen zugute kamen.

Tierschutzgruppen in Europa und in den USA erklärten, das Dezimieren würde das Verbot des Elfenbeinhandels unterlaufen und durch die Entstehung neuer Märkte für das Fleisch und die Häute die Wildern fördern. Man solle doch die unerwünschten Tiere anderswohin bringen. Südafrika übersiedelte in der Tat hunderte von Elefanten in kleinere Reservate, ebenso Kenia. Aber das Übervölkerungsproblem bestand nach wie vor in einigen Gebieten und der Transport der Tiere über längere Strecken war unglaublich teuer.

Da sich die Politiker scheuten, Gesetze zu erlassen, die das Töten von Elefanten sanktionierten, wurden die Tiere zum Verkauf und zur »Adoption« freigegeben. Es gab verständlicherweise wenig Interessenten und schließlich wurden die Herden von staatlichen Jägern ausgedünnt. Das Fleisch und die Häute kamen auf den Markt.

Solche staatlichen Programme waren nicht billig. Mit dem Aushäuten eines Elefanten waren mehrere Menschen stundenlang beschäftigt, während für das Konservieren des Fleischs von einem einzigen Tier 500 Pfund Salz benötigt wurden, vom aufwendigen Transport von einer halben Tonne Fleisch ganz zu schweigen. So war 1965 von der UNO ein Ausmerzprogramm finanziert und ein Schlachthof in Sambia eingerichtet worden, der fünf Prozent der lokalen Elefanten-, Flusspferd- und Büffelpopulationen verarbeiten sollte. 1970 wurde das Programm wieder eingestellt, vor allem auf Grund der hohen Kosten für den Transport der Tierkörper über große Entfernungen und wegen der schlechten Vermarktung. Heutzutage ernähren sich in Südafrika vor allem die Armen in dicht besiedelten Gebieten um die Wildreservate von Elefantenfleisch.

Elefantenfleisch wird meist vor Ort konsumiert oder für eine spätere Verwendung geräuchert und getrocknet. Rüssel und Füße gelten als die feinsten Stücke; aus Elefantenfett wird Kochöl hergestellt.

Selbst nach zwölf oder mehr Stunden Kochzeit (oder langem Abhängen an der freien Luft) gilt das Fleisch als etwas zäh. Es ist muskulös und gallertartig und lässt sich mit Rinderzunge vergleichen – es schmeckt auch so ähnlich, nur mehr nach Wild.

Falls Sie diese Delikatesse in Afrika probieren wollen, sollten Sie bald einen Flug buchen. In Johannesburg wollen die Politiker den Elefanten die Pille verschreiben.

MENU

TO... ...T OF CARROT

...AT

OSTRICH

Z... CROCODILE

...TEB... ...ELAND

...N... ...UFFALO

...MB CHOPS

LEG O... ...X KIDNEYS

LEG OF PO... CHICKEN YAKITORI

PORK SPARE RIBS   CHICKEN LIVERS

PORK SAUSAGES   CHICKEN WING...

CARNIVORE
NAIROBI
CARVER

Gegenüber: So ein Schimpanse wird zuweilen als Haustier gehalten, aber nur für kurze Zeit – dann wandert er in den Topf oder wird auf einem zentralafrikanischen Markt verkauft.

Oben: Affen werden in der Wildnis über offenem Feuer geräuchert und dann für den Transport in die Stadt verpackt oder für den späteren Verzehr aufbewahrt. 1997 forderte der Premierminister der Republik Kongo alle Schulkinder offiziell auf, ihre Ferien beim Jagen und Fischen zu verbringen – eine Aufforderung, die während der Schonzeit erging.

Unten: Gorillafleisch lässt sich leicht räuchern und in manchen Gegenden offen verkaufen – als Büffel deklariert. Die zum Schießen eines Gorillas erforderliche Munition kann man im Laden kaufen.

Fotos auf dieser Seite von Karl Ammann

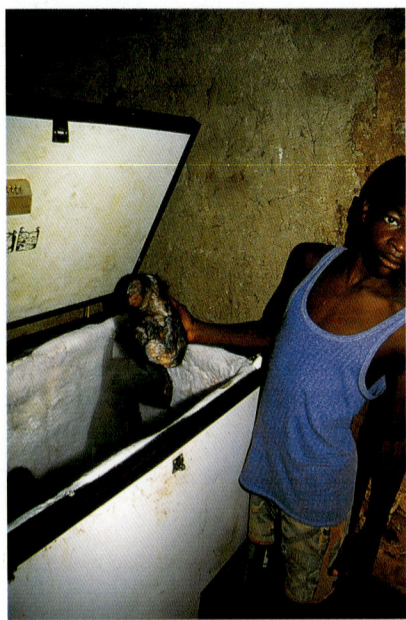

Oben: Dieses Schimpansen-baby wurde eingefroren per Flussboot nach Kinshasa transportiert, wo solches Fleisch auf vielen Restaurantspeisekarten steht.

Rechts: Antilopen – auch seltene Arten – machen einen Großteil des Buschfleischs aus.

Gegenüber links: Ein Junge trägt einen Gorillakopf als Trophäe.

Ganz rechts oben: Eine Dorfbewohnerin hält einen gekochten Affen.

Ganz rechts Mitte: Frisches und gekochtes Fleisch wird aus dem Dschungel auf Einbäumen, dann auf größeren Flussbooten oder auf Holzzügen wie diesem gebracht und dann in der Nähe des offenen Markts abgeladen.

Ganz rechts unten: Ein zentralafrikanischer Markt.

Sämtliche Fotos dieser Doppelseite von Karl Ammann

Bison, Wasserbüffel & Yak

Eintopf aus Wasserbüffelstreifen

2 Scheiben Wasserbüffel, etwa handtellergroß
Salz
4 Frühlingszwiebeln
2 Knoblauchzehen
5 Scheiben Galgant
1 große Zwiebel, in Scheiben geschnitten
Fischsauce
2 frische rote Chilischoten, gehackt
2 Kaffernlimonenblätter, fein gehackt
2 Limonen
Korianderblätter, gehackt
Frisch gemahlener schwarzer Pfeffer
Junge Gurken

Vom Fleisch die Sehnen entfernen. Dann die Scheiben waschen, mit Salz einreiben und über einem Feuer rösten, bis die Außenseite goldbraun ist. Die Frühlingszwiebeln mit dem Grün (nicht die Blätter) hacken. Die Knoblauchzehen in die Glut eines Holzkohlenfeuers setzen, bis sie angebraten, aber nicht durch sind, dann herausnehmen, die verkohlte Außenhaut entfernen und längsseits hacken.

Das Fleisch mit den Galgant- und den Zwiebelscheiben in einen Topf geben und mit gesalzenem Wasser bedecken. Den Topf aufs Feuer stellen. Wenn das Wasser kocht, ein paar Spritzer Fischsauce hinzugeben und weiterkochen

(Fortsetzung gegenüber)

Gebratener Amerikanischer Büffel, auch Bison genannt, war das Hauptgericht, das mir in den fünfziger Jahren auf einer Pfadfinder-Ranch in New Mexico vorgesetzt wurde. Damals trug eine der amerikanischen Münzen auf der einen Seite das Bild eines Indianerhäuptlings, auf der anderen das eines Bisons und als Pfadfinder war mir die Überlieferung der Indianer vertraut. Zu Hause kochte meine Mutter nur ungern und wegen der bescheidenen Ansprüche meines Vaters war unser Abendessen ziemlich banal – daher war der Genuss des Gerichts, das zahllose Indianer ernährt hatte, ganz exotisch und ließ mich über die Tatsache hinwegsehen, dass es wie eine penetrante Version des viel zu stark durchgebratenen Roastbeefs meiner Mutter schmeckte. (Entschuldige, Mom.)

Die riesigen Herden des zottigen, buckligen Bisons zogen einst über die Ebenen des amerikanischen Westens, so wie Zebras und Gazellen noch heute Teile der afrikanischen Steppe bewohnen. Bevor der weiße Mann kam, hielten sich etwa vierzig bis sechzig Millionen Bisons zwischen Kanada und Mexiko auf – die Hauptnahrungsquelle für die nomadischen Indianerstämme. Wie andere Weidetiere war das Bison auf seinen guten Geruchssinn angewiesen, um eine nahende Gefahr zu erkennen. Eingeborene Jäger näherten sich den Herden häufig auf Händen und Knien, ihre menschlichen Umrisse unter Wolfsfellen verborgen und den Körper mit Büffelfett eingeschmiert, um den menschlichen Geruch zu überdecken, Pfeil und Bogen in Bereitschaft haltend. Die Jäger errichteten auch hohe Wände aus Unterholz auf beiden Seiten der bekannten Büffelwanderrouten, so dass eine Art Trichter entstand, der zu einem primitiven Korral führte, wo sie ihre Ziele leicht töten konnten. Wenn es die Geografie erlaubte, jagden sie die Büffel über Felsklippen. Nachdem die Indianer Pferde und Gewehre von den frühen europäischen Jägern und Forschern erworben hatten, wurde ihre Jagd effizienter.

Ein erlegtes Tier konnte mit seinen 1000 bis 1500 Pfund Fleisch einen ganzen Stamm tagelang versorgen. Normalerweise wurden als Erstes die Innereien verzehrt, als zarteste und mildeste Teile – die entweder gebraten oder für eine künftige Verwendung getrocknet wurden – aber galten die Zunge und das Fleisch vom Buckel. Das Fleisch wurde kurz nach dem Schlachten gegessen, und zwar entweder am Spieß gebraten oder in einem Lederbeutel gekocht mit Wasser und mit zuvor in einem offenen Feuer erhitzten Steinen – ein Verfahren, das einen nahrhaften Eintopf oder eine Suppe ergab.

Die Indianer verwendeten jeden Teil des zottigen Tiers. Bekleidung und Mokassins wurden aus der gegerbten Haut angefertigt, ebenso Flöße und Boote. Die getrockneten Häute bedeckten auch die hohen, spitzen Zelte oder Tipis der Indianer. Die Felle ergaben Decken für die bitterkalten Winter. Gerbstoffe wurden aus dem Gehirn, dem Fett und der Leber gewonnen, Seife aus dem überschüssigen Fett, Klebstoffe aus den ausgelassenen Hufen. Kriegsschilde wurden aus der zähen Nackenhaut gefertigt, Pfeilspitzen und Messer aus den Knochen, Pulverhörner, Löffel und Trinkbecher aus den Hörnern. Die Sehne wurde als Schnur verwendet. Die Schulterblätter ergaben Hacken und die Mägen wurden zu Wasserschläuchen zusammengenäht. Die langen Haare wurden zu Halftern geflochten. Sogar der getrocknete Dung wurde für raucharme Lagerfeuer verwendet, genau wie heute, wenn kein Brennholz zur Verfügung steht.

Alljährlich töteten die Indianer schätzungsweise 300 000 Büffel, weit unterhalb der natürlichen Geburtenrate. Das änderte sich tragischerweise zu Beginn des 19. Jahrhunderts, als die Großwildjagd in weiten Teilen der Welt in Mode kam und weiße Siedler mit Gewehren die amerikanischen Prärien heimsuchten, gefolgt von Unternehmern und Abenteurern. Die Bisons wurden von weißen Jägern zunächst wegen ihres Fleischs getötet, bei einer jährlichen Abschussrate von etwa zwei Millionen Tieren, aber häufig wurden nur die Zungen für die modischen Restaurants in Chicago und New York genommen und die großen Kadaver der Verwesung überlassen. In den 1870er Jahren, als Bisonhäute erstmals zu kommerziellem Leder verarbeitet wurden, stieg die Abschussrate auf etwa drei Millionen pro Jahr.

William F. Cody, ein früher Präriebewohner, erhielt seinen Spitznamen »Buffalo Bill«, weil er Büffel als Nahrung für Eisenbahnbautrupps schoss und in einem Zeitraum von 17 Monaten 4280 Tiere getötet haben soll. Sobald die Eisenbahnen in Betrieb waren, schossen die Weißen jedes Jahr noch mehr Millionen Büffel, und zwar aus den Zügen, die durch die sich lichtenden Herden fuhren. Das ganze getötete Tier ließ man einfach verrotten. Als Schäfer und andere Siedler Zäune errichteten, wurden die überlebenden Tiere in ihrer natürlichen freien Lebensweise behindert. Ende des 19. Jahrhunderts stand der Amerikanische Büffel vor der Ausrottung – von ehemals zig Millionen Tieren weideten nur noch etwa tausend auf den Prärien.

Zum Glück hat sich das Blatt gewendet. Kleine wilde Herden überlebten in Teilen der USA (vor allem im Yellowstone Park) und in Kanada und im 20. Jahrhundert ergriff man Maßnahmen zum Schutz des Tiers und zur Wiederherstellung der einst so großen Herden. Heute weiden über hunderttausend Büffel auf Grünflächen und privaten Ranches von New York bis Kalifornien, von Kanada bis Oklahoma.

Viele der heutigen Herden werden zumindest teilweise zur Nahrungsproduktion gehalten, und darum sieht man immer häufiger Büffelsteak vom Holzkohlengrill und Büffelstew auf amerikanischen und kanadischen Speisekarten. Da Büffelfleisch vom Aussehen wie vom Geschmack her Rindfleisch ähnelt, wird es überall, wo es erhältlich ist, ohne weiteres angenommen – weil es jedoch nur in begrenzten Mengen vertrieben wird, ist es vielerorts unbekannt. Das Bison wird auch mit dem Rind gekreuzt, zum sogenannten »beefalo« oder »cattelo«. (Die Bullen dieser Kreuzung

sind freilich bislang unfruchtbar.) Unter Berufung auf wissenschaftliche Studien verweist die North American Bison Cooperative stolz darauf, dass das Fleisch weniger Cholesterin und gesättigte Fette als Rind sowie keine Allergene und Chemikalien enthalte.

Bud Flocchini aus Gillette in Wyoming, Präsident der American Bison Association, sagt, die Mitgliederzahl habe sich seit 1993 auf 2300 verdoppelt. »Das Interesse ist so groß wie nie zuvor. Färsenkälber kosten heute etwa 1600 Dollar, Zweijährige bis zu 3500. Letztes Jahr wurde ein prämierter Bulle für 15 000 Dollar verkauft. Aber die meisten Käufer sind kleine Betriebe. Wir raten ihnen, sich das Tier vor dem Kauf genau anzuschauen und ihre Weiden gut einzuzäunen. Der Umgang mit diesen Tieren ist viel schwieriger als mit Rindern. Um daran zu verdienen, braucht man zwischen 50 und 100 Tiere und rund 20 Hektar gute Weide sowie Zusatznahrung außerhalb der Weidesaison.«

Der Büffel wurde von den indianischen Stämmen großenteils in Form von *Pemmican* konsumiert, ein Wort aus der Cree-Sprache, das so viel wie »Reisefleisch« bedeutet. Um Pemmican oder Trockenfleisch herzustellen, trockneten die Cree-Indianer Büffelfleischstreifen ein paar Tage lang an der Sonne, zerdrückten sie dann zu einem Brei und vermischten diesen mit Bären- oder Gänsefett oder dem Fett des Bisons sowie mit zermahlenem Trockenobst.

Der Amerikanische Büffel hat zahlreiche Verwandte auf der ganzen Welt, von denen viele ebenfalls als nicht gefährdete Proteinquelle geschätzt werden. Dazu gehören der Kaffern- oder Rotbüffel in Afrika und Asien, der Wasserbüffel und der Yak.

Am häufigsten wird sicher der Wasserbüffel verzehrt. Dieser weitgehend domestizierte, Pflanzen fressende Wiederkäuer, von dem es auf der ganzen Welt schätzungsweise 140 Millionen Exemplare gibt, lebt vorwiegend in Indonesien, Thailand, Malaysia, auf den Philippinen, in Myanmar, China, Laos, Kambodscha und Vietnam. Hier rackern sie sich als lebender Traktor der Entwicklungsländer ab, während sie ansonsten als

lassen, bis das Wasser reduziert und das Fleisch zart ist.

Das Fleisch herausnehmen und in dünne Streifen schneiden. Die Galgantscheiben herausfischen und wegwerfen. Die Fleischstreifen in den Topf zurückgeben. Die verbliebene Flüssigkeit (die das Fleisch gerade benetzen sollte) abschmecken und die restlichen gehackten Zutaten und den Saft der beiden Limonen hinzufügen .

Den Eintopf in eine große Schüssel geben, mit frisch gemahlenem schwarzem Pfeffer und den Korianderblättern garnieren und mit jungen Gurken servieren.

Hausgenosse, Wettkampfsporttier (indem sie auf Festen gegeneinander kämpfen oder in langen Rennen gegen die Uhr antreten, wobei sich die Reiter waghalsig an ihrem pechschwarzen Fell festklammern) sowie als Symbol für Status, Reichtum und Friedlichkeit dienen. Man opfert einen Büffel bei einem Begräbnis oder einem religiösen Ritus oder bietet ihn als Bestandteil einer Mitgift für eine Braut an, damit das eigene lokale Ansehen steigt. Oder man setzt Wasserbüffel bei der Arbeit in den Reisfeldern ein und lässt sie und die Kinder gegenseitig aufeinander aufpassen, zwischen den Schichten vor dem primitiven Pflug. Kein anderes asiatisches Lasttier wird so sehr verehrt.

Um so überraschender mag es erscheinen, dass der Wasserbüffel so leicht auf den Esstisch kommt. Doch bevor die meisten südostasiatischen Länder vor etwa zwanzig Jahren echtes Rindfleisch aus Australien und anderswoher zu importieren begannen, war das in Asien konsumierte »Rindfleisch« meist Wasserbüffel – der leider großenteils ziemlich zäh war wegen des

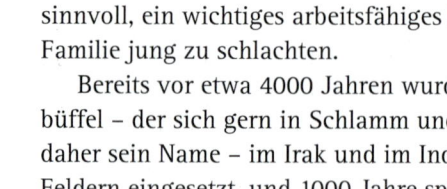

Der Wasserbüffel spielt eine wichtige Rolle in den Reisanbauländern Asiens – hier feiert man ihn auf den Philippinen beim alljährlichen *carabao*-Fest (»Büffel« in der Tagalogsprache) in Pulilan, nördlich von Manila. Für diesen Anlass bekleiden und schmücken die Bauern ihre Tiere.

fortgeschrittenen Alters der Tiere. Denn es war nicht sinnvoll, ein wichtiges arbeitsfähiges Mitglied der Familie jung zu schlachten.

Bereits vor etwa 4000 Jahren wurde der Wasserbüffel – der sich gern in Schlamm und Wasser suhlt, daher sein Name – im Irak und im Industal auf den Feldern eingesetzt, und 1000 Jahre später gab es in Südchina domestizierte Populationen. Dank ihrer breiten Hufe, biegsamen Gelenke und ungeheuren Kraft können die Tiere einen Pflug durch knietiefen Schlamm ziehen. Sie haben ein sanftmütiges Wesen und begnügen sich mit wildem Gras und den Stoppeln nach einer Reisernte. Trotz einer so bescheidenen Ernährung können ausgewachsene Tiere oft bis zu drei Meter lang werden, eine Schulterhöhe bis zu 1,80 Meter erreichen und über eine Tonne wiegen, so viel wie ein Kleinwagen.

Heutzutage stellen Wasserbüffel eine wichtige Milchquelle dar – etwa die Hälfte der in Indien konsumierten Milch stammt von ihnen. Sie enthält viel mehr Fett, mehr Nährstoffe und weniger Wasser als Kuhmilch und ist auch in China und auf den Philippinen von Bedeutung. In Indien wird aus der Milch auch noch eine Art flüssiger Butter bereitet. Für kommerzielle Zwecke in Italien und in Australien gehaltene Herden liefern die Milch, aus denen Mozzarella-Käse bereitet wird. Auch der Kaffernbüffel trägt großenteils zur Milchversorgung in Afrika bei. Doch noch immer wird das Tier vornehmlich wegen seines Fleischs geschätzt.

1993 beispielsweise, als die UNO Kambodscha bei der Organisation und Überwachung der ersten Wahl des Landes half, stieß eines der UNO-Fahrzeuge mit einem Wasserbüffel zusammen, als er über eine Landstraße schlenderte. Der Fahrer geriet in Panik und fuhr zur Hauptstadt Phnom Penh zurück, wo ihm seine Vorgesetzten erklärten, er müsse zum Unfallort zurückkehren und den Dorfbewohnern den Verlust bezahlen. Als er am nächsten Tag dort eintraf, war der Büffel bereits geschlachtet und teilweise verzehrt. Der UNO-Vertreter wurde zum Abendessen eingeladen.

Wasserbüffel lässt sich roh (gewöhnlich durchgedreht wie bei Tartar), getrocknet oder gekocht wie Rindfleisch verzehren. Einige der frühesten schriftlich festgehaltenen Rezepte stammen aus dem 19. Jahrhundert, aus Laos: die Anweisungen des königlichen Kochs zur Bereitung einer »scharfen heißen Wasserbüffelsauce«, die mit Scheibchen von roher Aubergine oder Gurke serviert wurde, von »langsam gekochten Wasserbüffelkutteln« und einer Art Eintopf, der mit Zitronengras und Chilischoten gewürzt war. Noch heute gibt es in der laotischen Hauptstadt Vientiane ein Restaurant, das für seine Büffelspezialitäten bekannt ist, zu denen auch Plazenta, Fötus, Euter und Hirn zählen. Wie bei anderen Tieren gilt: Je älter das Tier, desto zäher das Fleisch – es empfiehlt sich also die reichliche Verwendung von Mürbesalz.

Inzwischen geht die Wasserbüffelpopulation weltweit zurück – allein in Asien in den letzten drei Jahrzehnten um mehr als die Hälfte. Als die Bauern diese vierbeinigen Traktoren durch dreirädrige ersetzten (die frühesten hießen »Eisenbüffel«), ließ das Interesse an der Zucht nach. Gleichzeitig suchten immer mehr Bauern in den Großstädten Arbeit und überließen den Reisanbau den Konzernen. Früher besaßen 400 Familien in einem Dorf etwa 1000 Büffel – heute haben sie nur noch etwa 25.

Auf den Hochebenen und in den Gebirgen von Zentralasien, im östlichen Kaschmir, in Nepal und Tibet – von den tiefer liegenden Tälern bis auf etwa 6000 Meter Höhe, wo das Klima kalt und trocken ist –, lebt ein weiterer Verwandter von Büffel und Wasserbüffel: der Yak. Mit seinem ungewöhnlich üppigen Fell, das fast bis zum Boden reicht, und seinen langen, gebogenen Hörnern sieht er wie ein großer brauner oder rötlicher Zottelteppich über einem langgehörnten Ochsen mit einem Buckel aus. Trotz ihrer beachtlichen Masse – auch Yaks wiegen so viel wie ein Kleinwagen – sind sie wendige Kletterer und sichere Schwimmer. Sie weiden auf eisigen Berghängen und Talböden.

Wie andere Mitglieder ihrer Familie sind Yaks wegen ihrer vielfältigen Verwendungsmöglichkeiten

beliebt. Sie befördern schwere Lasten. Das Haar wird zu Seilen gesponnen und zu Tuchen gewoben. Die Haut wird für Leder, Schuhe, Mäntel, Getreidesäcke und zum Bau einfacher Boote ebenso wie für zeltartige transportable Behausungen verwendet. Mit den Hörnern lässt sich ein deutlich vernehmbarer Ton erzeugen wenn sie richtig geblasen werden: Mönche oder Yakhirten verkünden damit die Tageszeit, rufen Hilfe herbei, signalisieren Gefahr oder kommunizieren schlicht mit anderen. Und wie bei den amerikanischen Verwandten des Yaks wird der getrocknete Dung als Brennstoff verwendet.

Doch seinen Ruf verdankt der Yak seiner Verwendung als Nahrungsmittel. Die Milch liefert ausgezeichnete Butter und Quark und das Fleisch ist von hoher Qualität. Es wird gebraten oder getrocknet, kurz gebraten, gekocht, gebacken, gegrillt oder als Eintopf oder

Während der Begräbnisriten des Bergstamms der Akha in Birma, Thailand, Laos und Yunnan wird ein Büffel dem Verstorbenen geopfert. Das tote Tier wird einen Tag lang liegen gelassen und mit ungeschältem Reis bestreut, während der Schamane daneben betet. Später liefert es dem ganzen Dorf einen Festschmaus.

Suppe (mit oder ohne Nudeln) gegessen. Dieses Fleisch ist in ganz Lhasa, Tibets Hauptstadt, erhältlich und steht auf den Speisekarten der meisten Restaurants – als Kloßfüllung, zu Steaks geschnitten, luftgetrocknet und als Hackfleisch zu »Yakburgers« verarbeitet. (Auf ihrer Flucht nach dem Einmarsch der Chinesen nahmen der Dalai Lama und rund 80 000 Tibeter diese Küche in die Nachbarländer Nepal und Indien mit. In der nepalesischen Hauptstadt Kathmandu bieten mehrere tibetische Restaurants eine ganze Reihe von Yak-Gerichten an.) Da der Yak wie andere Tiere im Alter zäh und sehnig wird, muss das Fleisch meist durchgedreht werden, damit es sich leichter kauen lässt. Es schmeckt wie billiges Hamburgerfleisch.

Zu kulinarischer Unsterblichkeit wird diesem Säugetier wohl die Butter verhelfen. Lesen Sie irgendein Buch über Nepal oder Tibet oder besuchen Sie eine der erstaunlich zahlreichen Websites über diese Länder, und unweigerlich werden Sie auf das Thema Yak-Butter stoßen. Yak-Milch ist reichhaltig und wird wegen ihres siebenprozentigen Fettgehalts geschätzt – Kuhmilch hat nur halb so viel. Die Butter wird zum Andicken von Suppen verwendet und mit gemahlener Gerste zu einem Tee namens *tsampa* vermischt, einem Getränk, das zu allen Tages- und Nachtstunden in großen Mengen konsumiert wird. Das gelblich weiße Fett wird auch in Lampen verbrannt, um Zelte, Häuser und Tempel zu beleuchten, sowie als Body Lotion oder Haarpomade verwendet. In buddhistischen Klöstern zerlassen die Mönche die Butter in riesigen Kesseln, um sie Besuchern im Tee anzubieten. Die Kleidung der Einheimischen verströmt einen fettigen, rauchigen Duft. Der Geruch ist stark – manche sagen ranzig – doch er ist so allgegenwärtig und unvermeidbar, dass man ihn nach einer Weile nicht mehr bemerkt. Er wird ein Teil von einem selbst.

Und dann halten Sie Ihren Becher hin, weil Sie noch mehr Tee wollen.

Rechts: Als CNN-Gründer Ted Turner diese Ranch in Montana westlich vom Yellowstone National Park kaufte, ersetzte er die Rinder durch Büffel. Heute sind es 12 000 Tiere.

Gegenüber, oben links: Ein Akha-Schamane im nördlichen Thailand opfert einen gefesselten Büffel mit einem einzigen Speerstich. Sofort wird ihm Wasser in die Kehle gegossen, damit er im Sterben keinen Laut von sich gibt.

Gegenüber, oben rechts: Beim rituellen Schlachten eines anderen Büffels in einem pathanischen Dorf an der Nordwestgrenze von Pakistan wäscht sich der Metzger die Hände, nachdem er die Kehle des Tiers durchtrennt hat.

Gegenüber, unten links: Pathanen aus dem Dorf Kado bei Peshawar genießen das Fleisch des oben rechts abgebildeten Tiers bei einem Birianifestmahl.

Gegenüber, unten rechts: Das zu eleganten Zöpfchen geflochtene Haar dieses tibetischen Pilgers, der außerhalb des Jokhang in Lhasa betet, verdankt seinen Glanz einer Yakbutterpomade.

Wal

Die Hölle war los, als die Schulverwaltung der japanischen Hafenstadt Shimonoseki 1998 eine Bereicherung des Mittagessens im kommenden Schuljahr ankündigte: Walfleisch.

Greenpeace ging in die Luft, und tausende von Walfans – sowie Fans der *Free-Willy*-Filme – gingen zornig zu Bett. Als die Japaner ihre Maßnahme mit dem Argument verteidigten, damit solle rund 25 000 Vor- und Grundschulkindern vermittelt werden, wie stolz sie auf die historische Rolle ihrer Stadt als wichtiger Hafen der Walfangflotte ihres Landes sein könnten, schlugen die Wogen nur noch höher.

Keine Form der Nahrungsbeschaffung ist gegenwärtig so umstritten wie das Töten von Walen. Nicht die Jagd auf Tiger, Panda, Elefant, Delphin, Mönchsrobbe, Seekuh, Seeadler, Gorilla, Orang-Utan, Gibbon, Schimpanse oder sonst eine bedrohte Art. Menschen, die Wale töten, seien wahnsinnig, behaupten die Walschützer – »habt ihr denn nicht *Moby Dick* gelesen?« Natürlich ist alles nicht so einfach.

Wechselvolles Walschicksal

Ein kurzer Blick auf die Geschichte des Walfangs zeigt, wieso Walfleisch zur Schulspeise in Japan wurde und auf die Grills im fernen Island, in Norwegen, Dänemark und anderswo gelangte – und warum es heute fast nirgendwo mehr gegessen wird.

Viele Wale sind heute vom Aussterben bedroht, weil ein unkontrollierter Walfang – allen voran von den USA, England und Norwegen – die Meerespopulationen in ähnlicher Weise vernichtete wie viele andere große Säugetiere in Nordamerika und Afrika, die fast bis zum Aussterben gejagt wurden. Man fing Wale, um Walöl zu gewinnen, für das es nach der Entdeckung des Petroleums keinen Markt mehr gab. Und der Markt für Walknochen, die für Korsetts und andere

Miederwaren verwendet wurden, verschwand ebenfalls, als diese Miederwaren aus der Mode kamen. Nicht die Sorge um das Überleben der Großtiere beendete also den Walfang, sondern die Wirtschaft.

Der kommerzielle Walfang wurde unprofitabel, und die USA gaben ihn 1940, Großbritannien gab ihn 1963 auf. Bei der UN-Umweltkonferenz von 1972 wurde eine Resolution für ein Zehnjahres-Moratorium verabschiedet, an das die IWC (International Whaling Commission) mit einem unbegrenzten Moratorium anknüpfte, das 1986 in Kraft trat. Island verließ sechs Jahre später die IWC und Norwegen nahm 1993 den Walfang wieder auf.

Umfragen zeigen, dass die meisten Menschen glauben, Japan sei das einzige Land, das diese uralte Jagd verteidige, und nur für die Japaner seien das Fleisch, der Speck und andere Nebenprodukte aus dem Alltagsleben nicht mehr wegzudenken. Doch Japan ist zwar die führende Walfangnation, aber nicht die einzige. Auch Island, Dänemark, Norwegen sowie Kanada, Russland und eine Handvoll südpazifischer Staaten weigern sich, die internationalen Verbote zu akzeptieren. Außerdem ist der Walfang erlaubt, der den Einheimischen in Alaska, im fernöstlichen Teil Russlands, in Grönland und auf Saint Vincent und den Grenadinen das Überleben ermöglicht. Vor allem aber mehren sich international die Stimmen, das Verbot des kommerziellen Walfangs ganz aufzuheben.

Bereits 1972 und 1973 erklärte das Wissenschaftliche Komitee der International Whaling Commission (IWC), das für die Zählung der Wale der Welt zuständig ist, dass es »keine wissenschaftliche Rechtfertigung oder Notwendigkeit für ein Walfangmoratorium« gebe. Diese Meinung deckte sich indes nicht mit der der Antiwalfangnationen, die die IWC kontrollierten, und so wurde sie ignoriert. Sie wurde zwar erneut 1993 vorgetragen, bewirkte aber wieder keine Änderung.

Doch bei der alle zwei Jahre stattfindenden Konferenz der Convention of International Trade in Endangered Species (CITES), der Organisation, der generell das letzte Wort im Hinblick auf sämtliche gefährdete Arten eingeräumt wird, verblüfften 1997 einige Mitgliedsnationen die Verteidiger der Umwelt: Sie setzten sich für die nachhaltige Nutzung reichhaltiger Walbestände ein und votieren für den Handel mit Walprodukten mit 57 gegen 51 Stimmen. So vertrat die Mehrheit die Ansicht, dass Wale getötet und gegessen werden könnten, aber ohne die erforderliche Zweidrittelmehrheit blieb das Verbot bestehen.

Die entscheidende Formulierung des abgelehnten Vorschlags lautete »reichliche Walbestände«. Was heißt

»reichlich«? Sind fast zwei Millionen Pottwale »reichlich«? Eine solche Zahl würde die Verteidiger jeder anderen gefährdeten Art sicher euphorisch stimmen. Doch der in allen Ozeanen der Erde heimische Pottwal ist noch immer eine der acht Walarten auf der CITES-Liste. Die anderen sind nicht so gut dran: Blauwal, Grönlandwal, Finnwal, Grauwal, Buckelwal, Glattwal und Seiwal haben wesentlich kleinere Populationen, vom Glattwal gibt es nur noch 3000 Exemplare.

Festzuhalten ist, dass Japan behauptet, es würde fast ausschließlich den Zwergwal jagen, eine Spezies, deren geschätzte Zahlen zwar kleiner als die des Pottwals sind, aber als ausreichend groß gelten, um eine beschränkte Jagd zu rechtfertigen. Der Zwergwal steht nicht auf irgendeiner Liste gefährdeter Arten. (Das gilt auch für den Brydewal, den die Japaner in kleineren Mengen jagen.) Der IWC zufolge gibt es schätzungsweise 760 000 Zwergwale in der Antarktis, weitere 118 000 im Nordatlantik sowie 25 000 im Ochotskischen Meer und im Westpazifik.

Anfangs wehrte sich Japan entschieden gegen jede Kontrolle. Aber dann entdeckte es, dass es mit dem begrenzten Walfang mit ausdrücklicher Zustimmung der IWC unter dem Deckmantel der »wissenschaftlichen Forschung« fortfahren konnte. Dabei ging man davon aus, dass eine sichere Verwaltung der Meeresressourcen bislang nicht möglich sei, weil die Kenntnis über die Anzahl der Wale, ihre Altersstruktur, Geschlechterproportion und natürliche Sterblichkeit damals fehlte oder nicht eindeutig war. Um all dies zu klären, wurde die Forschungsfangquote für Japan eingeführt. Die IWC begrenzte sie auf 2000 Wale pro Jahr.

Es stimmt zwar, dass die Japaner dieser Aufgabe nachkommen und damit das Wissen der Welt über die Antarktis und ihre Waltierpopulation erweitern, doch festzuhalten ist auch, dass sie die Wale behalten dürfen. Nach der wissenschaftlichen Untersuchung und der Entfernung von unumgänglichen Gewebe- und Organproben werden die Überreste der Wale eingefroren – im Einklang mit weiteren Vorschriften der IWC, denen zufolge die Vergeudung irgendwelcher Teile des Kadavers verboten ist. Voilà – da haben wir Walspeck und Walsteak!

Umweltschützer behaupten, Japan verstecke sich hinter seiner »Forschung«, um die Walfangflotten zu erhalten – der Verzehr von Walfleisch in diesem Land hat eine lange Geschichte. Archäologische Ausgrabungen belegen, dass Walfleisch mindestens schon im 2. Jahrhundert v. Chr. gegessen wurde. (Der Walfang begann in Norwegen, Frankreich und Spanien erst im 9. Jahrhundert n. Chr.) Nach der Bekehrung zum Buddhismus, der in seiner Frühzeit den Verzehr von Fleisch vierbeiniger Tiere verbot, wurde Walfleisch in Japan eine wichtige Proteinquelle. Man hat es auf tausend Jahre alten Speisekarten gefunden und in der Muromachi-Zeit (1333–1568) galt es als so bedeutungsvoll, dass es die Aufnahme in ein Menü in der offiziellen Literatur verdiente.

Anfang der 1920er Jahre betrug der Konsum von Walfleisch in Japan etwa 10 000 Tonnen jährlich, 1939 war er sprunghaft auf 40 000 Tonnen gestiegen. Seine Beliebtheit nahm nach dem Zweiten Weltkrieg schlagartig zu, als andere Proteinquellen äußerst begrenzt waren, und erreichte 1962 einen Höhepunkt von 200 000 Tonnen. Seither ist die Nachfrage zurückgegangen, 1985 auf knapp 15 000 Tonnen. Heutzutage scheint sie noch geringer zu sein – allerdings werden wegen der Kontroverse keine Zahlen offen gelegt.

Die Japaner wissen zwar auch, dass der Wal ein Säugetier ist, aber häufig wird er als »Fisch« behandelt. (Genauso wie der Delphin oder Tümmler.) So heißt beispielsweise eine Vierteljahreszeitschrift der Japan Whaling Association *Isana*, ein Wort aus dem Altjapanischen, das aus zwei chinesischen Schriftzeichen besteht – dem für »tapfer« und dem für »Fisch« – und einen Wal bezeichnet. Früher wurde dieser mutige Fisch zu Hochzeiten und anderen Gemeinschaftsfeiern serviert. Japan ist seit langem ein Land der Fischesser und der Wal wurde nur als ein weiterer Teil der Ernte aus dem Meer angesehen. Genauso wird er von Einheimischen im Nordwesten der USA eingestuft, wo der Indianerstamm der Maah von der IWC das Recht

Walsteak mit Gemüse

2 kg Walfleisch
2 Glas Rotwein
1 Tasse Wasser
15 Wacholderbeeren
2 Tl Schwarzer Johannisbeerlikör
Sahne
Stärkemehl

Das Fleisch in einem schweren Topf gut anbraten, Rotwein, Wasser und die zerstoßenen Wacholderbeeren zugeben. Zugedeckt etwa 30 Minuten lang köcheln lassen. Das Fleisch herausnehmen und in Alufolie gewickelt warm halten, während die Sauce bereitet wird.

Für die Sauce den Johannisbeerlikör zum Bratensaft geben. Sahne hinzufügen und mit Stärkemehl andicken. Das Fleisch in dünne Scheiben schneiden und mit Kartoffeln, Erbsen, Rosenkohl und Preiselbeeren servieren.

High North Alliance, 1994

erhielt, eine 1500 Jahre alte Walfangtradition wieder aufzunehmen, wie sie in einem Vertrag mit der US-Regierung im Jahre 1855 verankert worden war. An der Südspitze von Südamerika rief das Volk der Yahgen mit Hilfe von Rauchsignalen die Nachbarn zusammen, wenn ein Wal gefangen wurde oder gestrandet war; dann kamen die Familien von weither und kampierten und feierten das Ereignis einen Monat lang.

Für den nordamerikanischen Stamm der Kwakuitl war ein solcher Fund mit entsprechenden Ritualen verbunden. Die Zubereitung des Essens war Aufgabe der Frauen und in diesem Fall oblag die Ehre der Tochter des Jägers, der den Wal fand. Das beste Stück bekam der Dorfhäuptling, die anderen erhielten einen Anteil, ihrem Rang gemäß, und zwar vom Hals bis zum Schwanz. Der Fang wurde dann auf die Kanus verladen und heimgebracht, wo der Speck in ein Zentimeter breite Streifen geschnitten und in Wasser gekocht wurde. Wenn das Öl obenauf schwamm, wurde es in wasserdichte Speicherbehälter umgeschöpft, und die verbleibenden Speckstreifen wurden auf lange dünne Zedernrindenstücke gefädelt und zum Trocknen für mindestens einen Monat in die Dachsparren des Hauses gehängt. Bei Bedarf konnte man sie herunter nehmen und wieder aufkochen.

Bereits 1931 erließ die damalige Convention for Regulation of Whaling (ICRW) strenge Vorschriften für den »Walfang zur Lebenserhaltung der Ureinwohner«, die sich aber bald als undurchführbar erwiesen. Die »Ureinwohner«, die nie ganz klar definiert wurden, sollten nur Kanus oder andere ausschließlich einheimische, von Rudern oder Segeln angetriebene Boote benutzen und durften keine Feuerwaffen tragen. Das hieß praktisch, dass sich die hungrigen Eingeborenen an uralte Verfolgungs- und Fangmethoden halten mussten, und damit wurde viel Zeit, Mühe und Fleisch verschwendet. Im Laufe der Zeit wurden die Vorschriften gelockert und heute wird der begrenzte Fang mit Hilfe moderner Walfangschiffe eingebracht.

Einige dieser Schiffe stammen aus der ehemaligen Sowjetunion, der wie Japan vorgeworfen wurde, illegal Walfang zu betreiben. Nach einem Bericht der australischen Regierung, die zu den entschiedensten Walfanggegnern zählt, haben sowjetische Flotten zwischen 1947 und 1972 48 000 Buckelwale, eine der gefährdetsten Arten, getötet, doch nur einen Fang von weniger als 3000 angegeben. Die Sowjets sollen auch 8000 Zwergblauwale getötet, aber nur eine Fangquote von zehn Tieren gemeldet haben. Walfangkritiker erklärten,

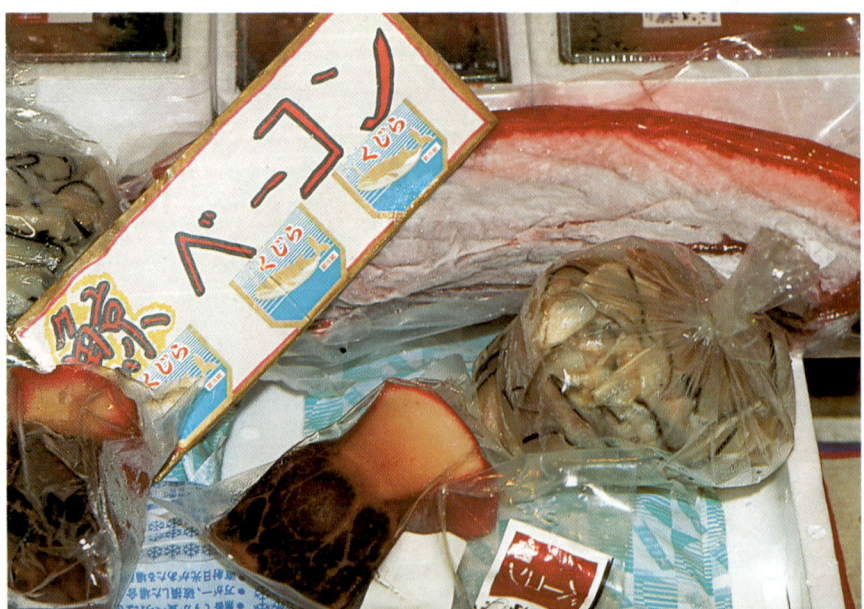

1998 sei durch DNA-Tests von Walfleisch auf lokalen japanischen Fischmärkten nachgewiesen worden, dass ein Teil des Fleischs nicht vom »wissenschaftlichen« Fang stammte, sondern von geschützten Arten, die tausende von Meilen entfernt von den zugelassenen Jagdgründen gefangen worden seien.

Ungeachtet seines legalen – oder ethischen – Status besteht kein Zweifel daran, dass Walfleisch gesund ist. Es ist proteinreicher als Rind oder Schwein, hat aber weniger Kalorien und enthält erheblich weniger Cholesterin. Für viele Menschen in arktischen Breiten ist gesalzenes Walfleisch seit langem ein unverzichtbarer Bestandteil ihrer Ernährung während der Wintermonate, da es sich länger hält als gesalzener Fisch und genauso gut schmeckt.

Wale werden in zwei Unterordnungen eingeteilt, in Bartenwale und Zahnwale. Im Unterschied zu Zahnwalen, die ihre Nahrung jagen, »weiden« Bartenwale das Krill genannte Zooplankton ab, das aus winzigen Garnelen und Fischen besteht. Man glaubt, dass das Fleisch darum so zart und saftig ist. Die Japaner verzehren fast alle Teile des Wals, einschließlich der inneren Organe, des Specks, sogar des Schwanzes und der Schwanzflossen. Als schmackhaftester Teil gilt das *onomi*, das marmorierte Fleisch an der Schwanzbasis.

Die Kontroverse um die Tötung von Walen wird sicher weitergehen. Die Zahl vieler Walarten nimmt mittlerweile zu und das politische Klima ändert sich. Als CITES 1997 mit 57 zu 51 Stimmen für die Unterstützung des Handels mit Walprodukten votierte, erklärte Ginette Hemley vom World Wildlife Fund gegenüber Associated Press: »Das verweist auf ein signifikantes Nachlassen des Widerstands gegen den Walfang. Der ganze Ton der Walfangdebatte hat sich geändert.«

Peter Bridgewater, Vorsitzender der ICW, fügte hinzu: »Die Zahl [der ein Ende des Verbots Befürwortenden] war viel größer als je zuvor. Eine Reihe von Ländern interpretiert dies so, dass der Weg für den Handel frei ist und die Menschen daran interessiert sind.«

Greenpeace und andere Naturschützer beharren: »Kommt nicht in Frage! Gebt den Schulkindern etwas anderes zu essen!«

Innereien

Wurst für den Herzog von Este

»Nimm Schweinekehlen und schneide das Fett heraus, aber hebe die sauberen, glatten Drüsen auf. Schneide die Lenden fein; ebenso die (gründlich gesäuberten) Ohren und die Schnauzen; schäle die Zungen und wasche sie gründlich in heißem Wasser; entbeine, schrubbe und senge die Füße; säubere die Hoden. Lege Ohren, Schnauzen und Füße auf den Boden eines sauberen Topfes und bedecke alles mit grobem Salz. Gebe darauf die mit feinem Salz bestreuten Zungen, Kehlen, Lenden und Hoden. Lass den Topf drei Tage lang stehen, dann begieße alles mit Rotwein. Lass den Rotwein einen weiteren Tag einziehen. Gieße den Wein ab, spüle das Salz mehrmals ab und trockne die Teile mit sauberen weißen Tüchern. Stopfe die Zutaten fest in eine Wursthaut. Zum sofortigen Gebrauch oder zur Lagerung bestimmt.«

Cristoforo di Messisgbugo, Koch des Herzogs von Este in Parma, 16. Jahrhundert

Viele Menschen auf der Welt genießen heutzutage die köstlich zubereiteten Teile des Verdauungskanals, während noch viel mehr nie auch nur auf den Gedanken kämen, »Eingeweide« auf ihren Essteller zu legen. Und interessanterweise geben die meisten Menschen, die tatsächlich Innereien essen, diesem Fleisch oft einen unschuldig klingenden Beinamen, als ob damit das Essen seinen anatomischen Ursprüngen entrückt würde. So wie Füße als »Füßchen« verniedlicht werden, nennt man Pankreas und Thymusdrüsen »Bries«, die Lunge wird im Bayerischen zum »Lüngerl« verharmlost, die Hoden haben eine Reihe von gesellschaftlich akzeptableren Namen, der Magen von Wiederkäuern, insbesondere von Ochse, Kalb oder Schaf, heißt »Kutteln« oder »Kaldaunen«, ebenso zuweilen die Eingeweide, während die »Innereien« junger Schweine »Gekröse« genannt werden. Sogar in chinesischen Haushalten werden Sie nie jemanden sagen hören: »Gib mir doch den Magen« oder »Dürfte ich bitte noch etwas mehr Eingeweide haben?«

Die Geschichte des Verzehrs von Innereien ist so lang und windungsreich wie die Eingeweide selbst es sind – und sie beweist, dass mit der richtigen Zubereitung eine schmackhafte Mahlzeit daraus entstehen kann, egal, was sie vielleicht einmal enthalten haben. Viele europäische Länder sind bekannt für ihre Würste – allein in Deutschland gibt es über 1500 Sorten. Und womit werden Rind-, Schweine-, Hammel-, Geflügel-, Wildfleisch, Fett, Eier, Sahne, Bier, Wein, Blut, Brotkrumen, Haferschrot, Kartoffel- und Sojabohnenmehl, Trockenmilch, Zwiebeln, Knoblauch, Kräuter und Gewürze, Salz und Pfeffer sowie Zusatz- und Konservierungsstoffe zusammengehalten? Zwar sind heute einige Wursthäute aus verdaulichem Kunststoff, doch normalerweise ist – oh Schreck! – die schlauchartige, an den Enden zugebundene Hülle aus einem Stück Schweinedarm. Für große Würste wird der Dickdarm verwendet, für die kleineren nehmen Metzger den Dünndarm oder das Caecum, einen Dickdarmanhang vom Schaf, der auch zur Herstellung von Kondomen benutzt wurde.

Auch die Innereien selbst können gehackt und zu den anderen Zutaten der Wurst hinzugefügt werden. So genannte Chitterlings stecken nicht nur in kurzen Hüllen aus Schweinedarm (oder -caecum), sondern enthalten auch das Gekröse vom Schwein. Man schätzt sie in Frankreich ebenso wie in den USA und gewöhnlich werden sie kurz gebraten oder gegrillt. Das Mesenterium des Kalbs, ein Teil des Bauchfells, das die Bauchhöhle auskleidet, ist eine Wurstzutat, die ebenfalls kurz gebraten oder genauso wie Kutteln zubereitet werden kann. Darüber gleich mehr.

Ochseninnereien sind auch eine weit verbreitete Zutat in Blutwurst, die es in vielen europäischen Ländern gibt. In Asien werden die sorgfältig gereinigten Gedärme von Schweinen gehackt und zusammen mit anderen Innereien, etwa dem Magen, in einer mit Anis gewürzten Brühe geköchelt und auf Nudeln serviert, während der Dickdarm in dünne Streifen geschnitten, geschmort und frittiert und als Imbiss zu Bier gereicht wird. In Singapur habe ich in dünne Ringe geschnittene und in einer reichhaltigen, mit Blut angedickten Suppe gekochte Innereien gegessen. Einziger Nachteil: Unzureichend gekocht, sind solche Gerichte so mühsam zu kauen wie dicke Gummiringe.

Der etwas hochnäsige *Larousse Gastronomique* nennt die Fleischabfälle, »insbesondere Innereien und Kutteln«, minderwertig – nur Nieren, Leber, Kalbsbries, Lammhirn und »animelles« hätten eine »echte gastronomische Bedeutung«. Anschließend widmet der *Larousse* zwei Seiten dem köstlichen Magen – Kutteln, wenn Sie und der *Larousse* so wollen – und entsprechenden Rezepten.

Kutteln stammen vom ersten und zweiten Wiederkäuermagen des Ochsen, wobei der erste »einfache« Kutteln ergibt und der zweite wie eine Honigwabe aussieht und als schmackhafter gilt. Wie bei allen Innereien ist die Zubereitung von Kutteln langwierig – erst wenn sie mindestens 90 Minuten geköchelt haben, werden sie zart. Zum Glück werden Kutteln meist in Metzgereien gesäubert und kochfertig verkauft und damit entfällt das umständliche Waschen und Einweichen – das Köcheln zu Hause natürlich nicht. Kutteln gibt es aber auch fertig gekocht oder eingelegt. *Tripes à la mode de Caen*, das berühmteste französische Kuttelgericht – mit Kalbsfüßen, Knoblauch, Thymian, Lorbeerblatt, Rinderfett, Cidre und Calvados gekocht – kann man in Büchsen kaufen. Eingelegte Kutteln sind normalerweise gründlich gekocht, sollten aber vor dem Verzehr erhitzt werden, ebenso Kutteln in Büchsen.

Kutteln werden in den meisten europäischen Ländern gegessen. In Frankreich werden sie mit Schweinsfüßchen, Gänsefett oder Weißwein gekocht und das Schweinenetz, die fette Membran um den Pansen, hält die *crépinettes* zusammen, kleine Würste mit einer Füllung von Lamm- oder Schweinefarce. Die Franzosen verwenden es auch als Hülle für Pasteten. Das Schweinenetz gibt es gelegentlich auch frisch, meist wird es aber tiefgefroren verkauft. Tauen Sie es an, bis Sie die benötigte Menge abziehen können, und frieren Sie es dann wieder ein. Eine andere französische Wurst, die *andouillette*, besteht fast ganz aus Kutteln und Dünndarmgekröse. Die Spanier garnieren Kutteln mit Chorizo, Chilischoten, Knoblauch und dünnen Streifen von roten Paprikaschoten. In Bulgarien gibt es eine beliebte Kuttelsuppe. In arabischen Ländern werden Kutteln mit Kreuzkümmel, Pfeffer und Zitrusschalen (meist von Orangen und Zitronen) gekocht. In Mexiko sind sie ein Bestandteil von *menudo*. Sie können auch in kleine Quadrate geschnitten und in Ausbackteig gehüllt oder paniert knusprig frittiert und als Imbiss zum Bier gereicht werden. Das klassische Kuttelgericht ist fast überall ein helles Eintopfgericht mit Zwiebeln.

In China werden Honigwabenkutteln eineinhalb Stunden lang mit Sojasauce und Sternanis geköchelt und dann in Streifen geschnitten gegessen. In seinem Buch *Asian Ingredients* (1988) schlägt Bruce Cost vor,

Kutteln in Wasser oder einer leichten Brühe mit Wein und Ingwer zu köcheln, dann in Streifen zu schneiden und pfannengerührt oder auf einem Pekingsalat mit einer Senf-Sesam-Sauce zu servieren. Asiatische Köche wickeln Schweineleber auch in ein Schweinenetz ein. In Sri Lanka werden Kutteln in Würfel geschnitten und in einem reichhaltigen Curry gekocht. Sie können auch mariniert und anschließend kurz gebraten oder gegrillt, mit Tomaten und anderen Gemüsen als Eintopf zubereitet sowie in Brühe, Wein oder Cidre kocht werden.

Für Amerikaner wird es vielleicht eine Überraschung sein zu erfahren, dass Kutteln oft eine der Zutaten in Hot Dogs sind. Her mit dem Senf!

Eine Art Grassuppe

»Ich weiß nicht, warum«, sagte mir mein Freund Richard Laird, »doch die Leute im Norden von Thailand mögen es, wenn ihr Essen bitter schmeckt.«

Richard ist Amerikaner, lebt aber seit Ende der 1960er Jahre in Thailand, wo er die meiste Zeit mit Elefanten gearbeitet hat. Als er zwei Jahre hintereinander in Nordthailand (wo die meisten der restlichen Elefanten sind) bei den Mahouts, den eingeborenen Elefantentrainern, gelebt hat, habe er praktisch alles gegessen. »Eines der bittersten Nahrungsmittel heißt *phia*«, sagte er. »Das ist eine Flüssigkeit aus dem zweiten Wiederkäuermagen eines Wasserbüffels oder Rindes. Also Gras, das ziemlich gut verdaut und eine Stufe von den Eingeweiden entfernt ist. Manche behaupten, es sei aus den Eingeweiden, aber das stimmt nicht. Es ist dunkelgrün und wird beim Schlachten sorgfältig gesammelt und dann auf den Straßenmärkten in Eimern verkauft.«

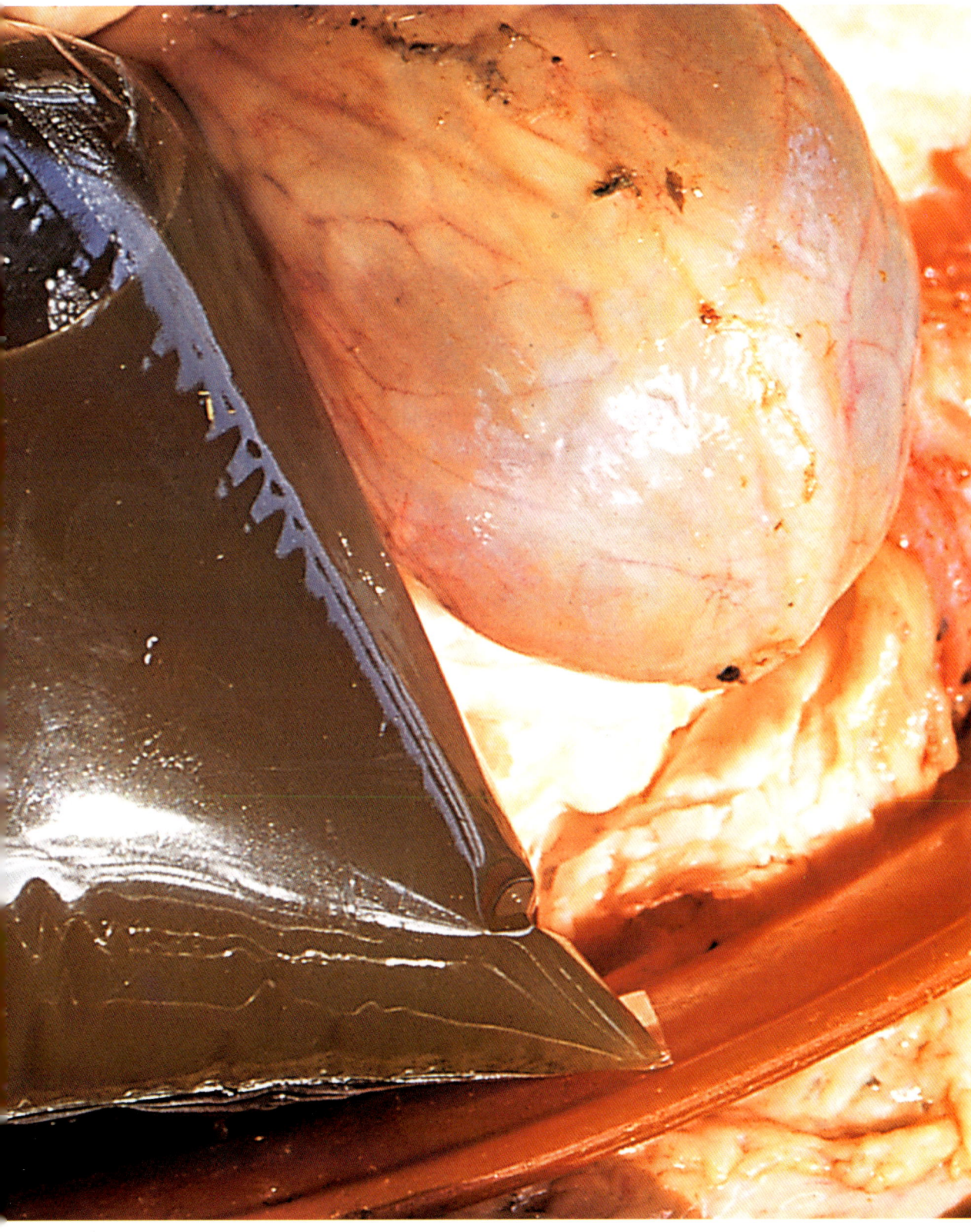

Die nordthailändische Stadt
Phayao ist für die kulinarische Verwendung aller
möglichen Teile von Rind
und Büffel bekannt – ein-
schließlich der trüben grünen Flüssigkeit namens
phia, aus dem zweiten
Wiederkäuermagen. Die
Einheimischen nennen sie
khi phia – das Präfix ist
das Wort für Exkrement –
und verwenden sie zum
Würzen von Gerichten,
etwa herzhaften Salaten.

Ohren, Augen, Nasen, Lungen, Zungen, Lippen, Zahnfleisch, Drüsen & Füße

**Mannswasser
(Schafskopfeintopf)**

4 Liter Wasser (der Kopf
    muss bedeckt sein)
1 kg Schafskopf, Füße oder
    beides
1 kg Lammfleisch
2 kleine Zwiebeln, gehackt
2 Knoblauchzehen, zer-
    drückt
10 Pimentkörner
10 schwarze Pfefferkörner
3 Lorbeerblätter
Salz
½ Tasse Olivenöl
4 Karotten, in Scheiben
    geschnitten
2 Kolokasien, geschält und
    gewürfelt
1 kg Kartoffeln, geschält
    und gewürfelt
½ Kürbis, geschält und
    gewürfelt
6 grüne Bananen, geschält
5 Schalotten, fein gehackt
3 ganze Scotch-Bonnet-
    Schoten
2 Tassen weißer Rum

In einen großen, schweren
Topf Wasser, Schafskopf,
Fleisch, Zwiebeln, Knob-
lauch, Piment- und Pfefferkörner, Lorbeerblätter und
Salz vermengen. Das Ganze
zum Kochen bringen und
den Schaum abschöpfen.
Bei mittlerer Hitze zuge-
deckt eine halbe Stunde
köcheln lassen, bis das
Fleisch vom Knochen fällt.

(Fortsetzung gegenüber)

Mit 14 oder 15 bin ich als Pfadfinder mit dem Zug quer durch die USA von der Ostküste, wo ich lebte, bis nach New Mexico gefahren. Unterwegs machten wir Zwischenstation in Chicago, wo wir den Lincoln Park Zoo und das Hormel-Schlachthaus besichtigten. An den Zoo kann ich mich überhaupt nicht mehr erinnern, aber das Schlachthaus habe ich noch so plastisch vor Augen wie damals.

Wir wurden an hunderten von Rindern, Schafen und Schweinen vorbei geführt, die dicht gedrängt in Koben aus ungehobelten Brettern zwischen den Eisenbahnschienen und dem Schlachthaus ihrem baldigen Ableben entgegen harrten. Dann zeigte man uns in einem riesigen Gebäude, wie Schweine geschlachtet wurden. Als wir eintraten, wurde gerade ein großes Schwein in einen Raum gebracht, der so groß wie mein kleines Zimmer zu Hause war, allerdings einen Betonboden hatte und keine Möbel enthielt – nur eine große, handschellenartige Vorrichtung, die am Ende einer Kette von der Decke hing.

Ein Mann mit einer blutbeschmierten Schlachterschürze packte das verwirrte Schwein an einem seiner Hinterbeine und legte ihm die Handschellen an. Gleich darauf wurde es hochgezogen, bis es in einer Höhe hing, wo der Mann ihm die Kehle mit einem Messer aufschneiden konnte. Das Blut spritzte auf den Betonboden und verschwand in einem Abfluss. Dann wurde das Schwein an einer Schiene unter der Decke zur nächsten Station im Schlachthaus weiterbefördert, wo es dampfgereinigt und von seinen Borsten befreit wurde. Wir folgten diesem Schwein durch das ganze Gebäude und sahen zu, wie es zerlegt und für den Verkauf verpackt wurde. Man erklärte uns, es würde die Nahrung liefern, der unser Land seine Größe verdanke und die für so gesunde junge Körper wie unsere sorge. Wenn wir wieder heimkämen, würden wir vielleicht

etwas Speck von diesem Schwein zum Frühstück bekommen. Und dann sprach unser Führer die unvergesslichen Worte: »Jeder Teil von dem Schwein wird verwendet – alles außer dem Quieken.«

Und das geschieht auch mit vielen anderen Tieren. Nur wenig oder gar nichts wird weggeworfen. Andere Kapitel dieses Buches befassen sich mit dem Blut, den Innereien und den Genitalien. Hier haben wir es mit den anderen Stücken zu tun: den Füßen, den Ohren, den Knochen und dem Mark, den Schwänzen, Schnauzen und Zungen, den Köpfen, einigen Drüsen, den Augen, dem Zahnfleisch, den Lippen, sogar den Nasen.

Ein Freund hat mir einmal erklärt, warum er keine Wurst isst. Er habe sich nämlich mal die Zeit genommen, die klein gedruckte Inhaltsangabe auf der Verpackung zu lesen, und während ihm schon der Gedanke kaum akzeptabel erschien, die meisten der Zutaten zu verzehren, die die breiartige Mischung enthielt, erbleichte er, als er das lapidare Wort »Teile« las. Es käme überhaupt nicht in Frage, sagte er, dass er »Teile« essen würde.

Viele gute Dinge lassen sich aus den Köpfen bereiten – die überraschend viel Fleisch auf all den Knochen aufweisen –, auch wenn sie gewöhnlich als Ganzes etwa so wie andere große Fleisch- oder Geflügelstücke zubereitet werden, nämlich drei bis vier Stunden auf einem Rost über einer Bratpfanne, etwa alle dreißig Minuten begossen. Serviert werden sie, wenn die Haut kross ist, oder als Prachtstück in einem herzhaften Eintopf.

Die Köpfe von Schweinen und Kälbern, manchmal auch von Schafen, gibt es meist auf orientalischen und Spezialfleischmärkten, wo sie gewöhnlich als Ganzes und gehäutet gekauft werden, manchmal aber halbiert sind, wobei die Zunge intakt ist und die Augen entfernt sind. Das Fleisch ist zart und gelatinehaltig und eignet sich am besten zum Pökeln für Schweinskopf-sülze oder Presskopf und andere gelierte Fleischge-richte. In England werden geräucherte Schweine-backen – bath chaps genannt – meist gekocht und kalt wie Schinken genossen, während Kalbskopffleisch als Mittagsgericht kalt mit einer leichten Vinaigrette-sauce gegessen wird.

In First Catch Your Eland (1977) schreibt Laurens van der Post: »In meiner Jugend habe ich erlebt, wie sogar der Kopf eines geschlachteten Ochsen nicht weg-geworfen, sondern gegrillt wurde, bis er zart war, und die erlesene Versammlung, für die er im Busch zube-reitet wurde, über das Fleisch herfiel, als wäre es der beste Kaviar vom Kaspischen Meer.«

Bei den Eskimos wird der Kopf des Elchs – oder zumindest ein vorstehender Teil davon – zu Elch-nasensülze verarbeitet. In Rezepten, die beim kana-dischen Ministerium für Indian Affairs wie beim Co-operative Extension Service der University of Alaska erhältlich sind, wird der Oberkieferknochen des Elchs direkt unter den Augen abgetrennt und gekocht, dann abgekühlt. Nachdem die Haare entfernt sind, wird er gewaschen und erneut gekocht, diesmal mit Knob-lauch, Gewürzen und Essig. Dann wird die große, flei-schige Nase geköchelt, bis das Fleisch zart ist. Nach dem Abkühlen wird das Fleisch abgelöst, die Knochen und Knorpel werden weggeworfen. Das Fleisch, das am Nasenkolben weiß und an den Knochen und Backen dunkel ist, wird dünn aufgeschnitten und in eine Pastetenform gegeben, die Kochbrühe wird erneut aufgekocht und über das Fleisch gegossen. Dann lässt man das Ganze abkühlen, bis die Sülze erstarrt, und serviert es kalt, in Scheiben aufgeschnitten.

Manche inneren Organe – Lunge, Milz, Bauchspei-cheldrüse und andere – können die »Teile« ergeben, die meinen Freund, den Wurstverweigerer, erbleichen ließen. In den USA und einigen europäischen Ländern werden diese Fleischstücke an Tierfutterkonserven-fabriken verkauft, eine Verschwendung, denn die Milz ist eine gute Wurstzutat und kann, zusammen mit Herz und Lunge, in Eintöpfen verwendet werden. Die Bauchspeicheldrüse und die Thymusdrüsen vom Hals und Herzen junger Tiere können geschmort, kurz gebraten oder sautiert werden. In manchen Gegenden freilich ist die Lunge ein absolutes Tabu; in den USA, in Japan und mehreren anderen Industrieländern ist die Einfuhr von *haggis*, einem schottischen Gericht, verboten, weil es Schafslunge enthält.

Die Hufe von Schweinen, Schafen und Kälbern sowie von einer Reihe anderer Tiere ebenso wie die dünnen Beine und Füße von Hühnern und Enten wer-den heutzutage in Asien ganz normal gegessen und mit anderen Fleischabfällen in asiatischen Lebens-mittelläden verkauft.

Lamm- und Schweinsfüße werden im Allgemeinen schon blanchiert angeboten, müssen aber entbeint und abgesengt werden (um die Härchen zwischen den Hufen zu entfernen), und werden normalerweise in einer Bouillon gekocht, dann geschmort, gebraten, gegrillt oder frittiert und mit oder ohne Sauce heiß gegessen, in Eintöpfe zur Anreicherung gegeben oder kalt als Sülze gegessen.

Beim Einkauf von Schweinsfüßen sollten Sie daran denken, dass die Vorderfüße fleischiger sind als die Hinterfüße; bitten Sie den Metzger, sie jeweils in acht Stücke zu zerteilen. Die Chinesen machen aus den Füßen einen etwas knochigen, aber köstlichen Eintopf, mit gesüßtem schwarzem Essig und frischem Ingwer. In Sri Lanka ist es eher üblich, die Füße zu kochen, Zimt, Kokosmilch und Curry hinzuzufügen und das ausgelöste Fleisch mit gekochten Kartoffeln oder Gurke zu servieren.

Kalbsfüße werden gewöhnlich als Gelatinequelle für Brühen verwendet, können aber auch paniert und ausgebacken und mit einer pikanten Sauce oder einer Sauce tartare serviert werden. Es gibt sogar eine Schweinswurst, die so genannte Zampone, die in die ausgenommene Haut eines Schweinsfußes statt in einen Darm gestopft wird. Wenn Sie sie als Ganzes servieren und Ihre Mittagsgäste ihre eigene Portion abschneiden lassen, bereiten Sie garantiert eine denk-würdige Mahlzeit.

Karotten, Kolokasien, Kar-toffeln, Kürbis, grüne Ba-nanen, Schalotten und Chilischoten im Öl 3–5 Minuten lang sautieren, dann zum Eintopf geben. Diesen etwa 2–3 Stunden lang köcheln lassen und dann den Rum zugeben. Vor dem Servieren noch eine weitere Stunde schmoren lassen. Ergibt etwa 10–12 Portionen. Wenn Sie fein gehackte Bananenschale darüber streuen, wird der Eintopf besonders »männlich«.

Mit freundlicher Genehmigung von Maple Leaf Farms

Markknochen

2 Hüft- oder Oberschenkel-knochen vom Rind
Mehl und Wasser, zu einer Paste verrührt
Toastbrot

Die Knochen vom Metzger in etwa 8 cm lange Stücke zersägen lassen und die Enden mit der Mehlpaste verkleben. Die Stücke fest in ein bemehltes Tuch wi-ckeln und in genügend Salz-wasser eine Stunde lang köcheln oder bei 150 Grad im Herd rösten lassen. Die Knochen mit einem spitzen Messer oder einem langen schmalen Löffel servieren. Das köstliche Mark damit herausholen und auf einen frischen, heißen Toast geben.

Elisabeth Luard, *European Peasant Cookery* (1986)

Eingelegte Lammzungen

6–8 Lammzungen
3 Pfefferkörner
6 ganze Knoblauchzwiebeln
2 Lorbeerblätter
2 El Salz
½ Tasse Weißweinessig

Die Zungen in einer Kasserolle mit heißem Wasser bedecken und eine Stunde köcheln lassen. Pfefferkörner, Knoblauchzwiebeln, Lorbeerblätter, Salz und Essig hinzufügen. Zugedeckt weiterköcheln lassen, bis das Fleisch zart ist. In der Brühe abkühlen lassen. Schälen und säubern. Die geschälten Zungen in sterilisierte Einmachgläser geben. Das Fett von der Brühe abschöpfen und erneut kochen. Die Brühe durch ein Sieb über die Zungen gießen. Verschließen und einfrieren.

Maine Whole Lamb Cookbook, mit freundlicher Genehmigung von Maple Lawn Farms

Gegenüber links: Geröstetes Knochenmark ist eine Vorspeise im schicken Londoner Restaurant St. John. Chefkoch Fergus Henderson hat eine Vorliebe für eher ungewöhnliche Tierteile – das Motto des Restaurants lautet denn auch: »Essen von Kopf bis Schwanz«.
Gegenüber rechts: In der birmanischen Stadt Maymyo bietet ein Shan-Straßenhändler eine Fülle getrockneter Tierteile an, so auch die Rückenschuppen von Pangolinen. Allen Stücken wird eine heilende Wirkung zugeschrieben.

Knochen und Mark spielen in dem, was wir essen, eine größere Rolle, als die meisten Menschen ahnen. Oft sah ich zu, wie meine Mutter Hühner- oder Putenknochen in einen Topf mit kochendem Wasser tat, um eine gesunde Brühe zu bereiten. Manche Knochen können auch zerkleinert, im Herd angebräunt und dann mit Gemüsen und Kräutern für einen Saucenfond gekocht werden. Lammkoteletts, Hühnerbeine und -flügel, Putenkeulen und die meisten anderen Knochen knabbert man ebenso gern ab, auch wenn manche Menschen das nicht gerade für die feine Art halten. Servieren Sie den Knochen am Esstisch mit einem kleinen Papierkragen, dann wird niemand etwas dagegen haben.

Mark, die weiche, fette Schmiere in den langen Röhrenknochen (der Schulterknochen, Vorder- und Hinterbeine), ist eine der reichhaltigsten Proteinquellen. Einfach die Knochen aufzubrechen und das Mark herauszusaugen kann ein herrliches Erlebnis sein. Mark wird in Saucen, Suppen, Eintöpfen und im italienischen Risotto verwendet. Elisabeth Luard empfiehlt Markknochen in ihrem Kochbuch *European Peasant Cookery* (1986) als »Leckerbissen zu einem frühen Abendessen oder als ein pikantes Häppchen nach der Mahlzeit statt einem Pudding«.

Stellen Sie sich nun eine Zunge vor, die über dreißig Zentimeter lang ist und vier oder fünf Pfund wiegt – das ist die durchschnittliche Zunge eines ausgewachsenen Ochsen. Sogar die kleineren Zungen von Kälbern, jungen Schweinen und Lämmern sind beeindruckend, was ihre Größe und ihr Gewicht angeht. Die am häufigsten verzehrten Zungen, nämlich von größeren Säugetieren – und dazu können auch Wild und Pferd zählen –, lassen sich auf vielfältige Art und Weise zubereiten: zu Eintöpfen oder Ragouts, gekocht oder gegrillt, eingelegt und geräuchert, gratiniert und oft dünn aufgeschnitten und mit einer Vinaigrettesauce kalt serviert. Schweinezunge kann mariniert und gebraten, geköchelt und frittiert werden. Dünne Zungenscheiben mit Senf und frisch geschnittenen Zwiebeln sind ein köstlicher Sandwichbelag, was Ihnen

jeder Kunde eines jüdischen Delikatessenhändlers bestätigen wird.

Zunge wird oft fertig zubereitet angeboten, üblicher ist es aber, sie frisch, geräuchert, in Dosen oder in Salzlake zu kaufen, zu kochen und heiß oder kalt, mit oder ohne eine Sauce zu essen. Rinds- und Kalbszunge gibt es am häufigsten, Lammzungen gelten als die zartesten, obwohl jede Zunge zäh ist und lange und langsam geköchelt werden muss. Frisch gekaufte Zunge muss eine Zeit lang – bis zu zwölf Stunden – gewässert werden, wobei das Wasser mehrmals gewechselt werden sollte. Dann wird das Fett entfernt, die Zunge in kochendes Wasser gelegt und anschließend gehäutet. Reiben Sie sie mit Salz ein und lassen Sie sie einen Tag lang im Kühlschrank ruhen. Dann können Sie sie zubereiten.

Schweine- und Kalbsohren sind weitere Proteinleckerbissen, die gekocht, gebraten, sautiert, geschmort, gegrillt, gefüllt und gratiniert oder in einen Eintopf oder eine Suppe gegeben werden können. In Teilen von China werden sie etwa zwei Stunden gekocht, bis der Knorpel weich ist, dann in schmale Streifen geschnitten und mit Bohnensprossen und Knoblauch vermischt und mit Sojasauce und Chiliöl serviert. Sie können auch gekocht werden, bis sie zart sind, zusammen mit dünn geschnittenen Karotten-, Gurken- und Zwiebelstreifen vermischt und mit Pflaumensauce beträufelt und dann gekühlt auf grünem Salat serviert werden. (Dieser Salat könnte auch noch aufgeschnittene Entenflughaut oder Qualle enthalten.) Mit zerdrücktem Knoblauch eingerieben und frittiert, bis sie knusprig sind, stellen sie auch eine köstliche Alternative zu Kartoffelchips dar. Vor dem Frittieren müssen sie gründlich gesäubert, blanchiert und getrocknet werden.

Nun kommen wir zu den komischen Dingen, den »Teilen«, deren Genuss den meisten Menschen am schwersten fällt: den Augen, den Schnauzen, dem Zahnfleisch, den Lippen. Selbst der *Larousse Gastronomique*, der für seine patrizische, aber im allgemeinen offene Einstellung bekannt ist, erwähnt weder Augen

noch Lippen, noch Zahnfleisch, obwohl er Kalbs- und
Schweineohren eine ganze Seite mit Rezepten widmet,
bei denen einem das Wasser im Mund zusammenläuft.
Doch all diese Teile sind ausgesprochen essbar.

Augen können praktisch allen gekochten Tieren –
von Huhn über Kuh bis Fisch – entnommen und gekaut oder mit einem Schuss Alkohol hinuntergespült
werden. In vielen Kulturen gelten sie als Delikatesse,
auch wenn es logistisch gesehen schwierig sein dürfte,
daraus eine Mahlzeit zu bereiten. Im Nahen Osten werden die Augäpfel von Schafen mit der Dolchspitze
herausgeholt und direkt vom Schädel oder mit einer
Sauce oder zusätzlichen Gewürzen gegessen.

Lippen und Zahnfleisch stellen noch seltenere
Leckerbissen dar. Ich habe sie nur einmal auf einer
Speisekarte entdeckt, in einem laotischen Restaurant in
Bangkok, wo *nguak wua thot* (kurz gebratenes Rinds-
zahnfleisch) eines der Gerichte ist, die den Gästen Ohs
und Ahs entlocken – während sie dann doch etwas
anderes bestellen.

Ein pathanischer Dorfmetzger häutet und trimmt den Kopf eines Wasserbüffels, der für ein Festmahl in der pakistanischen Grenzprovinz geschlachtet wurde. Der Kopf wird im Ganzen gekocht.

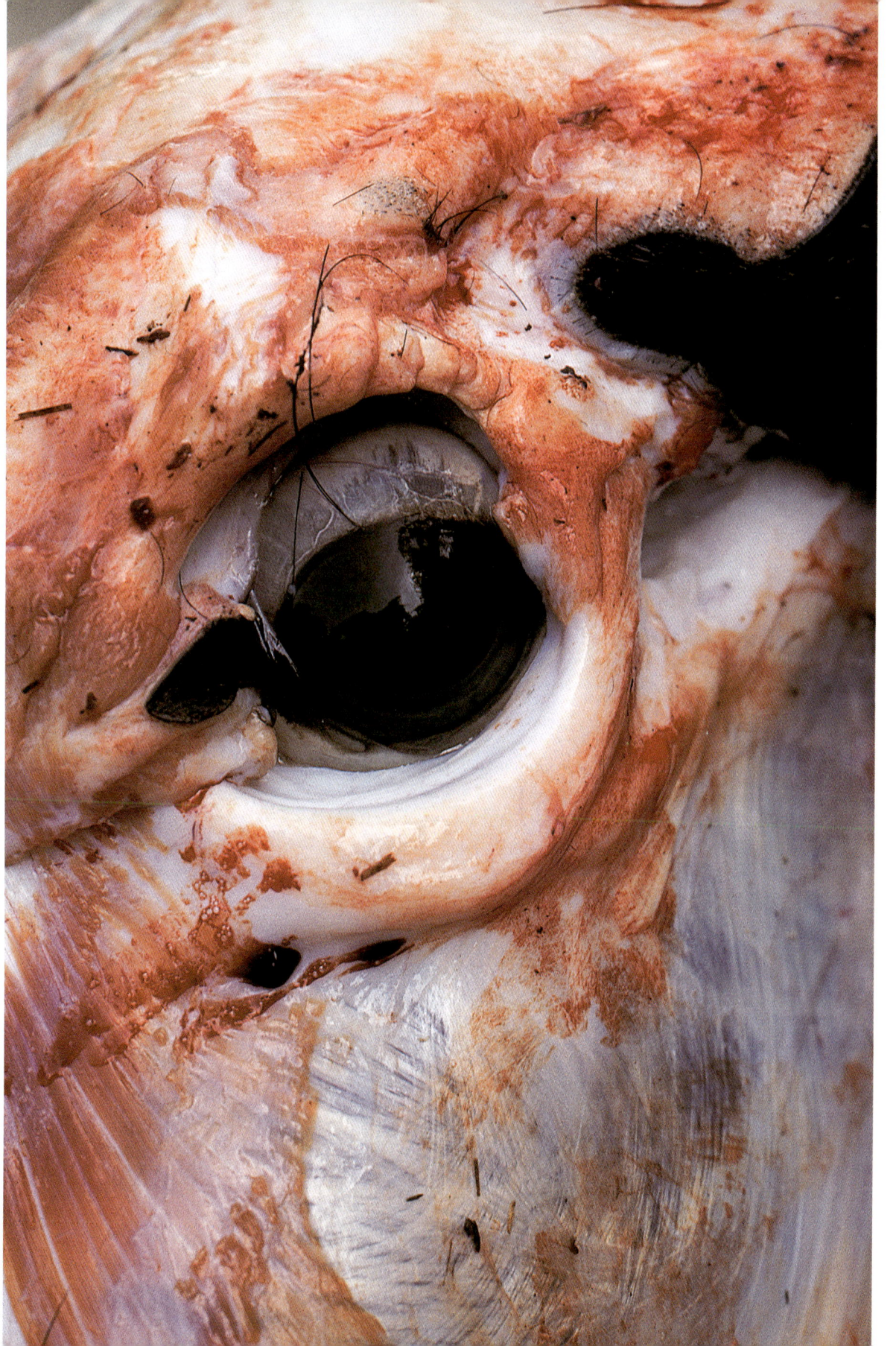

Genitalien

Lammfritten

1 kg Lammhoden
1 Zwiebel, gehackt
4 grüne Paprika, gehackt
 oder 1 kleine Dose
 Cayennepfeffer
1–3 Knoblauchzehen,
 gehackt
3 El Petersilie
200 g mexikanische Salsa
½ Tasse Weißwein
Salz und Pfeffer nach
 Belieben

Die Hoden in Salzwasser
etwa 20 Minuten kochen
oder bis sie gar sind. Dabei
den Schaum abschöpfen.
Dann in kaltem Wasser spülen. Zwiebeln und Paprika in
etwas Öl anbraten, dann
Knoblauch und Petersilie
hinzufügen. Zusammen mit
dem Fleisch ein paar Minuten rösten. Die Salsa, Salz,
Pfeffer und Weißwein dazugeben und zugedeckt etwa
15–20 Minuten köcheln lassen.

Mit freundlicher Genehmigung von
Maple Leaf Farm

Es ist nicht schwer zu verstehen, warum die meisten Gäste bei dem Gedanken, die Genitalien eines Tiers zu essen, die Nase rümpfen und verzweifelt mit den Augen rollen würden. Bieten Sie einmal eine Suppe aus Hirsch- oder Stierpenis oder frittierte Schafshoden an, dann wird Ihr Gast wahrscheinlich die Flucht ergreifen.

Es gibt jedoch einen zwingenden Grund, der die Genitalien von Vierbeinern für Zweibeiner attraktiv macht. Es ist das Testosteron, das von den Hoden aus-geschüttete Sexualhormon. Eine feministische Freun-din von mir nennt das Machosyndrom (wobei das Schlürfen von Penissuppe und das Kauen von Schafs-hoden nur ein kleiner Teil davon ist) die »Testosteron-vergiftung«, die sich als das Verlangen des Mannes definiert, männlich, männlicher und noch männlicher zu sein. Ich gebe zu, vielleicht einer dieser Männer zu sein.

Zum ersten Mal passierte es in Mexico City, als ich mit einer amerikanischen Rock-’n’-Roll-Band, den Doors, unterwegs war, einer Gruppe, die nicht gerade als weibisch verschrien ist und deren Leadsänger Lederhosen aus Kuh- und Pferdeembryonenhaut trug und sich Lizard King, Eidechsenkönig, nannte. Als wir in eines der besten Restaurants der mexikanischen Hauptstadt eingeladen wurden und eines der Gerichte ein Teller mit frittierten Stierhoden war, langten die meisten von uns nervös zu. Einer witzelte darüber,

er habe sich schon immer gefragt, was mit den Eiern des Stiers nach seiner Demütigung in der *Corrida* geschehe. Manche schoben das knorpelige Fleisch auf dem Teller herum, wie sie es mit so vielen anderen ungeliebten Gerichten schon als kleine Kinder gemacht hatten, und hofften, es sähe so aus, als äßen sie, wäh-rend sie in Wirklichkeit das Corpus delicti unter einer Tacoschale oder einem Haufen gebratener Bohnen zu verstecken suchten.

Und dennoch verdrückten die meisten von uns mindestens eine Portion. Warum? Weil wir Männer waren. Und daher gibt es in manchen Teilen der Welt auf vielen Speisekarten ein Gericht, das seit über einem Jahrhundert eine euphemistische Bezeichnung trägt. Im England des 19. Jahrhunderts hieß es »Lamm-steine«, und heute nennt man es »Lammfritten«. Der *Larousse Gastronomique*, der für alles eine französi-sche Phantasiebezeichnung hat, spricht von »animel-les« – ein kulinarischer Begriff für Hoden –, und in den USA heißen sie Berg- oder Prärieaustern. Zuweilen entdeckt man sie unter dem vagen Oberbegriff »variety meat«, Fleischspezialitäten.

Diese Macho-Einstellung hat tiefreichende histori-sche Wurzeln. Tierische Genitalien werden seit Jahr-tausenden in vielen Teilen der Welt verzehrt, um die eigene Potenz zu stärken und eine Reihe von Krank-heiten zu kurieren ebenso wie den eigenen Status unter seinen Freunden zu heben. Die so genannte »Organtherapie« war mindestens schon zur Zeit der Römer bekannt, als man glaubte, der Genuss des Organs eines gesunden Tiers könnte irgendein quä-lendes Leiden im entsprechenden menschlichen Organ beheben, und daran glaubt man heute noch und prak-tiziert diese »Therapie«.

In einem 1696 erschienenen pharmakologischen Werk wurden Hirschhoden als Aphrodisiakum geprie-sen und in schwedischen medizinischen Texten von 1739 und 1750 wurde der Hirschpenis auch bei Ver-

Rettet Viagra den Tiger?

Die Erfinder von Viagra bekamen 1998 den Nobelpreis, weil sie Millionen Män-ner von Impotenz befreiten. Da das rezeptpflichtige Mittel auch weithin als Potenzverstärker akzeptiert wird, erhalten die Wissenschaftler vielleicht bald auch eine Auszeichnung von Organisationen, die sich um den Schutz gefährdeter Arten bemühen.

Laut einem Bericht von Agence France Press aus Tokio Anfang 1998 wur-den »alte Heilverfahren, die meist auf chi-nesischer Medizin basierten, überflüssig gemacht« durch Viagra. »Schon vor sei-ner offiziellen Zulassung heiß gehandelt auf dem schwarzen Markt in Japan, bedroht Viagra nun den Markt für Tiger- und Robbenhoden in Tokio«, heißt es weiter.

giftung, Blasensteinen und Blut im Urin verschrieben. Das *Kamasutra*, das hinduistische Sexuallehrbuch aus dem 1. Jahrhundert, das neue Anhänger in den 1960er Jahren fand, empfahl die in Milch und Zucker gekochten Hoden des Widders.

Im 19. Jahrhundert übersetzte der viktorianische Forscher und Amateuranthropologe Richard Burton den arabischen Erotikklassiker *The Perfumed Garden for the Soul's Delectation* aus dem 15. Jahrhundert. Der Autor dieses duftenden Gartens, ein gewisser Scheich Nefzawi, schrieb: »Freude wird nur von denen gespendet und empfunden, die gut entwickelt sind. ... Hilfreich ist auch die Rute eines Esels. Das Organ wird mit Zwiebeln und Weizen gekocht, und damit füttere man Hühner mit großer Sorgfalt, die danach getötet und gegessen werden. Oder die Rute wird in Öl eingelegt und das Öl sodann getrunken.« Was für Öl dies sein sollte, wurde nicht erwähnt, obwohl es wahrscheinlich keine Rolle spielte.

Solche genitalen Phantasien treiben sogar heute noch in der Kochkunst üppige Blüten, insbesondere in Asien. Dort macht man den Glauben, Tigerpenissuppe fördere das Sexualleben, dafür verantwortlich, dass der Tiger unmittelbar vor dem Aussterben steht. Auf diese Vorstellung zielte 1996 eine internationale Anzeigenkampagne der Wildlife Conservation Society ab, bei der eine Suppenschüssel mit folgender Schlagzeile gezeigt wurde: »MANCHE MÄNNER GLAUBEN, TIGERPENISSUPPE SEI EIN STARKES APHRODISIAKUM. IN WAHRHEIT IST ES EINE PORTION ALTER BULLE.« Weiter hieß es, eine einzige Schüssel »Tigersuppe« würde etwa 300 Dollar kosten, doch die Käufer müssten damit rechnen, enttäuscht zu werden: »Erstens ist Tigerpenissuppe normalerweise eine Portion alter Bulle. Oder Ochse. Oder Hirsch. Oder sonst ein allgemein erhältlicher Ersatz. Die Fälschung von Tigerpenissen (und Tigerknochen oder anderer Tränke) ist fast eine Art von Kunst in Hongkong und China. (Bei 300 Dollar ist es eine Versuchung.) Und was haben die davon, die das echte Ding schlürfen? Deprimierenderweise nichts. Testosteron lässt sich nicht durch den Verzehr tierischer Genitalien einnehmen. Beim Kochen werden Steroide nur deaktiviert.«

Die Organisation warnte indes nicht davor, dass das, was da als Tigerpenis verkauft wird, vielleicht überhaupt kein Penis ist. »Viele Menschen, auch die Mitarbeiter in nichtstaatlichen Organisationen und der Medien, verurteilen den Handel mit wilden Tieren und ihren Körperteilen, der in Thailand offenbar weiterhin existiert«, erklärte Dr. Schwann Tunhikorn, Leiter der Wildtierforschungsstelle im Königlichen Forstministerium von Thailand, 1998 in einem Interview in der *Bangkok Post*. »Sie sind sich jedoch nicht darüber im Klaren, dass dieser Handel großenteils ein Schwindel ist. Ich habe noch nie das Sexualorgan eines echten Tigers auf dem Markt gesehen.« Der Doktor fügte hinzu, gewöhnlich würden diese falschen Penisse aus Rindersehnen gefertigt. In Nordthailand habe ich mehrere solcher Dinger auf Märkten gesehen. Selbst wenn ich noch nie einen echten Tigerpenis zum Vergleich gesehen hätte, wäre mir angesichts des lächerlich niedrigen Preises von 20 bis 30 Dollar alles klar gewesen – der Preis für das, was angeblich das echte Ding ist, ist wesentlich höher.

Das illegale Abschlachten von Tigern und der Verkauf der Genitalien dieser Großkatze gehen natürlich weiter. Trotz der allgemeinen Bemühungen, die Wilderer in Schach zu halten, schätzt eine andere Naturschutzorganisation, die Wildlife Protection Society of India, dass es auf der ganzen Welt noch immer hundert Millionen potenzielle Nutzer von Tränken auf Tigerbasis gibt. Die meisten dieser Konsumenten leben in Asien; angesichts der steigenden Kosten und der mit dem Verzehr gefährdeter Arten verbundenen Illegalität werden andere Genitalien allgemein als Ersatz verwendet. 1994 beispielsweise lieferte eine kanadische Firma 50 000 Robbenkadaver an China. Und während Fell, Fleisch und Öl einer Robbe 20 Dollar einbrachten, kosteten ihre Genitalien über 100 Dollar.

Sie können also durchaus Genitalien in Ihren Speiseplan einbeziehen, ohne bedrohte Tiere zu gefährden. Viele Restaurants in den USA servieren Rocky-Moun-

---

Rocky-Mountain-Austern

40 Lammhoden
1–2 Knoblauchzehen, gehackt
½ Zwiebel, gehackt
2 El Stärkemehl
1 Tasse Weißwein
Salz und Pfeffer nach Belieben
Tabascosauce nach Belieben
1 Tasse Wasser

Die Hoden gründlich waschen und säubern. Etwa 30–45 Minuten kochen, bis sie zart sind. Sorgfältig spülen. Mit Zwiebeln und Knoblauch rösten, bis sie braun sind. Stärkemehl in Wasser auflösen, zu den Austern geben. Wein hinzufügen und köcheln lassen, bis die Sauce eindickt. Die Gewürze hinzugeben und heiß servieren. Ergibt vier Portionen.

Stierhodenpastete

Vier Stierhoden in Salzwasser kochen. In Scheiben schneiden und mit Salz, Pfeffer, Muskatnuss und Zimt bestreuen. Dann auf Blätterteig abwechselnd Schichten von Hodenscheiben und gehackten Lammnieren mit Schinken, Majoran, Knoblauchzehen und Thymian geben.

Bartolomo Scappi, Koch von Papst Pius V., 16. Jahrhundert

Penissuppe

125 g Penis (Wild, Rind
    usw.)
1 Tasse Reiswein
10–12 Tassen Wasser
Kräuter und Gewürze aus
    der chinesischen Apo-
    theke

Das Fleisch in Reiswein
ein paar Minuten einwei-
chen, um den penetranten
Geruch zu beseitigen. Mit
Salz einreiben, mit heißem
Wasser bedecken und
1–2 Minuten kochen. Her-
ausnehmen und erneut
schrubben, dann in kleine
Stücke schneiden.

Fleisch und Kräuter zu-
sammen im Doppeltopf
mit Wasser bei starker
Hitze 1½ – 2 Stunden
kochen. Normalerweise
sind mehrere Kräuter-
mixturen erhältlich, wo-
bei die Mischungen den
Bedürfnissen des Kunden
entsprechen, etwa zur
Durchblutung, zum Steh-
vermögen usw. Erkundi-
gen Sie sich beim
Apotheker.

Das gekochte Fleisch
entfernen und nur die
Brühe trinken.

tain-Austern, die generell aus Lamm- oder Schafs-
hoden bestehen, und dreißig Jahre nachdem ich Jim
Morrison einen Teller gereicht habe, sind frittierte
Stierhoden in Mexiko noch heute eine geschätzte
Delikatesse. Und in ganz Asien, insbesondere dort,
wo viele Chinesen leben, gibt es meist auch ein
Restaurant oder eine Garküche, wo irgendeine Art von
Penissuppe serviert wird.

In Singapur gibt es ein kostspieliges Lokal namens
Imperial Herbal Restaurant, gleich in der Nähe des
berühmten Raffles Hotel. Es ist vielleicht das einzige
Restaurant mit einem eigenen chinesischen Naturheil-
kundigen, nämlich Dr. Li Lian Xing, der aus Tianjin in
China emigrierte und nun Beschwerden oder Störun-
gen der Gäste diagnostiziert und gewisse Gerichte oder
Getränke auf der Speisekarte als hilfreich empfiehlt.
Gleich beim Betreten des Restaurants sehen Sie große
Glasvitrinen, die Geweihstangen und getrocknete
Penisse verschiedener nicht bedrohter Arten enthalten,
und dahinter eine komplett ausgestattete Apotheke, wo

ich einmal eins kurz nach dem chinesischen Neujahrs-fest besuchte, wurde auf der Tafel an der Wand Stier-penissuppe für etwa 6 Dollar pro Schale angeboten, und Schildkrötenpenissuppe war doppelt so teuer, aber ich erfuhr, dass das Restaurant keine Penisse mehr vor-rätig habe. (In Asien ist das teuer, verglichen etwa mit einer Schale Nudelsuppe mit Schwein oder Huhn, die weniger als einen Dollar kostet.) Der Geschmack? Lei-der nichts Besonderes, kaum anders als eine übliche Brühe aus rotem Fleisch. Den Kick bekommt das Gericht durch die Erwartung künftiger Freuden.

Nicht weniger interessant ist der Fünf-Penis-Wein im Snake King Completely & Restaurant in Guangzhou in China. Auch wenn sich das Lokal auf das Reptil in seinem merkwürdigen Namen konzentriert, soll dieser Wein angeblich ein Getränk sein, das mit dem Schlan-genpenis sowie den Genitalien von Ochse, Schaf, Hirsch und Hund verschnitten ist. Als ich es bei einem Besuch 1997 probierte, schmeckte es ziemlich weich, obwohl die darin schwimmenden Partikel ein wenig beunruhigend waren. Ich fragte mich auch, wie wir-kungsvoll es seine sexuellen Verheißungen erfüllen würde, nachdem ich mehrere Gläser konsumiert hatte. Ich war an diesem Abend der einzige Ausländer im Restaurant und wurde nach dem Essen an mehrere Tische zu Drinks gebeten.

»*Ganbei*!«, riefen meine neuen Freunde immer wieder. »Leere das Glas!« Und vielleicht war ich anschließend dann auch sonst leer.

Wie anderes Organfleisch lassen sich Hoden auf vielfältige Weise zubereiten: frittiert, wie ich es in Mexiko erlebt hatte; in dünne Scheiben geschnitten und in Öl, Zitronensaft, gehackter Petersilie, Salz und Pfeffer mariniert und dann in Ausbackteig frittiert; oder in Scheiben in einer Butter-Sahnesauce mit blanchierten und sautierten Pilzscheibchen geköchelt. Wie Herz, Niere und so manches andere Organfleisch tendiert es dazu, ein wenig zäh zu sein.

Gegenüber: Dr. Li, Naturheil-kundiger im Imperial Herbal Restaurant in Singapur, zeigt einen seiner hoch geschätzten, in Wein einge-legten Hirschpenisse. Der Wein wird als Schoppen verkauft, aber auch getrock-nete Penisse kann man für den Hausgebrauch erwer-ben.
Links: In einem Restaurant in der nordthailändischen Stadt Chiang Mai bereitet eine Küchenhilfe die Haupt-zutat für Büffelpeniseintopf zu. Die langen, schlaffen Organe werden stückweise auf lokalen Märkten ver-kauft. Sie heißen auf Thai euphemistisch *tua dio an dio*, was so viel wie »ein Körper, ein Ding« heißt.

Ihnen, wenn Sie Glück haben, Dr. Li eine Spezialität des Hauses empfehlen wird – vielleicht Bullenruten mit chinesischer Yamwurzel. Die Preise beginnen bei etwa 20 Dollar und gehen, je nach der Anzahl der Ruten, bis zu 40 Dollar. Das Restaurant bietet auch eine Auswahl an Weinen an, zu deren Zutaten auch Hirschpenis gehört – ein Glas kostet 12 Dollar, eine Zweiliterflasche immerhin 450 Dollar!

In kleineren Etablissements in Singapur ist Penis-suppe weniger teuer, aber nicht immer erhältlich. Als

Urin

Als meine erste Frau und ich uns vor einigen Jahren vergeblich bemühten, ein Kind zu bekommen, erzählten wir unserem Freund Dave Guard davon, einem Musiker und Sänger, der zu den Gründungsmitgliedern des Kingston Trio gehörte, einer während des Folk-Music-Booms Anfang der 1960er Jahre beliebten Gruppe. Zwanzig Jahre später verbrachte er viel Zeit in Tibet und als er von unserem Problem erfuhr, sagte er, wenn die Tibeter schwanger werden wollten, würden Mann und Frau jeweils den Urin des anderen trinken. Wir waren entgeistert und erwiderten, wir würden darüber nachdenken.

Wie sich herausstellte, glauben viele Menschen genau wie Dave Guard und die kinderlosen Tibeter an die »Urintherapie«. Ihre Befürworter behaupten, menschlicher Urin – gewöhnlich der eigene – könne eine Reihe von Krankheiten heilen, sei gut für die Haut und befreie den Körper von Unreinheiten ebenso wie er die geistige Entwicklung fördere, und gleichzeitig stelle er etwas Nahrhaftes dar. 1996 versammelten sich immerhin 600 Delegierte aus 17 Ländern im indischen Goa zu einem der ungewöhnlichsten »wissenschaftlichen« Kongresse: der ersten Weltkonferenz über Eigenurintherapie.

Wie es hieß, sei diese 5000 Jahre alte Therapie im vergangenen Jahrhundert aus der Mode gekommen und in den meisten Teilen der Welt tabuisiert worden. Die Delegierten rümpften die Nase über die Mehrheit der Welt und hängten Poster von einem Knaben auf, der in ein Glas urinierte. Sie gedachten begeistert des fast 100 Jahre alt gewordenen indischen Staatsmanns Morarji Desai, der kurz nach seiner Wahl zum Premierminister die internationale Gemeinschaft schockiert hatte, als er darlegte, seine blühende Gesundheit ließe sich durch seine langjährige Praxis erklären, jeden Morgen ein Glas seines eigenen Urins zu trinken, so wie andere ihren Kaffee oder Tee trinken.

Sind diese Menschen nun Quacksalber? Der Genuss von Urin erscheint vielleicht radikal. Doch der Konsum der von den Nieren ausgeschiedenen gelben Flüssigkeit hat eine lange, großenteils in Indien spielende Geschichte, wo er vielleicht seit fünf Jahrtausenden mit der Tradition von Yoga und Tantra in Verbindung steht. Ein angeblich so altes Dokument, *Shivambu Kalpa Vidhi* (»die Methode, Urin zur Verjüngung zu trinken«), nennt den Urin »einen göttlichen Nektar, der im Stande ist, das Alter und verschiedene Arten von Krankheiten und Beschwerden zu überwinden. Man soll zuerst seinen Urin zu sich nehmen und dann mit der Meditation beginnen.« *Shivambu* heißt wörtlich »das Wasser von Shiva«, der höchsten Gottheit im indischen Pantheon, deren Name so viel wie »günstige Aussicht« bedeutet. Urin wird auch in dem buddhistischen Text *Phra Traipidok* (oder *Triptaka*) als unschädlich bezeichnet.

Ein Allheilmittel?

Auf der dreitägigen Konferenz in Indien wurden die therapeutischen Vorteile des Urinkonsums von Männern mit einem »Dr.« vor ihrem Namen dokumentiert, die auf der Bühne so regelmäßig auftauchten, wie unermüdliche Biertrinker ein Kneipenklo aufsuchen.

Dr. Shigeyuri Arai, Manager des Fujisaki Institute und Forscher an den Hayashibara Biochemical Laboratories in Okayama in Japan, sagte, das Gurgeln mit kleinen Urinmengen könne viele Krankheiten wie Krebs, Hepatitis B und Grippe heilen.

Dr. Ryoichi Nakan, Vorsitzender des japanischen Miracle Cup of Life Institute und Kollege von Dr. Arai, bekannte, er habe jeden Morgen 30 Sekunden lang mit Urin gegurgelt, und bestätigte, 200 000 Japaner hätten es ihm gleichgetan.

Dr. N. N. Dalwadi aus Bombay sagte, die Urintherapie habe die Symptome bei elf von 27 unheilbar kranken Krebspatienten gestoppt, die er seit 1992 behandelt habe. »Sie haben zumindest ihr Leben verlängert.«

G. K. Thakkar, Leiter der indischen Water of Life Foundation, erklärte, Urin habe ihn von Amöbenruhr und Ekzemen geheilt und ihn zu einem »über Nacht mutigen Redner« gemacht. Auch Tiere mit Rinderwahnsinn könne man mit ihrem eigenen Urin heilen.

Der Schweizer Claude Jacot sagte, er habe 50 Jahre lang an Sinusitis gelitten – bis er seine Nase täglich mit Urin gespült habe.

Coen van der Kroon aus den Niederlanden, Autor des definitiven Ratgebers *Urintherapie von A–Z*, ergänzte: »Ich verwende ihn als Aftershave.«

Eindeutige Vorschriften für die Einnahme von Urin wurden schon früh aufgestellt. Nur die »mittlere« Flüssigkeit wurde empfohlen – die ersten und die letzten zehn Milliliter sollten nicht aufgefangen werden, da erstere zu stechend und letztere zu schwach seien. Vor dem Trinken musste der Mund gespült werden und der Urin wurde wie Tee ein- oder viermal am Tag getrunken, gewöhnlich nach dem Aufstehen und nach den Mahlzeiten. Ferner wurde ein Urinfasten vorgeschlagen, bei dem Urin nur mit Wasser ohne andere feste oder flüssige Nahrung eingenommen wurde. Anhänger der Urintherapie nehmen dieses Urintrinken natürlich ernst.

1747 schrieb der deutsche Arzt Johann Heinrich Zedler, Augenverletzungen ließen sich am besten mit Honig kurieren, der im leicht gekochten Urin eines jungen Mannes aufgelöst wurde. Ferner verhindere eine Mischung aus Urin, Schwefel und Kartoffeln Haarausfall, und in den Anfangsstadien der Wassersucht solle man über einen längeren Zeitraum den eigenen Morgenurin auf leeren Magen trinken. Ebenfalls im 18. Jahrhundert behandelten deutsche und französische Ärzte damit Gelbsucht, Rheuma, Gicht, Ischias und Asthma, und im Krieg hielten Soldaten an Kanonen, die leicht heiß wurden, einen Eimer Urin bereit, in den sie ihre Hände tauchten, wenn sie sich verbrannt hatten.

Dr. John W. Armstrong, ein zur Urintherapie konvertierter britischer Arzt und Autor des Buches *The Water of Life* (1994), behauptete, seit 1925 über 40 000 Patienten gegen alle möglichen Leiden, von Krebs bis Tuberkulose, behandelt zu haben. In den 1940er Jahren verabreichten deutsche Ärzte Kindern, denen eine Ansteckung mit Masern oder Pocken drohte, routinemäßig Urineinläufe, und laut Dr. Johann Abele, einem Delegierten bei der ersten Weltkonferenz, seien schätzungsweise fünf Millionen Deutsche regelmäßige Konsumenten von Eigenurin.

Schulmediziner tun die Eigenurintherapie verächtlich ab – die einschlägige Literatur sei nicht wissenschaftlich fundiert und durch entsprechende Studien abgesichert. Manche behaupten, wer sich irgendwelchen Körperflüssigkeiten aussetze – von Blut über Speichel bis Urin –, riskiere es, HIV-positiv zu werden.

Zahllose Bücher sind bislang über das Thema erschienen, und die meisten Anhänger der Urintherapie gibt es offenbar in Indien. Sie behaupten, Urin sei kein toxisches Abfallprodukt. Gewiss könne Harnstoff, von dem etwa 2,5 Prozent in Urin enthalten sind, giftig sein, wenn er sich in großen Mengen im Blut befinde, doch Harnstoff sei auch eine wichtige Zutat in vielen Hautcremes. Sie weisen auch darauf hin, dass die Urintherapie auf dem Prinzip der »natürlichen Zyklen« basiere. Solange wir den natürlichen Körperzyklus nicht mit Chemikalien stören, sagen sie, produziere der Körper wiederverwendbaren Urin. Doch wenn Sie chemische Substanzen einnehmen – und verarbeitete Lebensmittel enthalten Chemikalien –, gelangen einige davon in den Urin und verändern seine chemische Zusammensetzung. Die einschlägige Literatur nennt noch eine Reihe anderer Möglichkeiten zur Nutzung dieser scharfen gelben Flüssigkeit: als Gurgelmittel (bei Zahnschmerzen, Erkältungen und rauher Kehle), als Einlauf, als Ohr- und Augentropfen oder als Vaginaldusche. Wenn Sie auf einen Seeigel treten oder von einer Biene gestochen werden, urinieren Sie am besten auf die Wunde. Ich hab das gemacht – aber trinken?

In *Waterworld*, einem der teuersten Hollywoodfilme aller Zeiten, uriniert Kevin Costner (mit Schwimmhäuten ausgestattet) in der Eingangsszene in einen Becher und trinkt den Inhalt. Das könnte Schule machen. Wenn nicht, findet der Film sicher ein Publikum in Indien.

Mango-Urin-Lassi

1 Tasse neutraler Jogurt
2 El Zucker
½ Tasse Urin
½ Tasse Mangofruchtfleisch
Eiswürfel

Alle Zutaten in einem Mixer gut vermischen und sofort servieren. Statt Mangos können auch andere Früchte verwendet werden.

Vanda Balbir, Besitzerin und Köchin des traditionellen indischen Restaurants »Mrs. Balbir's« in Bangkok

Menschenfleisch

Wenn ich anderen Leuten erzähle, dass ich nach der Geburt meines Sohnes die Plazenta mit heimgenommen und am nächsten Tag als Pastete serviert habe, glauben sie mir entweder nicht oder nennen mich entsetzt einen Kannibalen. Laut meinem Wörterbuch ist das »ein Mensch, der Menschenfleisch isst«. Ich nehme an, das definiert mich als Kannibalen, aber ich fühle mich doch weit entfernt von all den historischen Bildern von Kannibalismus, auf denen Eingeborene mit Knochen in den Nasen einen Missionar oder weißen Jäger in einem großen Kessel kochen.

Und so hat sich das abgespielt. Ich war verheiratet, hatte eine etwa zweijährige Tochter und lebte in London. Meine Frau und ich wollten unser zweites Kind zu Hause zur Welt bringen und der Arzt war im Prinzip einverstanden – aber als er erfuhr, dass wir im vierten Stock ohne Lift wohnten, sagte er Nein. Wenn es nun Probleme gäbe und wir meine Frau die Treppe hinunterschaffen müssten? Also akzeptierten wir sein Angebot, dekorierten ein Privatzimmer in einer kleinen Klinik in der Nähe unserer Wohnung mit afrikanischen Tüchern, zündeten etwas Sandelholz an und mit Hilfe eines englischen Arztes, einer deutschen Krankenschwester und einer südafrikanischen Hebamme wurde Nicholas Sky Hopkins geboren. Ich glaube, da erklärte ich dem Arzt, ich wolle die Plazenta mit heimnehmen.

Die Plazenta, die den Fetus im Uterus ernährt, wird nach der Geburt aus dem Körper der Frau abgestoßen und normalerweise weggeworfen. An manchen anderen Orten – auch in unserer Londoner Wohnung – galt sie als Nahrung: Warum sollten wir sie mit anderen medizinischen Abfällen wegwerfen? Was für eine Verschwendung. Schließlich hatte dieses Organ unser ungeborenes Kind ernährt und war reich an Proteinen, Vitaminen und Mineralien.

Meine Frau sollte am nächsten Tag heimkommen, und ich hatte vor, die Plazenta zu kochen und als Pastete den Besuchern zu servieren, die eingeladen waren, das Baby kennen zu lernen. Als ich den Arzt darum bat, willigte er erstaunt ein und verpackte mir das Fleisch in einem großen Müllbeutel. Als ich um vier Uhr morgens heimging, den Beutel über der Schulter, überlegte ich, was ich einem Bobby sagen würde, wenn er mich anhielte und wissen wollte, was ich in dem Sack hätte.

Am nächsten Tag sautierte ich die Plazenta in Butter und Knoblauch, schnitt sie in kleine Stücke und verwandelte sie im Mixer in eine dunkelbraune Paste. Oje! Ich hatte vergessen, die Adern zu entfernen, so dass überall winzige zähe Stückchen waren. Ein böser Fauxpas, dachte ich, servierte sie aber dennoch, gekühlt, mit Vollkorncrackers und rohen Zwiebelscheiben. Zu meinem großen Erstaunen probierte ein Ehepaar unter unseren Gästen sie tatsächlich.

Unser scheinbar skurriler Einfall ist aus historischer Sicht durchaus nicht ungewöhnlich. Der Verzehr von Menschenfleisch hat eine lange Geschichte. 1981 fand der Archäologe Tim White von der University of California einen 600 000 Jahre alten Schädel eines frühen Menschen in Äthiopien und bemerkte, dass sich eine Reihe feiner, tiefer Schnittrillen am Wangenknochen und an der Augenhöhle befanden, wo das Fleisch offenbar mit einem Messer abgelöst worden war. Diese »Signatur des Kannibalismus« unterschied sich von Kriegswunden, normalen Verletzungen, Bestattungspraktiken und den Bisswunden Aas fressender Tiere. Dr. White verglich den Schädel mit den Knochen von 29 Individuen aus den Anasazi-Pueblos in Colorado, diesen spektakulären, wohnungsartigen Felsbehausungen, die heute eine große Touristenattraktion bilden. Nachdem er die gefundenen Knochen, Werkzeuge und Töpferwaren auf das 12. Jahrhundert datiert und 2106 Knochenfragmente unterm Elektronenmikroskop auf Schnittrillen, Verbrennungsspuren und so weiter untersucht hatte, schlug er eine neue Kategorie von Knochenschäden vor: »pot polish«, »Topfpolitur«. Das waren die glänzenden Abschürfungen an Knochenspitzen, die vom Umrühren in Töpfen herrührten. Whites Schlussfolgerung: Die Anasazi verarbeiteten ihre Kollegen, indem sie sie häuteten, das Muskelgewebe in Brocken schnitten und brieten, die langen Knochen buken, die dünnen Knochen zerstießen, alle Teile in Töpfe über offenen Feuern gaben und umrührten.

»Menschen wurden systematisch gefangen, getötet und gegessen«, sagte White. »Unglaublich. Da stockt einem der Atem. Diese Menschen – die Vorfahren der heutigen Hopi- und Pueblo-Indianer – errichteten mit Hilfe des Kannibalismus eine Schreckensherrschaft, die vierhundert Jahre dauerte.«

Vielleicht. Es hat auch noch andere Gründe für die Anthropophagie gegeben, wie der Konsum von Menschenfleisch wissenschaftlich heißt. In Höhlen und bei Ausgrabungen in Frankreich und Deutschland aus der Zeit des Neandertalers haben Archäologen Haufen von ausgehöhlten menschlichen Bein- und Armknochen gefunden – offenbar Überreste einer Art von Markbüfett – sowie Knochenfragmente, die »deutliche Schnittmale aufwiesen, zweifellos von einem Feuersteinwerkzeug herrührend«. Dr. Yolanda Fernamdex-Jalvo vom Naturgeschichtlichen Museum in Madrid verweist auf Funde in einer 800 000 Jahre alten Siedlung bei Atapuerca in Spanien: »Menschenknochen haben Schnittmale und waren eindeutig vom Fleisch befreit worden. Sie waren auch mit Knochen von Tieren vermischt, die gegessen worden waren.« Warum damals Menschenfleisch gegessen wurde, weiß man nicht. Vermutlich war Hunger die Triebfeder gewesen.

Später gab es andere Gründe. Von der Tang-Zeit an und besonders während der Ming- und Ch'ing-Dynastie in China (vom 7. bis 18. Jahrhundert) war es beispielsweise üblich, dass die Tochter oder Schwiegertochter (seltener ein Sohn) einem sterbenden Elternteil, wenn alle normalen medizinischen Maßnahmen versagten, ein Stück Fleisch aus dem Oberschenkel schnitt, es in einer Brühe kochte und dem Patienten zum Trinken anbot. Ungeachtet aller gegenteiligen Beweise glaubte man an eine Wunderheilung.

Der Verzehr von Menschenfleisch als Medizin, in der chinesischen Literatur *ko ku* oder *gegu* genannt, spielt als Thema auch in den Geschichten über die früheren Leben von Buddha eine Rolle – hier symbolisiert es den buddhistischen Glaubenssatz des Mitgefühls.

Beispiele von Kannibalismus in neuerer Zeit wurden von Forschern, Missionaren und anderen Euro-Amerikanern berichtet, die sie in primitiven Gesellschaften entdeckten und stets als Beweise für die Grausamkeit der Eingeborenen zitierten. Literarisch reicht diese Einstellung zurück bis zu den griechischen Mythen um Saturn, der seine Kinder verzehrt, und die Zyklopen, die Odysseus' Gefährten aßen. Menschenfresser sind sozusagen auch eine Hauptzutat in frühen Erzählungen wie *Tausendundeine Nacht* (darin wurde Sindbad, der Seefahrer, einmal von einem König gerettet, der ihm Menschenfleisch zu essen gab) bis zu Marco Polos überaus phantasievoller Geschichte über die Soldaten von Kublai Khan, die das Fleisch von Gefallenen gegessen hätten.

Das Thema griff im 18. Jahrhundert auch der englische Satiriker Jonathan Swift *(Gullivers Reisen)* auf, als er 1729 in einem Essay vorschlug, zur Steuerung des Bevölkerungswachstums und zur Belebung der Wirtschaft in Irland alle einjährigen Kinder zu töten und zu verzehren. Sogar der Romancier Robert Louis Stevenson, der seine letzten Lebensjahre im 19. Jahrhundert auf den Marquesas im Südpazifik verbrachte, berichtete, er habe »den letzten Esser von Langschweinen in Nuka-Hiva« gesehen, wie er über einen Strand schritt und den Arm eines Toten über der Schulter trug. »Das macht Kooamua mit seinen Feinden!«, soll der Mann laut Stevenson den Entgegenkommenden zugerufen und dabei einen Bissen rohes Fleisch verzehrt haben.

Aus Lateinamerika zurückkehrende Missionare erzählten ähnliche Geschichten, und ein Autor schilderte einen Stamm von Menschenfressern in Afrika: Sie hätten spitze Zähne gehabt, die wie die eines Fuchses ineinander passten – dass er weder in Afrika gewesen war noch seine Behauptung belegen konnte,

Plazentapastete

1 Plazenta
Salz und Pfeffer
⅜ l Rotwein
3 Knoblauchzehen, durchgedrückt
2 Schalotten, fein gehackt
Blätterteig
6 Streifen durchwachsener Speck
1 Eigelb
Frühlingszwiebel, in Streifen geschnitten

Mit einem Filettiermesser das größere Ende der Plazenta öffnen, wo sich die Hauptader befindet. Sie lässt sich herausziehen. Auch die kleineren Adern entfernen.

Die Plazenta in dünne Streifen schneiden, salzen und pfeffern und mindestens 6 Stunden im Wein marinieren. Die Hälfte des Fleischs mit dem Knoblauch und den Schalotten im Mixer pürieren.

Eine Pastetenform mit Blätterteig auskleiden, den Boden und die Seiten mit dem Speck bedecken und dann das pürierte Fleisch, vermengt mit den restlichen Streifen, hinzufügen. Mit Blätterteig zudecken und mit Eigelb bestreichen. Im vorgeheizten Backofen etwa eine Stunde bei 190° backen.

Mit ungesalzenen Crackers servieren und mit der Frühlingszwiebel garnieren.

spielte keine Rolle. Auch die spanischen Eroberer in der Karibik berichteten, die Eingeborenen hätten das Fleisch ihrer Opfer gesalzen und getrocknet – und das zu einer Zeit, als sie das Salzen noch nicht kannten. Während einige Geschichten offenbar wahr sind – so sollen die Azteken tausende von Kriegsgefangenen gegessen haben –, weiß man heute, dass viele dieser Berichte Unsinn sind. Sie verrieten, so ein zeitgenössischer Autor, eher »eine lüsterne Neugier innerhalb von entwickelten Kulturen hinsichtlich des Kannibalismus, als dass sie seine verbreitete Praxis außerhalb von ihnen beweisen«.

In Wirklichkeit waren viele kannibalistische Praktiken tief in dem Glauben verwurzelt, den es in vielen Kulturen der Welt gab, nämlich dass der Verzehr der Ahnen einem ihre wohlwollenden Geister einverleiben würde oder dass die Zubereitung eines Mahls aus den eigenen Feinden einem die Kräfte der Verstorbenen verleihen würde – man esse ihr Gehirn und gewinne ihre Klugheit, man esse ihr Herz und nehme ihren Mut an und so weiter. Als Captain James Cook 1779 von hawaiischen Eingeborenen getötet wurde, erhielten seine überlebenden Offiziere am nächsten Tag seine sterblichen Überreste – in Form seiner Knochen, während sein Fleisch von den Eingeborenen gekocht und gegessen worden war, weil sie sich so die vielfältigen Fähigkeiten des großen Forschers aneignen wollten. Sogar Idi Amin, der Tyrann, der Anfang der 1970er Jahre über Uganda geherrscht hatte, soll bei einer Mahlzeit damit geprahlt haben, er hätte Menschenfleisch gegessen. Seine Rechtfertigung: »Wenn du im Krieg nichts zu essen hast und dein Kamerad ist schwer verwundet, darfst du ihn auch töten und essen, damit du überlebst. Er kann dir seine Kraft innerlich vermitteln. Sein Fleisch kann dich besser machen, so dass du in der Schlacht deinen ganzen Mann stehst.« Vielleicht aus dem gleichen Grund war etwa zur selben Zeit Michael Rockefeller, der abenteuerlustige Sohn des amerikanischen Millionärs Nelson Rockefeller, der in den Dschungeln von Papua-Neuguinea verschwunden war, vermutlich von einigen der letzten noch existierenden Kannibalen auf der Erde gegessen worden.

Auf den Fidschi-Inseln wurde der Kannibalismus bereits um 700 praktiziert, als die Fidschi-Insulaner gefangene Feinde opferten, um die Kriegsgötter gnädig zu stimmen. Anschließend wurde das Fleisch von den Siegern verzehrt, denn das war die schrecklichste Schande für die Opfer und wirkte sich nachhaltig auf deren Familien aus. Religiöses Ritual und Rache rechtfertigten also diese Praxis. Noch zu Beginn des 20. Jahrhunderts gab es in den meisten fidschianischen Haushalten so genannte »Kannibalengabeln«. Diese Gabeln werden heute als hübsche Schnitzereien nachgebildet und als Souvenirs verkauft. Es gibt sie in verschiedenen Größen: kleine Gabeln für die Augen und das Gehirn, größere für den Verzehr der Fleischteile. »So zart wie ein toter Mensch«, lautet eine alte fidschianische Redensart, die man noch heute gelegentlich als Kompliment für ein gelungenes Gericht hört.

Weniger bekannt als die gut belegten kannibalistischen Akte außerhalb von Europa und Amerika sind die Fälle von Kannibalismus in Europa: in prähistorischer Zeit bei den Angelsachsen und den frühen irischen Kelten ebenso wie in Skandinavien, in der Tschechoslowakei und Frankreich. Bei den Galliern wurde Menschenfleisch meist aus medizinischen Gründen gegessen, in manchen Gegenden sogar noch im 18. Jahrhundert.

Das Christentum und nicht etwa das Aufkommen einer »zivilisierten« Gesellschaft veränderte die Einstellung der Europäer gegenüber einem derartigen Verhalten. So war es etwa das Anliegen der spanischen Missionare in Lateinamerika, die Ernährungsweise wie die Religion, die sie dort vorfanden, zu verändern – beide erklärten sie für barbarisch. Es ist allerdings nicht überliefert, ob ihnen die Ironie aufging, die darin lag, dass sie sich für einen Glauben einsetzten, bei dem den Gläubigen der Leib und das Blut Christi während des Abendmahls gereicht werden, in Form von Oblaten und Wein, als Ersatz für den realen Leib und das reale Blut. Für die Christen, so der Gelehrte Gian-Paolo Bia-

sin, wird somit der »Kannibalismus zur Metapher stilisiert« – sagt Jesus doch selbst schon in der Bibel (Johannes 6, 51–56): »Ich bin das lebendige Brot, das vom Himmel gekommen ist. Wer von diesem Brot isst, der wird leben in Ewigkeit. Und dieses Brot ist mein Fleisch, das ich geben werde für das Leben der Welt ... Wahrlich, wahrlich, ich sage euch: Wenn ihr nicht das Fleisch des Menschensohns esst und sein Blut trinkt, so habt ihr kein Leben in euch. Wer mein Fleisch isst und mein Blut trinkt, der hat das ewige Leben, und ich werde ihn am Jüngsten Tage auferwecken. Denn mein Fleisch ist die wahre Speise, und mein Blut ist der wahre Trank. Wer mein Fleisch isst und mein Blut trinkt, der bleibt in mir und ich in ihm.«

So wie in grauer Vorzeit vom Neandertaler wurde Menschenfleisch auch in der Neuzeit nicht um des ewigen Lebens, sondern um des nackten Überlebens willen verzehrt. Bekannt ist die Geschichte amerikanischer Siedler, die 1846 beim Überqueren des Donner-Passes nach Kalifornien von einem Schneesturm eingeschlossen wurden und ihre Freunde aßen, als sie starben. In einer fast identischen Situation befanden sich britische Forscher, als sie im 19. Jahrhundert während einer Arktisexpedition die legendäre Nordwestpassage zwischen dem Atlantik und dem Pazifik such-

Oben: Dieser alte Druck stellt den Kannibalismus bei brasilianischen Indios dar. *Gegenüber:* Moderne Repliken von Kannibalengabeln aus dem 19. Jahrhundert sind ein beliebtes Souvenir auf den Fidschi-Inseln. Aus der Sammlung von Jonathan und Daphne Socher, Big Wind Kite Factory, Molokai, Hawaii.

ten. Als sie in den kanadischen Eiswüsten fest saßen, versuchten sie vergeblich, durch Kannibalismus zu überleben – eine Geschichte, die durch die Entdeckung ihrer Überreste erhärtet wurde, die Schnittmale an über neunzig Knochen aufwiesen. Da gibt es auch noch den etwas humorvollen Bericht über einen Mann namens Alfred Packer, der 1873 auf der Suche nach Gold in Colorado während eines Schneesturms in einer Hütte eingeschlossen wurde und überlebte, weil er seine Kameraden aß. »Sie sind ein gemeiner, verkommener Hundesohn«, sagte der Richter und verurteilte Packer zu dreißig Jahren Gefängnis. »Im Hinsdale County gab es nur sieben Demokraten, und Sie haben fünf davon gegessen.«

Nach einem noch gar nicht so lange zurückliegenden Flugzeugabsturz in den Anden überlebten einige Mitglieder des uruguayischen Rugbyteams, weil sie ihre toten Teamkameraden aßen – eine Geschichte, die später in einem Bestseller nacherzählt und auch verfilmt wurde. Einige vietnamesische Boatpeople berichteten, sie seien dem Tod auf die gleiche Weise entkommen. Während der chinesischen Kulturrevolution von 1966-76 wurde in Guangxi verbreitet Kannibalismus gegen »Klassenfeinde« praktiziert. In seinem 1996 erschienenen Buch *Scarlet Memorial: Tales of Cannibalism in Modern China* zitierte der Autor Zheng Yi einen Beamten, demzufolge allein in dieser Provinz zehn- bis zwanzigtausend Menschen ihre Mitbürger gegessen hätten. Und die weit verbreitete Hungersnot in Nordkorea von 1997 und 1998 trieb die Hungernden dazu, Familienangehörige und Nachbarn zu essen, die bereits verhungert waren.

Andere zeitgenössische Berichte über Kannibalismus widmen sich dessen eher grausigen Aspekten. Vor einigen Jahren kursierte in England die beglaubigte Geschichte von den berüchtigten Kay-Brüdern, die einen Großteil des organisierten Verbrechens in London kontrollierten – sie sollen die Leber eines Feindes herausgeschnitten und sie auf einer Schaufel über einem offenen Feuer gebraten haben. Auch der amerikanische Serienkiller Jeffrey Dahmer, von der Presse

der »Milwaukee-Kannibale« genannt, schlachtete und verspeiste seine Opfer. Außer dem Inhalt seines Gefrierschranks – Lungen, Eingeweide, eine Niere und eine Leber – fand die Polizei in seiner Wohnung keine Lebensmittel, nur Gewürze. Nach seiner Verhaftung 1994 fragte Dahmer die Gefängnisärzte, ob er der einzige Kannibale auf der Welt sei. Keineswegs.

Ich habe Dutzende von solchen Storys aus den Jahren 1994–98 in meinen Unterlagen. Da aßen beispielsweise acht Menschen in Brasilien ahnungslos die Leber eines Mordopfers, die ihnen mit Zwiebeln und Knoblauch in einer Bar in Rio de Janeiro serviert wurde. Eine 76-jährige Frau in Moskau wurde verhaftet, weil sie ihren Mann getötet und dann gegessen und die Reste eingemacht hatte. Im Nordosten von Indien ermordeten zwei Männer einen Nachbarn, weil sie glaubten, er wolle sie mit schwarzer Magie töten, teilten sein Herz in zwei Hälften und aßen es roh auf. Beim Studium von Gräueltaten im Zweiten Weltkrieg stieß ein portugiesischer Historiker auf Dokumente, aus denen hervorging, dass ein Hotel in Macao Babys kaufte, mästete, dann kochte und den Hotelgästen servierte. Aus einem kleinen Dorf im Ural erfuhr man 1995, dass die Polizei vier Männer verhaftet hatte, die Menschenfleisch verkauften und den Restaurants erzählten, es wäre Kalbfleisch. Aus demselben Jahr stammt die Geschichte von zwei Kambodschanern, die einem Freund bei der Bestattung eines tot geborenen Kindes helfen sollten und statt dessen eine Suppe davon bereiteten – mit Einwilligung des Vaters. In Hongkong wurde 1997 einem Polizeibeamten der Kopf von einem Arzt abgehackt, der behauptete, seine Frau hätte eine Affäre mit dem Mann gehabt; als die Polizei den Mediziner nach einem Hinweis der Frau des Beamten verhaftete, entdeckte sie den Kopf in einem Schnellkochtopf.

Eher auf Schock oder bestenfalls auf schwarzen Humor aus ist ein Film-noir-Genre in Hollywood mit Low-budget-Filmen wie *Cannibal Attack* (1954), *Blood Feast* (1963), *The Undertaker and His Pals* (1967), *Nacht der lebenden Toten* (1968, gefolgt von zwei Fort-

Dieser historische Druck trägt den Titel »Polynesier bringen ihr Abendessen heim«.

setzungen und einem Remake), *The Folks at Red Wolf Inn* (auch unter dem Titel *Terror on the Menu*, 1972), *Cannibal Girls* (1973) und *Rückkehr der lebenden Toten* (1985, mit zwei Fortsetzungen), um nur ein paar von diesen Machwerken zu nennen. Dennoch übten sie eine Wirkung auf das Publikum im Hinblick auf den Verzehr von Menschenfleisch aus, und die war durchweg negativ.

Ein wenig genießbarer waren Produktionen von begabteren Filmemachern. In dem Science-Fiction-Film *Soylent Green* (1973) bestand die futuristische Nahrung, von der der Film seinen Titel bezog, aus Menschenfleisch. In Jean-Luc Godards satirischem Film *Weekend* (1968) behaupteten Möchtegernterroristen: »Der Horror des Staats kann nur mit Horror beantwortet werden«, und demonstrierten ihre Rückkehr zu einer »natürlichen«, antiindustriellen Lebensweise, indem sie gefangene picknickende Spießbürger verzehrten. In *Der Koch, der Dieb, seine Frau und ihr Liebhaber* (1989), einem in einem schicken Restaurant spielenden ikonoklastischen Angriff auf heilige Kühe, besteht das in der Schlussszene servierte Mahl aus einem ganzen gebratenen nackten Menschen. Und Thomas Harris' Figur Hannibal (reimt sich auf das

englische Wort für Kannibale) Lecter in *Das Schweigen der Lämmer* (1991) und seinem weniger bekannten Vorläufer *Manhunter* (1986) ist ein menschliches Monster, eingesperrt unter anderem wegen seiner Lust auf Menschenleber, die Lecter mit einem »guten Chianti« hinunterspült.

Keiner dieser Filme oder Vorfälle stellt den Kannibalismus in einem positiven Licht dar und man kann sich kaum vorstellen, wann oder wie sich die Einstellungen hinsichtlich des Verzehrs von Menschenfleisch ändern könnten. Selbst wenn das, was ich 1972 meinen Gästen als Pastete servierte, 1998 in England unter Yuppies in war. Seinerzeit interviewte die Zeitschrift *Esquire* mehrere Menschen, die sie gegessen hatten, ebenso wie eine Reihe von Profiköchen. Einer schlug vor, man solle die Plazenta langsam schmoren und mit Kräuterklößen servieren. Ein anderer empfahl, sie mit Olivenöl, Kapern und Anchovis im Mixer zu pürieren und die Paste auf getoastete Crostini zu streichen – »das perfekte Canapé für eine Taufparty«, meinte er.

Reptilien &
Wasserlebewesen

Reptilien & Wasserlebewesen

Nachdem Hollywood die Dinosaurier entdeckt hatte, glaubten wahrscheinlich viele Menschen, Reptilien würden uns fressen, obwohl die meisten Vegetarier waren und sind. Aus irgendwelchen Gründen reizt viele Leute der Verzehr von Reptilien nicht – für andere hingegen ist eine Eidechse am Spieß etwas ganz Normales.

In Kolumbien öffnen Eingeborene den Unterleib weiblicher Leguane und entfernen die Eier, dann schmieren sie ihnen Holzasche in die Wunde und lassen sie wieder frei, während man in Mexiko männliche wie weibliche Leguane grillt. Krokodile und Alligatoren stehen überall dort auf der Speisekarte, wo sie nicht auf der Roten Liste sind – und zuweilen auch dann. Gürteltier ist in Texas eine Spezialität, Geckos werden in Teilen von Asien gegessen und Schlangen werden fast überall verzehrt.

Doch diese Nachkommen der alten Reptilien werden auf den meisten euro-amerikanischen Esstischen verabscheut und geächtet. Wahrscheinlich sind nur noch Insekten abstoßender. Vielleicht liegt das an den knochigen Skeletten, den trockenen Schuppen und Hornplatten. Als »Schlange« bezeichnet man gern jemanden, der kaltherzig und verschlagen ist. In Science-Fiction-Romanen und -Filmen sind viele der entsetzlichsten Schurken Reptilien oder haben reptilienartige Züge – man denke an *Godzilla*, *Jurassic Park* und die *Alien*-Filme.

Ich habe Reptilien immer gemocht. Als ich klein war, hatte ich Schildkröten, und während es mir wohl nie in den Sinn gekommen wäre, sie für Nahrungsmittel zu halten, hätte ich wohl auch nichts dagegen gehabt, wenn jemand dies behauptet hätte. Noch heute halte ich Eidechsen und ihre gliedmaßenlosen, schuppigen, länglichen Verwandten, die Schlangen, nicht für sehr bedrohlich, auch wenn viele Filme, die ich gesehen habe, diesen Eindruck zu erwecken suchten (kennen Sie *Anaconda*?).

Die weit verbreiteten Vorurteile gegenüber Reptilien verblassen in unserer hoch entwickelten Welt, wo »Dschungelrestaurants« solche Lebewesen auch für Gourmets als Leckerbissen akzeptabel erscheinen lassen. Jedes Reptil, das auf den Essteller kommt, kann das Proteinangebot nur verbessern.

Einige der anderen Lebewesen in diesem Kapitel kommen aus dem Meer oder aus Süßwasserseen und -flüssen, die zu den größten Nahrungsquellen zählen, seit die ersten Menschen mit den Händen Fische aus den Wattpfützen angelten. Gleichwohl werden mehrere Fischarten allgemein verachtet. Haie etwa werden wie Reptilien abgelehnt – wohl als Lebewesen und weniger, wenn sie gekocht sind. Und der *Fugu*, dieser berüchtigte Giftfisch, gilt in Japan trotz der Wirtschaftskrise nach wie vor als Delikatesse.

Dieser Teil des Buches ist amorph, enthält er doch Abschnitte über eine Reihe von nicht miteinander verwandten Lebewesen vom Land und aus dem Meer, von Wirbeltieren wie Wirbellosen, wobei letztere von der Qualle und vom Wurm repräsentiert werden.

Vorige Seite: Eine Qualle treibt im klaren tropischen Wasser vor den Philippinen. Direkt aus dem Meer gefischt, wird ihr Fleisch von einheimischen Fischern einfach in den Saft einer *kalamansi* – der kleinen philippinischen Limone – gedippt und gegessen.
Rechts: Auf einem Markt auf dem Khorat Plateau in Nordostthailand wartet ein Eimer voller Skinkeidechsen, hier *yae* genannt, auf Kundschaft. Solche kleinen Echsen werden gewöhnlich ausgenommen und gegrillt.
Gegenüber: Auf den beliebten Medizinständen in der Hwa-Hsi-Street in Taipei gibt es Medikamente und Kuren, die häufig auf Schlangenblut basieren.

Schlange

Als ich in den 1950er Jahren in den USA auf die höhere Schule ging, erzählte ein Klassenkamerad uns eine Geschichte, die er für sehr komisch hielt. Einmal hatte sein Vater, ein angesehener Arzt, eine Barbecueparty veranstaltet und dabei etwas serviert, was wie kleine Fischsteaks aussah, mit Kartoffelsalat, Krautsalat und jeder Menge Bier. Alle hielten das Fleisch für Fisch, obwohl es ein wenig wie Huhn schmeckte und etwas zäh war, und fanden es köstlich. Viele wollten noch eine Portion haben.

Nach dem Essen verkündete der Vater meines Freundes, sie hätten Klapperschlange gegessen. Mein Freund bog sich vor Lachen, als er hinzufügte, mehrere Gäste seien prompt aufs Klo gesaust und hätten sich übergeben.

Zum Glück sind viele Amerikaner in kulinarischer Hinsicht toleranter geworden und Klapperschlange wird schon fast wie selbstverständlich in Restaurants und bei privaten Barbecuepartys angeboten, besonders im Südwesten, wo so genannte Klapperschlangen-Round-Ups mittlerweile eine etablierte Touristenattraktion sind. Dennoch hat sich die Schlange noch immer nicht sehr weit auf euro-amerikanische Esstische vorgewagt. Ganz anders in Asien – hier ist die Schlange König. Und in großen Teilen von Afrika und Lateinamerika ist sie zumindest Prinz.

Dies wurde mir klar, als ich eine der Spitzenadressen kulinarischer Abenteurer besuchte, nämlich Guangzhou, unweit von Hongkong, wo ich in einen der berühmtesten Fresstempel der Stadt ging: ins Snake King Completely and Restaurant, ein hübsches Lokal mit weiß gedeckten Tischen, das – 75 verschiedene Schlangengerichte anbot! Die lebendigen Schlangen befanden sich in Käfigen im Erdgeschoss und wurden auf Bestellung in der Küche im ersten Stock in Scheiben geschnitten, gewürfelt, gehackt, geraspelt, durchgedreht, als Füllung verwendet, in Filets geschnitten und zu Kugeln gerollt, dann gebacken, gepökelt, gekocht, gedünstet, kurz gebraten, frittiert, gedämpft, in einer Kasserolle geschmort, in Papier gekocht, roh (als Sashimi) und mit Reis, Nudeln, einer überwältigenden Auswahl an Gemüsen, Kräutern, Gewürzen und Saucen sowie mit anderen Proteinquellen wie Wachtel, Seeohr, Seidenraupe und Katze serviert.

Die Katze sei zwar nicht vorrätig, erklärte man mir – ich bemerkte, dass eine lebendige Katze vertrauensvoll im Restaurant herumwanderte und die herunterfallenden Happen aufschnappte –, aber man versicherte mir, die 17 verschiedenen Schlangenweine auf der Karte gebe es tatsächlich, außerdem gedämpfte Fischlippen mit sauren Bambusschösslingen, gebackene Fischinnereien, Schweineblut und -mark mit chinesischem Schnittlauch sowie etwas, das »Rindsöl und Blütenrollen« hieß. Überwältigt von dieser Auswahl, vergaß ich zu fragen, was das denn sei. Ich bestellte einen Teller gebackene Schlange »mit Spezialsauce«, die nach Soja und Zucker schmeckte, eine pfannengerührte Schlange mit Gemüsen und ein Glas Fünf-Schlangen-Wein. Die Schlange schmeckte wie Huhn – wie sonst? – und der Wein sah aus und brannte in der Kehle wie Tequila. Rasch lernte ich auch, auf die winzigen Schlangenrippen zu achten, die etwa so groß wie Fischgräten sind. Ich war der einzige *gwailo* (fremde Teufel) im Restaurant und daher war ich für die einheimischen Gäste genauso eine Attraktion wie für mich die Speisekarte.

Schlange wird in Südchina seit langem als Teil der Ernährung geschätzt, besonders in der Provinz Guangdong (Guangzhou ist die Hauptstadt), wo sie schon von Liu An, einem Weisen der Han-Dynastie (206 v. Chr.–25 n. Chr.) gepriesen worden war: »Gute Südländer können mit einer Schlange eine Menge machen – im übrigen China ist sie nutzlos.« Schlangenfleisch wurde später auch im Norden eine Delikatesse und war eines der Gerichte bei einem berühmten Bankett der

Qing-Kaiser (1644–1911), einem 196 Gänge umfassenden kulinarischen Marathon, der drei Tage gedauert haben soll.

Normalerweise wird Schlange in den kühleren Monaten verzehrt, also von Ende September bis März. Die Chinesen glauben nämlich, dass während dieser Zeit, wenn die Schlangen ihren Winterschlaf halten, ihr Fleisch köstlicher sei. Schlange wird als Yang-Nahrung kategorisiert und stellt die positive, helle und maskuline Hälfte der chinesischen Yin-Yang-Philosophie dar (Yin ist negativ, dunkel und feminin). Der Verzehr von Schlangenfleisch im Winter, so glaubt man, wärme das Blut. Doch Schlangen von guter Qualität gibt es das ganze Jahr über.

Seit Generationen kommen die Menschen in das vietnamesische Dorf Le Mat, fünf Kilometer nördlich von Hanoi, um Schlange zu essen. Andere exotische Gerichte werden in den Restaurants an einer holprigen Straße verkauft – etwa Stachelschwein, Echse und Waschbär –, aber dort, wo die Schilder für *thit ran* (Schlangenfleisch) an der Straße stehen, interessieren sich die Gäste für die medizinischen Eigenschaften der Schlange.

Begibt man sich in eines dieser Etablissements, wird die gewünschte Schlange – Kenner bevorzugen Kobra – an den Tisch gebracht und in einer Wanne in Wasser gewaschen. Dann wird sie von zwei Männern gehalten, und einer schneidet ein Loch in den Leib, so dass das Herz auf ein Schälchen fällt, wo es weiter schlägt. Das Blut wird in einem Glas aufgefangen und vermischt mit Schlangenwein aus Reiswhisky und den vergorenen Kadavern mehrerer Schlangen. Zuletzt wird das Herz hineingegeben und das Glas dem Gast gereicht, bevor seine Bestellung entgegengenommen wird. Auf der Speisekarte gibt es ein Gericht mit dem Namen »Südlich der fünf Bergrücken mit frischen Schlangenbällchen«. Wer könnte da widerstehen?

Viele natürlich. Schlangen werden seit Urzeiten verunglimpft. War nicht eine Schlange das Symbol des Bösen im Paradies? Hat nicht eine Natter die liebreizende Cleopatra getötet? In wie vielen Filmen werden

Schlangen als bedrohliche Requisiten eingesetzt? (In Jäger des verlorenen Schatzes sind es in einer Szene 6000. In vielen weiteren Filmen treten Boa constrictors auf, die – wenn wir Hollywood glauben sollen – einen ganzen Schulbus verschlingen können.) Immerhin sind von den rund 2400 Arten etwa 200 tödlich giftig für den Menschen. Giftschlangen teilt man in mehrere Gruppen ein: in Grubenottern, zu denen Klapperschlangen, Kupferköpfe und Wassermokassinschlangen zählen, in Kobras und ihre Verwandten, in Mambas und Korallenschlangen, in Echte Ottern, denen die verschiedenen Nattern angehören, und in eine Gruppe von Seeschlangen, die sich in Salzwasser aufhalten.

Schlangen spielen in der Geschichte und in der Mythologie auch eine positive Rolle. In Schlangen-

Klapperschlangenjagd!

In den USA werden alljährlich mehrere Klapperschlangen-»Round-Ups« abgehalten. Ursprünglich haben sich die Farmer und Rancher diese »Jagdtage« ausgedacht, um die Klapperschlangenpopulation zu reduzieren, aber heute sind sie eine Touristenattraktion in einer Reihe von Großstädten und Landstädtchen von Kansas bis Texas und überall sonst im amerikanischen Südwesten.

Das größte und älteste Round-Up lockt als Wohltätigkeitsveranstaltung der Junior Chamber of Commerce (Jaycee) im texanischen Sweetwater am zweiten Märzwochenende zehntausende Besucher an. Die Werbebroschüre verweist stolz darauf, dass seit der ersten Veranstaltung 1958 über 100 Tonnen Klapperschlangen gefangen und verzehrt wurden, und das Programm umfasst eine Klapperschlangenparade, einen Schönheitswettbewerb (Miss Schlangenbeschwörer) sowie »Klapperschlangentänze« am Freitag- und Samstagabend, Shows, auf denen Schlangen gemolken werden, Kochvorführungen, einen Klapperschlangenfleisch-Esswettbewerb, geführte Schlangenjagden und Bustouren für Leute, die Schlangen in freier Wild-

bahn fangen oder bloß fotografieren wollen, und schließlich eine Preisverleihung für Einzelne und Gruppen, die die meisten und größten Klapperschlangen abliefern. An einem Souvenirstand gibt es T-Shirts, Kappen, Sticker, Jacken und Schlüsselanhänger mit einer Klapper.

Das »offizielle« Jaycee-Klapperschlangenrezept ist vielleicht phantasielos, aber leicht nachzukochen: »Die Schlange töten; den Kopf entfernen, am Schwanz etwa 1 Stunde aufhängen. Häuten; ausnehmen; in Stücke schneiden. 2 Stunden in Süßrahm marinieren. In Maismehl, Brotkrumen oder beidem wälzen. Frittieren, bis sie braun sind. Mit Louisiana Hot Sauce, Texas Pepper Sauce oder Tartarsauce servieren.« Ich probierte das Rezept an einer Schlange aus, die ich auf einem Markt in Bangkok gekauft hatte, und versaute meine Badewanne fürchterlich (als ich den Kadaver am Duschkopf aufhängte, um das Blut auslaufen zu lassen). Aber die in Sojabohnenöl frittierten und mit Chilisauce und gedünstetem Jasminreis servierten Schlangenfleischwürfel schmeckten köstlich.

Rechts: Lebendige Schlangen ringeln sich im Fenster dieses Ladens in der Snake Alley in Taipei.
Gegenüber rechts: Eine Kobra mit aufgerichtetem Kopf enthält diese Flasche chinesischen Schlangenweins. Die kleinen roten Stückchen sind Schneebeeren.
Gegenüber links: Ein Verkäufer bietet den Passanten in Taipeis Hwa-Hsi-Street, auch Snake Alley genannt, frisches Schlangenblut an. Blut und Galle sollen die Sehkraft verbessern und das untere Rückgrat stärken, um die Männlichkeit anzuregen.
Folgende Seiten: Ein Sortiment kleiner ausgefallener Spezialitäten, die es im Imperial Herbal Restaurant in Singapur gibt – Babyschlangen, Grillen, Baumrinde und ein Skorpion.

tänzen von Haiti bis Bali wie bei vielen amerikanischen Indianerstämmen werden die magischen Kräfte von Schlangen beschworen. In der Kultur der Mayas stand die Schlange für Fruchtbarkeit, und Quetzalcoatl, die mythische »gefiederte Schlange«, wurde als »Herr des Lebens« von den Azteken verehrt. Einige afrikanische Kulturen beteten Tigerpythons an und hielten es für ein schweres Verbrechen, einen Python zu töten. In Australien verbanden die Aborigines die Schöpfung des Lebens mit einer riesigen Regenbogenschlange.

Andere Kulturen haben Schlangen mit medizinischen Kräften oder der Wiedergeburt assoziiert. In Indien galten Kobras als Inkarnationen bedeutender Menschen, der Nagas. Die Schlange taucht als Symbol auf vielen Flaggen und Währungen auf und das Motto der USA während der Revolution gegen Großbritannien im 18. Jahrhundert trug das Bild einer Schlange, die in dreizehn Teile zerschnitten war (die für die dreizehn Kolonien standen), und die Botschaft an die Briten: »Tritt nicht auf mich.« Und so weiter. Unser modernes medizinisches Symbol des Äskulapstabs mit den beiden ineinander verschlungenen Schlangen geht auf den griechischen Mythos um Äskulap zurück, der die Medizin entdeckte, als er eine Schlange beobachtete, die eine andere Schlange mit Kräutern wieder zum Leben erweckte. Und der heilige Patrick soll Irland von Schlangen befreit haben.

Praktisch alle Schlangen sind essbar: die Kobras in Asien, die Boas in Südamerika, die Pythons in Afrika, die Gartenschlangen in Europa, die Klapperschlangen

in Nordamerika. Das Gift ist auf einen kleinen Abschnitt beschränkt, der einfach beim Säubern entfernt wird. Alle anderen Teile werden verwendet: Blut und Galle für verjüngende Tränke, das Fleisch als nahrhafte Proteinquelle, die Haut für knusprige Snacks (frittiert) ebenso wie für Schuhe, Handtaschen, Gürtel und andere Accessoires.

Doch am meisten geschätzt wird die Schlange als Lebensmittel. »Die Leute können sie sich heute leisten«, sagt Yip Kwok-leung, Besitzer eines Schlangengeschäfts in Hongkong. »Für sie ist sie nicht mehr nur ausschließlich ein Tonikum, sondern ein ganz normales Essen wie Porridge.« Bei Yip kostet eine Schüssel

Herzhafte Schlangensuppe

Von Tim Hart, einem neugierigen Gourmet, der in Thailand lebt, stammt das folgende Rezept für Schlangensuppe. Man nehme eine Schlange, einen Esslöffel Chilischoten, einen Esslöffel trockenen Reis, frischen Koriander, fein gehackte Zwiebeln, zwei Esslöffel Fischsauce und fünf bis sechs Tassen Wasser. Die Chilis werden gehackt, der Reis zu feinem Pulver zerstoßen, und die Schlangenschuppen werden über einer offenen Flamme (oder in einer Pfanne) versengt und abgekratzt. Man entfernt die Innereien und lässt das in schmale Streifen geschnittene Fleisch im siedenden Wasser eine Stunde lang köcheln, bis es zart ist. Herausnehmen, die Knöchelchen entfernen und mit den anderen Zutaten wieder aufkochen. Mit Klebereis servieren.

Suppe unter zwei Dollar, und im Snake King Completely kommt in die einzigen Gerichte über 10 Dollar noch eine Schildkröte oder eine Katze. Einige Schlangenweine sind teuer – eine Halbliterflasche Kobrawein samt zusammengeringelter Kobra darin kostete 1998 auf dem Flughafen von Saigon 40 Dollar –, und die Gallenblase, deren grünliche Flüssigkeit die Libido steigern und Impotenz heilen soll, kostet heutzutage in Hongkong immerhin 1000 Dollar. Aber das Fleisch selbst ist fast überall preiswert.

In Europa hat der Verzehr von Schlangen eine lange Geschichte, auch wenn er in den letzten hundert Jahren zurückgegangen ist. Vor dem 18. Jahrhundert waren Natterngerichte in Frankreich beliebt, weil man ihnen eine segensreiche Wirkung auf Schönheit und Gesundheit zuschrieb; aus jener Zeit sind Rezepte erhalten für gebackene Schlange mit Kräutern, für einen Kapaun mit Schlangenfüllung, für geköchelte Schlange in einer Suppenbrühe und für Schlangenöl.

In Hongkong importierten Restaurants vor kurzem in einem Jahr 50 000 Schlangen, um die lokale Nachfrage zu befriedigen. Im Westen der USA gibt es mindestens fünfzig Restaurants, die Klapperschlangen-

Chili und -Steaks servieren, und genauso viele in manchen asiatischen Großstädten mit einem großen chinesischen Bevölkerungsanteil. In den Dschungeln von Äquatorialafrika, Mittel- und Südamerika sowie im ländlichen Südostasien wird Schlange als regelmäßiger Bestandteil der Ernährung zusammen mit Affen, Nagetieren, Larven und Insekten verzehrt, wann immer sie erhältlich ist. In Teilen von Lateinamerika wiederum wird »Klapperschlangensalz« auf andere Gerichte mindestens einmal am Tag gestreut. Dazu wird eine Klapperschlange (samt den Rasseln) klein gehackt und gesalzen. Und nach einem halben Jahr wird das getrocknete Fleisch weggeworfen – fertig ist das Schlangensalz. Falls die Schlange nicht gebraten oder über einem offenen Feuer gegrillt wird – die häufigste Art der Zubereitung –, wird daraus in Asien sowie in Teilen von Afrika und Amerika im Allgemeinen eine Suppe oder ein Eintopf gekocht, die sich nur in der Menge der Flüssigkeit unterscheiden.

Echsen

In dem Hollywoodfilm *The Freshman* (1990) beauftragt der Mafiaboss Carmine Sabbatini (gespielt von Marlon Brando) einen mittellosen Studenten (Matthew Broderick), ein »Päckchen« am Flughafen Newark in New Jersey abzuholen. Dieses »Päckchen« erweist sich als ein lebendiger Komodo-Waran an einer Leine – ein Tier, das nach einer fernen indonesischen Insel benannt ist, wo nur noch ein paar tausend Exemplare existieren. Früher wurde diese größte Echse der Welt, die über drei Meter lang werden und bis zu vier Zentner wiegen kann, wegen ihres Fleisches gejagt, aber heute wird sie als gefährdete Art vom indonesischen Staat geschützt.

Der Film erging sich dann in den albernen Abenteuern, die mit dem Transport der Echse verbunden waren, die sich an einer Tankstelle losriß, in einem Einkaufszentrum verrückt spielte und so fort. Endlich kam die seichte Pointe. Jedes Jahr lud Don Carmine die Mitglieder eines privaten Gourmetclubs zu einem Festmahl ein, das ausschließlich aus gefährdeten Arten bereitet wurde. Je nachdem, wie selten das Tier war, betrugen die Kosten pro Portion zwischen 200 000 und einer Million Dollar. Dem Film zufolge gab es nur noch acht Komodo-Warane auf der Welt – tatsächlich sind es zwischen 2000 und 6000 –, so dass die Mahlzeit 350 000 Dollar kostete. Pro Person.

Der bis dahin politisch inkorrekt erscheinende Film wurde in den Schlussszenen gesellschaftlich akzeptabel, als sich herausstellte, dass Sabbatini den Clubmitgliedern zwar alle möglichen gefährdeten Arten versprochen hatte – und die armen Tiere zur Cocktailstunde auf der Bühne vorführte, um zu beweisen, dass sie echt waren –, aber jedes Jahr immer nur geräucherten Truthahn auftischte – schmeckt denn schließlich nicht jedes ungewöhnliche Essen mehr oder weniger wie Huhn? Und anschließend wurden die Tiere dann der Carmine-Sabbatini-Sammlung des Bronx–Zoos gestiftet.

Tatsächlich schmeckt nicht jedes ungewöhnliche Essen wie Huhn, und ganz sicher gilt das für Echse, deren Geschmack eher an geräucherten Truthahn erinnert, aber von Art zu Art sowie je nach der Ernährung der Reptilien und ihrem Lebensraum variiert.

Echsen leben auf allen sechs Kontinenten, von der Südspitze Südamerikas und Südafrikas bis hinauf zum ewigen Schnee der Arktis, aber die meisten der rund 7350 Arten sind in gemäßigterem Klima zu Hause. Viele der größten und ungewöhnlichsten – und als Mahlzeit beliebtesten – Tiere leben in den Tropen. Besonders in Asien und Lateinamerika gilt Echse als Delikatesse.

Zu den beliebtesten Echsen zählt der Leguan, ein Standardgericht in Mexiko, Mittelamerika, Südamerika und in Teilen der Karibik, zumindest seit der Zeit von Christoph Kolumbus, dessen Seeleute berichteten, er sei »weiß, zart und wohlschmeckend« (so in der Biografie von Kolumbus' Sohn). Heute wird Leguan auf Märkten, in Restaurants und an Orten wie dem Iguana Park angeboten, einer Touristenattraktion, deren Name sicher von *Jurassic Park* inspiriert war, einem Film, der das Image der frühen Echsen nicht gerade verbessert hat. In den ersten fünf Jahren seit Bestehen des Parks in Costa Rica, behaupten die Besitzer, hätten sie über 80 000 Leguane ausgesetzt, und mittlerweile sei ihre Population so groß, dass die Parkmanager die Erlaubnis haben, Leguanfleisch zu verkaufen und die Tiere auch anderweitig kommerziell zu nutzen. (Die Haut darf zu Ledergürteln, Handtaschen und Schuhen verarbeitet werden.)

Größenmäßig kann der Leguan mit einem Komodo nicht mithalten, aber die Männchen werden immerhin 1,80 Meter lang, wovon mehr als die Hälfte auf den Schwanz entfällt, die Weibchen bis zu 1,20 Meter. Sie haben auch ein ausgeprägt prähistorisches Aussehen – typisch die großen, runden Schuppen unter den Ohren, die wie Hi-Fi-Lautsprecher wirken, die abstehenden

Stacheln vom Nacken bis zum Schwanz sowie eine große Wamme unterm Kinn, die sie aufplustern, um ihr Territorium zu verteidigen und Partner anzuziehen. Sie sind hellgrün. So wirken sie wie ein Miniaturdinosaurier aus Pistazieneis.

Auf den heimischen Märkten ist der Leguan viel billiger, als wenn er als Haustier in einem Zoogeschäft verkauft wird. Normalerweise werden sie lebend angeboten, einige der kleineren Arten werden allerdings am Spieß gegrillt und in kleinen Cafés in einem Eintopf oder einer Suppe mit heimischen Gemüsen und mit Knoblauch, Kreuzkümmel, Gewürznelken und Muskatnuss gewürzt serviert.

Auch wenn Leguane über kurze Strecken schnelle Sprinter sind und geschickt auf Bäume klettern, sind sie nicht schwer zu fangen. Gewöhnlich pirschen sich die Jäger an sie heran, während sie auf niedrigen Ästen in der Sonne dösen.

Die Meinungen über Echse als Nahrungsmittel gehen auseinander. Manche Leute behaupten, die meisten Arten hätten zu wenig Fleisch, als dass sich der Aufwand des Fangens und Schlachtens lohnte. Doch das Tier besteht größtenteils aus Fleisch, im Gegensatz etwa zu kleinen Vögeln, die nichts als Knöchelchen und Federn zu sein scheinen. Echse gilt auch als exotische Delikatesse und Restaurantgäste müssen mit einem entsprechenden Aufschlag rechnen – genauso wie exotische Lederwaren mehr kosten als Taschen oder Schuhe aus Rinds-, Schweins- oder sonstigem Haustierleder.

Eine andere beliebte große Echse ist der Chuckwalla, der in den Bergen und Wüsten von Utah in den USA bis jenseits der Grenze zu Mexiko lebt. Er fühlt sich auf dem kargen, felsigen Boden am wohlsten, wo es kleine Höhlen und Ritzen gibt, in denen er sich verstecken kann, wenn er von hungrigen Indianern verfolgt wird. Sobald er sich in so einem Loch befindet, hyperventiliert er und füllt seine Lunge bis zum Maximum, so dass sich sein Körper um bis zu sechzig Prozent vergrößert. Um den Chuckwalla herauszubekommen, durchbohren ihm die Jäger mit einem spitzen

Stock die Lunge, damit die Luft entweicht. Dieses grausige Verfahren wird der Mühe wert erachtet. (Und ist denn schließlich die Hetzjagd auf ein Wildschwein durch ein Rudel Hunde eine angenehmere Praxis? Oder das Schlachten eines Schweins in einem Schlachthaus?)

Ein großer Chuckwalla kann bis zu einem halben Meter lang und etwa neun Zentimeter breit werden, wobei sein dicker Schwanz so lang ist wie Kopf und Körper zusammen und fast zu hundert Prozent Fleisch enthält. Normalerweise wird das Tier gebraten oder an einem Spieß über einem offenen Feuer gegrillt und mit Gemüsen, Tequila und Limone verzehrt. Manchmal wird der Chuckwalla wie andere Echsenarten in seiner groben, ledrigen Haut gekocht. Nachdem man ihn ausgeweidet und den Kopf entfernt hat, wird er direkt auf heiße Kohlen gelegt und ständig gewendet. Wenn die Haut aufplatzt, kann das Fleisch herausgeholt werden.

Eine Reihe von Waranen, die wie kleine Versionen des Komodo-Warans aussehen, werden ebenfalls am Nil, in Südostasien und in Australien gejagt, wo die Aborigines die Tiere mit Schlamm umhüllen, bevor sie sie auf heißen Kohlen braten und damit die gleiche Wirkung erzielen, wie wenn Fisch oder Geflügel in

Der Leguan als Schmuck

Leguane sind heutzutage in manchen Gegenden wegen der Vernichtung von Regenwäldern und wegen des Überjagens für den Souvenirmarkt und Tierhandel fast ausgestorben. Die meisten Leguane im Tierhandel werden auf Farmen gezüchtet, doch es gibt auch einen Schwarzmarkt. In Thailand war der Leguan 1996 bei Jugendlichen fast genauso in wie das Handy, und ein Tierhändler in Bangkok gab zu, er habe jeden Monat über tausend Tiere aus El Salvador und Guatemala importiert, obwohl die legale Importquote für das ganze Land bei etwa 500 liegt. Die Preise lagen zwischen 12 Dollar für ein unter 30 Zentimeter langes Jungtier, das der Besitzer auf

der Schulter wie ein Schmuckstück trug, und 1600 Dollar für ein ausgewachsenes Exemplar.

Leider gingen viele dieser Leguane innerhalb eines Monats ein, weil die jungen Besitzer keine Ahnung hatten, wie sie die Tiere behandeln sollten. Andere entkamen oder wurden in Waldgebieten ausgesetzt. Im Laufe der Jahre sind so Populationen in den USA in Südflorida, im unteren Rio Grande Valley in Texas und in Teilen von Hawaii entstanden. Sie werden auch auf Farmen in Surinam, Nicaragua und Indonesien gezüchtet – in Indonesien werden Echsen auch wegen ihres Fleisches geschätzt.

Ton oder *en papillote* gegart werden. Diese und andere
kleinere Echsen werden gewöhnlich erschlagen oder
mit einer Schlinge am Ende eines Stocks gefangen.

Selbst die größten Geckos von Südostasien sind
vergleichsweise kleiner und für ein Entrée benötigt
man immer mehr als einen, besonders wenn man die
kleinste Art (bis zu 7,5 Zentimeter lang) nimmt, die im
Zickzack über Wände und Decken huscht. Diese Art
habe ich schon in meinem Haus auf Hawaii beobachtet, und nun sehe ich ihr zu, wie sie Moskitos und
andere Insekten in Bangkok jagt, wo man das kleine
Lebewesen wegen seiner Klicklaute *jing cho* nennt. Es
gibt praktisch nur eine Möglichkeit, kleine Geckos
zuzubereiten, nämlich indem man sie in heißem Öl
frittiert. Die größere Art, die etwa 15 Zentimeter lang
wird und meist im Dschungel und seltener in Häusern
zu finden ist, kann wie jede andere große Echse ausgeweidet und gegrillt werden.

In Vietnam, Hongkong und China bereitet man aus
Geckos auch ein starkes alkoholisches Getränk, indem
man die Reptilien etwa ein Jahr lang in eine Flasche
mit starkem Reiswein oder Whisky steckt. In Restaurants – meist dort, wo man auch Schlange bekommt –
kostet dieser Wein etwa einen Dollar pro Schnapsglas
und wird aus fünf bis zehn Liter fassenden Krügen ein-
geschenkt. Kleinere Flaschen, die meist einen großen
Gecko enthalten, kann man für weniger als zwei Dollar
in orientalischen Läden und in manchen Souvenirge-
schäften auf asiatischen Flughäfen kaufen. Getrocknete Geckos werden auch auf Straßenmärkten in China
und in Kräuterläden in den meisten chinesischen Vier-
teln auf der ganzen Welt verkauft – sie werden gemahlen, in heißem Wasser aufgelöst und als Heilmittel bei
allen möglichen Beschwerden getrunken.

Lebendige Echsen bekommt man in vielen Tier-
handlungen ebenso wie über den Versandhandel.
Einige weit verbreitete Arten kosten 100 Dollar
und mehr, die größeren Warane bis zu 500 Dollar.

Rechts: Ein junger Wasser-waran ruht sich auf einem Ast in Südindien aus.
Gegenüber: Die einzelnen Phasen der Zubereitung von *yae*, einem Leiolopisma-Skink aus Nordostthailand.
Oben links: Die lebendigen Echsen, wie sie vom heimi-schen Markt kommen.
Oben rechts: Nachdem die Echse mit einem Schlag auf den Kopf getötet wurde, wird ein Einschnitt vom Hals bis zum Schwanz gemacht.
Unten links: Die Eingeweide werden entfernt und wegge-worfen, die beiden Eier bei-seite gelegt.
Unten rechts: Die Echsen werden, zusammen mit den Eiern, auf beiden Seiten über einem Holzkohlengrill gegrillt.

Alligator & Krokodil

See you later, alligator. After a while, crocodile.

Als dieser Song von Bill Haley in den 1950er Jahren die Popmusikcharts erstürmte, hatten Alligator und Krokodil ein fröhliches, ganz und gar nicht bedrohliches Image. In einer damaligen amerikanischen Fernsehshow trat eine freundliche, gesellige Figur namens Oliver Dragon auf – ein Alligator oder Krokodil (wie Sie wollen), der oder das sich munter mit den anderen Handpuppen und der alterslosen Moderatorin Frau Allison unterhielt. 1986 strömte das Publikum scharenweise in die Kinos, um den Australier Paul Hogan als komischen Abenteurer namens Crocodile Dundee zu erleben.

Andererseits gibt es zahlreiche Abenteuerfilme à la Indiana Jones, in denen dieses große, schuppige Lebewesen als eine Art Westentaschen-Godzilla dargestellt wird – Alligatoren und Krokodile gehören zum Stammpersonal von Horrorfilmen. Jahrzehntelang hielt sich ein »urbaner Mythos«, dass Babyalligatoren von ihren gelangweilten Besitzern die Toilette hinuntergespült würden und fortan in der Kanalisation ihr Unwesen trieben. Als Thailand 1996 von Überschwemmungen heimgesucht wurde, entkamen mehrere Krokodile aus Farmen, so dass sich die Regierung veranlasst sah, sie von bewaffneten Teams in Booten abschießen zu lassen – ein gefundenes Fressen für die Medien in aller Welt.

»Alligator-Wrestling« ist seit Generationen eine Kirmesattraktion im amerikanischen Süden, genauso wie Krokodilshows in Australien und Südostasien – immer wieder hält das Publikum den Atem an, wenn der Trainer das Maul des Reptils öffnet und den Kopf zwischen diese Reihen spitzer Zähne steckt.

Natürlich werden Menschen gelegentlich tatsächlich von Alligatoren und Krokodilen in freier Wildbahn getötet, genauso wie hin und wieder auch von Haien, und sicher ist es ein Risiko, den Kopf in dieses mit fürchterlichen Zähnen ausgestattete Maul zu stecken. Für die Medien ist das natürlich eine tolle Story, aber in Wahrheit interessieren sich Krokodil und Alligator genauso wie Schlangen und die meisten »gefährlichen« Fleischfresser überhaupt nicht für Menschen, es sei denn, sie fühlen sich ihrerseits bedroht.

Für die meisten Menschen in den hoch entwickelten Teilen der Welt sind sie nicht nur gefährdete Tiere, sondern auch eine persönliche Gefahr. Ein Jammer, denn die nicht bedrohten Arten bieten ein schmackhaftes, gesundes Fleisch, das inzwischen einen wachsenden Markt auf mehreren Kontinenten findet.

In Singapur ist gebratenes Krokodil ein fester Bestandteil vieler Restaurantspeisekarten. In manchen Teilen von Indien zieht man hingegen einen Krokodilcurry vor und in Australien gehört Krokodilpastete einfach zum traditionellen »bush tucker«. In Japan werden Krokodilsgerichte als Delikatesse in teuren Tokioter Restaurants serviert. In den USA ist Alligatorsuppe eine anerkannte Spezialität von New Orleans, ein Bestandteil der kreolischen Küche, und in dieser Region werden auch Alligatorenrippchen gegrillt. In den schwarzen Ghettos im Norden werden sie mit Kohl und langen Bohnen serviert. In Lateinamerika und Afrika wird das Fleisch ebenfalls ganz normal gegessen, meist über einem offenen Feuer gegrillt oder in Eintöpfen und Suppen.

Krokodil und Alligator eignen sich für alle möglichen Rezepte. Sie passen gut zu vielen Kräutern, Gewürzen und Gemüsen – nicht nur in Suppen und Eintöpfen, sondern auch als Pfannengerichte, kurzgebraten, in Omeletts, Pasteten, Pastagerichten und in Teig gehüllt. Das cholesterinarme Fleisch unter der panzerartigen Haut lässt sich leicht verarbeiten und in Koteletts und Steaks zerlegen und wie Hühnerkeule oder –brust grillen, denen es geschmacklich ähnelt. (Das zarteste Fleisch stammt von den Beinen und dem Schwanz junger Tiere.) Es gibt jede Menge noch exotischerer Rezepte – von Krokodilkutteln, einer Delikatesse in Äthiopien, bis zu Omelettes aus den Eiern.

In einigen Restaurants in Südostasien steht »Dragon's Palm«, gebratener Krokodilsfuß, auf der Speisekarte. Mehrere Arten von Krokodilen und Alligatoren sind gefährdet, aber andere sind »kontrolliert«, d.h., die Populationen werden sorgfältig überwacht und nur dann für eine kommerzielle Verwendung frei gegeben, wenn ihre Zahlen dies rechtfertigen. Der Mississippi-Alligator beispielsweise kam 1967 auf die Rote Liste, als es nur noch etwa 100 000 Exemplare gab, doch heute gedeiht der Alligator in freier Wildbahn wie in Gefangenschaft. Allein in Florida gibt es schätzungsweise eine Million wild lebender Alligatoren, weitere 100 000 auf kommerziellen Ranches. Diese heute nicht mehr auf der Liste stehende Spezies liefert Häute für alle möglichen Produkte und Fleisch für den Süden der USA, speziell in Florida, Louisiana und Texas, den Staaten mit den meisten Alligatorfarmen.

Ähnlich verhält es sich in Australien, wo das bedrohliche Salzwasserkrokodil einst kurz vor dem Aussterben stand. Nach jahrelangem Schutz hat sich die Population der »salties« an der Nordküste so weit erholt, dass sie mittlerweile fast ein gefährliches Ärgernis darstellen. Im tropischen Northern Territory hat sich die Population von geschätzten 5000 im Jahre 1971, als die Jagd verboten wurde, zu fast 70 000 im Jahre 1998 entwickelt. Doch das Abschussverbot bleibt in Kraft, und damit ist das Fleisch vom Speiseplan der Aborigines gestrichen, auf dem es jahrtausendelang stand. Bei einem Staatsbesuch des deutschen Bundeskanzlers Helmut Kohl im Jahre 1997 wurde allerdings Krokodileintopf neben Känguru-Saté serviert. Warum? Das Fleisch stammte von einer lizenzierten Farm.

Wenn Sie also irgendwo Krokodil auf dem Teller haben wollen, muss es (legal) von einer der kommerziellen Ranches und Farmen von Kuba bis Kambodscha stammen, an denen sogar der Staat beteiligt ist. Viele solcher großen kommerziellen Betriebe gibt es im Süden der USA, wo Alligatoren inzwischen gejagt und per Lastwagen zu Schlachthäusern und Fabriken gebracht werden, wo man sie zu Steaks und Schuhen verarbeitet. Kein Wunder, dass die USA den Weltmarkt beherrschen und größtes Exportland sind. Großabnehmer von Leder sind Frankreich, Italien, Deutschland und Japan. Australien und Südostasien, wo die Tiere in Gefangenschaft gezüchtet werden, beliefern China und andere asiatische Länder mit Fleisch.

Das größte Krokodil der Welt

Versteinerte, fossile Krokodile stammen etwa aus der gleichen Zeit wie Dinosaurier und unterscheiden sich in Größe und Aussehen kaum von den heutigen Tieren. Im Laufe der Geschichte haben sie die unterschiedlichsten Rollen gespielt. Der ägyptische Gott Souchos hatte die Gestalt eines Krokodils. In einer Epoche galten die Tiere als Orakel und wurden nach ihrem Tod einbalsamiert. Der Brauch des »Krokodilsurteils« war eine Zeit lang in Arabien bei Strafverfahren beliebt: Schuld oder Unschuld des Angeklagten wurde dadurch ermittelt, ob das Krokodil ihn verspeiste oder ablehnte. Auf den Philippinen, auf Borneo und in Teilen von Westafrika wurden Krokodile aus religiösen Gründen regelmäßig mit Vieh und anderen Tieren gefüttert – allerdings kann man leicht nachvollziehen, dass ein gut genährtes Krokodil ein angenehmerer Nachbar ist als ein hungriges. Aus dem Südpazifikraum stammen zahlreiche Volksmärchen von Frauen, die Krokodile als Liebhaber hatten.

Alligatoren und Krokodile sind zwei verwandte, aber deutlich unterschiedene Arten, die sich am augenfälligsten an der Größe ihres Kopfes identifizieren lassen. Das Krokodil hat eine breite Schnauze und breite Kiefer, die von den Augen bis zur Spitze eine Art Rechteck bilden, während sich der Kopf des Alligators eher dreieckig zuspitzt. Der Alligator soll auch im Kontakt mit Menschen weniger aggressiv als das Krokodil sein. Ich habe einen Fotografen gesehen, der in einem Sumpf in Florida einem Alligator fast Nase an Nase gegenüber stand, um ihn zu fotografieren – das Tier schaute völlig gelangweilt drein.

Wie zahlreiche Kaltblüter sonnen sich Krokodile die meiste Zeit auf Sandbänken, um eine gleichmäßige Körpertemperatur aufrechtzuerhalten. Sie öffnen auch ihre riesigen Kiefer, damit die Luft über ihre weiche Gaumenhaut streicht – eine natürliche Haltung, weshalb die Trainer in Touristenattraktionen den Kopf leichter zwischen diese fürchterlichen Zahnreihen schieben können. Natürlich nachdem die Tiere gefüttert worden sind.

Alligatoren gibt es nicht nur in Nordamerika, sondern auch in einer weniger bekannten Art in China. Das Krokodil lebt in vielen Teilen der Welt, sogar in den USA (im südlichen Florida), aber vorwiegend in Lateinamerika, Afrika und Asien, wo verschiedene Arten in Süß- oder Salzwasser zu Hause sind. Das heute in vielen Gegenden ausgestorbene Salzwasser- oder Leistenkrokodil ist eines der größten Reptilien der Erde und lebt von Indien, Sri Lanka, Südchina und vom malayischen Archipel bis Nordaustralien, Papua-Neuguinea und den Salomoninseln. Eines, das vor etwa hundert Jahren in Bengalen getötet wurde, war rund zehn Meter lang. Das größte heute lebende soll – laut *Guinness-Buch der Rekorde* – vom Rachen bis zum Schwanz 5,90 Meter lang sein und lebt in einem Wildtierreservat in Indien. Die meisten ausgewachsenen Männchen werden zwischen vier und fünf Meter lang und wiegen rund 500 Kilo, während alte Tiere vielleicht nur noch halb so schwer sind.

Es gibt auch eine Nachfrage nach Öl aus Krokodilfleisch, das als Stabilisator in Kosmetika und Parfüms verwendet wird. In Brasilien, Bolivien und auf Madagaskar wird Krokodilsöl als Heilmittel bei allen Beschwerden, von Asthma bis zur Kahlköpfigkeit, gepriesen. Zähne, Kopf und Knochen des Reptils werden als Souvenirs verkauft. Da die kommerzielle Verwertung der Tiere fast überall streng reguliert ist und der Markt daher nur beschränkt beliefert wird, ist alles, was aus Alligator oder Krokodil gefertigt ist, sehr teuer.

In Südostasien befindet sich der berühmteste kommerzielle Betrieb nur eine halbe Autostunde von Bangkok entfernt in Samut Prakarn. Die so genannte Crocodile Farm ist die Bezugsquelle für Krokodilfleisch, das in Restaurants in ganz Asien serviert wird. Nach eigenen Angaben ist sie auch die größte Reptilienranch der Welt – mit einer Population von rund 40 000 Krokodilen von neun Arten. Als ich die Farm 1997 besuchte, sah ich tausende von Tieren hinter Maschendrahtzäunen oder in flachen Teichen, von fast Neugeborenen (15-20 Zentimeter lang) bis zu Exemplaren, die so alt waren, dass sie schon Moos ansetzten, und groß genug, um sich für den übelsten Horrorfilm zu qualifizieren.

Das wilde Krokodil ist in Thailand ausgestorben, aber sobald es die Drehkreuze der Crocodile Farm (Eintritt: 6 Dollar für Ausländer, 50 Cent für Thailänder) passiert hat, wird es nur noch von den Farmbesitzern bedroht, die die Reptilien gern zu Profit bringendem Leder und Suppenfleisch verarbeiten. Ein Laden neben dem Eingang ist voller Koffer, Aktentaschen, Handtaschen, Schuhe, Gürtel, Schlüsselanhänger und sonstigen Gegenständen aus der glänzenden braunen Haut. In einem anderen Laden wird geschmortes Krokodilfleisch in Dosen verkauft, deren Etiketten tönen: »Produkt unserer Krokodilsfarm. Ausgewählt aus erstklassigen Zuchtkrokodilen und zubereitet nach den Regeln der chinesischen Medizin mit modernen Garmethoden. Geschmortes Krokodilfleisch stärkt die Libido. Es ist nahrhaft und gesund. Es hat einen angenehmen

Geschmack. Geschmortes Krokodilfleisch regt den Appetit an und ist gut für alte Menschen wie heranwachsende Kinder. Es ist ein geschätztes Geschenk.« Dieser Laden verkauft auch »Essenz vom Krokodil« in kleinen Flaschen, angeblich ein Gesundheitstrank, der heiß oder kalt serviert wird, sowie ein »Krokodilsöl«, das als Massageöl angeboten wird.

Neben den beiden Läden befindet sich im Freien ein kleines Restaurant, wo die Besucher, die die Krokodilshow und die übrigen freizeitparkähnlichen primitiven Darbietungen der Farm hinter sich haben, sich bei einer Flasche Bier oder Cola und einer herzhaften Suppe erholen können, bevor sie sich wieder in den Verkehr von Bangkok stürzen. Es werden nur die zartesten (jungen) Krokodile verwendet, man sollte also damit rechnen, dass kleine Krokodilfüßchen in der Brühe schwimmen. Sie waren eher knochig, aber alles in allem schmeckte die Suppe ziemlich lecker. Und das für nur 1,50 Dollar.

Gegenüber: Eine Schale Krokodilsuppe, auf der Crocodile Farm bei Bangkok serviert.

Links: Büchsen mit fertiger Krokodilssuppe – Preis etwa 200 Baht, etwas mehr als drei Dollar – werden im Laden der Farm verkauft.

Folgende Doppelseite: Das große Leistenkrokodil ist nicht nur eines der größten lebenden Krokodile, sondern auch eines der aggressivsten. Dieses Exemplar, das größte in Gefangenschaft, heißt »Jaws« und lebt auf der Croc Bank südlich von Madras in Indien.

Krokodil auf 38 Arten

Krokodilsteak
Scharfe Krokodilrippchensuppe
Gebratene Krokodilrippchen mit Paprika-
    schoten und Knoblauch
Gebratenes Krokodil mit Chilipaste
Gebratenes Krokodil mit knusprigen
    Basilikumblättern
Krokodil süßsauer
Gebratenes Krokodil mit Ingwer und Chili
Gebratenes Krokodil mit Cashewnüssen
Gebratenes Krokodil mit Pfeffer und
    Knoblauch
Gebratenes gesalzenes Krokodil
Würziger Krokodilsalat
Krokodilschwanzsuppe
Krokodilsatay
Krokodil mit chinesischem Brot
Krokodilspiegelei
Getrocknetes Krokodilfleisch
Krokodilrolle
Gebratenes Krokodil mit Gemüsen
Krokodilcurry
Frittiertes Krokodilfleisch
Krokodilbaguette
Gebratenes Krokodil mit Matsu-take-Pilzen

Gebratenes Krokodil mit Tigerpalm-Pilzen
Gebratenes Krokodil mit Rinderleber und
    Pilzen
Gebratenes Krokodil mit chinesischen
    Kong-chai-Gemüsen
Gebratenes Krokodil mit Spargel
Gebratene Krokodilleber
Krokodilspiegelei mit Schinken
Krokodil-Gastro
Dragon Palm (Krokodilfuß)
Krokodilfuß in roten Saucen
Gebratene Krokodilzunge mit Knoblauch
    und Pfeffer
Drachensuppe mit Ginseng
Tian-chi Krokodilsuppe
Krokodillebersuppe
Tian-ma Krokodilsuppe
Krokodilsuppe mit Bambussprossen
Pochiertes Krokodilei

Speisekarte des Sri Racha Tiger Farm Restaurants in Thailand, 1998, wo die Tiger nur zur Schau und nicht zum Essen dienen.

Frosch & Kröte

Haben Sie auch schon mal Cartoons über Froschschenkel gesehen? Zum Beispiel den mit dem Frosch ohne Beine, der auf einem Brett mit Rädern sitzt und mit einem Blechnapf bettelt? Oder die Karikatur von den Fröschen mit Krücken? Das ist alles ziemlich beknackt, wenn Sie mich fragen.

Ich weiß nicht, warum sich die Karikaturisten die Frösche vornehmen. Machen sie vielleicht Witze über Rinder, die zu Hamburgern verarbeitet werden? Oder über Fische, die in einer Suppe auftauchen? Ich vermute, in der verrückten Welt, die bestimmt, was humorvoll ist und was nicht, sind Frösche einfach komischer als Rinder oder Fische.

In der modernen Gastronomie sind die Beine dieser Amphibien gar nicht so selten an besseren Tischen, zumal in Europa, wo sie eine teure Delikatesse sind. Viele in Europa verzehrte Frösche werden in Jugoslawien gezüchtet. Vor allem aber werden sie gefroren aus Kuba und den USA importiert, wo das Fleisch nicht viele Verehrer hat, außer in den Südstaaten. Dort liefern mitternächtliche Froschjagden die Hauptzutat für ein Eintopfgericht. Sie sind auch in England nicht beliebt, wo der einstige Chefkoch des Carlton Hotels in London, der geschätzte Auguste Escoffier, sie nur dadurch auf den Teller des Prince of Wales zaubern konnte, dass er sie *cuisses des nymphes d'aurore* nannte – Schenkel der Nymphen der Abendröte.

Warum diese Ablehnung? Vielleicht weil Frösche so komisch aussehen und Gegenstand all dieser Witze sind. Mit ihrer feuchten, haar-, feder- und schuppenlosen Haut und ihren blinkenden Augen, dem breiten Maul, ihrer Fähigkeit, sowohl im Wasser wie am trockenen Land (wo sie eher hüpfen als gehen) glücklich zu leben, und mit ihrer tiefen, quakenden Stimme kommen sie den meisten Menschen einfach ein bisschen zu sonderbar vor. Vielleicht auch, weil sie so klein sind und wie Singvögel ignoriert werden, da erst so viele eine Mahlzeit ergeben. Kermit der Frosch aus

der *Sesamstraße* ist wahrscheinlich auch keine große Hilfe. Jedenfalls findet man sie kaum in Supermärkten, allerdings in Feinkostgeschäften in Dosen, die – wie die Schenkel auf der Speisekarte – gewöhnlich wahnsinnig überteuert sind.

Ein weiteres Rätsel ist der Glaube – fälschlicherweise vom *Larousse Gastronomique* bestärkt –, nur die Schenkel seien essbar. Gewiss befindet sich an ihnen das meiste Fleisch, doch in vielen Teilen der Welt wird der gesamte Frosch mit Genuss verzehrt.

Die französische Kochenzyklopädie will uns auch einreden, die Zubereitung der Beine sei kompliziert. Zuerst solle der Frosch gehäutet, dann an den Hüften zerteilt werden, so dass die Beine paarweise erhalten bleiben. Nachdem die Füße entfernt worden seien (um die Herkunft des Fleischs zu kaschieren und die Beine wie kleine Hühnerbeine aussehen zu lassen?), müssten sie zwölf Stunden lang in kaltes Wasser eingelegt werden, dass alle drei bis vier Stunden gewechselt werden sollte. So würde das Fleisch weiß werden und anschwellen, weil es das Wasser absorbiere.

Dann werden sie auf vielfältige Weise zubereitet: mariniert und am Spieß gegrillt, in Mehl gewendet und gebräunt, in Butter und mit gehackter Zwiebel sautiert oder sie bilden die Basis einer mit Schalotten und süßem Weißwein gewürzten Suppe. In guten Restaurants in Thailand, wo sie zuweilen euphemistisch »Reisfeldhühnchen« genannt werden, weil sie von den Reisfarmen im Norden stammen, werden die Schenkel in einem Wok mit Pfefferkörnern, roten Chilischoten, Palmzucker, Basilikum und Galgant zubereitet.

In Asien, Afrika und Lateinamerika – es gibt 3500 Arten Frösche, die praktisch überall auf der Welt, außer in arktischen Regionen, leben – ist die Zubereitung meist einfacher und weniger verschwenderisch. Hier werden Frösche nicht wie in Europa und Nordamerika gezüchtet, sondern in den Feuchtwäldern, Sümpfen und Reisfeldern, wo sie frei leben, von Einheimischen gefangen: Sie schleichen sich nachts an die Frösche an und blenden sie mit einer Lampe, so dass sie an Ort und Stelle erstarren. Sie fangen sie mit spitzen Stöcken, Netzen oder bloßen Händen und tragen sie lebendig in Säcken heim, wo sie am nächsten Tag ausgenommen und gewaschen werden. Dann werden sie auf Bambusstöcken gedünstet und gegrillt und ergeben eine herzhafte Mahlzeit mit Reis und vielleicht einer würzigen Dipsauce. Man sieht sie auch auf Straßenmärkten, wo sie zu Dutzenden (Hunderten?) wie verrückt in großen Pfannen herumhopsen, die mit Maschendraht zugedeckt sind, wie Knoblauchzwiebeln oder Chilischoten an einen langen Strang geknüpft oder auf Bambusspießen gegrillt und essfertig verkauft. Frittiert sehen sie wie Männer in Anzügen aus und verschwinden fast wie durch Zauber im Mund, wie Zuckerwatte. Nie werden die Beine entfernt, nie wird der Rest verschwenderisch weggeworfen. Hier werden sie mit Haut und Knochen verzehrt.

Wo Reis angebaut wird, sind die Frösche besonders zahlreich während der sommerlichen Regenzeit und daher eine wichtige Proteinquelle – gedünstet und kalt in einem Salat mit Zitronengras, frischem Koriander und scharfen Chilischoten serviert. Größere Frösche werden gefüllt, wobei ein Frosch gehackt und mit Gewürzen vermischt und dann in den zweiten Frosch gestopft wird, wobei man seine Form erhält. Dann wird dieser Frosch gegrillt oder gedünstet.

Ach ja: Was bei so vielen anderen »skurrilen« Spezialitäten der Fall ist – auch Frösche schmecken köstlich, ähnlich wie Huhn.

Kröten sind etwas ganz anderes. Falls manche Leute bei Fröschen die Nase rümpfen – bei seiner amphibischen Verwandten, der Kröte, verdrehen sie wahrscheinlich die Augen und reden nie wieder ein Wort mit Ihnen, wenn Sie sie ihnen anzubieten wagen. Auch das hat wohl etwas mit dem Erscheinungsbild zu tun. Während der Frosch glatt und feucht ist, sind die meisten Kröten trocken und von Warzen bedeckt. In den letzten Jahren ist eine Krötenart, die in der Sonora-Wüste im Südwesten der USA lebt, übel in

Verruf geraten, weil sie eine Flüssigkeit absondert, die gefährlich halluzinogen wirkt, wenn man sie trocknet und einatmet. Kröten haben auch kürzere Beine und daher weniger Fleisch.

Dennoch sind viele Arten essbar, und wenn man fünf oder sechs Beinpaare auf den Teller legen muss statt der empfohlenen drei oder vier bei Fröschen – sei's drum. Die Zubereitung ist im Grunde gleich.

Zum Schluss noch ein Wort über Krötenwein. So gut wie alles aus der Welt der Insekten und Reptilien wird zur Aromatisierung von Whisky und Wein verwendet, normalerweise in dem Glauben, die Kombination beider – Gecko plus Reiswein, Schlange plus Maiswhisky usw. – habe irgendeinen medizinischen Nutzen, gewöhnlich im Hinblick auf ein langes Leben und die sexuelle Potenz. So gab es 1995 in Kambodscha eine Modewelle, die die Krötenpopulation dieses kleinen Landes beinahe ausmerzte.

Die Nachfrage nach Krötenwein, einer starkbierartigen Flüssigkeit, die billiger als Bier oder Whisky ist, war so groß, dass Dr. Mok Mareth, der kambodschanische Umweltminister, an die Krötenjäger appellierte, ihr Töten einzustellen, weil sie das ökologische Gleichgewicht störten. Chay Seang Y, ein traditioneller Heiler in Phnom Penh, meinte, im Unterschied zu Geckowein, der aus China und Vietnam stammen soll, sei Krötenwein ausschließlich eine Spezialität der Khmer. Nach seinem Rezept werden die Kröten getrocknet, gebraten, zerstoßen und mit einigen Kräutern und schwarzem Zuckerrohr vermischt in Wein angesetzt, so dass ein Getränk entsteht, das fast so dick ist, dass man es mit einem Löffel einnehmen muss.

Was ist daran so reizvoll? Der unbewiesene Glaube, dass der Genuss von Krötenwein die Syphilis und eine Reihe anderer Geschlechtskrankheiten heilen sowie den Appetit und einen guten Schlaf fördern würde. Eine Kombination, die kaum zu überbieten ist.

Pou Savath, Staatssekretär im Umweltministerium, war davon nicht beeindruckt. »Mir wäre es lieber, die Kröten würden schädliche Insekten fangen, die die Feldfrüchte vernichten«, meinte er. – Spielverderber.

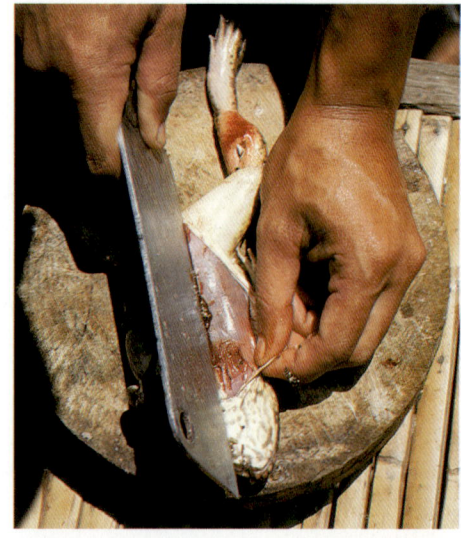

Gegenüber oben: Bei Frosch-
fleisch gilt: Je größer, desto
besser. Ein Froschverkäufer
auf dem chinesischen Markt
in Singapur demonstriert
zwei Prachtexemplare.
Gegenüber unten: Die Kleinstadt Mae Sariang im
äußersten Nordwesten von
Thailand ist wegen ihrer
»Bergfrösche« berühmt, wie
sie dort genannt werden.
*Gegenüber rechts und diese
Seite:* Bei der Zubereitung
eines Riesenfroschs im
Nordosten Thailands für
eine würzige Suppe, *om kob*
genannt, schneidet man
zunächst den Bauch von der
Kehle bis zum Schwanz auf
und zieht die Haut in einem
Stück ab. Danach wird der
Frosch über einem offenen
Feuer leicht gegrillt. Das
Fleisch wird nun samt den
Gewürzen und Gemüsen
(Zwiebeln, Knoblauch,
Chilischoten, Lorbeerblätter,
Ingwer, Zitronengras und
Fischsauce) in einem Topf
mit Wasser gekocht.

Hai

Hai-Beignets

1½–2 Tassen gehacktes
    oder durchgedrehtes Hai-
    fleisch
½ Tasse Mehl
2 Eier, schaumig geschla-
    gen
1 kleine Möhre, fein
    gehackt
½ kleine Zwiebel, fein
    gehackt
2–3 Tl grüne Zwiebeln, fein
    gehackt
Salz und Pfeffer nach
    Geschmack
1 Msp. Glutamat
1–2 Tropfen gelbe Lebens-
    mittelfarbe, nach Belie-
    ben
nach Belieben:
¼ Tasse mit beliebigen
    Kombinationen von: chi-
    nesischen Erbsen oder
    Fadenbohnen, Scheib-
    chen von Gobo (Klette),
    gehackte Wasserkasta-
    nien, gehackte chinesi-
    sche Petersilie

Alle Zutaten miteinander
vermengen. Der Teig sollte
steif sein, aber leicht vom
Teelöffel tropfen. Gegebe-
nenfalls mehr Mehl hinzu-
fügen oder mit Wasser
anfeuchten. Portionsweise
frittieren, bis die Beignets
gleichmäßig gebräunt sind.
Auf einem Papiertuch
abtropfen lassen. Mit Tatar-,
Tempura- oder Sojasauce
servieren.

University of Hawaii
Sea Grant College, 1977

Menschen, die sich für solche Dinge interessieren, behaupten, die Chance, von einem Blitz getroffen zu werden, sei eins zu zwei Millionen die Chance, von einem Hai getötet zu werden, sei eins zu 300 Millionen! Und jedes Jahr würden mehr Menschen sterben, die an verschluckten Zahnstochern ersticken, als Menschen im letzten Jahrzehnt in Nordamerika von Haien getötet worden seien.

Was das gute Essen betrifft, genießt der Hai also einen unverdienten Ruf. Die meisten Menschen glauben nämlich, er würde sie verspeisen, während doch das Gegenteil weitaus häufiger passiert. Haifleisch gilt in manchen Teilen der Welt als kulinarische Köstlichkeit – so wie in anderen Fish and Chips.

Im Laufe von 450 Millionen Jahren haben Haie die Ozeane der Welt überwacht und sich zu geschickten Raubtieren entwickelt, die an der Spitze der maritimen Nahrungskette stehen. Ein Hai kann Schallwellen in einem Radius von fünf Kilometern wahrnehmen und die Quelle innerhalb eines Quadratmeters anpeilen, sogar ohne Sicht. Er kann Blut im Wasser im Umkreis von acht Kilometern riechen, eine erhöhte elektrische Aktivität im Körper verletzter Fische oder von panischer Angst ergriffener Menschen ausmachen, sogar ihren Herzschlag hören. Er ist bis zu siebzig Stundenkilometer schnell. Er hat keine Zahnprobleme – wenn ein Zahn herausbricht, wächst ein anderer automatisch nach. Kein Wunder, dass Steven Spielberg sich einen Namen gemacht hat, als er eine Filmserie mit dem Titel *Der weiße Hai* ausheckte. Unvergesslich in dem Filmklassiker von 1975 die junge Blondine, die die Strandparty verlässt, aus den Kleidern schlüpft und ins Mondlicht hinausschwimmt. Die Musik schwillt zum Crescendo an, und plötzlich schäumt das Wasser um den Teenager, wir hören, wie ein menschlicher Körper zerfetzt wird, und dann die Schreie des Mädchens, bevor es unter gurgelnden Geräuschen in der Tiefe verschwindet.

Solche Szenen kommen natürlich auch in Wirklichkeit vor, aber selten. Paddelnde Surfer ähneln Lieblingsmahlzeiten von Haien, nämlich Robbe oder Seeschildkröte. Auch eine menstruierende Frau kann in Gefahr sein, wenn ein hungriger Hai in der Nähe ist. Doch inzwischen ist der Mensch eher das Raubtier und der Jäger wurde zum Gejagten. Heutzutage wird Haifleisch mehr in Südamerika, Europa, Afrika und Asien als in den USA und Kanada gegessen. Aber auch diese Märkte expandieren rasch und zwar wegen eines Trends zum Genuss von mehr gebratenem und gegrilltem Fisch, weil der Nachschub an Thunfisch und Schwertfisch zurückgeht. Haifleisch wird auch wegen seines hohen Proteingehalts gelobt und enthält fast kein Fett oder Cholesterin. 150 Gramm rohes Haifleisch ergibt etwa 120 Gramm mageren Kochfisch, der mehr als 30 Gramm hochwertiges Protein enthält und nur etwa 100 Kalorien hat.

Das Sea Grant Marine Advisory Program der University of Hawaii veröffentlichte im Jahre 1977 ein Pamphlet, in dem der Hai nicht als Alptraum eines Schwimmers, sondern als »Traum eines Kochs« bezeichnet wurde: Er sei »so neutral, dass er sich – mit Hilfe von Saucen, Kräutern, Gewürzen und Aromen – ohne weiteres vielen Geschmacksrichtungen anpasst«. Das Fleisch des Mako, der bis zu 3,50 Meter lang wird, wurde im Vergleich zu Schwertfisch positiv beurteilt. Auch wenn Restaurantbesitzer es vielleicht nicht zugeben, wird tatsächlich in einigen Restaurants Hai als Schwertfisch serviert, während andere ihn unter den Bezeichnungen »Weißfisch« oder »Graufisch« anbieten. Da Hai sich geschmacklich nicht von einigen anderen festen, hellen Fischen unterscheidet, wird das kaum jemandem auffallen.

Angesichts der wachsenden Nachfrage schätzt man, dass alljährlich zwischen 100 und 200 Millionen Haie aus dem Meer herausgeholt werden. Doch während eine Reihe von Haien bedroht sind – der Riesenhai, einige Hammerhaie und der Filmstar, der große weiße Hai, stehen alle auf der Roten Liste –, ist dies bei vielen anderen Arten nicht der Fall. Es gibt sie in großer Zahl praktisch überall, wobei die Lieferanten hochwertiger Flossen hauptsächlich aus Afrika, Australien, Mexiko und Indonesien kommen und das beste Fleisch aus den Gewässern zwischen China und den Philippinen stammen soll.

Normalerweise werden sie an »Langleinen« mit Köderhaken gefangen – an einer bis zu zehn Kilometer langen schweren Nylonleine befinden sich etwa dreihundert Haken. Netze werden von den Haien zerfetzt, und weil sie nicht in Schwärmen schwimmen, sind sie in ökonomischer Hinsicht unergiebig. Auf dem Schiff müssen Haie unmittelbar nach dem Fang gesäubert werden. Wird das Blut nicht gleich abgelassen, wandelt sich der Harnstoff eines Hais in Ammoniak um, der dem Fleisch einen unangenehmen Geruch und Geschmack vermittelt.

Der Sea Grant Marine Advisory Service der University of Delaware empfiehlt, den Hai nach dem Ausweiden und Ausbluten auf Eis zu legen, dann am Pier den Haikopf ringsum einzuschneiden sowie auf der Ober- und Unterseite je einen Schnitt vom Kopf bis zum Schwanz anzubringen. Dann wird der Hai mit einer Zange gehäutet, Kopf und Schwanz werden abgeschnitten, die dunkle Fleischschicht unter der Haut wird entfernt und der Hai in Filets geschnitten. Diese werden gründlich gewaschen und dann zum Einfrieren oder Kochen verpackt.

Die Zubereitungsmöglichkeiten sind so zahlreich wie bei jedem anderen Fisch. Ein Blick ins Internet zeigt, dass viele Haikenner Rezepte veröffentlichen für Hai-Horsd'œuvres (frittiert und mit kreolischem Senf serviert), Hai-Kebabs, gebratenen Hai mit Anchovis und Kapernsauce, Kaphai in Fenchelessenz, Hai-Tacos, Hai-Amandine, im Ofen gebackenen Hai, Hai-Marseillaise, Hai-Curry im bengalischen Stil, knusprigen Hai mit süßsaurer Sauce, Hai-Teriyaki und Pochierte Hai-Remoulade. Um jeden Rest von Ammoniak zu beseitigen, empfiehlt es sich, einen Schuss Essig oder Zitro

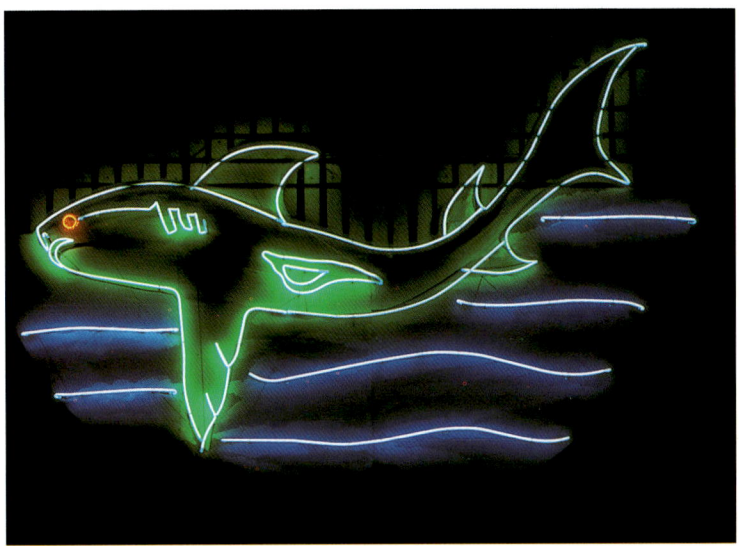

Neonreklame an einem Haifischflossen–Restaurant

nensaft pro Pfund Haifleisch während des Kochens hinzuzugeben.

Die University of Delaware hat auch mehrere Tipps zur Konservierung von Hai parat. Man friere das Fleisch portionsweise ein. Durch Räuchern lässt sich Hai nicht konservieren, sondern nur sein Geschmack verbessern. Zum Salzen und Pökeln von Hai verwende man stets jodfreies Salz – jodhaltiges Salz macht das Fleisch schwarz oder verdirbt es. Zum Salzen von Hai verwende man einen innen glasierten Tontopf, sonst entweicht das Salz, und der Hai verdirbt. Gut eignen sich Plastikbehälter. Vor dem Salzen den Hai über

Heilende Haie?

Die Haut von Haien wird zu Leder verarbeitet, aus dem Brieftaschen (bis zu 200 Dollar) und Handtaschen (bis zu 1300 Dollar) gefertigt werden. Das Öl aus der Haileber – die bis zu 20 Prozent des Körpergewichts ausmacht und im Zweiten Weltkrieg als Schmiermittel in Jagdflugzeugen eingesetzt wurde – wird heute zur Behandlung kleinerer Beschwerden und Schmerzen und für Hämorrhoidensalben verwendet. Hai-

hornhäute können in Menschenaugen verpflanzt werden und aus Haiknorpel, aus dem das Skelett des Hais besteht, wird künstliche Haut zur Behandlung von Verbrennungen hergestellt.

Allerdings gibt es keinen Beweis dafür, dass sich mit den verschiedenen im Handel erhältlichen Knorpelcremes und -pillen Krebs, Arthritis, Bursitis, das Karpaltunnelsyndrom, Akne oder alle möglichen anderen Beschwerden heilen lassen, wie die Hersteller behaupten.

Nacht in Salzwasser einlegen, um alles Blut zu beseitigen. Dann das Fleisch mit klarem Wasser waschen und abtropfen lassen. Nach ein bis zwei Stunden den Hai in den Behälter schichten und jeweils dick mit Salz bestreuen, wobei die letzte Schicht etwa zwei Zentimeter betragen sollte.

Eine Klasse für sich ist natürlich die ehrwürdige Haifischflossensuppe, eine mittel- bis hochpreisige Delikatesse, die ein Symbol für die extravagantesten Tafelfreuden der Welt geworden ist und von vielen Menschen für ein Aphrodisiakum gehalten wird. Dieser Markt ist so profitabel, dass viele Staaten das »finning« gesetzlich verbieten. Bei dieser grausamen Praxis werden Haie gefangen, die Flossen abgeschnitten und man lässt die Tiere dann ertrinken – genauso wie ein Nashorn nur wegen seiner Hörner oder ein Elefant nur wegen seiner Stoßzähne abgeschlachtet wird.

Diese Suppe wird aus den nudelartigen, bernsteinfarbenen, gelatinehaltigen Strängen aus der Rückenflosse oder den beiden Bauchflossen jeder Haiart bereitet. Manche Historiker meinen, sie werde in China seit der Han-Dynastie vor 2000 Jahren gegessen. Andere behaupten, sie sei erst während der Sung-Dynastie, also seit 960, in Mode gekommen. Jedenfalls hat sie

eine lange, pikante Geschichte, die eng mit den Mandarins verbunden ist.

Die Haifischflossensuppe ist eine Spezialität, die mehr als alle anderen Suppen (außer Vogelnestersuppe) kostet, natürlich weil sie aus Hai ist, aber auch weil sie sich nicht rasch oder leicht zubereiten lässt. Als ich die Anweisungen in Bruce Costs umfassendem Kochbuch *Asian Ingredients* (1988) gelesen hatte, fragte ich mich, warum irgendjemand sich die Mühe macht, das Gericht zu kochen. Offenbar konnte nur der mit ihrem Verzehr verbundene Status, zusammen mit der Hoffnung auf ein dadurch gesteigertes sexuelles Stehvermögen, einen derartigen Markt entstehen lassen.

Die Flosse, so Cost, müsse 24 Stunden eingeweicht werden, wobei das Wasser mehrmals gewechselt werde, dann müsse man sie kräftig schrubben, kochen, die Kochflüssigkeit abgießen und die Flosse erneut einweichen. Anschließend gebe man sie in eine Brühe mit Wein und dünste sie drei Stunden lang. Dann werde die Flüssigkeit wieder weggeschüttet, und nach mehrmaligem Abspülen sei die Flosse – endlich! – für die meisten Rezepte fertig.

Kein Wunder, dass Haifischflossensuppe selten zu Hause von Grund auf zubereitet, sondern vielmehr eingefroren, getrocknet oder in Konserven gekauft oder häufiger noch zu exorbitanten Preisen in Chinarestaurants genossen wird. Es gibt auch in Plastikschalen vakuumverpackte »Instant-Suppen«, die sich – wie die Hersteller versichern – »über einen langen Zeitraum« bei Zimmertemperatur lagern lassen. Was würden die Mandarins davon halten?

Das eigentlich Merkwürdige an Haifischflossensuppe ist die Tatsache, dass die Flosse nach all dem Einweichen, Kochen und Spülen nahezu geschmacklos ist und das Gericht nur noch klebrig andickt. Sie ist ein wenig zäh und hat eine angenehme Struktur, aber erst das Krabbenfleisch, der Rogen, die Shrimps, die süß duftenden Pilze und andere Gemüse, Ingwer, Bambus, der dünn geschnittene Schinken, Ginseng und andere Zutaten verleihen der Suppe ihren Geschmack.

Kugelfisch

Als ich in meiner Jugend die Sommerferien auf einer Insel vor der Küste von New Jersey verbrachte, empfingen mein Bruder und ich immer die Fischerboote am Morgen, wenn sie auf Rundhölzern auf den Strand gerollt wurden. Die Fischer sortierten ihren Fang und warfen die Fische, die sie nicht haben wollten, zu uns Jungen hin. Für die Fischer und die Läden, an die sie ihren Fang verkauften, waren diese weggeworfenen Fische Abfall. Für uns waren sie unser Mittag- oder Abendessen.

Eine der unerwünschten Arten war der Blowfish, der so hieß, weil er seinen Hinterleib wie einen Ballon aufblasen konnte, eine Abwehrmaßnahme zur Abschreckung von Raubfischen. Einige von unseren Freunden erklärten uns, der Fisch sei ungenießbar, ja giftig, aber mein Bruder und ich glaubten, er sei weggeworfen worden, weil er so wenig Fleisch hatte, nämlich nur zwei fingergroße Streifen auf beiden Seiten neben dem Schwanz. Für eine Mahlzeit musste man schon ein paar fangen und ausnehmen.

Erst viele Jahre später, als ich auf Hawaii lebte und mit Japanern zusammenkam, die dort Urlaub machten, erfuhr ich von einer anderen Spezies Blowfish, einer tödlich giftigen Art, die im Allgemeinen *Fugu* genannt wird. Man sagte mir, die Japaner hielten ihn für eine Delikatesse und allein in Tokio gebe es hunderte von Restaurants, die sich auf dieses Fischgericht spezialisiert hätten. Wer es sich leisten könne und bereit sei, das Risiko einzugehen, für den sei Fugu der ultimative Genuss.

Wie gefährlich ist er? Manche Menschen behaupten, jedes Jahr würden bis zu zwanzig Fugu-Esser sterben, meist an zu Hause unzulänglich ausgenommenem Fisch. Auf jeden Fall ist Sorgfalt geboten und Fugu-Köche werden gründlich ausgebildet, bevor sie eine Lizenz bekommen und unter strenger staatlicher Aufsicht arbeiten dürfen. Nur ein Drittel der Bewerber schafft die rigorose Prüfung.

Das Wort Fugu ist nur ein allgemeiner Begriff für mehrere Fischarten, die mein Bruder und ich Blowfish nannten – die Fachbezeichnung ist Kugelfisch. Aufgeblasen und getrocknet wird er häufig als Souvenir verkauft, und in vielen Gegenden der Welt hängt er in

Restaurants an der See als Lampe an der Decke. Weltweit gibt es fast hundert verschiedene Arten, 38 davon leben in den Gewässern um Japan. Die meisten lassen sich ziemlich problemlos essen. Riskanter sind diejenigen, die Tetrodotoxin (TTX) enthalten. Eine Prise von diesem Gift, so viel, wie ein sechs Pfund schwerer Tigerfugu enthält, reicht aus, um über dreißig Menschen zu töten. Die tödliche Dosis für einen Erwachsenen – ein bis zwei Milligramm – ist so groß wie ein Stecknadelkopf. Die molekulare Struktur ist in der organischen Chemie einzigartig, und er ist 250-mal tödlicher als eine vergleichbare Dosis Zyanid. Und wie bei Kurare, einem sehr ähnlichen Gift, gibt es kein Gegengift.

1774 aß Kapitän James Cook ein Stück davon, nachdem er ein Exemplar in Neukaledonien gefangen hatte. J. Reinhold Forster und sein Sohn Georg, die die Expedition als Naturforscher begleiteten, machten eine Zeichnung von dem Fisch, bevor er zubereitet wurde. »Zum Glück«, notierte Cook in seinem Tagebuch, »probierten die beiden Forsters und ich nur ein wenig von der Leber und vom Rogen. Etwa um drei oder vier Uhr morgens überkam uns eine ungewöhnliche Schwäche in allen Gliedern, begleitet von einer merkwürdigen Gefühllosigkeit ... Jeder von uns nahm ein Brechmittel, dann schwitzten wir kräftig, was uns sehr half. Am Morgen wurde eines der Schweine, die die Innereien gefressen hatten, tot aufgefunden.«

Der Schriftsteller John Steinbeck berichtete, er und ein Freund hätten in Baja California einen Kugelfisch von einem Jungen kaufen wollen, dem sie am Strand begegneten, aber der Junge lehnte ab – »ein Mann habe ihn beauftragt, diesen Fisch zu besorgen, und er würde zehn Centavos dafür bekommen, weil der Mann eine Katze vergiften wolle«. Und einmal sollte nicht eine Katze, sondern ein Spion vergiftet werden, und zwar kein Geringerer als James Bond – Ian Flemings Roman *Liebesgrüße aus Moskau* endet damit, dass Agent 007 einen Tritt ins Bein von einem mit einem Giftpfeil bewaffneten Stiefel erhält. »Taubheit breitete sich in Bonds Körper aus ... Das Atmen fiel ihm schwer ... Bond drehte sich langsam um seine Achse und krachte der Länge nach auf den weinroten Fußboden.« Bond überlebte natürlich, und im nächsten Roman, *Dr. No*, stellte sich heraus, dass er mit Fugu vergiftet worden war. »Es stammt aus den Geschlechtsorganen des japanischen Kugelfischs«, erklärte ein Neurologe Bonds Chef. »Ein furchtbares Zeug, das ganz rasch wirkt.«

Das Toxin lässt das gesamte Nervensystem zusammenbrechen. Die Wirkung setzt nach zwanzig Minuten bis zu zwei Stunden nach dem Verzehr ein, also oft noch während der Esser am Tisch sitzt. Die ersten Anzeichen sind eine Taubheit in den Lippen und in der Zungenspitze, die sich auf die Glieder ausdehnt, gefolgt von Kopfschmerzen, Magenschmerzen, dem Gefühl, als sei die Kehle zugeschnürt, Gesichtsröte, Benommenheit und Übelkeit.

Das heftige Erbrechen, das in manchen Fällen typisch ist, ermöglicht dem Opfer, genug Gift von sich zu geben, um zu überleben. Aber für die, die sich nicht übergeben, ist die Prognose düster. Krämpfe treten auf, gefolgt von Müdigkeit, Schicksalsergebenheit und dem Wunsch, sich hinzulegen. Das Sprechen bereitet Mühe. Der Atem geht schwer. Blutdruck und Puls beschleunigen sich, sinken dann rapide ab, wenn die Lähmung einsetzt und die Haut sich blau färbt. Nach zwei bis sechs Stunden tritt der Tod ein.

Tod eines nationalen Schatzes

Die Geschichte eines bestimmten Todesfalls wird häufig in Kyoto erzählt, wo man die auf Fugu spezialisierten Restaurants am Bild eines aufgeblasenen Fisches oder an einer daraus gefertigten Laterne über dem Eingang erkennt. 1975 habe Mitsugora Bando VIII., ein Kabuki-Schauspieler, der in Japan so berühmt war, dass man ihn einen »nationalen Schatz« nannte, mit Kollegen ein Fugu-Restaurant besucht und unbedingt die Leber essen wollen. In der Leber, den Eingeweiden, Gonaden, Eierstöcken und anderen Inneren Organen sind die Toxine konzentriert. Daher ist es verboten, diese Organe zu servieren. Der Koch sagte Nein, doch der Schauspieler war versessen darauf.

Schließlich gab der Koch nach und servierte jedem Gast eine kleine Portion. Wer nur ein Stück aß, überlebte. Doch drei Männer lehnten ab und Bando aß ihre Portionen zusätzlich zu seiner. Binnen einer Stunde brach er unter Krämpfen zusammen. Seine letzten Worte lauteten: »Ich habe die Todeszahl gegessen.« In Japan gilt die Zahl Vier als verflucht.

Rechts: Um drei Uhr morgens Anfang Oktober beginnt vor einem Lagerhaus im Hafen von Shimonoseki die japanische Fugu-Saison – tausende frisch gefangener Fische werden hier versteigert. *Gegenüber:* Nach dem Filetieren werden die Köpfe junger Fugus auf dem Hauptfischmarkt in Shimonoseki, im äußersten Westen der japanischen Hauptinsel Honshu, zum Verkauf angeboten.

Warum, fragt man sich, sollte irgendjemand sich auf so ein Spiel einlassen und einen so hohen Preis dafür zahlen wollen? Der Fugu ist eines der teuersten Nahrungsmittel in Japan sowie in japanischen Restaurants von Hongkong bis New York. Ein Kilo kann schon im Großhandel bis zu 130 Dollar kosten, und wenn Fugu in einem Restaurant auf verschiedene Arten serviert wird, kostet eine Mahlzeit mit vier oder fünf Gängen um die 400 Dollar.

Millionen setzen jedes Jahr ihr Leben dafür aufs Spiel – es sei nicht gefährlicher als Fliegen. Wichtiger ist den meisten der Status, der mit dem hohen Preis und dem ebenso gefährlichen wie vermeidbaren Erlebnis verbunden ist. Männer in einer Machogesellschaft können ihren Mut mit Fugu weitaus bewundernswerter unter Beweis stellen, als wenn sie in einer Karaokebar singen. Und für eine rapide anwachsende Touristenschar auf der Suche nach dem ultimativen Kick erfordert der Genuss von Fugu sehr viel weniger Mühe als Bergsteigen oder Wildwasserrafting.

Auf dem Haedomari-Markt in Shimonoseki, wo der größte Teil des japanischen Fangs verkauft wird, gibt es eine besondere Form von Auktion. Während der Versteigerer den Fang beschreibt, treten die Käufer an ihn heran, schlüpfen mit der Hand in eine lange, schwarze Stulpe, die die Hand des Verkäufers bedeckt, und drücken die Finger des Auktionators nach einem Code, der Auskunft darüber gibt, was man bezahlen will. Der Versteigerer kann bis zu zehn derartige geheime Zeichen entgegennehmen, bevor er das siegreiche Gebot verkündet. Nach dieser Methode werden in weniger als einer Stunde über zwei Tonnen Fugu verkauft.

In vielen asiatischen Fischrestaurants bleibt der Fisch am Leben, bis er zubereitet wird. Der Gast sucht sich seine Mahlzeit aus, der Koch wirft den Fisch auf einen Kunststoffschneideklotz, hält ihn mit einer Hand fest und entfernt mit einem scharfen, dreieckigen Messer das zahnbewehrte Maul, die Brust und Rückenflossen und den Schwanz. Sie werden auf ein schwarzes Tablett für die weitere Verarbeitung gelegt. Dann wird

Hat die Bibel vor der Gefahr gewarnt?

Der Verzehr von Fugu reicht ins Jahr 2700 v. Chr. zurück, als eindeutige Symbole des Fisches erstmals auf ägyptischen Gräbern auftauchten – das aufgeblasene Tier wurde als Ball verwendet. Man glaubt auch, dass sich auf den schuppenlosen giftigen Stachelschweinfisch des Roten Meers – eine verwandte Spezies – diese biblische Warnung bezieht: »Dies ist, was ihr essen dürft von allem, was im Wasser lebt: alles, was Flossen und Schuppen hat, dürft ihr essen. Was aber weder Flossen noch Schuppen hat, sollt ihr nicht essen; denn es ist euch unrein.« (5. Mose 14, 9f.)

Niemand weiß genau, seit wann Fugu in Asien gegessen wird, aber im Mittelalter haben die Tokugawa-Shogune ihn in Japan verboten. Populär wurde er wieder im 19. Jahrhundert, doch Anfang des 20. Jahrhunderts untersagten die Meji-Herrscher den Verkauf in bestimmten Distrikten. Heute ist er das einzige Gericht, das dem Kaiser und seiner Familie nicht serviert werden darf.

der Fisch von den Kiemen bis zum Schwanz auf beiden Seiten aufgeschlitzt und die Haut entfernt, die auch auf dieses Tablett wandert. Nun arbeitet der Koch wie ein Chirurg: Er trennt die Kiemen ab, legt sie auf ein rotes Tablett, auf das alle gefährlichen Stücke wandern. Dann schlitzt er den Bauch auf, um bei einem Weibchen die Eierstöcke und den Rogen, bei einem Männchen die Gonaden sowie anschließend Herz, Leber, Nieren, Gallenblase und Eingeweide zu entfernen. Alles kommt zusammen mit den Augen und einer dünnen Membran aus der Bauchhöhle aufs rote Tablett. Schließlich wird der Fugu gründlich in kaltem Wasser gespült, trocken getupft und in zwei Filets geschnitten. Das Gesetz schreibt dreißig einzelne Schritte vor, für die ein erfahrener Koch bis zu zwanzig Minuten braucht, verglichen mit weniger als einer Minute bei anderen Arten.

Fugu wird nur zwischen Oktober und März serviert – am besten soll er von Dezember bis Februar sein. Viele Esser begnügen sich mit einer Bestellung von *Fugu-Sashi* (oder *-Sashimi*), hauchdünnen Scheibchen, die wunderschön angeordnet sind (meist in Form einer Chrysantheme oder eines fliegenden Kranichs) und auf einem großen runden Teller oder einer Platte mit einer leicht säuerlichen Sauce zum Dippen (meist Soja), gehacktem Schnittlauch und geriebenem Rettich serviert werden.

Andere Gäste bestellen eine ganze Mahlzeit, für die Fugu auf alle möglichen Arten zubereitet wird: *Hirezake* sind kräftig aromatisierte, geröstete Fugu-Flossen in heißem Sake. *Fuguchiri* oder *chiri-nabe* ist ein Eintopf mit Fugustücken, gemischten Gemüsen und dünnen Nudeln – dieses Gericht kann am Tisch gekocht werden, wobei die Gäste die Zutaten nach Wunsch zugeben. Bei *fugu-sosui* kommen Reis und Ei in die im *fuguchiri*-Topf verbliebene Flüssigkeit. Der Fisch kann auch als Ganzes auf den Tisch gebracht werden, in einem leichten Teigmantel frittiert. Und wer ein Aphrodisiakum möchte, für den werden die pulverisierten Genitalien mit heißem Sake gemixt – obwohl es, wie gesagt, verboten ist, diese Organe zu servieren.

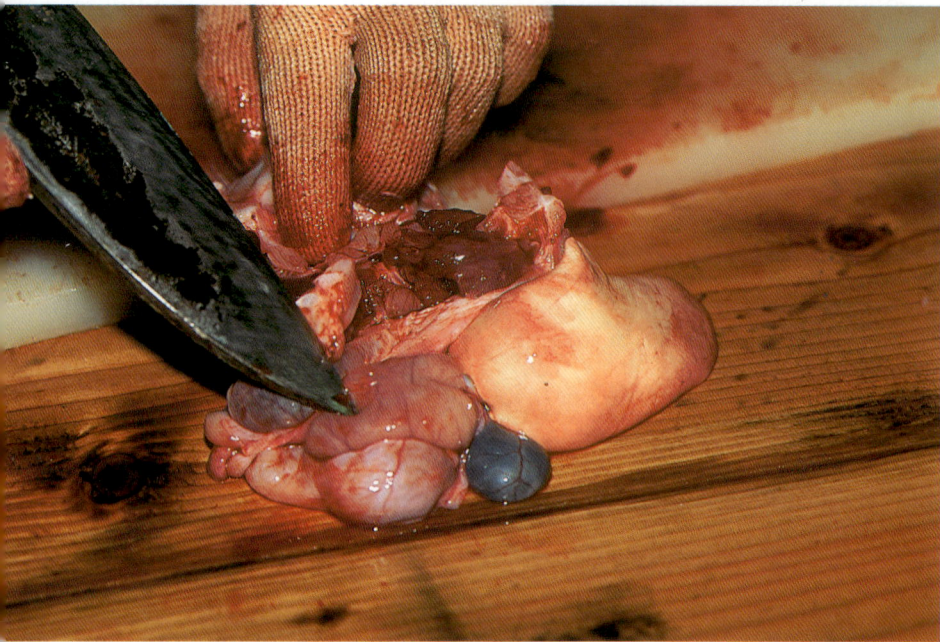

Der neutrale Geschmack von Fugu – Fans nennen ihn »subtil« – und seine dichte, zähe Struktur sind wohl damit zu erklären, dass das Fleisch kein Fett enthält. Wenn die giftigen Organe entfernt werden, hinterlassen sie vielleicht ein leichtes Prickeln, das sich köstlich durch die Haut und das Fleisch verbreitet. Das kann ein schwaches Kribbeln in Lippen und Zunge auslösen und den Reiz der Mahlzeit verstärken, zumal dies eines der ersten Symptome einer Fugu-Vergiftung ist.

Als Japans Wirtschaft Anfang der 1990er Jahre eine Rezession drohte, schlossen viele Fugu-Restaurants, weil sich Angestellte diesen Luxus nicht mehr leisten konnten. Dennoch blieb der Fugu-Handel ein großes Geschäft, und die Fischer fingen den Fisch während der Laichzeit im Frühling und zogen die Brut in großen Meereskäfigen auf. Man kann die Fugus inzwischen auch durch künstliche Besamung vermehren. 1996 wurden in Japan 10 000 Tonnen konsumiert. Ein Abkommen zwischen der US-Gesundheitsbehörde und dem japanischen Gesundheits- und Wohlfahrtsministerium sorgt dafür, dass der Fugu vor dem Export richtig verarbeitet wird und ein Sicherheitszertifikat bekommt.

Die Fugus leben ihrerseits nicht ungefährlich und viele sterben genauso einen gewaltsamen Tod wie der geist- und furchtlose Fischliebhaber. Der Kugelfisch ist ein zäher und aggressiver Fisch, der anderen Fugus den Schwanz abbeißt, sodass sie hilflos verenden. Außerdem ernährt sich der Fugu von frischen Meeresfischen, meist Sardinen, und weil er keinen richtigen Magen hat, ist eine seiner Haupttodesursachen die Verdauungsstörung.

Manche Menschen nennen das ausgleichende Gerechtigkeit.

Gegenüber: Vor Sonnenaufgang werden versteigerte Fugus von Experten ausgenommen und gesäubert, die die Leber (oben in Großaufnahme gezeigt) und die Eierstöcke entfernen müssen, die das Toxin enthalten. *Links:* Hundert winzige, papierdünne Scheibchen von rohem Fugu werden in der traditionellen Form einer Chrysanthemenblüte angeordnet, mit Blütenfäden aus Flosse und Haut. Da das Fleisch durchsichtig ist, ist der Teller selbst ein wichtiger Bestandteil der Mahlzeit und Fugu-Restaurants haben spezielle und wertvolle Services, auf denen sie dieses teure Gericht präsentieren. Je nach dem Marktpreis und dem Status des Restaurants kostet jedes Scheibchen auf dem Teller den Gast zwischen ein und zwei Dollar.

Quallen

In ihrem natürlichen Zustand, wenn sie so fröhlich (oder boshaft) dahinwanken, von Wind und Wellen getragen, scheinen Quallen eine eher unwahrscheinliche Nahrungsquelle zu sein – wie so viele andere Nahrungslieferanten in diesem Buch. Neben ihrem unschicklichen Aussehen haben viele Arten einen üblen Ruf, weil sie Schwimmer und im Meer Herumwatende verbrennen. Kein Wunder, dass viele Menschen glauben, Quallen könne man nicht essen.

Diese Tiere existieren auf der Erde seit über 650 Millionen Jahren, sie sind somit älter als Dinosaurier und Haie. Ihren Namen verdanken sie einer Art Hautsack, der mit einem gallerartigen Sekret gefüllt ist, so dass sie zu 95 Prozent aus Wasser bestehen. Sie haben kein Herz, kein Hirn, keine Knochen und werden von Muskelfasern zusammengehalten. Der Magen ist direkt mit dem Mund verbunden, der einzigen Körperöffnung. Quallen benutzen ihren Mund auch zum

Schwimmen, indem sie durch ihn ihren Magen mit Wasser füllen und es wieder hinauspumpen, um sich so vorwärts zu bewegen. Mit ihren Tentakeln schaufeln sie ihre Beute zu diesem Allzweckmund. Ihre Lieblingsnahrung? Kleine, dahintreibende Tiere, das Zooplankton – andere Quallen, Jungfische, Babyseepferdchen und Schalentierlarven. Es gibt 200 verschiedene Arten, von den winzigen, kugelförmigen Fingerhutquallen der Karibik bis zur Gelben Haarqualle der Arktis, deren Schirm einen Durchmesser von fast drei Metern hat und deren Tentakel halb so lang wie ein Fußballfeld sind.

Diese Tentakel, die dazu dienen, die Nahrung zu lähmen und zum Mund zu führen, können schon etwas Beunruhigendes an sich haben. So heißen denn auch manche Quallen Medusen, weil sie dem Ungeheuer mit den Schlangenhaaren aus der griechischen Mythologie ähneln. Die kleine Seeblase mit ihrem grell pinkfarbenen Sack, der auf der Meeresoberfläche schwimmt und den Wind einfängt, und ihren leuchtend blauen dahintreibenden Tentakeln belästigt Badende und Strandspaziergänger mit hässlichen Verbrennungen seit Jahrtausenden. Das Toxin der australischen Feuermeduse Chironex fleckeri ist stärker als Kobragift und kann binnen Minuten töten. Aus Statistiken geht hervor, dass mehr Menschen von Quallen als von großen weißen Haien getötet werden. Doch ich zweifle, dass ein guter Film über eine Qualle gedreht werden könnte. Ihnen fehlt die Persönlichkeit.

Nimmt es da Wunder, dass viele Menschen sie nicht für essbar halten?

Immerhin gibt es eine kleine Erwähnung in *Edible Plants and Animals* (1993), einem Kompendium mit häppchengroßen Darstellungen »ungewöhnlicher Nahrungsmittel von Aardvark (Erdferkel) bis Zamie«, und sobald man sich von euro-amerikanischen Verlagsprodukten ab- und asiatischen Autoritäten zuwendet, tauchen Quallen so häufig auf dem Essteller auf

Unten: Sobald die giftigen Tentakel entfernt sind, wird die Kappe der Qualle in mehreren asiatischen Küchen wegen ihrer Knackigkeit verwendet.
Gegenüber: Quallensalat, garniert mit in Streifen geschnittenen Schalotten, grünem Pfeffer, Schnittlauch, Rauke und Frühlingszwiebeln in einem Nest aus zwei Salatblättern. Die Frühlingszwiebeln sind hier auf dekorative Thai-Art behandelt: Wenn man sie mehrmals längs einschneidet und in kaltes Wasser gibt, ringeln sie sich wie Blüten auf.

wie am Strand nach einem Sturm. Sie stehen auf Speisekarten von Tokio bis San Francisco oder Lima – gewöhnlich, aber nicht ausschließlich, in japanischen Restaurants. Laut Auskunft der Industrie wurden 1997 allein von Tokioter Großhändlern fast 360 Tonnen essbare Quallen verkauft. Ich bekam sogar Quallensalat von mehreren asiatischen Fluglinien vorgesetzt.

Das wirklich Unheimliche an Quallen – abgesehen von ihrem merkwürdigen Aussehen und ihrem zweifelhaften Ruf – besteht darin, dass die essbaren nach nichts schmecken. Wenn sie nicht mit einem leichten Soja- oder Sesamöldressing oder in Salat serviert werden, der auch Huhn oder Fisch und Gemüse enthält, stellt sich einem die Frage: Wieso gilt das als Nahrung? Manche Leute beklagen sich auch, man könne ja gleich Gummibänder essen.

Das gehört dazu. Ihr Reiz beruht großenteils auf ihrer zähen Struktur. Quallen liefern auch ein fettfreies Protein, das dem Albumin verwandt ist, dem Eiweißprotein, und enthalten die Vitamine A und B. Wie so vielen anderen exotischen Gerichten, die in Asien beliebt sind – von Schlangenblut bis Vogelnestersuppe – unterstellt man Quallen auch, dass sie für ein langes Leben sorgen, den Blutdruck senken und eine Reihe weit verbreiteter Beschwerden heilen – ja, inzwischen betreiben Kliniken und Labors mit Hilfe von Quallen sogar Krebsforschung.

In ihrer natürlichen Form sind Quallen abstoßend, wie viele andere köstliche Nahrungsmittel auch. Wenn sie geerntet worden sind – neben Japan kommen sie hauptsächlich aus Malaysia und von den Philippinen –, man die Tentakel entfernt und die großen, flachen Schirme getrocknet hat, sehen sie genauso wenig bedrohlich wie große, getrocknete Pilze aus. Die beliebtesten Arten haben einen Durchmesser von dreißig bis fünfzig Zentimeter und werden getrocknet in Ein-Pfund-Tüten verkauft. Man weicht sie etwa acht Stunden lang ein, wobei man das Wasser zwei-, dreimal wechselt. Das glibbrige Fleisch wird dann rasch blanchiert, in kaltem Wasser abgeschreckt und dünn aufgeschnitten.

»Für manche Menschen sind sie eine Plage, aber für andere eine Delikatesse«, sagte Charles Blume, Chef des Apalachee Regional Planning Council in Blountstown, Florida, als er 1997 den Plan zur ersten offiziellen Quallenernte ankündigte.

Quallensalat

200 g gesalzene Qualle
1 große Gurke, in Streifen geschnitten
1 El Erdnussbuttercreme
1 El Sojasauce
1 El Essig
1 El Zucker
1 Tl Sesamöl
1 Spritzer scharfes Chiliöl

Die Qualle waschen. 20 Minuten unter fließendem Wasser spülen, bis sie nicht mehr salzig ist; in Streifen schneiden. 5 Sekunden in kochendem Wasser blanchieren und in kaltem Wasser abschrecken; abtropfen lassen. Die Gurke auf einem Servierteller anordnen. Die Qualle auf die Gurke geben. Die restlichen Zutaten in einer Schüssel vermischen. Zum Salat servieren.

»The Electric Kitchen«, Hawaiian Electric Co., Honolulu

Die Qualle als Haustier

1998 blieb es Quallen in Japan erspart, auf dem Essteller zu landen, weil sie plötzlich als Haustiere modern waren. Richtig – als Haustiere. Sie sabbern oder bellen nicht, zerkratzen das Sofa nicht und hinterlassen keine unerwünschten Gerüche und Bescherungen. Man muss auch nicht mit ihnen Gassi gehen. Sie wiegen sich in ihrem Aquarium wie lebendige Lavalampen. Ihr Anblick wirkt entspannend auf viele Menschen.

»Quallen stören einen nicht«, erklärte Hironobu Fujii, Angestellter in einem Tokioter Zooladen. »Wenn man das Haus für eine Woche verlässt, macht es ihnen nichts aus. Daher sind sie wohl so beliebt bei Frauen, die allein leben und ein Haustier haben wollen.«

Und wenn Sie das ganze Wiegen und Wogen leid sind, können Sie Frau Qualle natürlich immer in Herrn Salat verwandeln – was Sie wahrscheinlich nicht mit Ihrem Hund, Ihrer Katze oder Ihrem Papagei machen würden.

Schnecken

Ich habe alle möglichen seltsamen Dinge gegessen, seit ich zwölf war, und ich werde gern gebratene Heuschrecken probieren und einen lebendigen Fisch verschlingen. Aber wenn ich mich nicht ganz und gar ändere, werde ich nie eine Nacktschnecke essen können. Schon bei dem Gedanken daran dreht sich mir der Magen um.« So beginnt ein Essay der berühmten englischen Kochbuchautorin Mary Francis Kennedy Fisher. Und sie fährt fort: »Ich habe versucht, Nackt-schnecken ganz nüchtern zu sehen. Ich habe versucht, mir die Schönheit ihrer urtümlichen Bewegungen im Zeitraffer vorzustellen, und ich habe mich gezwungen, in der *Encyclopedia Britannica* alles über die harmlosen Ingredienzien ihrer schwellenden Körper nachzulesen. Es hilft alles nichts. Tief in mir habe ich einen Horror vor allem an ihnen. Nacktschnecken sind schrecklich, sie sind Dinge von den Rändern des Wahnsinns, und ich fürchte mich vor Nacktschnecken und all ihren Attributen.

Aber ich mag Schnecken. Die meisten Menschen mögen Schnecken.«

Ich mag Schnecken auch, weiß allerdings nicht, warum. (Vermutlich esse ich alles, was in heiße Butter gestippt wird, sogar Stücke der Gummisandalen, die ich in Bangkok trage.) Ich weiß auch nicht, warum Historiker behaupten, dass Schnecken zu den ersten Tieren gehörten, die der Mensch gegessen habe, wofür eigentlich mehr oder weniger nur die in prähistorischen Höhlen gefundenen Schneckenhäuser sprechen. Vielleicht, weil sie sich so leicht fangen ließen.

Die Römer haben angeblich zuerst Schnecken als Nahrung kultiviert, indem sie sie mit Wein und Körnern mästeten, und im 1. Jahrhundert schreibt Plinius der Ältere in seiner *Naturgeschichte* von gegrillten Schnecken, die mit Wein als Appetitanreger vor dem Abendessen oder als Snack gegessen wurden. Die Gallier servierten sie als Dessert, und im Mittelalter erlaubte die Kirche den Genuss von Schnecken an Fastentagen. Gewöhnlich wurden sie mit Öl oder Zwiebeln gebraten, auf Spießen gegrillt oder gekocht.

Ein frühes Lob dieses kulinarischen Leckerbissens steht in einer französischen Handschrift aus dem Jahre 1394: »Escargots sollten am Morgen gefangen werden. Man nehme die jungen, kleinen Schnecken mit den schwarzen Häuschen von den Reben oder älteren Bäumen; dann wasche man sie in so viel Wasser, bis sie keinen Schaum mehr von sich geben; dann wasche man sie einmal in Salz und Essig und lasse sie in siedendem Wasser köcheln. Dann muss man diese Schnecken mit einer spitzen Nadel aus dem Häuschen holen; und dann muss man ihren Schwanz abmachen, der schwarz ist, denn das ist ihr Kot; und dann wasche man sie und koche sie in Wasser; und dann nehme man sie heraus und gebe sie in eine Schüssel, um sie mit Brot zu essen. Und einige sagen auch, es sei besser, sie in Öl und mit Zwiebeln zu braten oder in irgendeiner anderen Flüssigkeit zu kochen, nachdem sie so, wie oben gesagt, zubereit wurden; und sie werden mit Gewürz gegessen und sind für reiche Leute.«

Im 17. Jahrhundert ging der Konsum von Schnecken zurück und jahrhundertelang galten sie in weiten Teilen Europas nicht als köstliche Nahrung, sondern als Gartenschädlinge. Und das waren sie tatsächlich, denn sie vermehrten sich in großer Zahl und fraßen praktisch alles, was grün war. In Frankreich kamen sie wieder in Mode, als Talleyrand einige für ein Diner für den russischen Zaren zubereiten ließ. Seither ist Frankreich die gastronomische Domäne der Schnecke.

In England wurden sie noch immer wegen der landwirtschaftlichen Schäden verabscheut und als Nahrung abgelehnt. In einem kuriosen kleinen Buch mit dem Titel *Why Not Eat Insects*, das 1885 in London erschien, widmete der Autor Vincent M. Holt zwölf Seiten diesem essbaren Weichtier. Viele Menschen, so Holt, meinten, es gebe nur eine essbare Spezies, wobei diese sich vor ihren Artgenossen eigentlich nur durch ihre überlegene Größe auszeichne. Im Gegenteil, beharrte Holt, alle Arten seien essbar. Er wünschte sich, die Engländer würden dem Beispiel der Italiener und anderer Europäer folgen und in ihren Gärten einfach gebaute Schneckenreservate oder »escargotières« zur Schneckenzucht anlegen.

Er stieß auf taube Ohren. Die Schnecke bahnte sich langsam und methodisch ihren Weg bis auf den Esstisch, als Frankreich in der Welt die kulinarische Führung errang. In manchen Gegenden von Frankreich lässt man heutzutage die Weichtiere eine Woche oder länger hungern, um alle Toxine oder jeden unangenehmen Geschmack zu eliminieren, die über die Nahrung der Schnecke in ihr Fleisch gelangt sein könnten. In anderen Regionen werden sie mit Thymian oder anderen Kräutern gefüttert, damit sie ein besonderes Aroma bekommen. Und dann wird eine Brühe aus ihnen bereitet. Man köchelt sie in ihren Häusern mit Weißwein oder Knoblauchbutter, in einer mit Cayennepfeffer gewürzten Sauce und Schnittlauch. Man bestreut sie mit Salz, Pfeffer, Thymian und zerstoßenem Fenchel und grillt sie dann. Serviert werden sie mit Bauernbrot und Rotwein.

Während diese und andere Schneckenrezepte beliebt sind – vorwiegend in gehobenen Restaurants: Escargot gilt noch immer als Gericht für die Reichen –, bleibt die Nacktschnecke, wie schon für Mrs. Fisher, am unteren Ende auf jedermanns Liste begehrenswerter Leckerbissen. Vielleicht weil den gemeinen Garten- und Meeresnacktschnecken das hübsche Häuschen fehlt, sind sie vergleichsweise etwas unattraktiv. Aber das gilt für viele andere »unscheinbaren« Nahrungsmittel wie die Krabbe, den Hummer und die Auster.

Der einzige bedeutende Unterschied zwischen einer Schnecke und einer Nacktschnecke ist in der Tat das Haus. Während die meisten Mollusken wirbellose Tiere sind, deren Körper von einer harten Schale geschützt ist, gehört die Nacktschnecke zwar dem gleichen biologischen Stamm an, zusammen mit Tintenfischen und Kraken, hat aber keinen Schutzpanzer. Wie die Schnecke ernährt sich die Landnacktschnecke von Pflanzen, gewöhnlich nachts, und daher gilt auch sie als Schädling. Die Meeresnacktschnecke hingegen lebt von Korallen oder anderem Getier im Meer.

Während es der Landnacktschnecke nicht gelungen ist, ein hungriges Publikum zu gewinnen, haben Fang und Zubereitung der Meeresnacktschnecke eine große Anhängerschar gefunden, von China und Japan bis zu den Eskimos im hohen Norden. Es gibt einige optische Unterschiede zwischen beiden Arten. Landschnecken kommen in vielen Farben vor, von Rot bis Grau, von Gelb bis Schwarz, sowie in unterschiedlichen Größen je nach Art und Alter, die meisten Meeresnacktschnecken dagegen sind schwarz oder grau, viel größer und wiegen bis zu einem Kilo.

Im Laufe der Zeit hat auch diese Art einige schlechte Kritiken bekommen, so bereits in einem vor dem 5. Jahrhundert entstandenen Fragment eines chinesischen Werkes mit dem Titel *Der Kanon der Kochkunst*, in dem sie *hai-shu* oder »Meeresratte« genannt wurde – sie sehe aus »wie ein Lauch, nur größer«. Später besserte sich ihr Image, und fortan hieß sie *hai-shen*, »Ginseng des Meeres«, weil man ihr die gleichen verjüngenden Eigenschaften wie Ginseng zuschrieb. Die Meeresnacktschnecke war in China so beliebt, dass der Kaiser auf der Suche nach einem angemessenen Nachschub große Flotten bis nach Afrika und Australien entsandte. Auf Ceylon, dem heutigen Sri Lanka, kam es wegen der Schnecken sogar zu einem Krieg, als der ceylonesische König die chinesische Flotte wegschickte – daraufhin schickten die Chinesen ein Heer, nahmen den König gefangen und fuhren fort, das Meer und seine Küsten abzuernten.

Einer der Gründe für die geradezu heroische Berühmtheit der Meeresnacktschnecke war ihre angebliche Fähigkeit, die männliche Potenz zu stärken, ein Ruf, der sich vielleicht daraus erklären lässt, dass sie eine lange, dicke, muskulöse Form besitzt, die bei Berührung anschwillt. In einem chinesischen Dokument aus dem 16. Jahrhundert heißt es, wenn die Nacktschnecke nicht zur Verfügung stünde, solle

man »den Penis eines Esels nehmen und ihn als [gastronomischen] Ersatz verwenden«.

1913 schilderte in einem Interview eine Frau in Alaska namens Elie Hunt in ihrer heimischen Kwakuitl-Sprache detailliert, wie die Meeresnacktschnecke gefangen und gekocht werde. Der Jäger, stets ein Mann, warte die Ebbe ab, paddle dann in seinem Kanu über die Gezeitentümpel und fange zahlreiche Schnecken mit einem gegabelten Stock. »Er packt die Meerschnecke, nimmt sein Messer und schneidet ihr den Kopf ab. Dann drückt er das Innere heraus und wirft die Schnecke heftig in sein Kanu, wobei er spricht: ›Nun wirst du so steif wie der Keil deines Großvaters.‹«

Zu Hause wurden die Nacktschnecken zwei Tage lang geschmort, dann über einem offenen Feuer gekocht. Weil das Schneckenwasser fast immer überkoche, sagte die Kwakuitl-Frau, werfe der Mann ständig eine Hand voll Dreck vom Boden des Hauses ins Wasser, um das Überkochen zu verhindern. Dann würden die Schnecken ein letztes Mal gewaschen und so, wie sie waren, serviert.

Heute wird die Meeresnacktschnecke im Allgemeinen getrocknet und mehrere Tage eingeweicht, dann in mehrmals gewechseltem Wasser gekocht, bis sie ihre ursprüngliche schwammartige Struktur zurückgewinnt. Die Nacktschnecke wird von Ernährungswissenschaftlern empfohlen, aber nicht wegen ihrer aphrodisischen Eigenschaften, sondern weil sie kein Cholesterin und viermal so viel Protein wie Rind enthält.

Da sie zwar ziemlich geschmacklos, doch beim Essen recht knackig ist – ähnlich wie Bambusschösslinge oder Quallen –, bereiten die Chinesen sie gewöhnlich mit Huhn, Schwein, Meeresfrüchten oder Gemüsen zu oder geben sie in eine Suppe. Die Japaner essen sie zuweilen in dünnen Scheibchen und roh in Essig eingelegt in Sushi-Bars.

Die Gartennacktschnecken übrigens, die Mrs. Fisher so abstoßend fand, wurden noch nicht ins Küchenrepertoire aufgenommen.

Gegenüber: Ein laotisches Gericht aus *hoi khong* – Apfelschnecken – die gekocht und mit einer einfachen Dippsauce – *jaew som* – aus zerdrücktem Knoblauch, Chilis, Fischsauce und Korianderblättern serviert werden. Die traditionelle Beilage ist Klebereis.
Links: Nacktschnecken auf Toast in einer Pilzsahnesauce, garniert mit Sesamsamen. Da sie kein Schneckenhaus haben, schützen Nacktschnecken sich mit einer zäheren Haut am Oberkörper und einem Schleimüberzug. Damit die Schleimhaut völlig entfernt wird, müssen die Tiere in mehrmals gewechseltem Wasser geköchelt werden, bevor man sie auf die Toastscheibe legt.

Würmer

Regenwurmpastetchen

750 g gemahlene Regenwürmer (gereinigt)
40 g flüssige Butter
1 Tl abgeriebene Zitronenschale
1½ Tl Salz
½ Tl weißer Pfeffer
2 El Mineralwasser
1 geschlagenes Ei
1 Tasse Brotbrösel
2 El Butter
1 Tasse saure Sahne

Die Regenwürmer mit flüssiger Butter, Zitronenschale, Salz und Pfeffer vermengen. Mit Mineralwasser verrühren. Zu Pastetchen formen, in geschlagenes Ei tauchen und dann in Brotbröseln wälzen. In der heißen Butter 10 Minuten braten, dabei einmal wenden. Auf einer heißen Servierplatte anrichten und mit erwärmter saurer Sahne begießen.

Mit freundlicher Genehmigung von Matthew Stewart, *The Incredible Edible Wild*

Ich weiß noch, wie wir als Kinder zu unseren Eltern sagten, wenn sie uns nicht unsern Willen ließen: »Ich werde gleich einen Wurm essen!« Ich vermute, wir glaubten, wenn wir eine so hässliche Drohung ausstießen, würden unsere Eltern nachgeben. Es hat nie geklappt. Und ich kenne auch niemanden, der wirklich einen Wurm gegessen hat.

Heute höre ich aufmerksam zu, wenn jemand sagt, Würmer könnten die Nahrung der Zukunft sein oder zumindest ein Teil davon – zusammen mit anderen Lebensformen, die ich früher nie für essbar gehalten hätte. Jetzt weiß ich, dass man Würmer gut essen kann und dass sie zahlreich genug sind, um das Problem der Lebensmittelknappheit zu lösen, vor dem die ganze Welt vielleicht bald stehen wird.

In meiner Jugend waren Würmer das, was man auf einen Angelhaken spießte und frühmorgens nach einem Regen fing, wenn die »Nachtkriecher« noch in dem Rechteck aus Fingergras herumschleimten, das wir unseren Vorgarten nannten. Später erfuhr ich im Biologieunterricht, sie seien die großen Kompostierer und Recycler der Erde: Sie wälzen den Boden wie kleine unterirdische Pflüge um und führen ihm wertvolle Nährstoffe zu. In ein paar tausend Quadratmetern kann es eine Million und mehr Regenwürmer geben, die jedes Jahr zehn Tonnen Vegetation fressen und Tonnen von Boden umpflügen. Für Gärtner und Bauern sind Regenwürmer so willkommen wie Sonnenschein und Regen.

Daher gibt es heutzutage eine ausgewachsene Regenwurmindustrie. Auf der ganzen Welt verkaufen kleine Unternehmen Würmer im Eimer für das so genannte »Wurmkompostieren«. Man werfe einfach ein paar von den Lebewesen in eine Kiste mit etwas Dreck, füge Rasenabfälle und Küchenmüll – Apfelkerngehäuse, gefilterten Kaffee und Ähnliches – hinzu, und die Würmer werden alles geräusch- und geruchlos in reichhaltige Blumentopferde umwandeln. Oder geben Sie sie einfach in Ihren Garten, und dann führen sie dem Boden nicht nur Nährstoffe zu, sondern legen auch Tunnel an, durch die er belüftet und bewässert wird.

Dutzende von Kleinunternehmern verkaufen auch Startausrüstungen und Anweisungen, wie Sie es ihnen gleichtun können. Die Idee: Sie kaufen einige Würmer und Fortpflanzungskästen, die als »Farmen« dienen, dann lehnen sie sich mit einer Dose Bier gemütlich zurück und lassen die Würmer sich vermehren. Anschließend verkaufen Sie sie, entweder per Versand, in einem Laden oder an ihre Nachbarn, obwohl die Sie vielleicht etwas merkwürdig anschauen werden.

So begehrenswert dieses Lebewesen für Bauern, Gärtner und Fischer sein mag – in den Industrieländern schätzt man bislang den Regenwurm als Nahrung kaum, und das ist eine Schande, denn Regenwürmer bestehen zu 70 bis 80 Prozent aus Protein und schmecken auch ziemlich gut. Schließlich sind Würmer ja via Vogel und Fisch nur ein Glied in der Nahrungskette vom Menschen entfernt und bei den australischen Aborigines, den neuseeländischen Maoris und einigen Chinesen waren und sind sie eine direkte Nahrungsquelle.

Ein seltsames Lebewesen

Der Regenwurm ist ein merkwürdiges Lebewesen und das erklärt zum Teil, warum so viele Menschen noch immer glauben, er diene nur als Köder und reichere die Erde mit Stickstoff an. Was vorn und was hinten ist, lässt sich schwer feststellen. Feuchtigkeit spielt bei diesen schleimigen Wesen eine wichtige Rolle. Sie haben zwar ein ähnliches Magen-Darm-System wie Menschen – Mund, Speiseröhre, Därme, Anus etc. –, doch keine Beine, kein Gehirn und keine Lunge, aber dafür fünf »Herzen«. Sie erzeugen auch täglich 60 Prozent ihres Körpergewichts in Form von Urin. Würmer haben männliche und weibliche Fortpflanzungsorgane zusammen, sie sind also Hermaphroditen, auch wenn zwei Würmer erforderlich sind, um einen Babywurm zu machen. Außerdem können sich einige Arten von Nachtkriechern regenerieren, wenn sie zerschnitten werden, zuweilen entsteht dabei auch ein Wurm mit zwei Schwänzen oder zwei Köpfen. Eine Spezies in Südamerika wird über drei Meter lang – ein idealer Star für Horrorfilme. Auch Namen wie Roter Wackler und Europäischer Nachtkriecher tragen nicht zur Verbesserung des Images bei.

Übrigens sind viele Lebewesen, die »Würmer« genannt werden, gar keine. Mehlwürmer beispielsweise sind Larven, aus denen Käfer werden und aus den »Würmern« in den Flaschen des beliebten mexikanischen Mezcal schlüpfen Falter. Andererseits gibt es Regenwürmer – etwa 6000 Arten – in allen Regionen der Welt, außer in Wüsten und gefrorenen Gebieten.

Wie Larven sollten Würmer vor dem Verzehr gründlich gereinigt werden – eine leichte Aufgabe: Geben Sie sie einfach für zwei Tage in einen Behälter mit feuchtem Maismehl, sobald Sie sie gefangen oder lebendig mit der Post erhalten haben. Dann können sie gewaschen und sofort gekocht oder für eine spätere Verwendung eingefroren werden. Spülen Sie sie gründlich in kaltem Wasser und trocknen Sie sie dann mit Küchenkrepp ab, wobei Sie alle toten Exemplare wegwerfen.

Meist werden Würmer gekocht oder gebacken. Man hält zwei Töpfe mit kochendem Wasser bereit, gibt die Würmer nach etwa 15 Minuten Kochzeit aus dem ersten in den zweiten Topf und lässt sie erneut 15 Minuten kochen – um den Schleim zu entfernen. Wollen Sie Regenwürmer backen, müssen Sie sie zuerst einfrieren (damit sie sich nicht vom Backblech ringeln) und dann aufgetaut auf mehreren Küchenkreppschichten aufs Blech legen. Dreißig Minuten später – hmm!

Die gebackenen Würmer können als Snacks gegessen werden, vielleicht mit etwas Salz und anderen Gewürzen, zu Schrotmehl für Kuchen oder Brot gemahlen oder zu jedem anderen Fleischgericht hinzugegeben werden. Die Azteken in Mexiko und andere primitive Völker buken sie gewöhnlich über einem Feuer oder in der Sonne und pulverisierten sie dann für ein einfaches Brot oder für Eintöpfe. *The Worm Book* (1998) von Loren Nancarrow und Janet Hogan Taylor enthält etwas modischere Rezepte für Nudeln mit Regenwurmfleischbällchen (aus Rinderhackfleisch mit Regenwurmmehl), Regenwurm-Rosinen-Muffins und Regenwurm-Karamelkuchen. In einem anderen Buch, *Urban Wilderness: A Guidebook to Resourceful City Living* (1979), schlägt der Autor Christopher Nyerges vor, die Regenwürmer in Mehl zu wälzen, in Butter anzubraten, mit Bouillon aufzugießen und darin zu köcheln, dann mit gedünsteten Zwiebeln und Pilzen zu mischen und mit saurer Sahne zu begießen.

Und – sie sind billig. Wenn Sie keine in Ihrem Vorgarten haben oder es Ihnen unangenehm ist, im öffentlichen Park im Dunkeln mit einer Plastiktüte und einer Taschenlampe herumzuwandern, gibt es Dutzende von Bezugsquellen, wo sie bis zu 1000 große Exemplare für nur 25 Dollar beziehen können – »Becher« in Snackgröße mit 25 Exemplaren gibt es für etwa einen Dollar.

Bislang ist der Wurm als Nahrungsmittel noch nicht sehr weit vorgedrungen. Nur wenige Experten proklamieren ihre Essbarkeit. Doch 1998 trauten sich Schüler der elften Klasse der Knoch High School in Butler, Pennsylvania, Würmer zu braten oder mit Schokolade zu überziehen, und dann holten sie tief Luft, schlossen die Augen und schluckten die Leckerbissen im Rahmen eines Experiments mit alternativen Nahrungsquellen hinunter.

»Ich hab's gemacht, weil's so cool war«, berichtete der Schüler Josh Murdoch. »Eigentlich war's gar nicht so schlecht.«

Eine Geschichte mit vielen Windungen

Würmer gibt es seit etwa 120 Millionen Jahren, und nicht immer wurden sie von der Gesellschaft verabscheut. Zur Zeit von Cleopatra hielten die Ägypter sie für heilig und Sokrates nannte sie »die Eingeweide der Erde«. Charles Darwin studierte sie fast vier Jahrzehnte lang: »Man mag bezweifeln, ob es viele andere Tiere auf der Welt gibt, die eine so wichtige Rolle in der Weltgeschichte gespielt haben.« Er schrieb sogar ein Buch über sie: *Die Bildung der Ackererde durch die Tätigkeit der Würmer mit Beobachtung über deren Lebensweise.*

Loren Nancarrow und Janet Hogan Taylor schreiben in *The Worm Book* (1998), die meisten Regenwürmer seien in Nordamerika während der letzten Eiszeit getötet und erst im 17. und 18. Jahrhundert wieder von frühen europäischen Siedlern eingeführt worden. »Die meisten Würmer trafen in Erde ein, in der sie sich an die Wurzeln von Pflanzen klammerten, die das neue Land besiedeln sollten. In den Schiffen der Siedler wurde Erde auch als Ballast verwendet und in den Häfen abgeladen, wenn sie nicht mehr benötigt wurde. Diese Erde enthielt viele Regenwürmer, die sich allmählich von den Häfen ausbreiteten. Als einige Farmer sahen, wie Pflanzen in den Hafenstädten mit den Regenwürmern besser gediehen, führten sie die Regenwürmer gezielt auf ihrem Land ein.«

Fischeier

Iranischer Beluga-Kaviar, auf traditionelle Art im Londoner Caviar House serviert: ein Löffelchen auf einem frisch zubereiteten Blini.

Ich gesellte mich zu den Japanerinnen, die am Rande des Ozeans bei Ebbe hockten und vorsichtig aus den Gezeitentümpeln Seeigel herausangelten. Wenn sie ein halbes oder ganzes Dutzend beisammen hatten, konnte offenbar keine der Frauen der Versuchung widerstehen, einen zu essen. Die größten Seeigel – auf Hawaii, wo ich damals lebte – waren nur sieben Zentimeter groß, jeder eine fragile Schalenkuppel, die über und über mit Stacheln bedeckt war wie das Nadelkissen meiner Mutter. Nur waren die Nadeln alle umgekehrt – die Spitzen zeigten nach außen. Auf einen Seeigel zu treten oder ihn in die Hand zu nehmen kann sehr schmerzhaft sein. Bei der Ernte ist also äußerste Vorsicht geboten.

Die Frauen unterhielten sich miteinander, während sie die Seeigel behutsam umdrehten, das stachelige Oberteil in einer behandschuhten Hand haltend, um sie mit den ungeschützten Fingern der anderen oder einem Messer von unten her zu öffnen. Geschickt brachen sie die Schale auf und holten den Verdauungsapparat heraus, um an die orangefarbenen Genitaldrüsen und Eier zu gelangen, die mit dem Oberteil der Schale verbunden sind.

Dies ist der essbare Teil, »die Koralle« genannt. Dann hoben die Frauen die Schalen an den Mund und schlürften die Eier heraus. Sie gaben mir ein Exemplar, mit einem Schutzhandschuh. Mit Mühe gelangte ich an die Eier. Sie schmeckten nach Salz, mit einem Hauch Jod. Die Struktur war ähnlich wie bei Kaviar.

Die Frauen zeigten mir, wie man die kleinen Stachelwesen erntet, die sie abends ihren Männern servieren würden, roh, mit Crackers und dem üblichen Sake nach der Arbeit oder auf feuchten Reiskugeln, einer Art Sushi (*uni* genannt). Eine Art erschwinglicher Kaviar.

Die Störe, die im Kaspischen Meer schwimmen und heute den »echten« Kaviar produzieren, werden wohl bald zur gefährdeten Art erklärt werden, da die weltweite Nachfrage die Zahl der Fische deutlich übersteigt. Dies könnte dem Seeigelrogen zugute kommen. Er ist zwar eine teure Delikatesse und ergibt meist nicht mehr als ein Canapé, aber verglichen mit dem preiswertesten Kaviar ist Seeigelrogen geradezu billig. Es gibt etwa 700 Seeigelarten auf der Welt, und alle sind köstlich. Männchen wie Weibchen haben essbare Eier. Am besten verwendet man sie innerhalb von 24 Stunden und bewahrt sie vor dem Verzehr im Kühlschrank auf.

In einer Sushi-Bar auf dem allgegenwärtigen Reisnugget oder auf einem Vollkorncracker mit fein gehackter Zwiebel, Limonensaft, Salz und Pfeffer serviert – wie es in Chile beliebt ist –, ist Seeigelrogen ein perfektes Horsd'œuvre. Bei dem klassischen japanischen Rezept wird *kanten* (Agar-Agar), das aus Seegemüsen, nicht aus tierischem Protein gewonnnen wird, zu den Eiern hinzugegeben. Es erstarrt fester als konventionelle Gelatine, die aber auch verwendet werden kann. Damit werden die krümeligen Eier besser zusammengehalten und fallen nicht so leicht vom Reis.

Man kann auch einen Hauptgang damit bestreiten. In Südamerika gibt es große Seeigel oder *erizo* – manche Arten sind bis zu 25 Zentimeter groß –, die zu Omelettes und anderen Gerichten verarbeitet werden. In Frankreich werden *oursins* zuweilen in Meerwasser gekocht und mit den Fingern gegessen. Die Eier werden auch zu einer Paste zerdrückt, als Würze für Saucen und Soufflés und als Beilage zu Meeresfrüchten. Eine in den meisten asiatischen Geschäften in Flaschen erhältliche Paste namens *neri uni* wird mit Eiern vermischt, um gekochten Fisch zu glasieren.

Der *Larousse Gastronomique* enthält nicht weniger als fünf Rezepte für Hauptgerichte aus Seeigel. In zahlreichen Rezepten wird er wegen seines reichhaltigen Geschmacks als Zutat verwendet – in einer herzhaften Suppe mit grünen Krabben und Felsenbarschen, in einem Omelett, in einer Sauce mit Butter und Eiern für Fisch, in einem Püree mit Sauce hollandaise zur Füllung luftiger Pasteten und in einer Mischung aus Tomatenwürfeln, gehackten Schalotten, Meeresfrüchten, Crème double, geschlagener Butter, Cognac und Weißwein, die in die leeren, gereinigten Seeigelschalen gegeben und überbacken wird. Mit Kerbelblättern bestreuen und natürlich mit einem guten französischen Weißwein servieren.

Nun aber zu Kaviar, der bei Russen wie bei Euro-Amerikanern als köstliche Luxusnahrung gilt. Die Legenden, die sich um die Eier des Störs ranken, reichen mindestens bis zu Aristoteles zurück, der über griechische Festgelage schrieb, bei denen am Ende Fanfaren eine gehäufte Platte mit Kaviar, garniert mit Blüten, ankündigten. Die Perser nannten die Eier Chav-Jar, was so viel wie »Kuchen der Kraft« bedeutet, später hieß der Stör in England der »Royal Fish of England«, der königliche Fisch von England, als König Edward II. per Dekret anordnete, dass alle gefangenen Störe den Feudalherren auszuhändigen seien.

Seinen Zenit aber erreichte der Kaviar im zaristischen Russland. Nikolaus II. ließ ihn als Steuer bei Störfischern eintreiben, was alljährlich insgesamt elf Tonnen erstklassigen Kaviar ergab, der bei den kaiserlichen Festen serviert wurde. Die Zaren waren so unersättlich, dass ihre Lieblingsspezies, der Sterlet, inzwischen praktisch ausgestorben ist.

Vor hundert Jahren noch gab es ihn in großen Mengen, und zwar nicht nur in Europa, sondern auch in Gewässern vor Nordamerika. In den Bars der Ostküstenstaaten wurde er – wie heute Schälchen mit Erdnüssen und Popcorn – als salziger Snack angeboten wurde, der den Durst der Gäste anregen sollte. Bis zum 20. Jahrhundert produzierten die USA 150 000 Tonnen pro Jahr, vorwiegend in New Jersey. Der Stör war in manchen Flüssen – etwa dem Delaware und dem Hudson – so zahlreich, dass eine Portion vom besten Kaviar nicht mehr als fünf Cents kostete. Produktionssteigerungen in Europa ließen den Preis in Frankreich auf vierzig Centimes pro Kilo abstürzen – fast so billig wie ein Laib Brot.

Aber alle guten Dinge haben mal eine Ende, und als die Zahl der Störe rapide zurückging und die Hauptquelle für Kaviar, das Kaspische Meer, durch zwei Weltkriege isoliert wurde, ging der Preis für die Eier so weit nach oben, bis nur die Reichen sie sich noch leisten konnten.

Nun wurde der Genuss großenteils ritualisiert, so wie sich etwa die »richtige« und die »falsche« Art und Weise entwickelte, teuren Wein zu trinken. Für den Kenner wurde Kaviar nie mit gehacktem Ei, Zwiebeln oder saurer Sahne, sondern stets auf Toastecken oder einem neutralen, ungesalzenen Cracker serviert – und zwar nie mit einem Metalllöffel, der den Geschmack beeinträchtigen würde, sondern mit Löffeln aus Knochen, Schildpatt oder Perlmutt. Was trank man dazu? Eisgekühlten Wodka zu Ehren des russischen Erbes natürlich oder einen ganz trockenen Champagner oder, wenn sich die Kaviarsnobs mal unter das normale Volk mischen wollten, einen moussierenden oder trockenen Weißwein.

Man diskutierte auch über »Klassen« von Kaviar. Der Beluga, von der größten Störart produziert, galt unter vielen Kennern als der beste und war somit der teuerste. Er ist hell- bis dunkelgrau und hat große Körner mit einer zarten Haut. Osetra-Kaviar hat kleinere, dunkelbraune bis goldgelbe Körner, während der Sevruga, ein Produkt der kleinsten Störe, die am fruchtbarsten sind und kleine, graue Eier haben, am preiswertesten ist.

Es gibt sogar noch eine vierte Klasse, nämlich »Presskaviar«, der so dick wie Marmelade ist und aus den reifsten Eiern bereitet wird, die man in einem Tuch auspresst, um die Feuchtigkeit zu entfernen. Für manche ist er zu salzig, aber viele Fans von russischem Kaviar behaupten, dieser sei der beste.

Am Kaspischen Meer und an einigen russischen Flüssen stellt er noch immer das Produkt eines wichtigen Industriezweigs dar. Hier werden die Störe in großen Netzen gefangen und die Weibchen im Eier tragenden Alter mit einem Knüppel betäubt. Sie werden an Land gebracht und aufgeschnitten. Der Eiersack wird entfernt und die »Beeren« werden sacht auf einen Rost gegeben, der die Eier nach ihrer Größe trennt. Nach dem Waschen teilt ein »Salzmeister« den Kaviar in einzelne Klassen ein und salzt ihn, je nach der Qualität der Eier und dem gewünschten Endprodukt. Das Salz fungiert als Konservierungs- und Pökelmittel und festigt die Eier. Für den europäischen Markt darf Borax hinzugefügt werden, damit sie ein weicheres, mildes Finish bekommen, und nachdem alle überschüssige Flüssigkeit entfernt wurde, werden die Eier in mit Lack überzogene Büchsen verpackt. Kaviar darf auch für eine längere Lagerung pasteurisiert und in Gläsern verkauft werden.

Wer Fischeier mag und sich keinen Kaviar leisten kann, für den gibt es zahlreiche Alternativen. Salmrogen, die großen, hellroten Eier des Lachses, werden wegen ihres dekorativen Aussehens wie wegen ihres Geschmacks geschätzt, während der goldfarbene Weißfisch winzige gelbe Eier mit einem köstlichen Geschmack produziert, die vorwiegend als Garnitur dienen. Auch die Eier von Kabeljau (oft geräuchert), Meeräsche, Thunfisch, Makrele, Karpfen und Seehase können verwendet werden. Die am häufigsten in einer japanischen Sushi-Bar servierten Rogenarten sind nach *uni* und *ikura* (Lachsrogen) *tobiko* (Rogen von fliegenden Fischen), auf die man oft das helle Eigelb einer Wachtel setzt, und *masago* (Rogen von Kapelan, einer Stintart). *Kazanugo* (Heringsrogen) wird als traditionelles Neujahrsgericht geschätzt.

Wie Seeigel passen auch Fischeier gut zu Dutzenden von Gerichten. Man kann sie auf Rühreier streuen oder in ein Omelett einschlagen, mit saurer Sahne vermischen und kleine rote Kartoffeln damit füllen, mit weicher Butter verrührt auf gegrillten oder pochierten Fisch geben, zu Eiersalat hinzufügen oder Tartar, gebackene Austern oder Muscheln, kalte Suppen und offene Gurkensandwichs damit garnieren.

Schließlich gibt es noch Meeresfrüchterogen. Am häufigsten bekommt man die rotorangefarbenen Eier weiblicher Krabben. In manchen Teilen der Welt ist der Verzehr von weiblichen Krabben verboten – wer sie fängt, muss sie sofort wieder ins Meer zurück werfen, um den Bestand der Krabbenpopulation zu erhalten. In anderen Gegenden werden die Eier so geschätzt, dass den Weibchen auf den Märkten ein Abschnitt ihres Leibs weggeschnitten wird, um den Rogen sichtbar zu machen. Und sie erzielen einen höheren Preis.

Rechts: Eine *haenyo*, eine koreanische Taucherin, holt eine Reuse voller Seeigel aus dem Wasser bei Sogwip'o, im Süden der Insel Cheju. Heute sieht man die *haenyos* nicht mehr so häufig wie früher an den Stränden von Cheju.
Gegenüber: Eine der eher exotischen Ingredienzien der traditionellen chinesischen Medizin ist das Seepferdchen, das inzwischen gefährdet ist. Die getrockneten Seepferdchen werden in Wasser eingeweicht und als Suppeneinlage mit Schneebeeren geköchelt.

Vögel

Vögel

Eine der beliebtesten Proteinquellen auf der ganzen Welt ist heute ein Vogel: das Huhn. Dieses Hausgeflügel ist leicht verdaulich und lässt sich auf hunderterlei verführerische Arten zubereiten – von Suppe bis zu Chop Suey, von Paella bis zu Fastfood. Beliebt sind auch andere gefiederte Arten wie Truthahn, Ente, Gans und Perlhuhn in der Bauernhofkategorie sowie Fasan, Moorhuhn, Wachtel, Rebhuhn und Wildente unter den zahlreichen Wildvögeln.

Es gibt noch viel mehr Arten, die heute weniger häufig oder zumindest vertrieblich und geografisch begrenzt auf den Esstisch kommen. Strauß und Emu beispielsweise sind gerade dabei, Liebhaber außerhalb ihrer natürlichen Habitate in Australien und Südafrika zu gewinnen. Während Singvögel in Asien, Afrika und Lateinamerika ein verbreitetes Gericht darstellen, werden sie im Westen fast völlig ignoriert.

Vögel haben viel zu bieten. Das Fleisch enthält weniger Fett als rotes Fleisch und ist reich an Proteinen und Vitamin B. Und Vögel gibt es überall, die meisten Arten in Hülle und Fülle.

Die kleineren Vögel haben viel weniger Fleisch als das Hausgeflügel, aber der kräftige, köstliche Geschmack von Jungtieren entschädigt dafür mehr als genug. Von vielen kleinen Vögeln kann man oft auch die Knochen (sogar die Köpfe) verzehren, je nach Zubereitungsart.

Wildvögel haben zwar eine lange kulinarische Geschichte, spielen aber heute eine relativ geringe Rolle auf dem Speiseplan der meisten Länder. Euro-Amerikanern ist es lieber, wenn sie sie auf dem Rasen herumhopsen sehen, in Bäumen (oder Käfigen) singen hören und bei ihrem unnachahmlich schönen Flug beobachten. Unbeachtet bleibt, dass auch sie köstliche Leckerbissen sind.

Viele Vögel schmecken wie das, was sie essen: Wacholderbeeren, Trauben und andere Früchte. Sie lassen sich genauso zubereiten wie Wachteln: gegrillt, in Butter sautiert, mit Trauben geschmort, mit Schinken, Trüffel, Farce oder Hühnchenleber – oder einer Mischung davon – gefüllt und am Spieß gebraten, pochiert und glasiert, geliert, als Kasserollegericht (vor dem Servieren mit Cognac beträufelt) oder zu Pasteten und Terrinen verarbeitet.

Vögel werden auch wegen ihrer Eier geschätzt, einer perfekt ausgewogenen Nahrung, ziemlich kalorienarm, mit allen für die menschliche Ernährung wichtigen Aminosäuren und leicht verdaulich, wenn auch mit einem hohen Gehalt an tierischen Fetten. Was macht Eier zu »Strange Food«? Der Entwicklungsprozess, der in ihnen stattfindet: Manche enthalten kleine Vogelembryos, andere werden grün oder schwarz. Doch alle sind beliebt.

Strauß & Emu

Als ich vor Jahren bei einer Familie in Kapstadt wohnte, suchte ich einmal allein in der Küche nach etwas Essbarem. Ich öffnete den Kühlschrank und sah zum ersten Mal ein Straußenei: Es war etwa so groß wie ein amerikanischer Football, in der Mitte etwas dicker und an den Enden abgerundet und nahm fast ein halbes Kühlschrankfach ein. Später wurde daraus eine Mahlzeit bereitet, ein Omelett für zehn, das etwa zwanzig Hühnereiern entsprach. Ich war beeindruckt. In den 1970er Jahren galt der Strauß noch nicht allgemein als Proteinquelle, zumindest nicht außerhalb seiner üblichen Lebensräume in Australien und Südafrika. Die Zeiten haben sich geändert.

Wie viele Menschen ziehen auch mich physische Absonderlichkeiten in der Tierwelt an. Giraffen, Schnabeltiere, Elefanten – Tiere, die aussehen, als seien sie aus den Ersatzteilen für mehrere Arten gemacht, oder die unglaublich (oder unpraktisch) groß sind. Sie sehen wie ein schlechter Scherz von Mutter Natur aus, wie Dinosaurier. Strauße, mit ihren langen, dünnen Hälsen und Beinen, ihren plumpen, von Federn bedeckten Körpern und diesen großen, hinreißenden Augen, müssen einfach geliebt und angestarrt werden.

Dennoch hat der Strauß in weiten Teilen der Welt das Image eines langbeinigen, langhalsigen, furchtsamen Lebewesens, das den Kopf in den Sand steckt, um jede Konfrontation zu vermeiden. Dieser Eindruck beruht wohl auf dem Umstand, dass sich der Vogel auf seinen Hacken sitzend ausruht und den Hals reckt, um nach Gefahren Ausschau zu halten – aus der Ferne sieht man also nur seinen massigen Körper, während der Kopf dicht über der Erde liegt. Dabei ist der Strauß gar nicht feige und kann ziemlich aggressiv sein. Wenn ein über zwei Meter großer und bis zu 150 Kilogramm schwerer Vogel mit einer Grundschnelligkeit von bis zu 65 Kilometern pro Stunde einen Eindringling in seinem Territorium auf dem Kieker hat, sollte

der sich unbedingt aus dem Staub machen, am besten zu Pferde oder mit dem Auto.

Der Strauß breitete sich vor 40 bis 50 Millionen Jahren von den asiatischen Steppen nach Asien, Europa und Afrika aus. Die alten Ägypter spannten Strauße vor Karren, ja die äyptische Königin Arsinoe ritt auf einem gesattelten Strauß. Straußenpaare mussten in Rom zuweilen Streitwagen ziehen.

Die Geschichte des Straußes als Nahrung reicht bis zum Römischen Reich zurück, als (selbst für die damalige Zeit) skurrile Spezialitäten fast selbstverständlich auf dem Speiseplan der Kaiser standen. Vitellius, der größte Vielfraß aller Zeiten, soll neben Papageienfischleber und Nachtigallenzungen auch Straußengehirne geschätzt haben, laut Robert Ripley, dem weltberühmten Sammler von Kuriositäten.

In neuerer Zeit wurde der Strauß von den Aborigines in Australien und den Zulus in Südafrika (deren furchterweckende Krieger sich auch mit Straußenfedern schmückten) gefangen, geschlachtet und gekocht. Bis zum 19. Jahrhundert wurden diese Vögel nie gezüchtet, sondern in freier Wildbahn meist mit Speeren und Fallen getötet.

Straußenfarmen entstanden erst in der zweiten Hälfte des 19. Jahrhunderts und zu Beginn des 20. Jahrhunderts hatten sie sich von Südafrika und Australien bis nach Algerien, Frankreich und den USA ausgebreitet, als es eine Nachfrage nach den Federn gab, die in Staubwedeln, als Zierrat auf teueren Damenhüten und für Federboas sowie als Accessoires an den Kostümen von Showgirls verwendet wurden.

Als die Federn schließlich aus der Mode kamen, gingen auch die Farmen ein. Heute haben sie wieder Hochkonjunktur, nicht bloß wegen der Federn, sondern vor allem wegen des Leders und Fleisches. Als sich die Esser auf der ganzen Welt nach cholesterinarmen Alternativen zu Rind umsahen, entstanden von China bis Holland, von Israel bis Nordamerika Straußenfarmen. 1997 gab es etwa 70 000 Laufvögel in Australien. Im selben Jahr, erst zwei Jahre nachdem China die ersten acht Vögel importiert hatte, gab es in zwanzig Provinzen 400 Farmen, mit einer Gesamtpopulation von etwa 80 000. Während in Südafrika über eine Viertelmillion Vögel zu Hause waren, gab es in den USA stolze 10 000 Straußenfarmer mit rund 500 000 Vögeln, vorwiegend im Süden und Südwesten, wo die klimatischen und sonstigen Umweltbedingungen am ehesten ihrem natürlichen Habitat entsprechen. Sogar im winterlichen Kanada wurden in fast allen Provinzen (beheizte) Straußenfarmen errichtet.

Wie es dazu kam, ist eine typische Geschichte aus dem Lehrbuch für modernes Marketing. In einem Bericht in den *Ostrich News* von 1993 erzählten die Besitzer der Day-O-Ranch in den USA, sie seien fasziniert gewesen, als man sie aufforderte, in ein »200-Kilo-Huhn« zu investieren, das rotes Fleisch hat, das wie eine Kuh schmeckt, aber weniger Fett, Cholesterin und Kalorien als Huhn oder Truthahn hat, eine 1,5 bis 2 Quadratmeter große Lederhaut hat, die im Großhandel pro Quadratmeter 800 bis 1000 Dollar einbringt und sich für Stiefel, Aktentaschen, Brieftaschen etc. eignet, Federn besitzt, mit denen sich neue Autos und Computerteile abstauben lassen, und ein dreieinhalb Pfund schweres Ei legt, das 24 Hühnereiern entspricht«. Aber als sie erfahren hätten, wie viel ein Zuchtpaar kostet, lachten sie und kauften statt dessen eine Weihnachtsbaumfarm. Als der Markt für Fleisch, Öl, Leder und Federn größer wurde, änderten sie ihre Meinung, und mittlerweile ist Day-O eine der vielen Farmen, die das Straußenevangelium übers Internet verbreiten.

1993 verkauften Straußenzuchtfarmen ein paar Küken an Jungunternehmer für 600 Dollar, zwei bis drei Monate alte Tiere für 2000 Dollar und zwei ausgewachsene Zuchttiere für 25 000 Dollar! 1994 lagen die Kosten für ein Zuchtpaar von Emus noch höher – bei 100 000 Dollar!

Die Startkosten waren zwar hoch, aber immerhin konnte ein gesundes Straußenweibchen im Durchschnitt bis zu 50 Eier pro Jahr in Gefangenschaft legen, und die Vögel waren nach etwa einem Jahr schlachtreif. Da das Fleisch Spitzenpreise erzielte, schien der Profit gesichert. In Neuseeland nannte ein neuer Farmer seine ersten beiden Vögel Cash und Flo.

Allerdings brauchte man neben dem Startkapital auch viel Geduld. »Auf einen guten Ertrag müssen Sie zwei bis drei Jahre warten«, erklärte mir im Jahre 1997 Raymond Lam, Geschäftsführer von Global Ostrich Investments Ltd. Ihm gehörte eines von mehreren Unternehmen, die Besitzanteile an Vögeln verkauften, die auf Farmen in Australien gehalten wurden – den Investoren gehörten also die Vögel, während sie die Arbeit den Farmern überließen und dann einen Gewinnanteil einstrichen, wenn die Vögel zu produzieren begonnen.

Solche »Straußen-Warentermingeschäfte« lehnt Chas Dale ab, Generaldirektor der Australian Ostrich Company Ltd. Er erklärte mir, seine Firma, von einem Non-profit-Verband von Straußenfarmern zur Vermarktung von Leder und Fleisch gegründet, würde die 4000 bis 5000 Dollar akzeptieren, die ein geprüftes Zuchtpaar wert sei, warnte aber davor, dass manche Investmentfirmen dem Investor doppelt so viel oder mehr berechneten.

»Wir glauben, dass der Markt langsam wächst«, sagte Dale, »und das liegt zum Teil daran, dass das Fleisch teuer ist. Wir betonen die gesundheitlichen Aspekte. Unsere Zielgruppe sind gehobene Restaurants, die es als ganz besondere Spezialität anbieten. Wenn Sie Hummer bestellen, rechnen Sie damit, dass er teuer ist. Genauso ist es bei Strauß.«

Mr. Dale hatte recht, und als der Markt für manche Investoren zu langsam wuchs, ging der Preis für ein Zuchtpaar innerhalb von drei Jahren auf etwa die Hälfte zurück. Aber das Interesse an dieser Industrie nahm weiter zu. Weltweit erschien das Fleisch auf Restaurantspeisekarten immer häufiger. Die charakteristischen gegerbten Häute mit den gleichmäßig verteilten dunklen Punkten wurden zu Stiefeln, Schuhen, Gürteln, Brieftaschen und Handtaschen verarbeitet,

Rechts: Wie alle anderen Eier sollten auch Straußeneier im Kühlschrank aufbewahrt werden, wenn sie nicht sofort verbraucht werden – allerdings nicht im üblichen Türhalter.
Gegenüber: Lionel Wongawol und Adrian Tressider kontrollieren Emueier auf der Wikina Emu Farm.

wobei 70 Prozent des Leders nach Japan gingen. Straußenöl wurde ein Inhaltsstoff in Kosmetika und Arzneimitteln. Die Federn laden sich nicht mit statischer Elektrizität auf, so dass sich Staub völlig damit wegwischen läßt – ideal für die Auto- und die Computerindustrie.

Der Fleischmarkt nahm einen Aufschwung, als 1996 wegen des »Rinderwahns« die Nachfrage nach Rindfleisch in Europa zurückging. Straußenfleisch sieht wie Rindfleisch aus und schmeckt ähnlich – und es ist garantiert frei von Rinderwahn. Wegen seiner geringen inneren und äußeren Fettablagerungen ist es besonders kalorienarm, wie eine Vergleichsstudie mit 18 anderen Fleischsorten wie Schwein, Kaninchen, Huhn und Ente ergab. Es enthält auch mehr »gutes« und weniger »böses« Cholesterin. Und eine Keule konnte kann bis zu acht Kilogramm wiegen.

Eine Zeit lang servierte British Airways in der ersten Klasse Straußenmedaillons und heute wird Strauß in gehobenen Restaurants von Dallas bis Sydney angeboten – für bis zu 55 Dollar für eine Portion Lende. Früher wurde Strauß (sowie Emu und Nandu) ganz einfach zubereitet – in Steaks geschnitten und auf einem Spieß über einem offenen Feuer gebraten. Heute wird das Fleisch wie jedes andere Gourmetfleisch serviert. Die Australian Ostrich Co. Ltd vertreibt eine Hochglanzbroschüre voller Rezepte – für solche Leckerbissen wie (holen Sie tief Luft) Koriandergrün-Curry-Strauß mit Kardamomduftreis und Gurkenriata oder (noch einmal Luft holen) Bengalischer Fünf-Gewürze-Strauß mit marokkanischem Couscous und Tomatensalsa.

Singvögel & Tauben

Tauben mit Speck

4 junge Tauben
60 g ungesalzene Butter
Salz und Pfeffer
Winterbergminze
120 g fetter Speck
½ Pfund kleine Zwiebeln
½ Pfund Möhren
1 Pfund kleine Kartoffeln
1 kleiner Blumenkohl

Die Tauben rupfen, ausnehmen und putzen. In jede ein Stückchen mit Salz, Pfeffer und der feingehackten Minze vermengte Butter geben. Den Speck würfeln und in einer Kasserolle auslassen.

Die Zwiebeln schälen (kleine im Ganzen verwenden) und hacken. Die Möhren schälen und in Würfel schneiden. Die kleinen Kartoffeln sauber schrubben. Den Blumenkohl in kleine Röschen zerteilen.

Den Backofen auf 190° vorheizen.

Die Vögel im heißen Speckfett anbraten. Alle Gemüse mit 2 El Wasser in die Kasserolle geben. Salzen und pfeffern und mit etwas gehackter Minze bestreuen. Rasch zum Kochen bringen. Den Deckel mit Mehl und Wasser dicht versiegeln – es darf kein Dampf entweichen. Im Ofen eine Stunde lang schmoren lassen. Den Deckel am Tisch öffnen.

Elisabeth Luard,
European Peasant Cooking

Ich bin Frühaufsteher und meist schon vor der Morgendämmerung wach und am Morgen meines ersten Besuchs in Hanoi stellte ich etwas Merkwürdiges fest: Ich hörte keine Vögel singen. Ich sah aus dem Hotelfenster. Keine Vögel. Na ja, dachte ich, vielleicht nicht in diesem Viertel. Den ganzen Tag hielt ich auf der Straße und in den Bäumen nach Vögeln Ausschau. Vergebens. Schließlich fragte ich eine Bekannte, warum es in Hanoi keine Vögel gebe.

»Wir haben sie gegessen«, erwiderte sie schlicht.

Die Menschen essen alles Mögliche, um zu überleben, und vermutlich gehörten die Vögel der vietnamesischen Hauptstadt dieser Kategorie an so wie Ratten in Paris während der Revolution und im Zweiten Weltkrieg. Bei Hungersnöten haben Menschen sogar Baumrinde und Gras oder sonst etwas gegessen. Während des zwanzigjährigen Embargos, das die USA über Vietnam verhängt hatten, waren neben allem anderen auch Lebensmittel knapp im Land. Daher aßen die Vietnamesen natürlich auch Vögel.

Inzwischen haben die meisten Menschen in Hanoi genug zu essen, die Vögel sind zurückgekehrt und singen morgens genauso wie anderswo. Zugleich können Sie in Hanoi in zahllosen Restaurants ein köstliches Entrée von Tauben und allen möglichen Singvögeln bestellen – Vögeln, die häufig gezüchtet werden.

Im Laufe der Jahrtausende haben Vogelfänger den Gourmet wie den Bauern mit einer Vielzahl von Vögeln versorgt, die nicht nur wegen ihres prächtigen Aussehens und ihres Gesangs, sondern auch wegen ihrer Saftigkeit beliebt waren und sind. Die alten Griechen jagten Waldtauben, Dohlen, Eulen und Möwen, importierten Flamingos aus Afrika, während die Römer Wildeber mit Drosseln füllten, bevor sie sie am Spieß brieten. Im 16. Jahrhundert wurden in Frankreich Tauben mit anderen Vögeln zubereitet – Brachvögeln, Waldtauben, Silberreihern und anderen – und, so der *Larousse Gastronomique*, »von manchen höher geschätzt als Rind, Kalb und Schwein«. Meisen, Kiebitze, Grasmücken, Brachvögel, Regenpfeifer, Drosseln, Rotkehlchen, Finken, Spatzen, Lerchen und Eichelhäher – von all diesen Vögeln wurden in England und Europa wunderbare Mahlzeiten bereitet. Sogar die lärmende Krähe wurde in Suppen und Eintöpfen genossen. Am liebsten verzehrte man natürlich immer die größeren Wildvögel: den Reiher, die Ente, den Fasan, das Moorhuhn und von den kleineren die Wachtel. Aber die Singvögel werden auch heutzutage noch in vielen Teilen der Welt serviert.

In weiten Teilen von Südostasien werden auf dem Land kleine Reisvögel, mit seidig grauem Gefieder und der Familie der Sperlinge angehörend, gegrillt, bis sie knusprig sind, und mit Kopf und Knöchelchen in ein, zwei Bissen gegessen. 1995 führte eine Gruppe von Aborigines eine jahrhundertealte Yollavogel-Industrie wieder ein, die früher während der fünfwöchigen Saison eine Million Vögel gefangen hatte und nun eine Reihe neuer Produkte anbot, von Gesundheitspillen bis zu Pasteten. Etwa um die gleiche Zeit wurden der Presse in der chinesischen Provinz Yunnan von einer privaten Firma rund 400 Blaue Pfauen vorgestellt – man wolle bis 1999 die Zahl auf 20 000 erhöhen und denke vor allem an den Feinschmeckermarkt. In Spanien und anderswo im Mittelmeerraum werden manchmal noch Vögel von Jungen gefangen und zu Girlanden zusammengebunden von schwarz gekleideten alten Frauen am Dorfeingang verkauft.

»Werden die Vögel mit den kräftigen Aromen zubereitet, die der mediterrane Gaumen so liebt«, schrieb schreibt Elisabeth Luard in European Peasant Cookery (1988), »gibt es geschmacklich kaum einen Unterschied zwischen den gezüchteten und den wilden Tieren.« An dieser Stelle sprach sie von der Wachtel, für die Rezepte für gegrillte kleine Vögel, Eintopf von kleinen Vögeln und Pastete von kleinen Vögeln schwebte ihr jedoch eigentlich die Drossel vor. Da ihr Buch aber in

England erschien, wo die Drossel geschützt ist, musste eben die Wachtel herhalten. In anderen europäischen Ländern und in Nordamerika existiert der Vogel in großer Zahl.

Vögel werden meist in Käfigen oder – wenn sie in der Mauser nicht fliegen können – mit Kornködern gefangen. Sie werden in etwa so wie andere Tiere zubereitet, gewöhnlich jedoch nicht gehäutet, sondern gerupft und mit der Haut gekocht, wobei die Federn erst kurz vor der Zubereitung entfernt werden. Fred Smith, ein beliebter amerikanischer Fernsehkoch, weist darauf hin, dass Aasfresser Infektionen, Läuse und Zecken haben können, und empfiehlt, sie wie alte Krähen, Amseln und Papageien am besten zu kochen. Die jungen Exemplare könnten mit Kräutern und Früchten gefüllt und gebraten werden. Fisch fressende Vögel, erklärt Smith, halten sich nicht länger als einen Tag frisch und sollten gehäutet werden, damit sie ihren Fischgeschmack verlieren.

Am häufigsten werden vermutlich Tauben gegessen, wohl auch weil sie fast überall so zahlreich vorkommen. Taubeneintopf mochten schon die alten Ägypter und Römer, wobei die Köche den Vögeln die Flügel abschnitten oder die Beine brachen und sie dann mit gekautem Brot mästeten, bevor sie kochten. Unter dem französischen König Ludwig XIV. war es Mode, Taube in einem Eintopfgericht mit Erbsen zu servieren, während in gewöhnlichen Haushalten im Europa und Amerika des 18. und 19. Jahrhunderts häufig Taubeneintöpfe (»potted pigeons«) und eine Art heißer Pastete auf den Esstisch kamen.

Heutzutage findet man auf chinesischen und vielen anderen asiatischen Geflügelmärkten in Großstädten in Käfigen gehaltene, unter einen Monat alte Jungtauben, die häufig lebend verkauft werden. In seinem Buch *Asian Ingredients* stellt Bruce Cost fest: »Sie zu rupfen ist äußerst mühsam – man kann sie nämlich nicht wie ein Huhn überbrühen, damit sie die Federn verlieren.« (Sein Tipp: Wenn man sie ein paar Stunden lang im Gefrierfach kühle, werde das Fleisch kompakter, so dass man es nicht beim Rupfen zerreiße.) Die gesäu

berten und dressierten Vögel könne man würzen und braten, grillen oder im chinesischen Stil im Wok braten oder wie Ente würzen und dünsten oder braten. »Da sie rund ein Pfund schwer sind«, schreibt Mr. Cost, »haben sie die ideale Größe und sind viel schmackhafter als kornisches Federwild.«

Mrs. Luard bescheinigt den Belgiern, ausgezeichnete Gärtner zu sein, und zählt unter anderem Rosenkohl und Chicoree als ihre Beiträge zu den Gemüsemärkten der Welt auf. Aber ein Rezept in ihrem Buch, in dem Taube mit Gärtnergemüsen zubereitet wird, ist inspiriert vom Kampf zwischen den Samen Säenden und den Samen Stehlenden, den Vögeln.

Auch Taubeneier werden geschätzt, doch ihr Preis ist hoch, und zwar ebenso für den Käufer, der sie eigens bestellen muss – man sieht sie selten in Läden –, wie für die Vögel, die nur zwei Eier pro Jahr legen, und wenn beide weggenommen werden, hören sie manchmal auf zu legen. Wie die Eier anderer kleiner Vögel, etwa von Wachteln, werden sie meist hart gekocht und zu anderen Gerichten hinzugefügt.

Noch ein letztes Wort über Tauben. Die Vögel, die in manchen Großstädten eine wahre Plage sind, gehören wie die Singvögel im Nachkriegs-Hanoi der

2000 Jahre alter Flamingo

Einer der Klassiker der Kochliteratur ist das im 1. Jahrhundert entstandene Werk *Altrömische Kochkunst* von Gavius Apicius. Zwar sind moderne Ausgaben offenkundig im Laufe der Zeit erweitert und stark verändert worden, doch die Anweisungen für die Zubereitung von Flamingo entsprechen wohl noch dem Originaltext:

»Brühe den Flamingo, wasche ihn und dressiere ihn; tue ihn in eine Kasserolle, füge Wasser, Salz, Dill und etwas Essig zu; wenn er halb gekocht ist, tue ein Bündchen Porree und Koriander daran und lass ın damit kochen, ebenso gib

etwas eingekochten Most zum Färben daran. Reibe im Mörser Pfeffer, Kümmel, Koriander, Laserwurzel, Minze und Raute, gieße Essig zu, füge Feigendatteln bei und gieße seinen eigenen Saft zu; schütte alles in dieselbe Kasserolle, ziehe es mit Stärkemehl ab, gieße noch Sud unter und richte es an.«

Früher sah man große Scharen von Flamingos im Südosten der USA, aber heute sind sie in Amerika fast ausgestorben und nur in Zoos zu besichtigen. Große Populationen existieren noch n Südamerika und Ostafrika.

An der thailändischen Grenze geht ein Jäger vom Bergstamm der Akha mit einer selbst gebastelten Flinte bewaffnet auf die Pirsch nach kleinen Vögeln, die mittlerweile praktisch das einzige Wild sind, das noch im Dschungel verblieben ist. Viele größere Tiere sind in den nordthailändischen Wäldern durch Überjagen ausgerottet. Nachdem er einen Haubenbülbül geschossen hat, verschmiert er auf der Waffe etwas Blut – ein Ritual, um den Geist, der dem Vogel innewohnt, zu besänftigen.

Überlebenskategorie an. So gab es 1996 in London einen kleinen Skandal, als über tausend Tauben unter Admiral Nelsons Nase vom Trafalgar Square verschwanden. Die Vögel, die neben und auf der hohen Säule hockten, waren ebenso ein Wahrzeichen von London wie die Raben im Tower von London. Es stellte sich heraus, dass zwei Vogelfänger die gefiederten Freunde der Touristen mit Netzen einfingen, gleich dreißig bis vierzig auf einmal, und sie in einer großen Kiste wegschafften. Als einer von ihnen verhaftet wurde, gestand er, mindestens 1500 Tauben in verschiedenen Londoner Stadtteilen im Laufe von einem halben Jahr gefangen und für drei Dollar das Stück verkauft zu haben. An Restaurants? Aber nein – an Hobbytaubenzüchter.

Für Restaurants gezüchtete Tauben sind natürlich dicker und sauberer als Straßentauben. Richtig zubereitet haben sie einen Geschmack irgendwo zwischen Huhn und Fisch. Einige, die ich in Bangkok gegessen habe, waren köstlich goldbraun gebraten und hatten noch genug Fett an der Haut, so dass das Fleisch noch saftig war. Die Vögel waren überraschend fleischig – bei anderen kleinen Vögeln hatte ich fast nur zarte Skelette vor mir – und schmackhaft. Das deutete darauf hin, dass sie nicht der Hormonbehandlung ausgesetzt waren, die jene auf den meisten Märkten erhältlichen großen, faden Hühnchen produziert.

Heute gibt es mehrere Taubenarten, die meist nach ihrem Erscheinungsbild benannt sind, etwa die Ringeltaube, die Kragentaube und die Tigerhalstaube. Die Trauertaube, nach ihrem klagenden Ruf benannt, ist inzwischen der am weitesten verbreitete Wildvogel in Nordamerika und findet sich gewöhnlich auf Feldern, wo sie die von den modernen Erntemaschinen übrig gelassenen Körner verputzt.

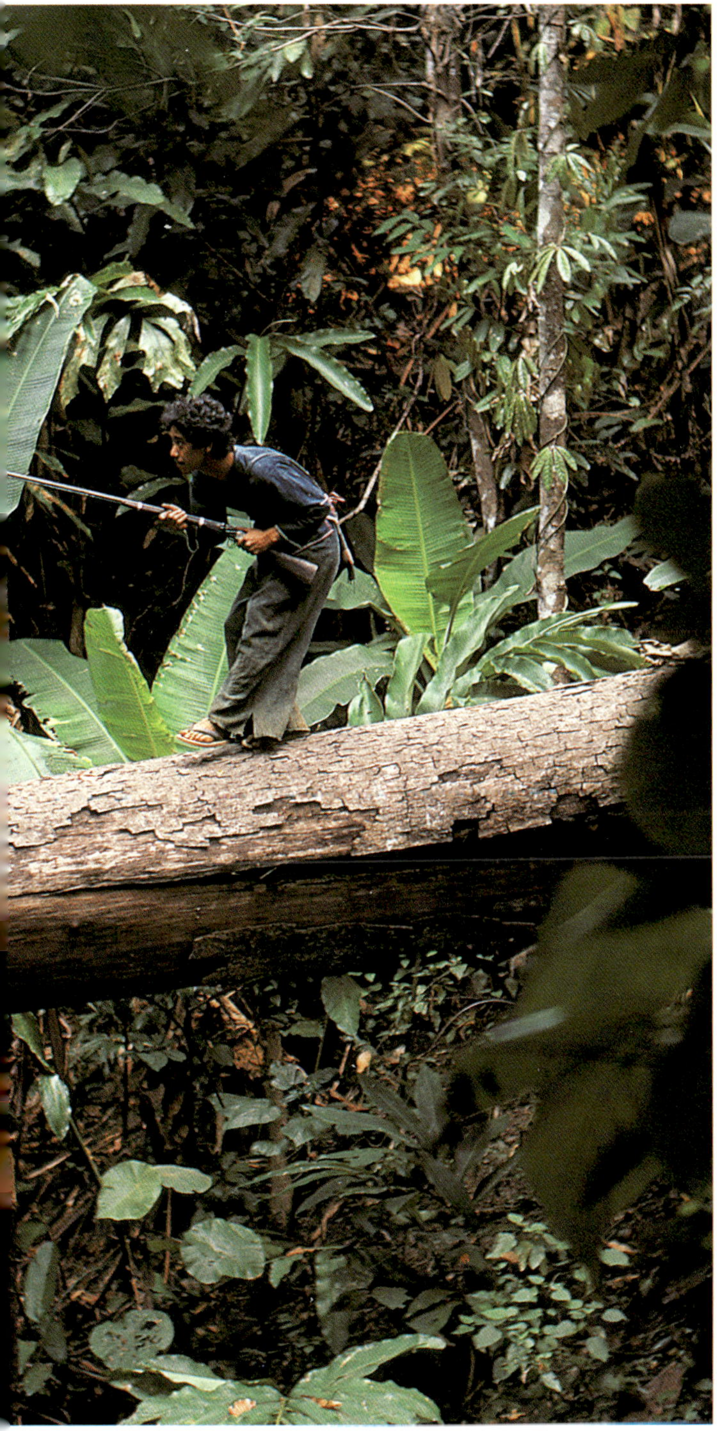

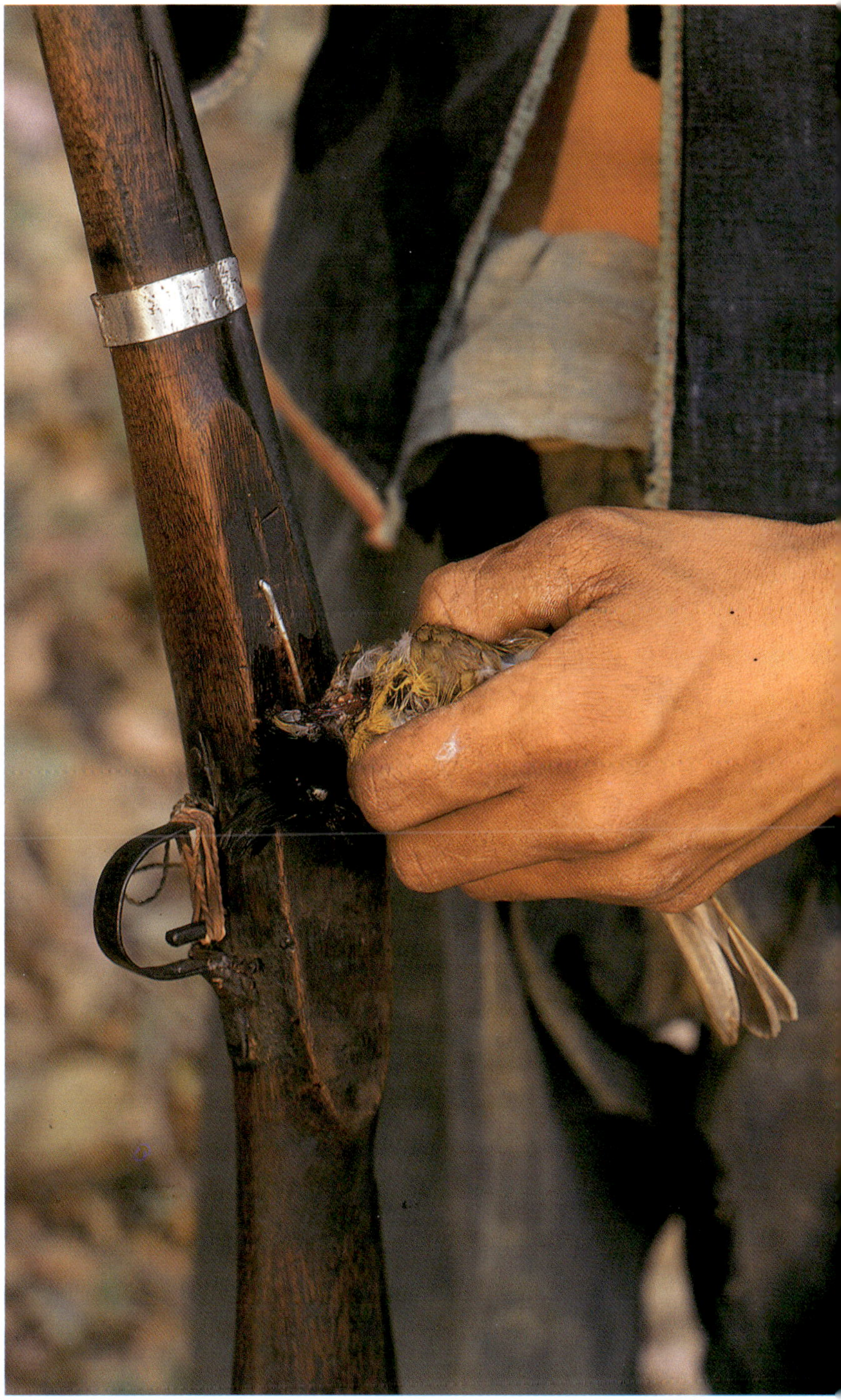

Vogelnester

Vogelnestersuppe ist eines der wahren kulinarischen Rätsel, eine hochpreisige Delikatesse aus den Nestern von Mauerseglern, die sich in Höhlen voller Fledermäuse in Südostasien befinden. Diese Nester bestehen aus Tang, Zweiglein, Moos, Haaren und Federn, die mit dem Speichel von Vögeln und dem Laich kleiner Fische zusammengeklebt sind. Würden Sie dafür bis zu 300 Dollar pro Schale zahlen?

Warum ist diese Suppe so teuer? Zunächst einmal halten viele Menschen sie für ein Aphrodisiakum, ein Wort – manche meinen, ein Mythos –, das viele Tierarten an den Rand des Aussterbens treibt. Jahrhundertelang haben die Chinesen ihren Kindern die Suppe gegeben, weil sie glaubten, sie würden dadurch wachsen. Andere konsumieren sie, um ihren Teint zu verbessern und Lungenproblemen Herr zu werden oder als Allzwecktonikum.

Außerdem ist ihr Preis ein Statussymbol. Nehmen Sie dazu die physischen Mühen und Gefahren, die mit der Ernte der begrenzten Zahl an Nestern verbunden sind, sowie die Schießereien, die wegen der Höhlen stattfinden, wo man die Nester findet. Dann ist es kein Rätsel mehr, warum dies das teuerste wie geheimnisvollste Gericht der Suppenwelt ist.

Die Frage, warum Vogelnestersuppen die Potenz steigern sollen, lässt sich vielleicht nicht beantworten. Das Horn eines Nashorns ähnelt zumindest mehr oder weniger einem erigierten Penis und es ist nicht zu weit hergeholt, zu glauben, dass Tigerpenissuppe Männern Stärke und Stehvermögen dieses laut dem *Guinness-Buch der Rekorde* gefährlichsten Menschen fressenden Tiers der Welt vermitteln könnte. Was aber die Nester von Vögeln auf der Liste dieser Aphrodisiaka zu suchen haben, ist unergründlich – die Vögel, die sich kurz vor der Brutzeit von gelatinehaltigem Seetang ernähren, der ihre Speicheldrüsen eine dicke, klebrige Spucke absondern lässt, mit der sie ihre Nester bauen.

Über die Auswirkungen auf die Umwelt und letztlich auf das Überleben der Vögel kann man sich streiten. Manche Nesternter behaupten, sie würden die Spezies vor dem Aussterben schützen, weil sie die Nester erst sammeln würden, nachdem die Jungvögel flügge seien. Aber es gibt auch Wilderer, die die Nester früh wegnehmen, ganz gleich, ob Eier oder Küken darin sind oder nicht.

Dazu kommen noch die Auswirkungen auf die Wilderer selbst. Niemand weiß, wie viele Wilderer jedes Jahr in den Nestkriegen umkommen. Schätzungen gehen von Dutzenden aus, ohne diejenigen zu berücksichtigen, die sterben, wenn sie von den kippeligen Bambusleitern fallen, die bis zu hundert Meter hoch reichen können. Unter den Nahrungsmittelgeschichten ist die Vogelsuppennester-Story sicher eine der erstaunlichsten.

Die Anfänge des Nester Erntens liegen, wie so vieles im Leben, im Dunkeln. Dr. Yung-Cheung Kong, Professor für Biochemie an der Universität von Hongkong, behauptet, Nester würden zur Ernährung der Chinesen seit 1500 Jahren gehören – eine reine Vermutung. Er merkt auch an, dass zu Beginn der Ming-Dynastie (1368–1644) ein chinesischer Admiral das »Südliche Meer« siebenmal bereist habe, und man glaube, eine seiner Missionen sei es gewesen, neue Quellen für die Nester zu finden – aber auch das ist dokumentarisch nicht belegt. Allerdings gibt es Dokumente, die zeigen, dass chinesische Dschunkenflotten im 18. und 19. Jahrhundert in diesen Gewässern alljährlich unterwegs waren, und zwar nicht nur um Nester, sondern auch um Pfeffer, Haifischflossen und andere exotische Güter für den kulinarischen und medizinischen Gebrauch heimzubringen.

Ein Bericht über das Nester Sammeln erschien 1928 in einem schwedischen Buch: *Dschungelleben und Abenteuer im malaiischen Archipel.* Autor war Eric Mjoberg, einer dieser Wanderer, die sich zu den entlegenen Ecken der Welt hingezogen fühlten und entschlossen waren, ihre Erlebnisse mit den Daheimgebliebenen zu teilen, zu Beginn des 20. Jahrhunderts eine große Zielgruppe. Er berichtete, die Eingeborenen, die er auf Borneo kennen gelernt habe, hätten dem Radscha von Sarawak eine jährliche Abgabe von 300 Pfund für das Recht gezahlt, die Nester zu sammeln, und sie dann für vier Pfund pro Kilo verkauft. Man erntete sie, schrieb Mjoberg, mit »vierzinkigen, speerartigen Vorrichtungen, die an einem mehrere Meter langen Griff befestigt und oben mit einem angezün-

deten Kerzenstummel versehen sind. Während sich der Erntende mit der linken Hand an der Leiter festhält, sticht er in das Nest mit seinem langen Werkzeug und löst es von seiner Halterung, holt es dann nach unten, nimmt es von der spitzen Gabel und legt es in einen Rattankorb, der um seine Taille befestigt ist.«

Die Erntemethoden haben sich nicht geändert, aber die Gebühren und Einkünfte sind in die Höhe gegangen. Seit 1958 hat die Rangnok Laemthong Swallow Nest Company Ltd. das Sammelmonopol in Thailand für die Höhlen der Rangnok-Inseln nahe der malaysischen Grenze. Dieses Unternehmen, das seinen Sitz in Chinatown von Bangkok hat, erhielt 1994 eine Konzession über fünf Jahre, für die es dem Staat fast fünfeinhalb Millionen Dollar zahlte. Diese Konzession wurde bis 2003 verlängert. Man glaubt, dass sie dies-mal doppelt so viel kostete, inklusive aller Bestechungsgelder für die Fortführung des Monopols.

Die Suche nach den Nestern beginnt meist im März, wenn die Vögel ihre Spucke mit anderen Baumaterialien vermischen, ein Vorgang, der vielleicht zwei bis vier Wochen dauert und ein Nest ergibt, das wie eine halbe Teetasse aussieht und an der Decke oder Wand einer Höhle befestigt ist. Die Sammler von Rangnok Laemthong behaupten zwar, sie würden die Nester erst ernten, wenn die Jungvögel sie verlassen hätten, aber auf Grund der außergewöhnlich hohen Preise muss man dies bezweifeln. Um diese Zeit sind die Nester besonders durchsichtig und am wenigsten von Vogelkot und Federn verschmutzt, und daher erzielen sie zwischen 2000 und 3000 Dollar pro Kilo! Es gibt zwei weitere Ernten, im Mai und im August, und dann ist die Qualität der Nester nicht mehr so gut, aber sogar Ende August beträgt der Preis 1000 Dollar aufwärts. Diese Preise verdoppeln oder verdreifachen sich, wenn die Nester in Hongkong, Singapur und an chinesische Restaurants in Nordamerika und Europa verkauft werden.

Rangnok Laemthong und Firmen in anderen Gegenden – auf Java, den Molukken, Borneo und in Myanmar – behaupten logischerweise, es sei in ihrem eigenen Interesse, die Vögel zu erhalten und zu schützen, um künftige Verkäufe sicherzustellen. Doch in einer Region mit so geringen Einkünften stellt das Nest eine Versuchung für Wilderer dar, die nicht am Überleben der Art, sondern nur am eigenen Überleben interessiert sind. Die ersten Nester werden oft schon gesammelt, noch bevor Eier gelegt sind – das ist durchaus erlaubt, weil die Vögel dann ein neues bauen –, aber später werden Eier und Jungvögel weggeworfen, und das ist illegal. Die Wilderer, zum Teil frühere Angestellte, die die Lage der Höhlen kennen, bestechen die bewaffneten Wachen und machen mit ihnen gemeinsame Sache.

Die Wachen gehen auf den Inseln mit automatischen Waffen auf Patrouille und in den letzten Jahren wurden viele Wilderer ebenso wie unschuldige Fischer

Vogelnesterhauptstadt der Welt

»Alles in allem sieht der Ort wie jede boomende Provinzstadt in Südostasien aus, aber tatsächlich ist Hat Yai einmalig auf der Welt. In der Werbebroschüre des südthailändischen Touristenzentrums südwestlich vom Songkhla Lake sind das Southern Culture Village und der Elephant Tusks Waterfall und andere Hauptattraktionen aufgeführt. Aber die chinesischen Touristen, die in Busladungen über die – nur 37 Meilen vom Stadtzentrum entfernte – malaysische Grenze gekarrt werden, kommen nicht nur zum Sightseeing oder Shopping. Zwei Attraktionen verschweigt die Broschüre: Massagesalons und Vogelnesterrestaurants. Und das erklärt, warum an diesen Gruppenreisen aus Malaysia überwiegend Männer teilnehmen.

In Hat Yai gibt es bestimmt die höchste Konzentration an Vogelnesterläden und -restaurants auf der ganzen Welt. Hier bekommen Sie Vogelnester in einer süßen oder pikanten Suppe, heiß oder kalt, mit Haifischflosse geschmort oder mit gehacktem Hühnchen ge-

schmort, mit Mandel und Kokosnuss aromatisiert oder mit Taubeneiern und Honig gemixt.

Außergewöhnlich an diesem typisch chinesischen Kult ist die Tatsache, dass das Vogelnest selbst nach gar nichts schmeckt. Aber das interessiert die Millionen Chinesen nicht, die ein Vermögen dafür zahlen. Sie denken nur daran, wie gut ihnen Vogelnester tun und welche Beschwerden sie ihnen vom Hals halten: an die Verdauungsprobleme, die sie verhindern, die Trägheit, die sie beheben, den Alterungsprozess, den sie verzögern, den Energieverlust, den ihre tonischen Qualitäten ausgleichen. Die Delikatesse ist zwar eigentlich kein Aphrodisiakum, soll aber das männliche Stehvermögen stärken – kein Zufall, dass sich in den Straßen von Hat Yai die Vogelnesterrestaurants mit Massagesalons abwechseln.«

Lynn Pan,
Sons of the Yellow Emperor, 1990

getötet, die Schutz vor Stürmen suchten. Dorfbewohner, die die Leichen sahen, berichteten, einer der Männer habe ein Buddhabild im Mund gehabt – in der Hoffnung, es würde ihm Sicherheit verschaffen. Andere hätten die Hände in der *wai*-Haltung gehabt, als hätten sie gewusst, dass sie getötet würden. Die Todesschützen behaupteten vor Gericht, sie hätten in Notwehr gehandelt, und wurden freigesprochen.

Doch auch das Risiko, von den wackligen Bambusleitern zu stürzen, hat die Angehörigen des Dyak-Stamms, die Ureinwohner der Molukken oder die Nachkommen muslimischer Thaifischer nicht davon abgehalten, dieses Gewerbe seit Jahrhunderten auszuüben, auch wenn ihr Lohn nur einen winzigen Bruchteil des Ernteerlöses darstellt. Saisonale Nestsammler in Thailand erhalten einen Monatslohn von etwa 80 bis 100 Dollar sowie einen Zuschuss von je 100 Dollar für die drei Sammelsaisons, während langfristig Beschäftigte etwas mehr verdienen können. Wie es heißt, bekommen die Wachen mehr, etwa 110 Dollar für jede Saison und pro Ernte einen Bonus von 140 Dollar. In einer Region, in der Fischen die einzige Alternative für den Lebensunterhalt darstellt, gilt ein solches Einkommen als hervorragend.

Das Problem ist, dass niemand weiß, wie viele Salangansegler und Schwalben noch existieren. Nach einer Schätzung der World Conservation Union hat die Nachfrage nach Nestern die Population um ein Drittel reduziert. Die Convention on International Trade in Endangered Species (CITES) hat alle Länder in der Region aufgefordert, mehr Forschung zu betreiben, um durch Managementprogramme eine nachhaltige Ernte zu fördern. Die Vögel gelten zwar noch nicht als gefährdet, aber bislang wurden nur wenige Studien initiiert.

In Thailand schreibt man dies einem allgemeinen Desinteresse an einer Untersuchung des Tierlebens zu, aber auch der Tatsache, dass die Nesternte nicht vom Forstministerium kontrolliert wird. Dafür ist die Steuerabteilung des Finanzministeriums zuständig, die alle Abgaben und Steuern einnimmt. Man glaubt, dass die dabei erzielten Profite einer solchen Untersuchung oder einer kritischen Überprüfung der Erntepraktiken im Wege stehen.

Immerhin gibt es Untersuchungen hinsichtlich des Nährwerts der Suppe. Sie verkünden nichts Gutes. Vogelnester haben seit Jahrhunderten einen bedeutenden Stellenwert in der chinesischen Küche und Medizin, aber alle Berichte deuten darauf hin, dass hier nicht nur Nester, sondern auch Geld und Menschenleben vergeudet werden. Man hat zwar in den unbehandelten Nestern einen hohen Gehalt an wasserlöslichem Protein gefunden – fünfzig bis sechzig Volumenprozent, die die Zellteilung im Immunsystem fördern könnten, also eine gute Sache –, doch es hat sich auch herausgestellt, dass nach der Zubereitung der Nester für den Verzehr gerade mal ein Prozent davon übrig bleibt. Der Klebstoff enthält auch kleine Mengen Kalzium, Kalium und Phosphor, aber nicht in ausreichender Menge, um irgendetwas Gutes zu bewirken. Behauptungen, mit der Suppe ließen sich Krankheiten behandeln und verhindern, sind also inzwischen offiziell als Humbug entlarvt. 1998 verglich das Ernährungswissenschaftliche Forschungsinstitut an der Mahidol-Universität in Thailand in Flaschen abgefüllte Vogelnestersuppe mit Eiern und Milch. 26 Flaschen von dem Zeug, die insgesamt etwa 100 Dollar kosteten, wiesen den Proteingehalt von einem Ei auf, das sechs Cent kostete, während 36 Flaschen erforderlich waren,

um es mit dem Proteingehalt eines Kartons Milch für fünfzehn Cent aufzunehmen.

Solche negativen Feststellungen werden offenbar weitgehend ignoriert. Wer die verehrte Suppe konsumiert, hat seine Meinung über ihren Wert nicht geändert – nach dem Motto: »Diese Schale Suppe kostet mich ein kleines Vermögen, also muss sie gut für mich sein.« Und damit halten Käufer und Verbraucher an der Tradition oder dem Aberglauben fest.

Auch hinsichtlich der Art der Zubereitung ist man sich nicht einig – nicht einmal darüber, wie die getrockneten Nester vor dem Kochen eingeweicht werden sollten. Bruce Cost schreibt in *Asian Ingredients*: »Manche meinen, am besten sollte das Nest über Nacht in kaltem Wasser eingeweicht, dann gesäubert werden, anschließend müssen Federn und andere Fremdkörper mit einer Pinzette entfernt werden, und schließlich sollte das Nest zehn Minuten in Wasser oder Brühe köcheln und vor der Verwendung getrocknet werden. Eine raschere Methode: Eine Stunde in warmem Wasser einweichen, säubern, dann fünf Minuten in einer Schüssel heißen Wassers mit etwas Backpulver ziehen lassen; anschließend gründlich mit kaltem Wasser spülen und ausdrücken, bis es trocken ist.«

Und dann beginnt erst das eigentliche Kochen, bei dem eine Reihe von Zutaten – gehacktes Hühnchen und Eiweiß, Schinken und Wein, Chrysanthemenblütenblätter oder Lotussamen – zur Aromatisierung und Anreicherung hinzugefügt werden. Cost berichtet von einer Suppe, die in einem Kürbis im Backofen köchelte, und von einer anderen, die mit Kandiszucker gesüßt wurde. Eine andere Quelle wartet mit einem Rezept auf, das »Der Phönix verschlingt die Schwalbe« heißt: Dabei wird ein Huhn mit Vogelnestern gefüllt und in einem Porzellantopf mit einer Consommé double gekocht. Ein weiteres Rezept schlägt vor, das Nest mehrere Stunden in heißem Wasser einzuweichen und, wenn es sich aufzulösen beginnt, etwas Pflanzenöl hinzuzugeben. Das Ganze wird umgerührt und mehr heißes Wasser hinzugegeben, so dass das Öl und die Unreinheiten zur Oberfläche aufsteigen. Das wird

mehrmals wiederholt, und dann wird das Nest in Geflügel- oder Rinderbrühe zusammen mit Reis, Nudeln und Lotussamen gekocht. Das ist doch alles sehr aufwendig – kein Wunder, dass die Suppe nur selten zu Hause zubereitet und dem Küchenpersonal in teuren Restaurants überlassen wird.

Vogelnester können natürlich in asiatischen Supermärkten und chinesischen Kräuterläden gekauft werden, wo ein kleines, etwa 30 Gramm schweres Päckchen (eine Unze!) bis zu 300 Dollar kostet – also buchstäblich in Gold aufgewogen werden kann. Wenn es um so viel Geld geht, ist es kein Wunder, dass der Einbruch in Läden, die Nester verkaufen, ein in Hongkong übliches Verbrechen ist, während manche Straßenverkäufer falsche Nester aus *karaya gum* feilbieten, einem harmlosen Pflanzenextrakt. In Thailand hat sich auch ein großer Schwarzmarkt für Nester entwickelt, die entweder gestohlen oder von der offiziellen Ernte »abgezweigt« wurden.

In Läden werden heutzutage auch eine Reihe von Produkten angeboten, die Vogelnester enthalten, etwa eine 240-Gramm-Dose mit einer Flüssigkeit, die in Hongkong hergestellt wird und außerdem noch Wasser, Zucker und weiße Pilze enthält. Es werden allerdings keine Prozentzahlen der Inhaltsstoffe angegeben, und das angeblich auf dem Boden der Büchse befindliche Verfallsdatum fehlte. Wie das eben beim Konsum vieler exotischer Nahrungsmitteln so ist: Wenn Sie Vogelnestersuppe essen (oder trinken), müssen Sie sich mit dem zufrieden geben, was sie bekommen.

Bis 1950 war China der größte Importeur der Nester. Heute ist es Hongkong – hier werden jährlich etwa hundert Tonnen (im Wert von 25 Millionen Dollar) verzehrt. An zweiter Stelle stehen chinesische Gemeinden in Nordamerika mit etwa dreißig Tonnen. Die Suppe wird in ganz Asien angeboten ebenso wie in Großstädten rund um den Globus, wo es chinesische Restaurants und reiche Chinesen gibt, die glauben, sie würde ihnen gut tun.

Gegenüber, links oben: Nestsammler brechen von der Hauptinsel Koh Phi Phi im Süden von Thailand zur Höhle auf der Nachbarinsel Koh Phi Phi Lae auf.

Gegenüber, rechts oben: In der Gomanton-Höhle in Sabah auf Borneo sind die oberen Wände, wo sich die saubersten Nester befinden, nur über eine über 150 Meter lange Rattanleiter zu erreichen.

Gegenüber unten: Über Lianen und Bambusgerüste am Eingang zur Payanak-Höhle auf Koh Phi Phi Lae werden die unteren Niststätten erreicht.

Oben links: Dieses Nest in der Hand eines Sammlers besteht nur aus dem Speichel des Seglers.

Oben rechts: Im Lagerhaus der Laem Thong Company in Bangkok wiegt ein Manager Nester.

Unten: Frauen säubern am selben Ort die wertvollen Nester, bevor sie sie verpacken.

Balut

Die Website des Amerikaners Ray Bruman heißt *Rays Liste unheimlicher und ekelhafter Nahrungsmittel*. In seiner Einleitung erklärt er: »Nach meiner Theorie erfinden viele (alle?) Kulturen ein Nahrungsmittel, das für Nichteingeweihte unheimlich oder ekelhaft ist, als eine Art von ›Marke‹. Die Kinder hassen sie zuerst, aber irgendwann lassen sie sich dazu bekehren und geben sie an die nächste Generation weiter. Dann blinzeln sie einander zu, wenn Fremde den Atem anhalten.«

Ich muss dabei sofort an Balut denken.

Balut sind weich gekochte, 16 bis 18 Tage alte Enten- oder Hühnerembryos (traditionellerweise Entenembryos). Man isst sie, indem man das spitze Ende des Eis genauso öffnet wie eine weich gekochtes Hühnerei. Manche Liebhaber streuen ein wenig Salz darüber, bevor sie die saftige Matsche aussaugen. Das ist der einfache Teil. Nun entfernen Sie vorsichtig die restliche Schale, bis der ungeborene Vogel zum Vorschein kommt, mit Adern, Knochen, Augen, Schnabel – ein dünnes kleines Ding, das genauso aussieht wie das, was es ist: ein feuchter, warmer, gefiederter Fetus. Sie können noch mehr salzen, vielleicht einen Spritzer Essig zugeben, und dann stecken Sie einfach die kleine Kreatur in den Mund und kauen. Lecker – jedenfalls behaupten das Kenner.

Als ich in Manila war, ließ ich mich von einem Taxi zur Balut-Hauptstadt der Welt fahren, einem Viertel namens Pateros. Unterwegs fragte ich den Fahrer, ob er schon mal Balut gegessen habe.

»Jedes Mal, wenn ich mit meiner Frau schlafe, esse ich Balut«, erwiderte er und machte eine obszöne Geste. »Habe fünf Kinder. Schwanger mit Nummer sechs!«

Pateros wurde vor vielen Jahren das Zentrum des Eierembryo-Universums, bevor die ländliche Vorstadt in die Metropole Manila integriert wurde und es noch viele Entenfarmen gab. Später zogen die Entenfarmer meist in Provinzen im Norden. Sie liefern zwar noch immer die Eier, aber wenn diese frisch gelegt sind, werden sie per Lastwagen nach Pateros gekarrt, wo sie vertrieben werden, sobald sie tafelfertig sind.

Wir folgten den Hinweisen eines Mannes, der auf der Straße Balut verkaufte, und gingen durch eine Einfahrt in der Pateros Avenue zu einem Gebäude im Hinterhof, das etwa so groß wie eine Garage war. In dem Raum standen fünf Holzkisten, die etwa 90 Zentimeter hoch, 1,50 Meter breit und sechs Meter lang und von schmalen Gängen voneinander getrennt waren. Jeder der Behälter, die wie große, tiefe Pflanztröge für Gemüse aussahen, war bis zum Rand mit Reisspelzen

---

Tausendjährige Eier

Mit Balut verwandt sind »Salzeier« und »tausendjährige Eier«, die zwar keine Embryos enthalten – aber bei beiden verzieht man den Mund. Stellen Sie sich ein Ei vor, das schwarz (oder lila) ist und wie Salz und Schlamm schmeckt – hart gekochter Schlamm.

Salzeier oder Soleier sind leicht zuzubereiten. Die ungekochten Eier – gewöhnlich Enteneier – werden in eine übersättigte Salzlösung gelegt, die entsteht, wenn man so lange Salz in warmes Wasser gibt, bis es sich nicht mehr löst. Die Eier bleiben in der Salzlösung in einem großen Glasgefäß zwei bis sechs Wochen. Vor dem Servieren werden sie hart gekocht, und wenn sie auf Märkten oder an Straßenständen verkauft werden, sind sie manchmal auch rot gefärbt, damit die Käufer nicht überrascht sind.

Salzeier können geschält, geviertelt und mit heißem Reis oder *congee*, einem als Frühstücksgericht in vielen Teilen von Asien beliebtem Reisporridge, gegessen werden. In Scheiben aufgeschnitten, können sie auch zu Tomatenscheiben sowie mit eingelegten Ingwerwurzelscheibchen, frisch gehackten Koriander- oder Basilikumblättern und grüner Zwiebel serviert werden. Man kann auch ein leichtes Salatdressing, ein wenig Öl und Essig oder nur Olivenöl verwenden.

Die Eier lassen sich im Kühlschrank aufheben, wenn nicht alle gleich verwendet werden.

Tausendjährige Eier sind natürlich nicht so alt – sie sehen nur so aus, als wären sie im Grab irgendeines seit langem verstorbenen chinesischen Kaisers entdeckt worden. Gewöhnlich sind sie von einer Art getrockneter dunkelbrauner oder schwarzer Paste bedeckt. Dieses »antike« Erscheinungsbild rührt daher, dass sie in einer Mischung aus Schlamm, Alkali und Kalkasche mindestens für zwei Monate vergraben werden. Das Eiweiß wird dunkelgrün, das Eigelb fast schwarz. Die Thais, die sie lieben, nennen sie »Pferdepisse-Eier«. Aber damit machen sie sich über ein Nahrungsmittel lustig, das verführerisch schmeckt. So abstoßend sie aussehen, haben diese Eier doch ein köstliches Aroma, etwa wie überreifer Camembert, und sie passen gut zu eingelegten chinesischen Gemüsen oder Ingwer.

gefüllt, bis auf ein Dutzend matchsackgroße Löcher in jeder Kiste, die mit Sackleinen ausgekleidet waren. Diese Löcher waren voller Eier und darüber lag ein Sack, der ebenfalls mit Reisspelzen gefüllt war, eine Art von Deckel – das Ganze ahmte mehr oder weniger die dunkle, warme Behaglichkeit nach, die eine brütende Entenmama bietet. Nackte Glühbirnen an der niedrigen Decke trieben die Temperatur in dem Raum, der überhaupt keine Entlüftung hatte, auf über vierzig Grad. Schweißgebadete Männer mit nacktem Oberkörper erklärten mir, manche Verarbeiter würden mechanische Brutkästen verwenden. Da wären die Arbeitsbedingungen zwar besser, aber, behaupteten sie stolz, auf diese »natürliche« Weise produzierte Balut würden besser schmecken.

Auf dem Boden stand eine primitive Lichtbox mit einer Hundert-Watt-Birne und eigroßen Löchern. Von Zeit zu Zeit hielten die Männer ein Ei ins Licht, um es während des Brütens zu durchleuchten, zu »röntgen«, wie sie das nannten. So konnten sie sehen, ob sich das »semila«, das »Leben des Eis«, der Embryo (als Schatten in der Mitte erkennbar), nach Plan entwickle. Nach 16 bis 18 Tagen – die Ente schlüpft normalerweise nach 28 Tagen – wurden die Eier aus den Nestern geholt und auf die Märkte und zu den Straßenverkäufern in ganz Manila gebracht, wo sie weich gekocht und für etwa 25 Cent das Stück verkauft wurden. Ich fragte die Männer, wie viele Eier sie in dieser Garage produzierten. Einer erwiderte: »Vierzigtausend.« Pro Woche. Und das war nur einer von Dutzenden ähnlicher Betriebe.

Philippinische Auswanderer haben ihre Küche in andere Länder mitgenommen, und daher kann man heute von Hongkong bis Kanada Balut kaufen. Eine Balut-Farm in Kalifornien exportiert sogar inzwischen einige ihrer Produkte auf die Philippinen, wo sie gern gesehen sind – so wie aus europäischen Reben bereitete kalifornische Weine zähneknirschenden Beifall in Frankreich finden. Der Entenembryo ist auch ein geschätztes Gericht in Vietnam, wo er *ho bit long* heißt.

Auf den Philippinen wird Balut meist von Straßenverkäufern als Snack zwischen den Mahlzeiten verkauft. Doch mit dem Aufkommen gehobener Restaurants und der modischen philippinischen Nouvelle cuisine stehen inzwischen auf einigen Speisekarten spezielle Balut-Gerichte. Ein teures Restaurant in Manilas Finanzviertel Makati rühmt sich seiner Balut-Bisque und ich habe gehört, ohne selbst probieren zu können, dass Balut für Pasteten und Soufflés verwendet werde.

Ich gestehe, dass ich mich zwar für einen erfahrenen kulinarischen Abenteurer halte, aber Balut nicht mag, und ich finde, dass »Salzeier« sowie »Tausendjährige Eier« am genießbarsten sind, wenn sie mit anderen Gerichten gegessen werden. M. F. K. Fisher hatte wahrscheinlich recht, als sie sagte, wenn wir nicht früh genug anfangen, werden wir manche Nahrungsmittel nie mögen. Nach meinem Besuch in Pateros schlug der Taxifahrer vor, wir sollten die lokale Spezialität doch gleich auf der Straße probieren. Wenn man in Rom mit einem Taxifahrer zusammen ist, lautet eine alte Redensart, tut man, was er tut. Das gilt auch in Manila. Meinem Fahrer gefiel das, während ich mir schwor, nie wieder Balut zu essen.

Das Monster-Ei

Das folgende Rezept, das zwar nichts mit Balut oder Salzeiern zu tun hat, aber als Eierrezept hierher passt, entdeckte ich zuerst im schätzenswerten *Larousse Gastronomique*, und seither habe ich es andernorts in allen möglichen Varianten gesehen. Man benötigt dafür zwölf bis 24 Eier, zwei saubere Schweinsblasen, eine große und eine kleine, sowie einen sehr großen Topf.

Eiweiß und Eigelb werden getrennt. Das Eigelb wird geschlagen, in die kleinere Blase gegeben, die verschnürt und so lange in Wasser gekocht wird, bis das Eigelb fest ist. Abkühlen lassen und die Eigelbkugel herausnehmen. Das ungeschlagene Eiweiß in die größere Blase füllen und die Eigelbkugel hineingeben. Die Blase verschnüren und so lange kochen, bis das Eiweiß fest ist. Abkühlen lassen, das Riesenei herausnehmen und in Scheiben schneiden.

Der Larousse schlägt vor, es mit etwas Vinaigrette kalt oder im Backofen gebräunt mit Bechamelsauce zu essen.

Balut, der Nationalsnack der Philippinen – zumindest für Männer – wird auf der Straße verkauft und verzehrt. Man glaubt, der Entenembryo im Ei, der sich vor dem Kochen gut zur Hälfte entwickelt hat, würde die Potenz steigern.

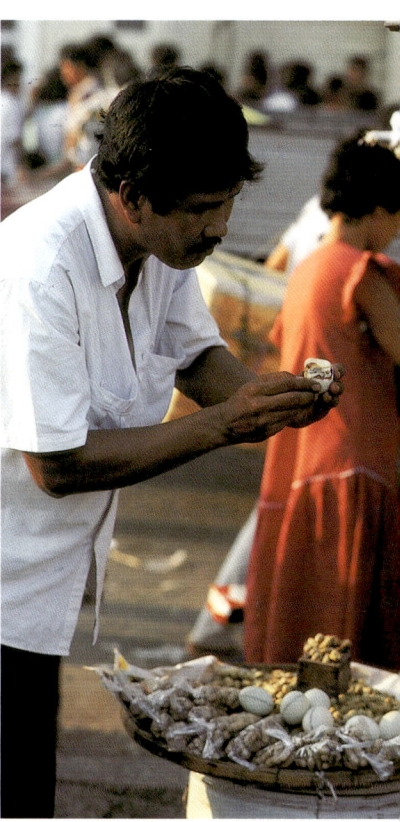

Insekten, Spinnen
& Skorpione

Insekten, Spinnen & Skorpione

Insekten spielen in der Geschichte der menschlichen Ernährung in Afrika, Asien, Australien und Lateinamerika eine bedeutende Rolle und waren auch eine genauso wichtige Ressource für die Indianer im westlichen Nordamerika, die wie andere Eingeborenengruppen viel Organisationstalent und Mühe darauf verwendeten, sie zu ernten. Auch Spinnen und Skorpione haben ebenfalls eine Menge zur Küche der Welt beigetragen. Obwohl sie einer anderen Ordnung des Tierreichs angehören, nehme ich sie hier auf, weil sie genauso auszusehen scheinen wie Insekten und bei den meisten Essern im so genannten Westen die gleiche Reaktion auslösen.

Für die meisten Menschen in Euro-Amerika sind diese Lebewesen eine Art Notnahrung gegen das Verhungern – und genauso heißen sie auch in den Überlebenshandbüchern der US-Army und der englischen SAS. Viel mehr Menschen hingegen beziehen Insekten – im Larven-, Kokon-, Puppen- und Erwachsenenstadium – sowie andere Krabbeltiere gezielt in ihre Ernährung ein, und zwar das ganze Jahr über oder wenn bestimmte Arten saisonal zur Verfügung stehen. Die Yuka aus Kolumbien und Venezuela ziehen einige traditionelle Insektengerichte sogar frischem Fleisch vor, und zwar so eindeutig, dass der Verkauf von Rindfleisch drastisch zurückgeht, wenn sich der Mopanefalter gerade im Larvenstadium befindet. In einigen afrikanischen Ländern ist der Genuss von Raupen so verbreitet, dass er in Kinderliedern erwähnt wird.

Viele Menschen in den hochentwickelten Ländern halten Insekten für eine kulinarische Kuriosität. Doch sie sind im Allgemeinen als Nahrung beliebt, weil sie so reichlich vorkommen, leicht verfügbar sind und einen großen Nährwert haben, und nicht, weil die Menschen sonst verhungern würden.

Von den über 800 000 von den Entomologen beschriebenen Arten spielen tausende eine Rolle in der menschlichen Ernährung. Zu den wichtigeren Gruppen gehören Heuschrecken, Käfer und Käferlarven, Ameisen und Termiten, Falter- und Schmetterlingslarven und -puppen, Grillen und Zikaden sowie Fliegen.

In Mexiko, wo es in vielen indianischen Sprachen kein eigenes Wort für »Insekt« gibt, verzehren die Menschen mindestens 308 Arten. Insekten liefern etwa zwei Drittel des tierischen Proteins, das in Teilen von Südafrika gegessen wird. Die Thais mischen eine pikante Chilisauce mit gemahlenen Wasserwanzen. In Kamerun wird Ehrengästen ein Gericht von Palmenlarven mit Salz, Pfeffer und Zwiebeln vorgesetzt, das lange in einer Kokosnuss geköchelt wird. Die Nepalesen pressen lebende Bienenlarven durch ein Tuch und braten die sich ergebende Flüssigkeit wie Rühreier. In Venezuela und Laos sind Riesentaranteln ein leckerer Snack ...

Kevin Krajick erklärte 1994 in der Vierteljahreszeitschrift *The Food Insects Newsletter*, herausgegeben vom Department of Entomology an der University of Wisconsin: »Während der Verzehr von Insekten nie global akzeptiert wurde, teils weil uralte Jäger-Sammler-Methoden die Ernten einschränken, teils weil das einzige Insekt, das die meisten Menschen im Westen essen, die versehentlich in den Kartoffelbrei geratene Fliege ist ..., wollen immer mehr Wissenschaftler und Geschäftsleute Insekten zu einem Hauptgericht für die Massen machen, und zwar mit Hilfe von Kulturen im industriellen Maßstab. Neueren Studien zufolge, könnten Insekten die Unterernährung in armen Ländern erheblich reduzieren.

Mit dem Studium essbarer Insekten befassen sich immer mehr Forscher in Afrika und Asien. Sie dokumentieren die Rolle der Insekten in der menschlichen Ernährung und drängen den Staat, dies zu fördern. Analysen mexikanischer und afrikanischer Nahrungsarten ergeben, dass manche 60 bis 70 Prozent Protein enthalten, mehr Kalorien als Sojabohnen oder Fleisch haben und Vitamine und Mineralien bieten, die in der

Vorhergehende Doppelseite:
Mehlwurmsalat in Gurkenbechern – kunstvoll für eine Cocktailparty arrangiert – wird aus geschälten, entkernten Gurken zubereitet, die mit leicht gebratenem Mehlwurm, gehackter Schalotte, grünem Pfeffer, Korianderblättern und Schnittlauch gefüllt werden.

von Pflanzen dominierten Ernährung der Dritten Welt fehlen.«

In den hoch entwickelten Ländern ist die Entomophagie – wie das Essen von Insekten wissenschaftlich heißt – noch weitgehend eine Modeerscheinung. Australische In-Lokale servieren Akazienbohrerlarven zusammen mit Emusteak und europäische und nordamerikanische Zoos halten alljährliche Insekten-Kochfeste und -Büfetts mit prominenten Köchen ab (um Spenden zu gewinnen). Lutscher mit Tequilaaroma, die einen »Käferwurm« enthalten, finden bei ihrem kalifornischen Hersteller reißend Absatz. Dennoch ersetzen frittierte Heuschrecken, Ameiseneiersalat und Mehlwurmbrot nicht das traditionelle Protein auf vielen euro-amerikanischen Esstischen. Noch nicht.

Verrückterweise essen wir alle bereits Insekten. Die Gesundheitsbehörde der USA (FDA) und ähnliche Behörden anderswo lassen eine überraschende Zahl von »Insektenteilen« in verpackter Nahrung zu, weil sich unmöglich alle Insekten während der Verarbeitung beseitigen lassen, besonders nicht bei Pflanzen. Die FDA etwa hält 450 Insektenfragmente pro Kilo Weizenmehl für zulässig, das ein Hauptbestandteil von Dutzenden anderer Nahrungsmittel ist.

Irgendwann wird sich die Abneigung gegen den Verzehr in den hoch entwickelten Ländern legen, entweder weil neue Proteinquellen erschlossen werden müssen oder wenn sich mit dem Verkauf von Insekten viel Geld verdienen lässt. Dr. Gene DeFoliart, ehemaliger Herausgeber von *The Food Insects Newsletter*, schrieb 1992: »Wenn Insekten in den Industrieländern allgemeiner als richtiges Nahrungsmittel akzeptiert werden, liegen die wirtschaftlichen Implikationen auf der Hand. Sie würden eine ganz neue Klasse von Nahrungsmitteln bilden, die sich auf Bestellung mit wenig Aufwand von kleinen Unternehmen und Produzenten herstellen ließen. Der internationale Handel mit essbaren Insekten würde fast mit Sicherheit zunehmen.«

Bankett zur Hundertjahrfeier der New York Entomological Society, Mittwoch, 20. Mai 1992

An der Bar

Crudité mit köstlich gepfeffertem Mehlwurmdip

Gewürzte Grillen und diverse Würmer

Horsd'œuvres mit Bedienung

Wachswurm und Mehlwurm und kalifornische Avocadorolle mit Tamari-Dipsauce

Waldpilze in Mehlwurmpastete

Grillen- und Gemüsetempura

Mehlwurmbällchen in herzhafter Tomatensauce

Minispießchen mit Mehlwurmganoush

Wurm- und Maisfritten mit Pflaumendipsauce

Büfett

Hühnchen normannische Art mit Calvadossauce

Reispilaf

Roastbeef mit Sauce

Rösti

Mittelmeerpasta

Melange von Gemüseragout

Mesclunsalat mit Balsamicovinaigrette

Diverse gewürzte und Grillenbrote mit Butter

Dessertbüfett

Zitronentörtchen

Schokoladegrillentorte

Minicannoli

Pfirsichclafouti

Grillen- und Mehlwurm-Zuckerplätzchen

Tee und Zucker

Heuschrecken

Entomophagiker – Wissenschaftler, die die Verwendung von Insekten als Nahrung studieren – räumen
im Allgemeinen ein, dass Heuschrecken neben Ameisen die beliebtesten essbaren Insekten seien, die in
kulinarischer Hinsicht bereits im Alten Testament
erwähnt werden. So heißt es im 3. Buch Mose (11,22):
»Von diesen [Insekten] könnt ihr essen die Heuschrecken, als da sind: den Arbe mit seiner Art, den Solam
mit seiner Art, den Hargol mit seiner Art und den
Hagab mit seiner Art.«

Heuschrecken gibt es auf der ganzen Welt, überall
da, wo eine Vegetation existiert. Sie sind zwischen
zwei und zwölf Zentimeter groß. Die Jungen ähneln
den Erwachsenen, haben aber keine Flügel. (Nur die
erwachsenen Tiere werden gegessen.) Einige Arten
wechseln mit den Jahreszeiten ihre Farbe, von Grün
zu Rot oder Braun, und viele geben zirpende Laute
von sich wie ihre Verwandten, die Grillen, indem sie
ihre spindeldürren, stachligen Beine an anderen Körperteilen reiben.

Historisch gesehen gilt die Heuschrecke meist
als Schädling. Es gibt zahllose Geschichten über wan-
dernde Schwärme, die so riesig und verheerend sind,
dass viele Hollywood-Katastrophenfilme dagegen
harmlos wirken. Das *Guinness-Buch der Rekorde*
nennt die Wüstenschrecke, deren Heimat die trockenen
und halbtrockenen Regionen in Afrika und im Nahen
Osten bis nach Pakistan und Nordindien sind, »das
zerstörerischste Insekt der Welt«. Und weiter heißt es:
»Diese fliegende Heuschrecke kann am Tag sein eigenes Gewicht an Nahrung fressen, und auf seinen
langen Wanderflügen verzehrt ein großer Schwarm
täglich 20 000 Tonnen Getreide und Pflanzen und
versetzt ganze Gemeinwesen in Hungersnot. Ein
Schwarm, der einmal den US-Staat Nebraska heim-
suchte, soll 160 Kilometer breit und 500 Kilometer
lang gewesen sein – fast halb so groß wie Nebraska
selbst – und an manchen Orten 1,6 Kilometer hoch.
In Äthiopien wurde durch eine riesige Konzentration
von Heuschrecken in sechs Wochen so viel Getreide
vernichtet, dass eine Million Menschen ein Jahr lang
davon hätten leben können.«

Der Kampf gegen eine solche Insektenübermacht ist
nicht leicht. Die Heerscharen hungriger Heuschrecken,
die beispielsweise Utah Mitte des 19. Jahrhunderts
heimsuchten, drohten die Mormonensiedlung Salt Lake
City ebenso wie indianische Dörfer in der Region zu
zerstören. Das veranlasste die Indianer, sich auf interessante Weise zu wehren. In seinem Buch *The Hunting
Peoples* erzählt Carleton S. Cook eine Geschichte von
einer Gruppe Indianer, die dreißig Zentimeter breite
und tiefe und neun bis zwölf Meter lange Gräben aus-
hoben und sie mit einer Schicht von trockenem Gras
bedeckten, von dem sich die Insekten ernährten. Dann
stellten sich die Dorfbewohner in einer Reihe auf und
trieben die »Grillen« mit Grasbüscheln zu den Gräben
hin. Die Insekten hopsten und krabbelten in die Gräben, und dann setzten die Indianer die Grasbüschel in
Brand und verteilten sie so über die Gräben, dass sie
die Heuschrecken mit der Hitze und dem Rauch gleichzeitig töteten und kochten. Später holten die Frauen
die gerösteten Insekten aus den Gräben und trugen sie
in Körben zum Verzehr heim.

Warum Euro-Amerikaner heute die Heuschrecke nicht in ihren Speiseplan aufnehmen, bleibt ein Rätsel. Jedenfalls wurden Heuschrecken in anderen Epochen und in anderen Weltteilen gern gegessen. So schrieb schon Plinius der Ältere, sie würden ausgiebig von den Parthern gegessen, und der griechische Historiker Herodot schilderte die Methode der Nasamonen, Heuschrecken zu Pulver zu zerstampfen und dann Fladen daraus zu backen. Jahrtausendelang wurden sie auf unterschiedliche Weise zubereitet: einfach gebraten, nachdem man die Beine und Flügel entfernt hatte, gekocht, als Curry und in allen möglichen lokalen Varianten.

Heute werden sie in Afrika roh gegessen, gebraten, geröstet, gekocht, geliert, zu einer Paste zerdrückt oder in Salzwasser gekocht und an der Sonne getrocknet. In vielen Teilen Asiens sind sie seit über tausend Jahren ein Leckerbissen und werden heute preiswert von Straßenhändlern in Bombay, Bangkok und Beijing verkauft. Gewöhnlich werden Heuschrecken in Asien nicht als Teil einer größeren Mahlzeit oder als Zutat in anderen Gerichten, sondern als Snack verzehrt. Ich habe schon mehrmals welche gegessen – die knusprigen äußeren Teile und Beine schmecken etwa wie alles, was frittiert wird, während die weicheren inneren Bestandteile cremig in der Struktur und angenehm süß sind.

Und wie Mom immer sagte (und was das *Journal for Appropriate Technology* 1996 bestätigte): Sie sind gut für uns. Sie haben einen hohen Proteingehalt (14 bis 20 Gramm pro Exemplar), enthalten wenig Fett (unter vier Gramm), sind reich an Mineralien (Kalzium, Phosphor und Eisen) und Vitaminen (B_2 und Niacin).

Achtung: Auf der Straße verkaufte Heuschrecken werden heutzutage nicht von Menschen geerntet, die sie geduldig in Gräben treiben und sie auf natürliche Weise rösten, sondern mit chemischen Pestiziden getötet. Natürlich enthalten auch traditionelle Nahrungsmittel alle möglichen Chemikalien, daher bleibt es dem Einzelnen überlassen, ob dies seine Entscheidung für oder gegen Heuschrecken beeinflusst.

Manche Leute meinen, man solle doch die Beine vor dem Essen entfernen, da sie manchmal zwischen den Zähnen hängen bleiben.

Heuschreckenpaste

500 g Heuschrecken (1–2 Tage alt)
250 g Erdnüsse oder Cashewkerne
Pflanzen- oder Erdnussöl
Salz und Pfeffer

Die ganzen Heuschrecken in Öl frittieren und abtropfen lassen, wenn sie knusprig sind. Im Mörser zerreiben, weiteres Öl und Nüsse hinzufügen, bis eine Paste entsteht. Als Aufstrich für Sandwiches oder Crackers in einem Glas aufbewahren.

Unten: An der geschäftigen Sukhumvit Road in Bangkok frittiert eine Straßenverkäuferin ein Sieb voll *takataen*, wie die Thais Heuschrecken nennen.

Rechts: Eine gebratene Heuschrecke wird mit Reisnudeln, Bohnensprossen und Korianderblättern in ein Reisblatt eingerollt – fertig ist eine vietanmesische Frühlingsrolle. Sie wird mit der Hand in eine *Phuangnam*-Sauce eingetunkt, die aus gleich viel Fischsauce und Reisessig besteht, mit etwas Wasser verdünnt und mit fein gehackten Chilis, Ingwer und einer Prise Zucker vermischt wird.

Gegenüber: Ein Thaimädchen beißt in eine knusprig gebratene *takataen*.

Ameisen & Termiten

Ich habe einmal mit Schokolade überzogene Ameisen gegessen, als ich auf dem College war und es diesen Gag in Spezialläden zu kaufen gab. Damals hatte ich natürlich keine Ahnung, dass in vielen Teilen der Dritten Welt – Afrika, Asien und Lateinamerika – Ameisen eine geschätzte billige und frische Proteinquelle sind und regulär auf dem lokalen Speiseplan stehen. Heute weiß ich es. Ich lebe in diesem Teil der Welt – in Thailand – und in der Nähe meiner Wohnung in Bangkok gibt es ein Restaurant, das einen süßen Gemüsecurry mit Ameiseneiern auf der Speisekarte hat.

Von den zwei Millionen Insektenarten sind Ameisen wahrscheinlich die beliebtesten – das heißt, sie werden am meisten verzehrt. Vielleicht, weil es sie praktisch überall auf der Erde gibt, von den Tropen bis zu den arktischen Regioinen, und zwar in großen Mengen. Selten sieht man nur eine oder zwei, es sei denn, sie sind Pfadfinder auf der Suche nach etwas. Und wenn sie es gefunden haben, marschieren binnen Minuten hunderte von Ameisen auf, bilden Brücken aus ihren Leibern, um einen Bach zu überqueren, bauen Schlammhäuser, die größer als ein Mensch sind, führen gut geplante Kriege und tragen ihre Toten zwischen den Zähnen heim, marschieren durch Küchenschränke, laden sich selbst zu Picknicks ein und krabbeln Hosenbeine hoch.

Es gibt rund 5000 Ameisenarten, alle in riesigen Scharen und genauso hungrig, wie sie fleißig sind. Viele Menschen behaupten, Ameisen seien die am besten organisierte Art auf Erden – sie leben in Kolonien, halten sich an strenge Regeln und Arbeitsteilungen, ordnen sich stets der Gruppe unter und dienen demütig ihren Königinnen. Ameisen haben auch dem Menschen medizinische Dienste erwiesen – vor dreitausend Jahren wurden in Indien Wunden mit Hilfe einer Ameisenart geschlossen: Die lebendige Ameise wurde festgehalten, damit sie in die Haut biss, woraufhin die Kiefer blockierten und der Rest der Ameise

abgezwickt wurde, und so weiter, bis der Schnitt geschlossen war. In neuerer Zeit hat in China das Ameisenforschungszentrum zu Heilzwecken in Nanking chinesischen Ameisenköniginnenwein auf der Basis eines alten Rezepts und moderner Entdeckungen hinsichtlich der medizinischen Eigenschaften von Ameisen entwickelt. Wie es heißt, ist der Wein ein wirkungsvolles Mittel bei der Behandlung von Rheuma, zur Kräftigung von Muskeln und Knochen, zur Verstärkung des Immunsystems und zur Vorbeugung gegen Senilität.

Meist werden Ameisen vermischt mit anderen Nahrungsmitteln, aber auch roh oder für sich gekocht gegessen, und zwar eine ganze Hand voll. Das *U.S. Army Survival Manual* empfiehlt die Ameise als Nahrung so wie sie als Proteinersatz für andere Militärs gedient hat, wenn die C-Rationen ausgingen. Für die Eingeborenen in den Tropen ist die Ameise dagegen keine Notnahrung, sondern ein schmackhafter und nahrhafter Bestandteil der Ernährung.

In Kolumbien steht die Ameise im Mittelpunkt einer zeitgenössischen Insektenküche. Im Dschungel krabbeln hier im Frühsommer die Großleibigen Ameisen, wie die Einheimischen sie nennen, aus ihren Erdkatakomben, um einen seltenen Blick auf die Sonne zu erhaschen. Die Bauern warten nur darauf und bringen sie eiligst zu den Straßenmärkten, wo sie entweder roh oder gekocht für rund drei Dollar das Pfund verkauft werden – etwa so viel, wie man an einem Morgen sammeln kann. Damit wird ein mehr als doppelt so hohes Einkommen erzielt, als man an einem ganzen Erntetag mit anderen Feldfrüchten verdienen kann. In dieser Region tragen viele Busse an den Seiten die Bilder von Ameisen, und Lotterieläden heißen »Die kleine Ameise«. In einem Städtchen hat im Büro des Bürgermeisters die Statue einer Ameise einen Ehrenplatz inne.

So viel offizielle Anerkennung erfahren Ameisen in Thailand zwar nicht, aber im riesigen armen Nordostteil des Landes spielen sie eine so wichtige Rolle in der Küche, dass manche Restaurants ihnen einen Großteil der Speisekarte widmen. Dazu zählt auch das Satow Wan bei Surin, einer Region, die auch wegen ihrer großen Elefantenpopulation bekannt ist. Hier serviert man Entensuppe – mit Leber, Fleisch und Blut des Vogels –, auf deren Oberfläche hunderte der heimischen roten Ameisen schwimmen. In diesem Teil von Thailand, der mit der Kultur und der Küche des benachbarten Laos eng verwandt ist, kennt man auch ein Gericht namens *larb*, eine krümelige Sorte Rinds- oder Schweinspastete mit feurigen Chilischoten und rohen, gehackten Zwiebeln. Das Rezept im Satow Wan, wo *larb* aus gehacktem Katzenfisch zubereitet wird, enthält auch Ameisen. Sie werden auch zu Currys gegebe, mit Gemüsen frittiert und mit Reis serviert. Die Ameisen können auch in Bananenblättern mit gehacktem Schweinefleisch, zerdrückten Schalotten, gehackten grünen Zwiebeln und Hühner- oder Enteneiern gedünstet und mit Salz, schwarzem Pfeffer und Fischsauce gewürzt werden.

Am häufigsten verwendet man in Thailand rote Ameisen, die in großen Hügeln über der Erde leben, die mit Schaufeln ausgehoben und in die Luft geworfen werden. Dabei trennen sich die Ameisen vom Dreck, man schaufelt sie in Papiersäcke und bringt sie zu Restaurants und lokalen Märkten, wo das Pfund weniger als 1,50 Dollar einbringt. Andere Arten der Region leben in Baumnestern und werden mit einem Netz an einem langen Griff gesammelt, wobei der Ameisenfänger Ameisen und Eier in einen zur Hälfte mit Wasser gefüllten Eimer taucht. Die Ameisen ertrinken, die Eier und die essbaren, mit Flügeln versehenen Weibchen lassen sich leicht trennen.

Zu den vielleicht interessantesten essbaren Ameisenarten gehören die Blattschneiderameisen, die Stücke von Blättern abknabbern und sie zu ihrem Nest zurücktragen, wo sie das Grünzeug zu einer Art Mulch zerkauen und damit ihre Kammern auskleiden. Auf dem Mulch wachsen Pilze, die die Ameisen essen. Die wiederum werden von den meisten Indios im Amazonasbecken und in Mittelamerika gegessen. Die Weibchen mit Flügeln werden gesammelt, wenn sie bei den Paarungsflügen zu Beginn der Regenzeit zu Tausenden ausschwärmen. Sie sind leicht zu fangen, da sie ihre Nester in der Abenddämmerung verlassen und zu einem Holzfeuer gelockt werden können, wo man sie in einem Korb einfängt. Gegessen wird der Unterleib, der geröstet wie knuspriger Schinken schmeckt.

Andere Ameisen schmecken wie herber Honig. Dazu gehören in Australien die Honigameisen, wie die Aborigines sie nennen. Die Arbeiterinnen sammeln Honigtau von anderen Insekten und füttern damit andere Arbeiterameisen. Diese wiederum speichern die Süße im Magen und dienen als eine Art Speiskammer, aus der andere Ameisen später essen. Diese hilflosen Ameisen mit ihrem stark angeschwollenen Unterleib werden in unterirdischen Kammern gehalten und geben bereitwillig etwas Honig ab, wenn hungrige Arbeiterinnen dies verlangen. Die bis zu zwei Metern tiefen unterirdischen Nester wurden von den Aborigines ausgehoben. Gewöhnlich wurden die Köpfe abgezwickt und der Rest roh gegessen.

Eine ähnliche Rolle hatte die Honigameise in trockenen Gebieten im Westen und Südwesten der USA. Sie sammelten den süßen Saft, der aus großen Gallen an Eichen und anderen Bäumen austrat. Dieser »Honig« wurde im Unterleib gespeichert und die Indianer steckten sich die Insekten einfach wie eine Beeren in den Mund.

Auch andere Ameisenarten gelten als Delikatessen. In Mexiko stehen die Puppen von zwei Arten *escamoles* auf den Speiseplänen großstädtischer Restaurants.

Sicherheitstest bei Insekten

Gekochte Insekten sind sicherer als rohe. Essen Sie nie Insekten, die sie tot aufgefunden haben. Wenn sie wirklich schlecht riechen, essen Sie sie nicht!

Termiten à la Bantu

500 g Termiten
1 Tl Pflanzenöl
Salz

Die Flügel entfernen und auf einem glatten Stein in der Sonne trocknen lassen. Eine Pfanne oder einen Stein mit Öl einreiben und die getrockneten Termiten darauf legen. Über heißen Kohlen rösten, bis sie fast knusprig sind. Mit Salz bestreuen. Sofort wie Popcorn essen oder zur künftigen Verwendung aufbewahren – sie lassen sich monatelang lagern.

Insect Fact and Folklore

Sie haben einen köstlichen Geschmack und werden meist für sich oder in schwarzer (mit Essig versetzter geklärter) Butter gebraten oder mit Knoblauch und Zwiebeln zubereitet serviert. Die Landsleute, die die Escamoles aus ihren unterirdischen Nestern ausgraben, verdienen während der Sammelsaison zuweilen mehr als viele Landarbeiter während eines ganzen Jahres.

Entomophagiker halten Ameisen für einen echten Insektenleckerbissen. Die in manchen Arten enthaltene Ameisensäure verschwindet weitgehend, wenn sie gekocht oder gebraten werden, während andere Arten – auch die allgegenwärtige schwarze Ameise – halb süß schmecken, wenn man sie roh isst, und zum Süßen von Tee verwendet werden können. Wenn man sie zerstößt, kann man damit Eintöpfe und Suppen andicken und mit Protein anreichern, man kann Salate aus ihnen bereiten und sie mit Eiern braten. Wie viele andere Insekten sind sie reich an Protein, enthalten

Ein in ganz Laos und Nordthailand beliebtes Gericht: die großen weißen Eier der roten Ameise, die die Einheimischen *mot som* oder »saure Ameise« nennen. Sie lassen sich schmoren, in einem Curry kochen oder zu einem pikanten Salat verarbeiten. Ihr Reiz basiert zum Teil auf ihrer Struktur – im Mund zerplatzt ihre zarte Haut und erschließt das cremige Innere, das wie zarter Camembert ist.

wenig Fett und viel Phosphor, aber nur Spuren von Vitaminen.

Termiten sind nicht direkt mit den Ameisen verwandt, aber viele sehen wie Ameisen mit Flügeln aus und sie haben viele Eigenschaften gemeinsam. Termiten bauen große Bauten aus Schlamm, verzehren Papier und Holz, sind sehr produktiv und werden gefangen, wenn sie schwärmen, und kurz darauf gegessen. Ich habe nur einmal Termiten gegessen, nämlich auf Hawaii. Dort probierte ich einmal ein paar von den kleinen Burschen, die in einer kleinen Wolke um meinen Schreibtisch in einem offenen Patio schwebten. Sie schmeckten okay, aber inzwischen weiß ich, dass ich die Flügel hätte entfernen sollen, die an meinen Lippen und am Gaumen klebten. Besser wäre es auch gewesen, sie zu kochen und über Reis zu streuen oder mit Gemüsen zu mischen. Wie Ameisen mit Flügeln werden auch Termiten von Licht angezogen und lassen sich sammeln, indem man eine Schüssel Wasser unter eine Lichtquelle stellt.

Am häufigsten werden Termiten in Afrika gegessen, wo sie in jedem Land südlich der Sahara als Nahrung geschätzt werden. Man findet sie so oft auf Märkten, dass Menschen aus hoch entwickelten Ländern, die sich länger hier aufhalten, zu den begeisterten Konsumenten gehören.

In seiner klassischen Studie *The Hunting Peoples* erzählt Carleton S. Coon eine Geschichte über die Termitenernte bei den Pygmäen, wo jeder Mann im Dorf seinen eigenen Termitenhügel für eine spätere Ernte umzäune. Als die Schwarmzeit nahte, stocherten die Dorfbewohner in den Hügeln herum, um festzustellen, wie hoch die Insekten schon aufgestiegen waren. Dann wurden um jeden Hügel Gräben ausgehoben und über jedem ein Blätterdach errichtet, und als die Termiten zu schwärmen begannen, knallten sie gegen das Dach und fielen in die Gräben. Die Frauen sammelten sie in zugedeckten Körben und servierten sie lebendig, gekocht, geröstet oder zu einer Paste zerrieben bei der nächsten Mahlzeit. Wurden sie gekocht, schöpfte man das zur Wasseroberfläche aufsteigende Öl zum Kochen ab oder verwendete es, vermischt mit Redwoodpulver, als Pomade.

Tropische Termitenköniginnen können zwischen acht- und zehntausend Eiern am Tag legen – einige australische Königinnen sollen angeblich drei Millionen pro Jahr gelegt haben. Afrikanische Königinnen, die die Größe einer großen Kartoffel erreichen können – die größte Termite der Welt, so das *Guinness-Buch der Rekorde* –, legen etwa hundert Millionen in ihrem ganzen Leben. Dies ist also kaum eine gefährdete Spezies und jede Kategorie in der Kolonie ist lecker und nahrhaft, auch die Eier und die Königin.

Auch die Lust auf Termiten ist nicht neu. Eine Analyse der versteinerten Exkremente aus einer prähistorischen Stätte in Mexiko zeigt, dass die Bewohner dieser Region einst Ameisen mit Flügeln und Termiten aßen (ebenso Wasserfliegen und Heuschrecken). Heute werden in Kolumbien von Straßenhändlern geröstete, zweieinhalb Zentimeter lange Königinnen mit geschwollenem Hinterteil verkauft, ein Brauch, der bis in präkoloniale Zeiten zurückreicht.

Es gibt etwa 1700 Termitenarten, die in verfaulendem Holz, unter der Erde oder in kunstvollen, wenn auch unscheinbaren Hügeln leben, die in Australien und Teilen von Afrika bis zu zwölf Meter hoch aufragen und einen Durchmesser von 30 Metern haben.

Unten: Honigameisen in der »Speisekammer«.

Wären diese kleinen Insekten so groß wie Menschen, müssten diese Burgen um ein Mehrfaches höher sein als das Empire State Building in New York und an der Basis einen Durchmesser von zehn Kilometern haben.

Eine der engagiertesten Befürworterinnen der Termitenküche ist Frances L. Behnke, die in ihrem Werk *Natural History of Termites* (1977) schrieb: »Diese Insekten zerstören Holz, sondern eine Säure ab, die sich durch Blei frisst, stellen eine Flüssigkeit her, die Glas auflöst, und verbreiten eine Substanz, die Metall rosten lässt, so dass sie sich hindurchbohren können. Doch man kann sie gut essen.« Wie Ameisen kann man sie als Snack knappern knabbern – beim Rösten werden die Flügel entfernt – und zu Mehl oder Kochöl zermahlen. Mrs. Behnke meinte, in Termitenöl gebratenes Huhn schmecke, als sei es in Butter zubereitet.

Ein weiterer begeisterter Fürsprecher war Laurens van der Post, der verstorbene südafrikanische Schriftsteller, dessen Buch *First Catch Your Eland* als eines der besten Bücher über afrikanische Nahrungsmittel gilt. Er schrieb, die Vorliebe für Termiten »existierte in ganz Afrika und soll nicht verachtet werden, wenn man im Busch oder Dschungel hungrig ist«. Als Kind habe er noch mitbekommen, wie sie wegen ihrer Farbe und Größe als »Buschmannsreis« oder als »Reisameisen« bezeichnet wurden. »Sie hatten einen scharfen, säuerlichen Geschmack, und gebraten passten sie gut zu Rehbraten«, schreibt van der Post. »Ja, in einigen Hauptstädten von Europa werden speziell zubereitete Termiten in Dosen verkauft und insbesondere die Japaner haben eine Vorliebe für sie entwickelt.«

Ungekocht schmecken Termiten wie Ananas und enthalten mehr Protein als eine gleich schwere Portion Huhn, Fisch oder Rindfleisch. (Für ein Pfund, hat jemand mal gezählt, benötige man 30 000.) Sie sind auch eine gute Fettquelle und damit kalorienreich. Gene DeFoliart schrieb im *Bulletin of the Entomological Society of America*, eine 100-Gramm-Portion gebratener Termiten »deckt etwa den täglichen Bedarf von 65 Gramm Protein, wie er von der USDA empfohlen wird, und weist ein gutes Verhältnis von Protein

und Fettkalorien auf. Man kann sich sogar vorstellen, dass das Chitin, das fünf bis zehn Prozent des Trockengewichts von Insekten ausmacht, genügend Ballaststoffe zur Erhaltung des Darmtonus liefert.«

In Indonesien essen ältere Männer die Königinnen, weil sie glauben, dies würde ihren dahinsiechenden Körper kräftigen und sie würden sich wieder jung fühlen.

Spinnen & Skorpione

Selbst Käfer und Heuschrecken verblassen neben dieser Nahrungskategorie, zumindest für die meisten Euro-Amerikaner. Doch wie andere Krabbeltiere stellen Spinnen und Skorpione für viele Menschen eine reichhaltige Proteinquelle und einen leckeren Snack dar.

Das erste Mal aß ich Skorpion in einer ganz überraschenden Umgebung, nämlich in einem sehr hübschen Restaurant, nur zwei Minuten zu Fuß entfernt vom schicken Raffles Hotel in Singapur. Das Imperial Herbal Restaurant ist ein Lokal mit pinkfarben gedeckten Tischen, das wegen seines eigenen chinesischen Apothekers und wegen seiner Speisekarte berühmt ist, die viele Spezialgerichte und -drinks aufweist. Frittierter betrunkener Skorpion mit Spargel war eins davon. Bei drei Dollar pro Skorpion – wie konnte ich da widerstehen? Man sagte mir, sie seien klein, also bestellte ich ein halbes Dutzend.

»Betrunken« hieß, dass die Skorpione in Wein mariniert waren und anschließend frittiert wurden, genauso wie die kleine Spargelgarnitur, nachdem sie in einer Mehlpaste gewälzt worden war. Wie üblich war es die Vorstellung, die das Essen dieses Wesens so schwierig machte. Nach meiner Theorie können Sie so gut wie alles essen – vielleicht sogar Ihre Socken –, wenn es in Öl knusprig frittiert und dann mit einer pikanten Dipsauce serviert wird. Dieses Mahl bewies zumindest, dass diese Theorie auch für Skorpione gilt. Man isst sie tatsächlich als Ganzes, samt den kleinen Klauen und dem spitzen Schwanz.

Es gibt auf der Welt etwa 350 verschiedene Skorpionarten, aber die meisten leben in trockenen, warmen Gegenden. Sie besitzen vier Beinpaare, ein Paar Klauen und einen gegliederten Schwanz, der zwei Giftdrüsen enthält, die mit einem nadelspitzen Stachel verbunden sind. Der Schwanz fährt über den Rücken des Skorpions nach vorn, wenn er sticht, entweder um Insekten zu töten, die er fressen will, oder um sich zu verteidigen, wenn er sich bedroht fühlt (etwa wenn Sie ihn dabei stören, während er in Ihrem Schuh schläft). Skorpione sind meist Nachttiere und verstecken sich tagsüber an dunklen Orten. Nur etwa fünfzig Arten gelten als gefährlich für Menschen – und diese Gefahr wird durch Frittieren verringert.

Eine der in Singapur geernteten Arten ist der schwarze Skorpion, der bis zu 20 Zentimeter lang wird und sich in öffentlichen Parks aufhält. Der gefleckte Bücherskorpion ist kleiner und giftiger. Ich weiß nicht, welche ich vorgesetzt bekam – sie waren nur furchtbar klein, etwa sieben Zentimeter von der frittierten Klaue bis zum frittierten Stachel. Klein heißt normalerweise zart in der Welt der Nahrung. In diesem Fall konnte ich das nicht sagen, da ich keinen größeren Skorpion zum Vergleich hatte. Jedenfalls knackte er, als ich hineinbiss, hatte eine weiche, irgendwie mehlige Mitte und verschwand rasch durch meine Kehle mit einem Schluck anständigem Chardonnay. Vielleicht wurde ich gesünder. Wer weiß?

Es gibt noch eine andere Art, Skorpion zu essen. Eine Versandfirma in Texas verkauft zuckerfreie Lutscher mit Karamellgeschmack, die einen echten Skorpion enthalten (»gekocht und sorgfältig zubereitet«).

Spinnen werden häufiger gegessen als Skorpione, meist von Indios in Südamerika, von den Buschmännern in Südafrika und von den australischen Aborigines. In China und anderen Teilen von Asien gelten sie nicht nur als Nahrung, sondern auch als Medizin – für die Chinesen ist ein haltbares Netz ein Zeichen für langes Leben. Manche glauben, wer Spinnen esse, lebe zehn Jahre länger. In England empfahl man einst, gegen ansteckende Krankheiten eine Spinne in einem Seidentäschchen um den Hals oder in einer Nussschale in der Tasche zu tragen. Lebendige Spinnen wurden auch in Butter gerollt und verschluckt oder in Melasse gegessen oder – eingerollt in ein Spinnennetz – wie eine Pille eingenommen.

Alle Spinnen sind insofern »giftig«, als die meisten ein paar Giftdrüsen besitzen, deren Toxin hauptsächlich die Beute lähmen oder töten soll. Doch von den rund 50 000 Arten sind nur etwa zwei Dutzend für den Menschen gefährlich. Die berüchtigte Schwarze Witwe – nach der Romane, Filme und Mörderinnen benannt wurden –, die in Amerika, Europa und Australien vorkommt, kann die Atemmuskulatur lähmen und das Opfer durch Ersticken töten. Bisse von anderen gefährlichen Spinnen können Schmerzen, Blasen und lokale Schwellungen, Erkältungen, Muskelkrämpfe, Übelkeit, Erbrechen, Fieber und Erblinden verursachen.

Doch die meisten Spinnen sind harmlos und mehrere ergeben ein köstliches Mahl, sogar einige von den »gefährlichen«. Dazu gehört die Tarantel, ebenfalls berüchtigt durch Film und Science Fiction. Ihr Biss ist schmerzhaft, doch sie kann nur eine Maus töten, und greift nur an, wenn sie bedroht wird. Sie kann so groß wie eine Hand werden und hat haarige Beine, was man wohl abstoßend findet. Aber in Laos und Kambodscha wird die blaubeinige Tarantel an einem Bambusspieß überm Feuer geröstet und als Ganzes mit Salz oder in Scheiben geschnitten und mit Chilis vermischt serviert. Roh schmecken sie wie ein Etwas zwischen Mandeln und dem Mark von Hühnerknochen.

In diesem Teil von Asien wird, wie in vielen unterentwickelten Gebieten, alles, was krabbelt oder fliegt, mit der täglichen Ration an Stärke und Gemüsen serviert. Häufig sieht man daher Frauen neben der Straße und an Fernfahrerkneipen mit Tabletts voller haariger, fünf Zentimeter langer Arachniden auf Holzspießchen. 1997 kostete ein Spieß mit vier Tierchen und feurigen grünen Chilis nur 500 kambodschanische Reils (damals etwa 20 Cents).

Tarantelliebhaber sind auch die Amazonasindios, die die Spinnen aus ihren Tunnels locken, sie geschickt am Brustkorb packen, die Beine nach hinten falten und sie für den Transport zurück zum Dorf oder Lager in Blätter einwickeln. Dort entfernt man den Unterleib und holt die Eier heraus, die verrührt, in ein Blatt eingewickelt und über einem Feuer als eine Art von Spinneneieromelett gebraten werden, während man die Körper direkt aufs Feuer wirft, damit das Haar abgesengt und das Fleisch gegart wird. Wenn sie fertig sind, knackt man die Beine und den Brustkorb auf und schlürft sie etwa genauso aus wie einen Krebs.

Links: Für Canapés mit Skorpion und Spargel werden die Skorpione zuerst knusprig frittiert und die Spargelspitzen fünf Minuten gegart. Beides wird auf Pumpernickelscheibchen arrangiert und mit dünnen Paprikastreifen garniert. Jedes Canapé wird nun sorgfältig mit Gemüseaspik überzogen und im Kühlschrank gekühlt, bis der Aspik fest ist.
Folgende Doppelseite: Skorpionlutscher.

Käfer

Ich hatte bereits Ameisen, Termiten, Heuschrecken und Seidenraupen gegessen, als ich zum ersten Mal zusah, wie Nittaya Phanthachat beiläufig eine Tüte voller großer Kakerlaken verputzte, während ich mit ihr ein Bier in Bangkok trank. Ich irrte mich, was die Art betraf – es waren Wasserwanzen, auf Thai *maengda* genannt, die größten echten Wanzen, die bis zu 7,5 Zentimeter lang werden –, aber das spielte in diesem Augenblick keine Rolle. Fasziniert und abgestoßen zugleich schaute ich zu, wie sie den Rückenpanzer, die Flügel und die Beine entfernte, um an die essbaren Teile zu gelangen.

Später erfuhr ich von Mrs. Phanthachat, dass sich die großen blauen Wanzen überall in stehendem Wasser befinden und am leichtesten während der Regenzeit geerntet werden, wenn sie zu Lichtern hinfliegen. Mrs. Phanthachat war Köchin und erklärte mir, die Thai äßen die Käfer gern in Fischsauce mariniert, über offenem Feuer gebraten, gedünstet oder zermahlen und mit Chilipaste vermengt – das gebe der Paste ein angenehmes Aroma.

Doch als sie mir eine Wanze anbot, erbleichte ich. Zum Glück hatte ich bereits mehrere Biere intus, was manchmal in solchen prekären Momenten hilft. Und als sie eine weitere Wasserwanze sezierte, folgte ich ihrem Beispiel, nahm unbeholfen das äußere Gehäuse ab und knabberte vorsichtig am weichen Inneren.

»Hey!« rief ich und grinste albern. »Schmeckt irgendwie nussig.«

»Gut für dich«, sagte meine Freundin. Sie meinte meine Gesundheit.

Die meisten Käfer sind gut für uns und laut A. D. und Helen Livingstons Werk *Edible Plants and Animals* (1993) sind alle 250000 Arten essbar, sie enthalten Protein im Larven- wie im Käferstadium und werden entweder roh oder gekocht gegessen. Die Käfer, denen ich begegnete, wurden meist von Straßenverkäufern in Südostasien angeboten und waren entweder frittiert oder gedünstet. Die meisten haben einen etwas nussigen Geschmack – ich kenne jedoch eine Thailänderin namens Meo, die behauptet, sie könne die Pflanze erkennen, die der Käfer gefressen habe, bevor er gefangen und gekocht wurde.

Meos Freund Richard Lair machte mich mit Büffeldungkäfern bekannt (schluck!), die häufig zu seiner Ernährung gehört hatten, als er bei Elefantentrainern im Dschungel von Nordthailand lebte. Die Käfer, die nach ihrer typischen Gewohnheit benannt sind, sich in frisch abgelegten Büffeldung einzugraben, werden am Morgen mitsamt dem Dung gesammelt, aus dem sie am Abend wieder herauskriechen. Dann werden sie über Nacht in einen Eimer Wasser gegeben, damit sie den verdauten Dung wieder ausscheiden. In sauberem Wasser werden sie zwei bis drei Stunden eingeweicht, bis sie sauber sind, dann in einer zugedeckten Pfanne ohne Öl mit etwas Salz gebraten.

»Das Geräusch, das entsteht, wenn sie in der Bratpfanne herumlaufen, stößt manche ab«, erklärte Mr. Lair mit teuflischem Grinsen, »aber es hält nicht lange an.«

Larven werden häufiger als ausgewachsene Käfer verzehrt, und zwar meist roh, geröstet oder gebraten – von den trockenen Ländereien der Aborigines in Australien bis zu den Reisfeldern von Asien, von den afrikanischen und südamerikanischen Dschungeln bis zur Wüstenregion im nördlichen Mexiko. Schon in prähistorischer Zeit wurden sie gegessen. Plinius der Ältere schreibt in seiner *Naturgeschichte*, die alten Römer hätten Larven mit Mehl gemästet, bevor sie sie gegessen hätten, und der berühmte Gourmet Lucullus ließ Hirschkäfer monatelang mit Wein und Kleie füttern, bevor seine Köche sie rösteten. Später bereicherten Larven (fälschlicherweise oft Würmer genannt) auch die Mahlzeiten der nordamerikanischen Indianer, der Azteken in Mexiko, der Maori auf Neuseeland und der Eingeborenen der westindischen Inseln zur Zeit von Christoph Kolumbus.

Besonders beliebt ist heute der gelbe Mehlwurm, mit dem oft Reptilien gefüttert werden, so dass man ihn in Zoohandlungen und Anglerläden kaufen oder zu Hause in einem Aquarium züchten kann. Der ausgewachsene Mehlkäfer kann bis zu dreihundert Eier in seinem zwei bis drei Monate währenden Leben legen. Aus diesen Eiern schlüpfen kleine Larven mit zäher Haut, die etwa 2,5 Zentimeter lang werden, und dann kann man sie roh oder gekocht essen.

Stephanie Bailey, Entomologin an der University of Kentucky, gibt im Internet hilfreiche Hinweise – so rät sie Käufern von Mehlwürmern, diese vor dem Verzehr mit Kleie oder Maismehl zu füttern, um sie von Unreinheiten zu befreien. Nach dem Waschen könnten sie zubereitet oder für eine spätere Verwendung eingefroren werden – im Ofen gebacken und zu Mehl gemahlen, für Brote oder zum Andicken von Suppen oder Eintöpfen.

Beliebt ist in Indonesien auch der so genannte Sagowurm. Diese Larven werden lebendig auf den offenen Märkten verkauft oder gebraten oder in einer Art Eintopf in kleinen, abgelegenen Restaurants serviert, die von Einheimischen frequentiert werden. Dieser Sagowurm ist nach seinem Lebensraum, der Sagopalme, benannt. Dieser in den Tropen angebaute Baum war Ende des 17. Jahrhunderts in der westlichen Welt eine der beliebtesten Quellen von Stärke, die zum Garnieren von Kalb oder Huhn, zum Andicken von Suppen und zur Zubereitung von Brötchen verwendet wurde. Heute nimmt man Sago in Europa nur noch zum Andicken und für Puddings, aber von Papua-Neuguinea bis Indien werden daraus noch immer alle möglichen Gerichte bereitet, von Beignets über Ravioli bis Aspik. Die Larven freilich, die genauso breiig schmecken, sind außerhalb der Tropen noch nicht richtig eingeführt worden.

Merkwürdigerweise werden die Sagowürmer »mit dem Ohr« geerntet. Wenn die Sammler im Wald einen umgefallenen Baum finden, klopfen sie an den Stamm wie an eine Tür und lauschen dann. Hören sie, wie sich darin Würmer bewegen, hacken sie die äußere Schale des Baums mit Macheten ab und holen den fleischigen Lohn ihrer Mühe heraus. Dann essen sie die Larven entweder roh an Ort und Stelle oder nehmen sie ins Dorf fürs Abendessen mit.

In Westafrika verwendet man am häufigsten einen anderen Palmrüsselkäfer. In einem Kochbuch über die Kamerunküche, *Le grand livre de la cuisine camerounaise* (1985), wird ein Rezept für »Kokosnusslarven« als »Leibgericht nur für gute Freunde« bezeichnet. Aus halb reifen Kokosnüssen wird die Milch ausgeleert, die Nüsse werden mit Larven und Gewürzen gefüllt, wieder verschlossen und in Wasser gekocht.

Andere Arten der gleichen Käferfamilie werden in Südostasien und im westlichen Pazifikraum ebenso wie in Kolumbien, Venezuela und Paraguay nach dem Verfahren der »Semi-Kultivierung« gezüchtet, wie Gene DeFoliart, Entomologe an der University of Wisconsin, dies genannt hat. »Die Palmen«, schreibt er in *Biodiversity and Conservation* (1995), »werden gefällt, und dann lässt man die Stämme im Wald liegen, in der Erwartung, dass sich ein bis drei Monate später Larven aus dem verfaulenden Mark ernten lassen.«

Mr. DeFoliart befürwortet eine Aufnahme der Palmwürmer, die bis zu zehn Zentimeter lang werden, in die »traditionelle Küche von Gourmetqualität, als Delikatesse für Touristen und Großstädter, für die sich die besten Restaurants in den Tropen und Subtropen einsetzen könnten, und vielleicht sogar als Exportschlager«. Bislang hat noch niemand seine Anregung ernst genommen.

Doch damit nicht genug. Die »Bananenlarve« findet man in vielen tropischen Gebieten in umgestürzten Bananenstauden. Die Larven des Bockkäfers, den es in weiten Teilen von Südostasien, in Sri Lanka und auf Papua-Neuguinea gibt, werden in Kokosnussmilch gekocht. (Sammler können bis zu hundert Larven in einem einzigen verfaulenden Baumstamm finden.) Die Larven des Nashornkäfers – wussten Sie, dass dieser das 850fache seines Körpergewichts tragen kann? –

Wurzelbohrerdip

2 Tassen fettarmer Hüttenkäse
1½ Tl Zitronensaft
2 El Magermilch
½ Tasse kalorienarme Mayonnaise
1 El Zwiebel, gehackt
1 El Petersilie, gehackt
1½ Tl Dill
1½ Tl Ehrenpreis
1 Tasse trocken geröstete Wurzelbohrerkäfer

Die ersten drei Zutaten vermischen. Die restlichen Zutaten zugeben und kühlen.

Entomology Department, Iowa State University

werden in Indien, Myanmar, Thailand und auf den Philippinen gegessen. Die winzigen Mehlkäfer, die man zuweilen zu Hause im Mehlsieb findet, werden in Südamerika, im Nahen Osten und in Indien eifrig verzehrt und mit anderen Insekten zu einer ansprechenden Paste vermischt. Prachtkäfer und Junikäfer werden in Südostasien geschätzt, weil sie den Geschmack ihrer Nahrung an sich haben – die Blätter von Tamarinden-, Persimonen-, Pflaumen-, Mango- und Zimtapfelbäumen ...

Am Schluss dieses Kapitels darf natürlich eine Anmerkung über die bekannteste Larve der Welt nicht fehlen: der weiße Mezcal-Wurm – korrekt: die Larve des Dickkopffalters –, der in großen Agaven in Mexiko heranwächst und in manche Flaschen von Mezcal oder Tequila gegeben wird, der aus der gleichen Wüstenpflanze hergestellt wird. In den USA, wo bis vor kurzem mehr Tequila als in Mexiko getrunken wurde, besteht ein Männlichkeitstest darin, den Wurm zu essen oder mit einem Schluck hinunterzuspülen.

Heutzutage wird dieser »Wurm« in Mexiko als exotisches Horsd'œuvre in teuren Restaurants serviert, als wesentlicher Bestandteil der *alta cocina*. »Was Wolfgang Puck für die Pizza getan hat, tun diese Köche für Tacos, Kaktusblätter und Würmer«, hieß es dazu in der *Los Angeles Times*. Die knusprigen braunen Larven werden auch als Taco-Füllung mit einem »Designer-Tequila« hinuntergespült, der bis zu 1000 Dollar die Flasche kosten kann. Inzwischen also ist das 3000 Jahre alte gastronomische Erbe Mexikos, einst von der Mittel- und Oberschicht geschmäht, wieder in.

»Süße« Entomophagiker schließlich können sich einen zuckerfreien Lolli mit Tequilageschmack und einem echten »Wurm« darin über den Versandhandel bestellen.

Links und gegenüber: Bambuslarven – umgangssprachlich »schnelle Autos« genannt, weil sie so schnell krabbeln können – werden mit etwas Knoblauch von einer Angehörigen des Bergstamms der Lisu gebraten.

Unten: Lebende Wasserwanzen, *maengda* genannt, frisch auf einem Thaimarkt mit zusammengebundenen Füßen erstanden, werden zu einem würzigen Dip zerstoßen und dann wegen ihres duftenden Aromas und Geschmacks genossen.

Gegenüber: Einer mexikanischen Tradition zufolge stärke der »Mezcalwurm« – eine Falterlarve – die Potenz und heute befindet sich ein Exemplar in jeder Flasche des Nationalgetränks Mezcal.

Grillen & Zikaden

Was haben Grillen und Zikaden gemeinsam? Eigentlich nur, dass sie sechs Beine haben und für ihre gute Stimme bekannt sind – mir genügt das, um sie ein kulinarisches Duett bestreiten zu lassen.

Beide sind als Snack im Orient beliebt, werden aber aus allen möglichen Gründen im Westen verabscheut. Nicht nur, weil die meisten Westler es ablehnen, irgendein Insekt zu essen, sondern weil ihnen bei einer Grille eine Menge kultureller Ballast in die Quere kommt. Schließlich ist Pinocchios bester Freund und sein verkörpertes Gewissen eine Grille und seit Jahrhunderten gilt eine im Haus oder in der Scheune zirpende Grille als Glücksbringer. Und für viele Menschen sind die Zikaden, die sich an Baumstämme klammern und während der Paarungszeit ein sirrendes Geräusch von sich geben, einfach zu unattraktiv zum Essen, ähneln sie doch großen Kakerlaken und werden bis zu zehn Zentimeter lang. Euro-Amerikaner essen nun einmal keine Zeichentrickfiguren, Glücksbringer und

nichts, was wie eine Kakerlake aussieht.

Grillen sind viel kleiner als Zikaden; es gibt etwa 1500 Arten, die zwischen einem halben und fünf Zentimeter lang sind und alle übergroße Hinterbeine haben, die sich bestens zum Springen eignen. Meist singen sie gern an warmen, trockenen Orten (am liebsten im Kamin) und in vielen Kulturen, vorwiegend in China und Japan, halten Menschen Grillen in kleinen, kunstvoll gearbeiteten Käfigen als Haustiere.

Meist findet man Grillen in und bei Häusern, Scheunen und anderen Gebäuden. Und während manche Menschen sie für Schädlinge halten – sie sollen Seide, Wolle, Papier, Obst und Gemüse kauen oder beschädigen –, werden viele Grillen zu Hause wegen ihres Gesangs oder als Nahrung gehalten. Hier ein Vorschlag der Entomologischen Gesellschaft der Michigan State University: »Man hält sie in einem großen Glasbehälter, der mit Fliegengitter zugedeckt ist. Auf den Boden gibt man eine fünf bis sechs Zentimeter hohe Schicht aus trockenem Sand und stellt drei flache Schälchen darauf. (Gut eignen sich Muschelschalen oder Marmeladenglasdeckel.) In eine Schale gibt man etwas Wasser und ein Wattebällchen, damit die Grillen nicht ertrinken. Feucht halten. In die zweite gibt man leicht feuchten Sand für die Eier. Auf die dritte Schale, nicht auf den Sand, legt man das Futter. Grillen essen fast alles, aber sehr kleine Nymphen lieben weiche Nahrung wie Banane, Apfel oder Salat. Für die größeren Grillen eignet sich trockenes Hundefutter. Für Verstecke etwas zerknülltes Papier hinzufügen. Schmutziges Futter wegwerfen und den Behälter gelegentlich säubern, damit sich kein Schimmel bildet.«

Früher wurden Grillen für Kämpfe gezüchtet, in China einst eine traditioneller Zeitvertreib und eine Spielleidenschaft. In einigen asiatischen Städten werden sie noch heute auf der Straße in Bambuskäfigen verkauft. Aber häufiger sammelt oder züchtet man sie als Nahrung. Philippinische Bauern überschwemmen

Gegenüber: In den berühmten Grillen-Lollis ist eine Grille eingeschlossen – wie in Bernstein.

Eine zirpende Bereicherung auf den Speisekarten

Phnom Penh (Reuters) – Die Bewohner der kambodschanischen Hauptstadt Phom Penh lecken sich die Lippen angesichts einer lokalen Delikatesse: Grillen.

Die saisonale Invasion der Insekten, während des Vollmonds zu Beginn der Regenzeit, gilt als Goldgrube für Fänger und Verkäufer.

Langsam pirschen sich der 35-jährige Bun Vitha und sein 10-jähriger Sohn im Schein einer Straßenlampe an ihre Beute an. »Sie sind gut für uns, wissen Sie, und sie sind köstlich und nicht so billig auf dem Markt«, erklärt Bun Vutha.

Er versetzt einer Grille einen Schlag, liest sie behutsam auf und gibt sie in eine Flasche, die sein Sohn trägt. »Tut mir leid, Grille, aber du wurdest als Tier geboren,

und das ist die Nahrung für uns Menschen«, sagt er.

Uk Heang verkauft Grillen auf dem Zentralmarkt von Phnom Penh. Die 15-jährige Verkäuferin sagt, sie kaufe die Insekten von Grillenjägern, die auf dem Land rund um die Stadt arbeiten. Sie verkauft am Tag etwa 2500 Exemplare, was ihr rund 40 000 Riel (12 Dollar) einbringt. Vier weitere Familienangehörige seien noch im Grillengeschäft.

Chhum Him, der mit ein paar Freunden ein Bier in einem Restaurant in der City trinkt, sagt, er sei ein großer Grillenfan – am liebsten leicht gegrillt mit einer Erdnuss im Leib. »Sie riechen köstlich, wenn sie richtig zubereitet werden«, erklärt er.

7. Juli 1998

Felder, um die Grillen zu fangen, wenn sie an der Wasseroberfläche auftauchen. Dann werden sie gekocht – sie gelangen sogar auf die Speisekarten von Restaurants. In Afrika wird die Grille aus Erdtunneln gefangen und über einem offenen Feuer geröstet.

Gefangene Grillen sollten lebendig im Kühlschrank aufbewahrt werden, dann werden ihre Bewegungen träger und sie lassen sich leichter waschen. Nachdem Sie sie trocken geröstet oder in einer Pfanne gebraten haben, können Sie ihnen vor dem Essen Beine und Flügel entfernen oder sie frittiert als Ganzes essen – außen knusprig, innen zart.

In der klassischen Insektenküche begegnet man den Grillen wahrscheinlich am häufigsten – an vorderster Stelle im ersten Insektenkochbuch, *Entertaining with Insects* (1992) von Ronald L. Taylor und Barbara J. Carter. Sie haben am heimischen Herd Rezepte getestet wie Knuspergrillen, Grillen auf indische Art, Grillenpastetchen Claremont, zirpende gefüllte Avocados, pikante Grillen-Avocado-Leckerbissen, Hüpferpizza, Grillentempura mit Gemüsen oder springender Melonensalat. Reste lassen sich am besten einfrieren.

Eine andere Art von Grillensnack wird von einer Firma in Texas vertrieben: der Cricket-Lick-It, ein durchsichtiger Lolli mit Crème-de-Menthe-Geschmack, der eine echte Grille enthält. Gesundheitsbewusste Esser sollten wissen, dass er keinen Zucker enthält.

Zikaden werden seltener gegessen. Es gibt 2000, meist tropische Arten, man trifft sie aber auch in gemäßigten Zonen an. Während der Paarungszeit im März und im April ist ihr Gezirpe in Japan oft so laut, dass es den Verkehrslärm übertönt. Selbst in Großstädten überziehen sie Baumstämme so dick, dass sie säckeweise geerntet werden können.

In ländlichen Gebieten ist das Fangen entspannter. Nach einem heftigen Nachmittagsregen zieht eine blaue Glühbirne bei Sonnenuntergang die großen Insekten im Flug an, die dann mit einem Netz gefangen werden. Die Männchen werden weggeworfen – wegen ihres etwas penetranten Geruchs – und die Weibchen können roh gegessen, gebraten, geschmort

oder auf einem Bambusspießchen über einem offenen Feuer oder Grill geröstet werden. Häufiger werden sie gedünstet und nach dem Entfernen des harten Rückenpanzers werden sie wie ein Snack gegessen oder mit gekochten Gemüsen serviert. Das zarte, nussige Fleisch kann auch zerstoßen oder im Mixer mit gehackten roten Chilis, in Scheiben geschnittener Zwiebel, Knoblauch und genügend Zitronensaft zu einer dicken Paste vermischt und dann auf Crackers oder Brot gestrichen werden.

Zikaden gibt es manchmal in Zoohandlungen (gewöhnlich als Futter für Reptilien und Amphibien) sowie in Anglerläden. Sagen Sie einfach, Sie würden die Krabbeltiere für Ihre Schildkröte mitnehmen.

Schokoladen-Grillen-Plätzchen

¼ Tasse Mehl
1 Tl Backpulver
1 Tasse gesalzene Butter (Zimmertemperatur)
¾ Tasse weißer Zucker
¾ Tasse brauner Zucker
1 Tl Vanillemark
2 Eier
½ Tasse trocken geröstete Grillen
400 g Schokoladestreusel
1 Tasse gehackte Walnüsse

Den Backofen auf 190 °C vorheizen. In einer kleinen Schüssel Mehl und Backpulver mischen, beiseite stellen. In einer großen Schüssel Butter, weißen und braunen Zucker und Vanillemark cremig schlagen. Die Eier dazugeben. Nach und nach die Mehlmischung und die Insekten gut unterrühren. Die Schokoladenstreusel dazugeben. Dann kleine Häufchen auf ein ungefettetes Backblech setzen. 8–10 Minuten backen.

Iowa State University, Dept. of Entomology

Gegenüber: Aufgrund ihrer Größe, Form und Knusprigkeit sind Grillen eine ideale Zutat für gefüllte Cocktailtomaten. Man schneidet die obere Kappe der Tomaten ab und entfernt das Fruchtfleisch und die Kerne mit einem Teelöffel. Dann füllt man die Tomaten mit Mayonnaise und Grillen und garniert mit dünnen Scheibchen von grünem Chili. *Links:* Mit brauner und weißer Schokolade überzogene Mehlwürmer und Grillen passen nach dem Essen gut zu Digestifs. Lässt man die Enden frei, können die Gäste sie essen, ohne klebrige Finger zu bekommen.

Schmetterlinge & Falter

Bei meinem ersten Aufenthalt in Thailand lernte ich in einem Dorf eine ältere Frau kennen, die vor ihrem Haus an einem Holzfeuer saß. Darauf stand ein Topf mit kochendem Wasser, in dem, wie es schien, etwa ein Dutzend gelber Würmer schwammen. Nacheinander holte sie diese mit einem Bambusstöckchen heraus und begann, mit den Fingern einen goldenen Faden aus ihnen herauszuziehen. Das waren Seidenraupenkokons, das fast erwachsene Stadium des Maulbeerfalters, die einen extrem dünnen, bis zu ein paar hundert Meter langen Faden enthalten – das Ausgangsmaterial für Kleider, Hemden, Anzüge, Schals und verschiedene Accessoires.

Sobald sie die Seide aus dem Kokon herausgeholt hatte, hielt die Frau den übrig gebliebenen kleinen goldenen Leichnam vor mein Gesicht und öffnete ihren Mund, womit sie mir zu verstehen geben wollte, ich solle ihrem Beispiel folgen. Um sie nicht zu beleidigen, tat ich dies.

Ich war angenehm überrascht. Die Raupe schmeckte wie Mais und ich aß noch zwei. Später erfuhr ich, dass dies ein rascher und leichter Snack für die Dorfbewohner war, bei den Kindern beliebt und zuweilen zu gebratenen Gerichten mit Gemüsen hinzugefügt wurde. Selten werden sie weggeworfen, ja in Thailand, China und anderen Ländern, wo es eine Seidenindustrie gibt, sammelt man die Raupen, verkauft sie und isst sie gekocht, gedünstet, gebacken, gebraten oder geröstet, je nachdem, wie man es lokal oder individuell mag.

In China werden sie in Salz eingelegt oder in Wasser eingeweicht und mit Hühnereiern zu Omeletts zubereitet oder einfach mit Zwiebelwürfeln und einer dicken Sauce gebraten. In Thailand, wo das Gesundheitsministerium sie in eine Liste mit Zusatznahrungsmitteln für unterernährte Kinder und Vorschulkinder aufnahm, werden sie gebraten und zu einem groben Pulver gemahlen, das zu Curries und Suppen hinzugefügt wird. Südkorea exportiert sie in Dosen, die in Asienläden selbst in den USA erhältlich sind.

Heute gibt es – von Asien bis Italien – viele Länder mit Seidenraupenfarmen, aber vor ein paar hundert Jahren lag das Seidenraupenzentrum in China, wo – laut Marco Polo – die Raupe auf den Märkten in Hangzhoo verkauft wurde, der chinesischen Hauptstadt im Mittelalter. Später berichtete der französische Missionar Père Favaud, er habe regelmäßig den Verzehr von Seidenraupenpuppen in China erlebt und sich daran beteiligt – sie seien (so zitiert ihn der *Larousse Gastronomique*) – »eine ausgezeichnete Magenmedizin, ebenso kräftigend wie erfrischend, und oft ein erfolgreiches Heilmittel für Kranke«.

Seidenraupenpuppen stellen eines von drei Stadien der unreifen Insekten dar. Die ersten beiden sind die Eier und die Larven, die man im Allgemeinen Raupen nennt. Alle drei – Eier, Larven und Puppen – haben eine lange gastronomische Geschichte, denn Falter und Schmetterlinge, lateinisch *Lepidoptera* genannt, sind ein wichtiger Bestandteil der Ernährung in einigen Teilen der Welt.

Die *Lepidoptera* bilden eine große Ordnung, von denen etwa 80 Arten von 20 Familien als Nahrung verwendet werden, nicht nur in Asien, sondern auch in Afrika südlich der Sahara, wo in manchen Gegenden die große, stachlige Mopaniraupe (die Larve eines großen Nachtpfauenauges) so beliebt ist, dass der Verkauf von Rind und anderem Fleisch spürbar zurückgeht, wenn sie überall im Dorf und auf den Dschungelbäumen herumkrabbeln. Anfang der 1980er Jahre wurde der jährliche kommerzielle Verkauf dieser Raupe vom südafrikanischen Amt für Statistik auf 1600 Tonnen geschätzt. Eine Firma in Botswana mit Verkaufsstellen in Johannesburg verkaufte diese Mopaniwürmer schon im ersten Jahr (1983) mit Gewinn, und zwar getrocknet in großen Tüten, wie andere Trockennahrung.

Man findet sie hauptsächlich in den Savannen von Mosambik und Simbabwe bis Namibia und Südafrika, wo die Dorfbewohnerinnen sie zu Beginn des Frühjahrs sammeln und sich hin und wieder ein Exemplar in den Mund stopfen, nachdem sie geschickt das stechend riechende Innere herausgepult haben. Später verarbeiten die Frauen sie zu Eintöpfen mit Tomaten, Zwiebeln und einem wilden, spinatartigen Gemüse oder braten sie und geben Salz und etwas Zitronensaft dazu. Staatliche Forschungsstellen in Südafrika haben ermittelt, dass schon 20 dieser proteinreichen Raupen den täglichen Bedarf eines Mannes an Kalzium, Phosphor, Riboflavin und Eisen decken.

Laut Gene R. DeFoliart stehen sie mittlerweile »auf den Speisekarten einiger Kleinstadtrestaurants, und der Trend nimmt zu«. Er fügte hinzu, Mopaniraupen ließen sich auch wie Erdnüsse zum Cocktail essen, mit oder ohne Sauerrahmdip.

Die Mopani sind nicht allein. Nach Gene DeFoliart erreicht die Verwendung von *Lepidoptera* als Nahrung ihr Maximum in Afrika, »wo in einigen Ländern über 20 Arten verzehrt werden«. In der Zeitschrift *Biodiversity and Conservation* erklärt DeFoliart: »Etwa 23 Arten von Raupen wurden von Ernährungswissenschaftlern analysiert, die entdeckten, dass der Proteingehalt im Durchschnitt über 63 Prozent beträgt, verglichen zu den mageren 18 Prozent von Rindfleisch. Beide haben etwa gleich viel Kalorien – 100 Gramm Rindfleisch hat 200 bis 300, je nach Fettgehalt, Falterlarven haben 265 –, aber während Rindfleisch etwa 58 Prozent Wasser enthält, bringen es die Raupen auf trockene vier Prozent.« Falterlarven also sind, wie ein anderer Entomologe feststellte, »gut, wenn Sie ein preiswertes Bodybuilding betreiben wollen«.

Der Verzehr von Schmetterlingen und Faltern hat eine lange Geschichte, die bis zu prähistorischen Mahlzeiten zurückreicht, aber normalerweise lassen Euro-Amerikaner sie sich entgehen. In *Swiss Family Robinson*, dem 1813 erschienenen Bericht einer Familie, die auf einer Insel gestrandet war, wurden Falter als Notration gegen Hunger dargestellt. Als

Vincent M. Holt 1885 eine Abhandlung mit dem Titel *Why Not Eat Insects* veröffentlichte, passte er diese Geschichte seiner Argumentation an und setzte sich dafür ein, Falter auf den Speiseplan zu setzen. Leider vergebens.

Weiter heißt es bei Holt, die »Hottentotten« hätten die Raupen in »großen Kalebassen gesammelt und zu ihren Hütten getragen, wo sie sie in Eisentöpfen über einem schwachen Feuer braten und hin und wieder umrühren. Sie essen sie aus der Hand, ohne Würze oder Sauce. Ein Reisender, der dieses Gericht bei mehreren Gelegenheiten probierte, berichtet uns, es sei köstlich, nahrhaft und gesund gewesen und erinnere geschmacklich an gezuckerte Sahne oder süße Mandelpaste.«

Etwa um die gleiche Zeit, da Mr. Holt sich so begeistert in England für die Raupen einsetzte, ernteten Indianerstämme in den nordamerikanischen Kaskade- und Sierragebirgen die großen Raupen des Pandorafalters. »Die ausgewachsene Raupe ist zwischen fünf und sechs Zentimeter lang und so dick wie ein Zeigefinger«, schreibt der Autor von *Insect Fact and Folklore* (1954). »Normalerweise leben diese Raupen hoch oben auf den Kiefern, aber um ins Puppenstadium überzuwechseln, steigen sie in großer Zahl herab, um sich im Boden einzugraben. Kurz davor entzünden die Indianer große Feuer unter den Bäumen und betäuben die Raupen mit dem Qualm. Sie fallen auf den Boden, wo sie in Körben eingesammelt werden. Dann werden sie als Nahrung zubereitet, indem man sie über heißer Asche trocknet oder in Wasser kocht.« Diese Falter werden heutzutage in Nordamerika nur noch selten, wenn überhaupt gegessen.

Von allen Falterlarven ist wahrscheinlich am ehesten die australische Witchetty- oder Akazienbohrerraupe von westlichen Zungen probiert worden. Jahrtausendelang haben die Aborigines die verschiedensten Insekten gegessen. In einem Artikel in *Cultural Entomology Digest* hat Dr. Ron Cherry 1995 behauptet, diese Raupen seien »die wichtigste Insektennahrung der Wüste«. Die Raupen werden gesammelt, indem die

Gebratene Seidenraupen

Nachdem sie ihre Kokons gesponnen haben, röstet man eine gewisse Menge Raupen in einer Bratpfanne, so dass die wässrige Flüssigkeit verdunstet. Die äußere Schale lässt sich leicht entfernen, und darunter kommen kleine gelbe Kügelchen zum Vorschein, die Karpfenrogen ähneln.

Diese werden in Butter, Fett oder Öl gebraten und mit Brühe beträufelt. Nach etwa 5 Minuten werden sie mit einem Holzlöffel zerdrückt und sorgfältig umgerührt, damit nichts am Pfannenboden klebt. Man schlägt einige Eigelb (im Verhältnis 3 zu 100 Raupen) und gibt sie darüber. So erhält man eine herrlich goldgelbe Creme mit einem exquisitem Aroma. So wurde dieses Gericht für die Mandarine und andere Reiche zubereitet. Die Armen hingegen grillten die Raupen, entfernten die Außenschale, brieten sie in Butter oder Fett und würzten sie mit etwas Salz, Pfeffer oder Essig oder aßen sie einfach so mit Reis.

Père Favaud

Gegenüber: Seidenraupen-
Gegenüber: Seidenraupen-
züchter wissen fast überall
über den Nährwert der
Kokons Bescheid. In einem
auf die Seidenherstellung
spezialisierten Thaidorf werden die Puppen während des
Spinnens regelmäßig als
Snack gegessen.

Wurzeln des Akazienbuschs (auch Witchety-Busch
genannt) ausgegraben und zerhackt werden, um die
Raupen darin freizulegen. »Zehn große Raupen genügen«, schreibt Dr. Cherry, »um den täglichen Protein-
bedarf eines Erwachsenen zu decken.«

Solche Eingeborenennahrungsmittel nennt man in
Australien »bush tucker« und in einem oder mehreren
Gerichten, die man in schicken Restaurants findet, die
heute diese Küche in Sydney, Melbourne oder Perth
anbieten, ist diese Raupe enthalten. Ursprünglich
wurde sie roh oder in Asche gekocht gegessen, heute
wird sie dem euro-amerikanischen Geschmack entsprechend geröstet und mit einer eisgekühlten Dose
Foster's Lager serviert oder mit Gemüsen pfannengerührt, vielleicht mit Känguru als Beilage. »Tucker trips«
gehören zu den beliebtesten Expeditionen in- wie aus-
ländischer Besucher im tropischen Norden Australiens
und im Outback um Alice Springs, wo die Leute absurd

viel Geld dafür bezahlen, diese Larven lebendig zu
jagen und zu sammeln.

Obwohl das Larven- oder Raupenstadium von Faltern (seltener von Schmetterlingen) am beliebtesten ist,
werden durchaus auch ausgewachsene Falter gegessen.
So schwelgten die Aborigines wie die gestrandete
Schweizer Familie Robinson auch in Bogong-Faltern,
die sie während der Wintermonate in den Höhlen und
Felsspalten der Bogong-Mountains ernteten. In heißem
Sand oder heißer Asche wurden die Flügel und Beine
abgesengt. Dann wurden die Falter gesiebt, um die
Köpfe zu entfernen, zu Bällchen verknetet und im
offenen Feuer gebraten oder zu Pulver zermahlen und
mit Wasser zu einer Paste verarbeitet, die in häppchengroßen Kuchen gebacken wurde.

Natürlich kann ein einzelner Falter oder Schmetter-
ling oder eine Larve nicht einen leeren Magen füllen
oder auch nur als Snack genügen. Die Ernte ist also
etwas mühsam. Doch in Teilen von Südafrika kann
ein Mensch rund 20 Liter einer einzigen Raupenart
sammeln, wenn der Busch es hergibt, und durch den
Verkauf einer siebentägigen Ernte so viel wie ein nor-
maler Arbeiter im Monat verdienen.

Sammler und Händler legen heute mehrere hundert
Kilometer während der vorgeschriebenen Erntezeit
zurück, die im November beginnt, damit die Raupen
bis zur Ernte groß werden, und im Dezember endet,
damit für die nächste Saison noch genügend »Nach-
wuchs« da ist. Doch mittlerweile stürzen sich so viele
Sammler darauf, dass Beamte eher sie als die Raupen
für die größere Gefahr für den nationalen Waldbestand
halten, weil sie die Bäume und das Unterholz beschädigen. Das Saisonende lässt sich auch nicht streng ein-
halten.

Dazu ein Entomologe in *The Food Insects Newsletter*: »Den Leuten fällt es eben sehr schwer, mit dem
Sammeln dieser süßen Köstlichkeit aufzuhören!«

Köstliche Insekten

»Ich glaube, in *Swiss Family Robinson*
steht ein kluger Bericht über einige Reisende, die nachts durch einen Wald bei
Fackellicht wanderten und sich sehr
ärgerten über große Falter, die immer
wieder die Fackeln mit ihrer selbstmörde-
rischen Liebe zum Licht löschten. Doch
ihr Ärger verwandelte sich in Freude, als
die hungrigen Wanderer, verlockt vom
appetitlichen Duft der gerösteten Falter,
ihren Hunger teilweise mit den Selbst-
mördern zu stillen wagten, die ihnen hervorragend mundeten. Ich glaube, diese
fantasievolle Schilderung beruht wahrscheinlich auf den echten Gewohnheiten
der Eingeborenen, die der weitgereiste
Autor des Buches beobachtet hat. Später
habe auch ich diese Leckerbissen probiert und so erfüllte sich der durch die
Lektüre dieses Buches angeregte Traum
meiner Kindheit völlig, denn ein schön
gebackener dicker Falter schmeckt und
riecht einfach köstlich. Versuchen Sie sie,
seien Sie Epikuräer! Was spricht gegen
den Genuss eines Lebenwesens, das
außen so wunderschön und innen so süß

ist – ein Wesen, das sich von Nektar
ernährt, der legendären Nahrung der Göt-
ter?

»Die meisten gemeinen Falter ...
haben schöne fette Leiber und sollten auf
jeden Fall als Nahrung verwendet werden,... diese lebenden Speicher von Nektar, der aus den zartesten Blüten
gesammelt wurde! Sie opfern sich auch
freiwillig und nachdrücklich auf dem Altar
unserer Lampen, wenn wir an lauen
Sommerabenden am offenen Fenster sitzen. Sie braten und grillen sich selbst vor
unseren Augen, als wollten sie sagen:
›Verführt euch nicht der süße Duft unserer gerösteten Leiber? Bratet uns mit Butter, wir sind köstlich. Kocht uns, grillt uns,
gart uns – wir sind auf jede Weise gut!‹«

Vincent M. Holt,
Why Not Eat Insects, 1885

Fliegen & Libellen

Glaubt man ihren Fans, ist die Libelle ein wunderbares Tier, das älter ist als die Dinosaurier, eine exotische Schönheit, die denen, die sie essen, ekstatische Schreie entlockt, wenn sie sie mit ihren Netzen fangen. Die gewöhnliche Fliege dagegen löst keine Begeisterung aus, sondern Flüche, und sie wird auch nicht behutsam mit feinen Netzen gefangen, sondern mit übelriechenden Sprays, klebrigen Papierstreifen, die von der Decke hängen, und zusammengerollten Zeitungen erlegt.

Beide lassen sich gut essen, im Larven- wie im Erwachsenenstadium. Fliegenlarven? Sind das denn nicht... äh... Maden? Richtig. Aber Maden genießen zu Unrecht einen schlechten Ruf. Ihr hoher Proteingehalt – etwa 60 Prozent – lässt sie besonders begehrenswert erscheinen in Gegenden, wo das konventionelle Proteinangebot begrenzt ist. Die Nachrichtenagentur Zinhua in Peking setzte den Proteingehalt mit 50 Prozent an und behauptete, mit dem aus ihnen erzeugten fettarmen Öl ließen sich Herzkrankheiten verhindern.

»Wenn man die Larve der echten Fliege als Nahrung in Betracht zieht, sollte man wohl einen anderen Begriff als ›Made‹ verwenden«, schrieb Gene DeFoliart 1994 in *The Food Insects Newsletter*. »Die natürlichen Lebensräume, mit denen viele dieser Arten normalerweise in Verbindung gebracht werden, wecken ziemlich unangenehme Vorstellungen.«

Maden und Fliegen haben in der Tat eine merkwürdige Ernährungsweise, zumindest nach menschlichen Standards. Sie fressen beinahe alles: Fleisch, das schlecht wird, faulendes Obst und Gemüse, andere Insekten, und sie saugen alles durch eine Art Rüssel ein. (Keine Fliege kann kauen.) Dann fliegen sie herum, landen irgendwo, putzen sich und – es lässt sich nicht verleugnen – verbreiten Keime.

Es gibt mindestens 60 000 verschiedene Fliegenarten, die praktisch überall leben, sogar in der Antarktis. Die gemeine Stubenfliege wird vom Menschen am häufigsten erblickt und mit gutem Grund verabscheut.

Die meisten Geschichten über den Verzehr von Fliegen haben etwas mit primitiven Stämmen oder Eingeborenen in unentwickelten Gegenden zu tun. Beispielsweise legten Schnepfenfliegen ihre Eier auf Pflanzen ab, die über Bächen hingen, wo die Weibchen bald darauf starben. Als immer mehr Fliegen ihre Eier ablegten, trieben immer größere Massen von Insektenleichen den Bach hinunter, was die Modoc-Indianer von Kalifornien dazu anregte, den Bach einzudämmen und dann die Büsche zu schütteln, so dass die toten Insekten ins Wasser fielen. Als sie beim Damm ankamen, fischten die Modocs sie einfach heraus.

»Über 3000 Liter konnten auf diese Weise pro Tag geerntet werden«, stellte *Insect Fact and Folklore* (1954) fest. »Die Indianer holten die Fliegen mit einem Korb aus dem Wasser und brachten sie zu ihren Öfen, wo sie gebacken wurden. Sie wurden nicht sofort herausgeholt, sondern man ließ sie langsam abkühlen. Dieses Gericht nannten die Indianer ›Koo-chab-bie‹. Kalt hatte es etwa die Konsistenz von Schweinskopfsülze und war so fest, dass es sich in Scheiben schneiden ließ.« Die Modoc-Indianer existieren längst nicht mehr, aber Eintagsfliegen werden noch immer im tropischen Afrika ebenso wie in Mexiko als Nahrung

---

Ein fliegendes Wunder

Mitglieder einer Organisation, die sich Libellengesellschaft von Amerika nennt und Safaris mit großen Schmetterlingsnetzen organisiert, staunen über die Geschwindigkeit und Geschicklichkeit ihres Lieblingstiers. Ausgestattet mit den scharfen Augen eines Raubtiers und einem luftakrobatischen Talent, das die US-Air Force zu messen versuchte, ist es kein Wunder, dass sie »Moskitofalken« genannt werden und der Dichter Alfred Lord Tennyson sie als »lebende Lichtblitze« bezeichnete.

Flugzeugingenieure lassen sie in Windkanälen fliegen und hängen sie an Kraftmessgeräte, um herauszufinden, wie sie von Null auf fünfzig Kilometer pro Stunde beschleunigen und dann blitzschnell auf einem Zehncentstück stoppen, wie ein Kolibri in der Luft stehen und pfeilschnell rechts, links, rückwärts und verkehrt herum auf eine Weise dahinschießen, die jeder konventionellen Flugtheorie spottet. Aber wenn es nach deren Logik ginge, meinten die Flugzeugingenieure, könnte die Hummel unmöglich fliegen, weil sie zu schwer für ihre Flügel ist.

Balinesische Jugendliche jagen Libellen mit einem langen, dünnen Bambusstreifen, der mit dem klebrigen Saft des Jackfruchtbaums überzogen ist. Dieser Streifen wird ins obere Ende eines langen Bambusstocks gesteckt, der dann geschwungen wird, um die Libelle zu berühren, wenn sie sich auf einem Grashalm niederlässt. Nach dem Entfernen von Beinen und Flügeln ist das Insekt kochfertig.

geschätzt. Und inzwischen wird die Rolle solcher Insekten für die Ernährung von Entomologen an mehreren amerikanischen und europäischen Universitäten untersucht.

Ausgiebig erforscht man auch die Verwendung von Waffenfliegenlarven als essbares Protein für das Vieh. Craig Sheppard, Entomologe an der University of Georgia, schätzt, wenn man den Mist aus einer großen kommerziellen Hühnerfarm (mit mindestens 100 000 Vögeln) mit Waffenfliegeneiern impfen würde, ließen sich in fünf Monaten 66 Tonnen Tierfutterlarven erzeugen. Sie können gekocht, getrocknet und mit konventionellem Viehfutter vermischt werden.

Ähnlich zubereitete Fliegenlarven eignen sich auch für uns, selbst die, die sich auf verwesendem Fleisch befinden. Das Fleisch wird in eine Box mit Öffnungen in den unteren Ecken getan. Unter die Öffnungen werden Behälter zum Aufsammeln der Larven gestellt, die in die Ecken kriechen und dann in die Behälter fallen. Anschließend werden sie in kaltem Wasser gewaschen und gekocht. Man kann sie mit Gemüsen im Wok braten, zu gebratenem Reis mit Zwiebeln und Chilis geben oder in einem Eintopf oder einer Suppe kochen. Sie können auch geröstet oder gegrillt werden.

Am Polarkreis legt eine Dasselfliegenart ihre Eier auf dem Rücken der Karibus ab. Wenn die Larven aus den Eiern schlüpfen, graben sie sich ins Fell ein, um sich darin zu ernähren, und wenn sie wachsen, bilden sich beulenartige Schwellungen. Die ausgewachsenen Larven verlassen das Fell und fallen auf den Boden, wo die Fliegen ausschlüpfen. Die Dogrib-Indianer im nördlichen Kanada, die Karibus als Lasttiere hielten und sich von ihnen ernährten, drückten die Schwellungen aus, so dass die reifen Larven herausfielen. Normalerweise wurden sie lebendig verzehrt, und wenn ein ausgewachsenes Karibu geschlachtet wurde, kochte man sie zusammen mit dem Fleisch. Maden werden auch in Afrika gegessen, und zwar tot oder lebendig, wenn man beim Schlachten entdeckt, dass andere große Tiere davon befallen sind.

Rechts: Üblicherweise geben die Balinesen Libellen zu einer zerstoßenen Mischung aus Kokosnusspaste, fermentierter Fischpaste, Knoblauch, Chilis, Tamarindensaft, Basilikumblättern, Ingwer und Limonensaft. Eingewickelt in Bananenblattpäckchen ergibt dies eine Variante von *pepes,* einem verbreiteten Gericht. *Gegenüber:* Maden mit gebratenem Reis, in ganz Asien verbreitet, werden aus Resten von gekochtem Reis, trocken gerösteten Maden, gehacktem Knoblauch und Paprikastreifen zubereitet und mit Fischsauce, Sojasauce, Zucker, Schalotten, Frühlingszwiebeln und Korianderblättern gewürzt.

Dr. Ed Dresner berichtete in einem Leserbrief an *The Food Insects Newsletter* (1994), er habe während eines Projekts auf Hawaii die Larven der Orientalischen Fruchtfliege gegessen. »Ich und die meisten meiner Wanderkameraden haben die Früchte begeistert gegessen und der Larvenbefall hat uns überhaupt nichts ausgemacht. Für mein Empfinden haben die Früchte wegen der Larven etwas weniger sauer geschmeckt.« Und Tom McRae, ehemaliger Forschungsleiter des Fachbereichs Entomologie an der University of Queensland in Australien, schrieb mir, erwachsene Fruchtfliegen ließen sich leicht in großen Kulturen züchten und »sind damit eine ausgezeichnete Massenquelle von Insektenprotein«. Man tötet sie durch Gefrieren, wäscht, trocknet und brät sie mit fein gehackten Zwiebeln, Butter und einer Prise Ingwer.

Fliegenlarven, die vorwiegend als Nahrung für Haustiere verkauft werden, sind auch preiswert – 500 Stück kosten im Versandhandel fünf Dollar, 1000 nur 7,50 Dollar. Während man Maden leicht sammeln oder kaufen kann, ist dies bei Fliegen nicht der Fall. Im Handel sind vor allem flügellose Arten, die von Zoohandlungen zum Füttern von Reptilien verkauft werden.

Auch Libellen sind schwer zu fangen, aber überaus geschätzt. Ihr Leben beginnt unter Wasser, wo sie sich an ein Schilfrohr klammern und Protozoen, sogar Kaulquappen und winzige Elritzen verzehren. Nach einem Jahr krabbeln die Nymphen an einem Pflanzenstängel aus dem Wasser und trocknen aus, während sich die Flügel und Beine bilden. Nach zwei bis fünf Stunden beginnen die Tiere zu fliegen und nach einer Mahlzeit zu suchen. Ihre Beute fangen sie im Flug – pro Tag sollen sie bis zu 300 Mücken und andere kleine Insekten fressen.

Meist werden sie mit Netzen gefangen, aber weil Libellen gern am Ende eines Stocks oder Schilfrohrs über dem Wasser sitzen, präparieren manche Jäger diesen Sitz mit einer klebrigen Substanz, an der sie wie gewöhnliche Fliegen auf Fliegenpapier hängen bleiben. Auf Bali, wo Libellen als besonderer Leckerbissen gelten, gehen die Jäger mit langen Stöcken, die mit einem klebrigen »Köder« versehen sind, auf die Jagd und nachdem sie die Beine und Flügel abgezupft haben, grillen sie ihren Fang mit Reis, Kräutern und Gewürzen in Bananenblattpäckchen.

Einige Libellenjäger züchten die Nymphen zu Hause in Aquarien. In prähistorischer Zeit hatten sie eine Flügelspannweite wie ein heutiger Sperber oder eine große Krähe, doch die heutigen rund 5500 Arten sind viel kleiner, so dass eine oder zwei noch lange keinen leeren Magen füllen.

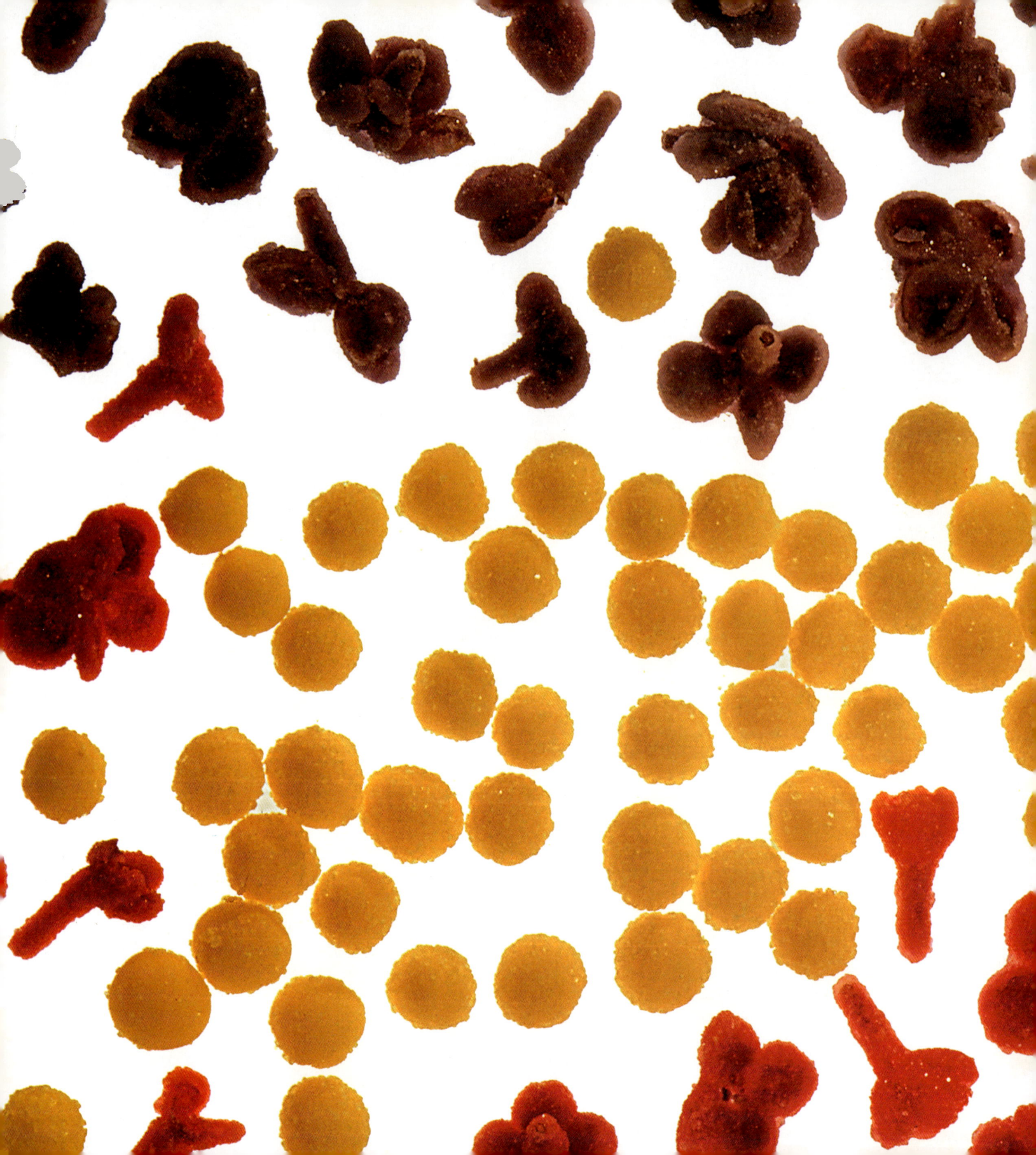

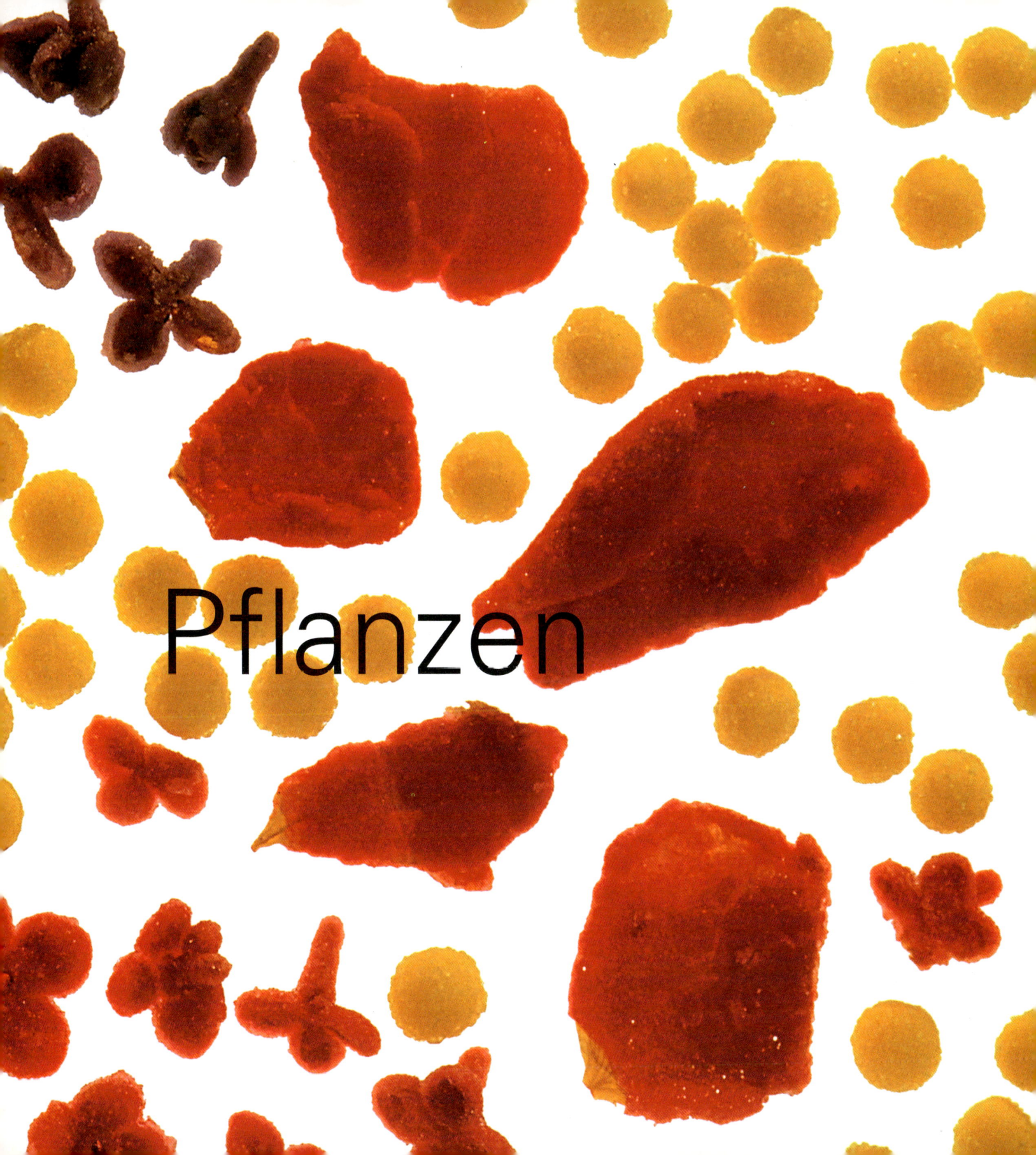

Pflanzen

Pflanzen

Pflanzen sind Wunderwesen, die aus einer Kombination von Sonnenlicht, Wasser und Erde entstehen und in hunderttausenderlei Arten vorkommen. Wissenschaftlich gesprochen, sind sie vielzellige Organismen, die Nahrung aus Sonnenlicht und anorganische Materie durch Fotosynthese erzeugen und deren Zellwände Zellulose enthalten.

Die meisten Pflanzen, aber nicht alle, sind essbar. Ein Kapitel in diesem Abschnitt heißt »Giftpflanzen« und darin wird erklärt, dass manche Nahrungsmittel auf eine vorgeschriebene Weise verarbeitet werden müssen, um die Gefahr zu beseitigen oder zu verringern, oder nur in kleinsten Mengen verzehrt werden dürfen. Man fragt sich natürlich, wie so etwas herausgefunden wurde und warum sich jemand die Mühe machte, obwohl so viele Menschen bei den frühen Experimenten krank wurden oder starben. Maniok beispielsweise ist tödlich, wenn er nicht gekocht wird, doch heute ist er eine der Top-Kohlenhydratquellen der Welt, wenn er richtig behandelt wird.

Historiker glauben, dass Pflanzen traditionellerweise von den Frauen gesammelt wurden, während die Männer auf die Jagd nach Mammuts und anderem Großwild gingen. »Die Jagd war eine aufwendige Angelegenheit – die Dramatik des Jagens und die triumphale Heimkehr sind noch heute in den Zeremonien vieler primitiver Stämme enthalten –, während das Sammeln auf stiller Geduld und jener Art von Ausdauer beruhte, die kontinuierlich statt (wie bei der Jagd) sporadisch war«, schreibt Reay Tannahill in ihrem Klassiker *Food in History* (1995). »Aber auch wenn diese Aufgabe wenig aufregend war, stellten die Nahrungsmittel, die die Frauen sammelten, mehr als nur eine Ergänzung zum Fleisch dar. Wenn die Jagd bescheiden ausfiel, mussten alle davon leben.«

So entstand die Landwirtschaft denn auch, bevor Tiere domestiziert wurden, und zwar mit dem Anbau von wildem Weizen und wilder Gerste im heutigen Nahen Osten. Das Sammeln spielt noch immer eine wichtige Rolle in vielen Teilen der unterentwickelten Welt, während anderswo die Landwirtschaft dominiert. Nach wie vor sind Pflanzen von überragender Bedeutung für die menschliche Ernährung – sogar unsere Fleischquellen hängen von ihnen ab.

Wie in anderen Abschnitten des Buches gilt auch hier: Die Pflanzen, mit denen wir uns befassen, können in einem Teil der Welt geschätzt, in einem anderen aber verschmäht oder ignoriert werden. Manche, wie Keluak, eine karibische Frucht, dürfen in die USA nicht importiert werden, weil sie als lebensgefährlich gelten, und die Durian aus Südostasien wird von vielen Fluggesellschaften und Hotels wegen ihres üblen Gestanks nicht angeboten.

Eine andere Pflanze, der Kaktus, wird seit Jahrtausenden mit manchen Gegenden oder bestimmten Gruppen wie den amerikanischen Indianern assoziiert und findet daher außerhalb dieser Gegenden oder ethnischen Gruppen nur wenig Anhänger, vielleicht wegen der Stacheln. Während Blüten mittlerweile in der Frühlingssalatmischung in ausgewählten Supermärkten auftauchen, halten die meisten Euro-Amerikaner sie immer noch eher für dekorativ als für köstliche und bekömmliche Zutaten zum Essen.

In den 1960er und 1970er Jahren, im Gefolge der von den Hippies gepflegten Zurück-zur-Natur-Bewegung und eines neuen Interesses an Bionahrungsmitteln und medizinischen Kräutern, gewannen wilde Pflanzen als Nahrungsmittel mehr Aufmerksamkeit. Bücher von Euell Gibbons, vor allem *Stalking the Wild Asparagus* (1987), und anderen Autoren wurden Bestseller. Es entwickelten sich Nischenmärkte, und viele neue Lebensmittel, die zunächst in so genannten »Bioläden« angeboten wurden, waren kommerziell erfolgreich.

Vorhergehende Doppelseite:
Kandierte Blüten vom berühmten Feinkosthändler Fauchon in Paris – pink- und malvenfarbener Flieder, Rosenblütenblätter und Mimosen.

Essbarkeitstest für Pflanzen

Hier ein Auszug aus dem *U.S. Army Survival Manual*, dem Überlebenshandbuch der US-Army, das 1994 neu aufgelegt wurde als »beste Anleitung zur Abhärtung eines Zivilisten, an jedem Ort der Welt«.

»1. Testen Sie jeweils nur einen Teil einer potenziellen Nahrungspflanze.

? Zerlegen Sie die Pflanze in ihre Grundkomponenten – Blätter, Stängel, Wurzeln, Knospen und Blüten.

3. Riecht die Pflanze streng oder säuerlich? Achtung: Der Geruch allein ist noch kein Anzeichen für Essbarkeit.

4. Essen Sie 8 Stunden lang nichts, bevor Sie mit dem Test beginnen.

5. In diesen 8 Stunden testen Sie auf Kontaktvergiftung, indem Sie ein Stück von der Pflanze in Ihre Ellbogenbeuge oder auf ihr Handgelenk legen. Eine Reaktion erfolgt gewöhnlich nach 15 Minuten.

6. In der Testphase nehmen Sie nichts anderes in den Mund als reines Wasser und den zu testenden Pflanzenteil.

7. Bereiten Sie etwas von einer einzigen Komponente so zu, wie Sie sie essen wollen.

8. Bevor Sie den zubereiteten Pflanzenteil in den Mund stecken, berühren Sie mit einer Messerspitze davon die Außenseite der Lippe, um zu testen, ob es brennt oder juckt.

9. Erfolgt nach 3 Minuten keine Reaktion an Ihrer Lippe, legen Sie den Pflanzenteil auf Ihre Zunge und lassen ihn dort 15 Minuten lang liegen.

10. Erfolgt keine Reaktion, kauen Sie eine Messerspitze davon gründlich und behalten Sie sie 15 Minuten lang im Mund. NICHT HINUNTERSCHLUCKEN!

11. Wenn in diesen 15 Minuten kein Brennen, Jucken, Betäuben, Stechen oder kein anderer Reiz erfolgt, schlucken Sie die Nahrung hinunter.

12. Warten Sie 8 Stunden ab. Treten in dieser Zeit irgendwelche Krankheitsanzeichen auf, leiten Sie das Erbrechen ein und trinken Sie viel Wasser.

13. Treten keine Krankheitsanzeichen auf, essen Sie eine halbe Tasse von dem gleichen Pflanzenteil, der auf die gleiche Weise zubereitet wird. Weitere 8 Stunden abwarten. Treten keine Krankheitsanzeichen auf, lässt sich der so zu bereitete Pflanzenteil sicher essen.«

Ferner wird empfohlen, alle Teile der Pflanze zu testen, da manche Pflanzen sowohl essbare wie nicht essbare Teile haben. Man darf auch nicht davon ausgehen, dass ein Teil, der sich gekocht als essbar erwiesen hat, auch roh essbar ist.

Das scheint so aufwendig zu sein, dass es leichter ist zu verhungern.

Giftpflanzen

Als Sam Sebastiani Jr., Mitglied einer der prominentesten Weinerzeugerfamilien von Kalifornien, 1997 nach dem Genuss von Pilzen starb, die er in der Nähe seines Hauses gesammelt hatte, war dies für die Medien ein gefundenes Fressen. Jemand, dessen Reichtum und Ruhm sich auf dem Anbau von Weintrauben gründete, war einer anderen Pflanze zum Opfer gefallen. Es war, als wäre Henry Ford beim Spazierengehen von einem Buick überfahren und getötet worden. Was für eine Ironie des Schicksals – und wie dumm –, sagten die Leute, während Zeitungs- und Fernsehreporter mit ihren Kamerateams in die Wälder sausten, um Pilze zu fotografieren.

Fast alle Pilze – Pflanzen ohne Chlorophyll und ohne Blüten – sind nicht nur essbar, sondern haben einen größeren Nährwert als grüne Gemüse. Folglich werden viele Sorten in jedem Supermarkt verkauft. Andererseits sind manche Pilze tödlich giftig – am heimtückischsten sind die Angehörigen der Pilzgattung, die Mr. Sebastiani und seine Freunde gesammelt haben: die *Amanita*. Diese Pilzgattung enthält ein paar Arten, die überaus giftig sind. Es gibt zwar viele essbare *Amanita*, aber wenn man die falschen isst, führt dies zu choleraartigem Durchfall, Dehydrierung, Erbrechen, Unterleibsschmerzen, Delirium, Krämpfen oder – wie es dem jungen Winzer erging – zu Tod durch Leber- und Nierenversagen.

Merkwürdigerweise haben viele Menschen, die diesen Pilzen zum Opfer fielen, sie nicht mit essbaren

Vettern verwechselt: Sie wussten, dass dies der durch Lewis Carroll in *Alice im Wunderland* berühmt gewordene Fliegenpilz war, und sie aßen ihn ganz bewusst. Wenn man nicht zu viel davon isst, geht man auf einen wunderbaren Trip. Viele Pflanzen wurden im Laufe der Jahrhunderte gegessen, weil man davon high wird, und mehrere erwiesen sich als tödlich, wenn sie in zu großen Mengen verzehrt wurden.

Der *Amanita muscaria* oder Fliegenpilz ist, neben einem Korb voller anderer Pilzarten, nur eine von vielen Leib und Leben bedrohenden Pflanzen, die als Nahrung konsumiert werden, mehrere ganz gezielt. Entscheidend dabei ist, dass manche Pilze töten können, sogar wenn sie gekocht werden, während mehrere andere Giftpflanzen durch die richtige Verarbeitung sicher werden.

Wie kam man bloß dahinter, dass solche gefährlichen Nahrungsmittel nicht nur essbar, sondern auch genießbar und in vielen Fällen nahrhaft sind? Wie viele kulinarische Pioniere mussten erst aus Unwissenheit oder Neugier tot umfallen oder krank werden, bevor die richtige Zubereitung entdeckt wurde? Diese Gerichte entstanden nicht über Nacht, sondern entwickelten sich langsam. Irgendwann kreierte jemand aus einer gefährlichen Pflanze ein Nahrungsmittel, das in eine exotische und geschätzte Delikatesse Eingang fand, oder man entdeckte beispielsweise eine der berühmtesten Stärkequellen der Welt, den Maniok.

Maniok, auch Kassava und in Lateinamerika *yuca* oder *mandioca* genannt, ist eine weiße, stärkehaltige tropische Knollenpflanze, die ursprünglich in Brasilien heimisch war und sich zur Zeit von Kolumbus bis zu den Westindischen Inseln und dann rasch nach Afrika und Asien verbreitete, wo sie heute ein wichtiges Hauptnahrungsmittel ist – die am weitesten verbreitete Giftpflanze, die von sehr vielen Menschen gegessen wird. Sie wächst in heißem, feuchtem Milieu, ist widerstandsfähig gegen Dürre und Insektenschädlinge,

Tapioka-Katastrophe

1972 drohte Tapiokapudding einen Frachter vor der Küste von Wales zu versenken, als in einer Holzladung in den oberen Laderäumen ein Feuer ausbrach. Das Löschwasser drang in die unteren Laderäume ein, wo 1500 Tonnen Tapiokakügelchen aus Thailand lagerten. Das Wasser ließ sie aufquellen, und in der Hitze des Feuers begannen sie zu kochen. Die Feuerwehr erklärte, die Stahlplatten des Rumpfs hätten sich verbiegen können, wenn sie das Ufer nicht so schnell erreicht hätten. Etwa 500 Lastwagenladungen Tapiokapudding wurden auf die örtliche Mülldeponie gekippt.

bedarf nur geringer Pflege und stellt eine wertvolle Kohlenhydratquelle für Menschen dar, die kaum andere Feldfrüchte anbauen können.

Maniok wird auch zur Herstellung von Tapioka verwendet, einer Stärke für Puddings und zum Andicken. Als ich in den USA aufwuchs, nannten mein Bruder und ich die kleinen Stärkekügelchen in der Tapiokaschüssel, die wir manchmal zum Nachtisch bekamen, »Fischaugen«. Eis wäre uns lieber gewesen.

Es gibt zwar viele Sorten Maniok, aber nur zwei Hauptkategorien: bitter und süß, und erstere ist lebensgefährlich, da sie im ungekochten Zustand tödliche Mengen von Linamarin enthält, das Hydrozyanidsäure freisetzt – gemeinhin Blausäure genannt. Als Kind hatte ich davon natürlich keine Ahnung.

Der Maniok ist eine Strauchpflanze, die ein bis drei Meter hoch wird, große, flache Blätter und grüne Blüten hat, die ebenfalls – wie Spinat gekocht – gegessen werden dürfen. Nach einem halben bis zu zwei Jahren wird der ganze Strauch ausgegraben und die Wurzeln werden wie Kartoffeln geerntet. Die Knollen unterscheiden sich nach Form, Anzahl, Farbe und Größe und können bis zu dreißig Pfund wiegen. Je länger sie im Boden bleiben, desto mehr Stärke enthalten sie.

Das Fleisch unter der Schale ist knackig, wie bei den meisten Wurzelfrüchten, und beide Varietäten sind kalorienreich (262 Kalorien je 100 Gramm) und enthalten viele Kohlenhydrate, aber nur geringe Mengen Proteine, Vitamine und Mineralien. Daher bezeichnet man Maniok gern als angenehmen »Füller«, der den Hunger billig unterdrückt, ansonsten aber wenig anderes bietet.

Kommerziell wird Maniok im allgemeinen innerhalb von 24 Stunden verarbeitet, damit er nicht so viel Stärke verliert. Zuerst wird er gewaschen, dann geschält und zu einer groben, breiartigen Mischung aus Fruchtfleisch, Saft und Stärke geraspelt. Anschließend wird er mit Schwefeldioxidgas oder einer Natriumbisulfatlösung behandelt, um eine Verfärbung zu verhindern und die Bakterienentwicklung zu verzö-

gern. Durch wiederholtes Spülen mit sauberem Wasser und Filtern wird die Stärke entzogen. Diese wird schließlich mit heißer Luft getrocknet und gesiebt. Das Ergebnis ist Maniokmehl, das für Kuchen, Suppen, Eintöpfe und Brot verwendet wird.

In Eingeborenendörfern wird er natürlich einfacher behandelt. Nach dem Schälen, Schnitzeln und Zerreiben wird er gründlich gewaschen und in eine lange, zylindrische »Presse« aus Stoff mit Schlaufen an beiden Enden gestopft. Eine Schlaufe wird an einen Ast gebunden, die andere stark beschwert, so dass die Presse an Länge zu- und an Umfang abnimmt. Der austretende Saft wird in einem Gefäß darunter gesammelt. Die in der Presse verbliebene Paste wird zu kleinen Fladen geformt und auf einem Stein oder einer Keramikscheibe über einem offenen Feuer gebacken. In manchen Gegenden werden diese Fladen so lange gebacken, bis knusprig sind, in anderen nur leicht geröstet, so dass sie weich und geschmeidig bleiben. Davon werden Stücke abgerissen, die mit gekochter Fischpaste bestrichen und wie offene Sandwiches serviert werden.

Der aufgefangene Saft kann gekocht und zum Andicken von Suppen verwendet werden. Zusätzliches Kochen und Trocknen an der Sonne ergibt das so genannte *casareep*, das zum Aromatisieren dient und besonders beliebt in Guyana ist, wo es praktisch in jedem Gericht auftaucht. In der Karibik ist es die Basis für den berühmten Pfeffertopf.

Die Wurzel kann auch wie eine Kartoffel gebraten werden, wobei die starke Hitze das Gift entzieht.

Man kann sie aber auch schälen, in Scheiben schneiden und zwei oder drei Tage an der Sonne trocknen und für eine spätere Verwendung aufbewahren. Die Knollen können auch gelagert und dann, wie oben beschrieben, gewaschen, geraspelt und weiter verarbeitet werden.

Schließlich kann Maniok natürlich noch zu einem berauschenden Getränk vergoren werden. (Gibt es irgendein botanisches Produkt auf der Welt, das nicht in Schnaps verwandelt wird?) Seit Jahrhunderten bereitet man es auf die gleiche Weise: Die zerschnittene und geraspelte Knolle lässt man in Wasser gären, wobei der Prozess durch Zugabe von etwas gekauter Wurzel unterstützt wird. Der Alkohol wird dann in Flaschenkürbissen gelagert.

Maniokmehl kann man auch zu Hause herstellen. Man schält die Wurzel, reibt das Fleisch zu einem Brei, der dann in ein Tuch eingewickelt und in einen Behälter mit Wasser getaucht wird. Man knetet so lange, bis ein weißes Pulver austritt und auf den Boden des Gefäßes sinkt. Das Wasser wird abgegossen und der Rückstand an der Sonne zwei oder drei Tage lang getrocknet. Das Mehl trocknet meist in Klumpen, die sich mit einer Flasche oder einer Teigrolle fein rollen lassen. (Interessante Anmerkung: Wenn die Paste an der Sonne trocknet, bleibt sie weiß, aber bei Bewölkung wird das Mehl rosa.)

Das Mehl gibt es natürlich auch im Handel. Es wird in kleinen Mengen zu Reismehl getan, um südostasiatischen und chinesischen Teigwaren einen durchsichtigen Schimmer und einen gewissen Biss zu verleihen. Mit der gleichen Menge Taromehl vermischt, wird es mit Wasser zu Teighüllen verarbeitet, die mit chinesischen Pilzen, Schweinefleisch, getrockneten Shrimps und Fischen, chinesischem Schnittlauch, Winterbambussprossen und getrocknetem Bohnenquark gefüllt werden. Diese Knödel lässt man in Wasser oder Brühe ziehen. Der pappige Pudding mit den Tapiokakügelchen, den ich als Kind gegessen habe, wird ebenfalls aus Maniokmehl, Milch, Zucker, Eiweiß und Vanillemark bereitet.

Eine weitere Giftpflanze ist die Aki, eine hellrote tropische Frucht, die in den meisten Gegenden, wo sie wächst, nicht als essbar gilt – in Mittelamerika ebenso wie auf Antigua, Trinidad, Grenada und Barbados. Sie darf nicht in die USA importiert werden. Dennoch ist sie eine Art »Nationalgericht« auf Jamaika. Diese Karibikinsel zu besuchen, ohne Aki zu probieren, wäre gleichbedeutend mit einem Besuch in Japan, ohne Sushi zu essen. Aber sie wird Sie töten, falls das Gift nicht sorgfältig neutralisiert wird.

Warum essen die Menschen sie dann? Aus dem gleichen Grund, aus dem sie alles essen, nämlich weil es gut schmeckt, und für manche Ausländer verleiht ihr der Hauch von Gefahr noch einen zusätzlichen Reiz. Die Frucht lässt sich leicht entschärfen: Sie müssen nur warten, bis sie reif ist, und sie dann kochen. Nur wenn Sie sie unreif oder ungekocht verzehren, spielen Sie jamaikanisches Roulette.

Meist wird sie zum Frühstück mit gesalzenem, getrocknetem Fisch gegessen, üblicherweise Kabeljau, obwohl auch anderer Fisch wie Makrele verwendet werden kann. Einfach die Frucht in Wasser etwa zehn Minuten kochen, dann mit dem Fisch (oder gekochtem Schinken), aufgeschnittenen Zwiebeln, Paprika, Tomaten und Gewürzen köcheln lassen und mit gebratenen Klößen oder gerösteter Brotfrucht (einer stärkehaltigen tropischen Frucht, die wie eine Kartoffel gebacken oder gebraten wird) servieren. Legen Sie dazu eine Bob-Marley-Platte auf und gießen Sie sich eine Tasse Blue-Mountain-Kaffee mit einem Schuss Jamaikarum ein.

Die Aki-Frucht soll im 18. Jahrhundert auf einem Sklavenschiff von Westafrika in die Karibik gelangt sein. Ihr wissenschaftlicher Name *Blighia sapida* stammt von Captain William Bligh, der die Frucht 1793 nach England brachte – einer seiner vielen wichtigen botanischen Beiträge, die allerdings später von der berühmten Meuterei auf der Bounty verdrängt wurden.

Eine südostasiatische Frucht, die tödlich ist, wenn sie in ihrem natürlichen Zustand gegessen wird, ist die *buah keluak* – das heißt wörtlich »die Frucht, die Übelkeit erregt«. Eigentlich sei sie weder eine Frucht noch eine Nuss, wie ihre vielen Anhänger insistieren. Vielmehr ist sie das weiche Innere einer harten Samenkapsel, die etwa so groß wie ein kleines Ei ist und sich in der Frucht des großen Kepayang-Baums befindet. Im ungekochten Zustand wird sie in den indonesischen Dschungeln zum Bestreichen von Speer- und Pfeilspitzen für die Jagd verwendet, und das deutet schon an, wie tödlich giftig sie ist.

Doch richtig – und ein wenig eigenartig – zubereitet, entsteht daraus eine Delikatesse, die von vielen die »Trüffel Asiens« genannt wird. Normalerweise ist sie in einem Curry namens *ayam buah keluak* oder Huhn mit Keluak-Frucht enthalten. Das ist ein geschätztes Gericht aus der Küche der Peranakan, der »einheimischen« Chinesen, die seit Generationen in Singapur, Malaysia und Indonesien leben.

Gefährlich ist sie wegen der Blausäure im Fleisch und dieses Gift lässt sich nur dadurch entfernen, dass man sie im Boden mit Asche für mindestens dreißig Tage, besser doppelt so lange vergräbt. Dann muss sie ein bis zwei Wochen in frischem Wasser eingeweicht werden, das häufig gewechselt wird. Schließlich wird sie zehn Minuten lang in Wasser gekocht, bevor man die einzelnen Samen mit einem Beil öffnet, um zu sehen, ob das Fleisch darin schimmlig ist. Ein schlechter Samen kann das ganze Gericht verderben. (Wieder frage ich mich, wie jemand so ein Verfahren entdeckte, um diese seltsame Frucht genießbar zu machen.)

Wie immer streiten sich auch bei *buah keluak* die Kenner, wie dieses spezielle Nahrungsmittel zuzubereiten ist. Manche essen das etwas bittere Fleisch direkt aus der Schale, sobald sie das umständliche Verfahren

Rhabarbermus

Bei den Recherchen zu diesem Buch entdeckte ich zu meiner Überraschung auch, dass ein anderes Dessert aus meiner Kindheit potenziell gefährlich war: Rhabarber, der bei uns meist als Rhabarberkuchen auf den Tisch kam. In Zeitschriften wie Bon Appétit, Gourmet und House & Garden fand ich dann jede Menge Rezepte für die roten, sellerieartigen Stängel – Leckereien wie Rhabarber-Himbeer-Marmelade, Zitroneneistorte mit Erdbeer-Rhabarber-Sauce, skandinavischer Rhabarberpudding, Rhabarber- und Birnenkompott, Rhabarbertorte, Chutney aus Rhabarber, Zwiebeln und Rosinen, Gestürzte Erdbeer-Rhabarber-Torte mit Maismehlbiskuit-Überzug und ein so genanntes Rhabarbermus.

Letzteres hat vielleicht das größte Gewicht (möglicherweise zur Warnung), wenn auch nicht die meisten Kalorien: Nur die Stängel dieses Mitglieds der Buchweizenfamilie sind essbar. Bei der Ernte achte man darauf, die Blätter und Wurzeln wegzulassen, die Oxalsäure enthalten. Selbst die Stängel sind gewöhnlich bitter und müssen mit großzügigen Mengen von Zucker gesüßt werden. Aus gutem Grund sprachen die Griechen vom »Gemüse der Barbaren«, und Wild, das fast alles frisst, lässt es stehen. Da werden Sie nicht nur den Mund verziehen, sondern es wird sich Ihnen von innen nach außen kehren.

hinter sich hat. Andere kratzen das schwarze Fleisch heraus, mixen es mit Schweinehack, Fisch, Garnelen, Salz und Pfeffer und geben diese Mischung wieder vor dem Kochen in die Samenkapsel. Man kann diese dann auch zu einem Hühnercurry servieren, der geriebene Zwiebeln, Ingwer, Zitronengras, Chilis, die Haut und den Saft einer Tamarinde sowie eine Paste aus Bankul-Kerzennuss enthält, die für die erforderliche Klebrigkeit sorgt. Eine letzte Anmerkung: Das Fleisch der *buah keluak* ist tatsächlich schwarz und dominiert in dem Gericht. Wenn Sie also meinen, Sie könnten sich vor dem Genuss von etwas Schwarzem ekeln, dann ist Singapur auch berühmt für seinen gebratenen Reis.

Am Ende kehren wir zu Sebastiani und seiner letzten Pilzernte zurück. Der Pilz, den Sebastiani gegessen haben soll, war ein *Amanita phalloides*, ein Grüner Knollenblätterpilz. Er ist die Ursache von 95 Prozent aller Pilzvergiftungen weltweit und führt in einem von drei Fällen zum Tod. Die Toxine in seiner Kappe zerstören die Zellwände der Leber und Nieren des Opfers. Als Sebastiani starb, war er eines von drei Opfern einer Knollenblätterpilzvergiftung, die am medizinischen Zentrum der University of California in San Francisco auf eine Lebertransplantation warteten. Mehrere seiner Verwandten wollten freiwillig einen Teil ihrer Leber spenden. (Dabei wird dieser Teil der Spenderleber in die Leber des Patienten eingepflanzt, und die gesunde Leber bewirkt oft eine Regeneration der geschädigten Zellen.) Aber eine Transplantation kam nicht mehr in Frage, da sein Körper schon zu stark infiziert war.

Willkommen im Wunderland

Auf drei Zoll verkleinert, philosophiert Alice mit einer Raupe, die eine Wasserpfeife raucht (und dabei auf einem Pilz hockt), und sieht zu, wie ein Baby in ein Schwein verwandelt wird; nachdem sie dem Rat einer verschwindenden Cheshire-Katze gefolgt ist, hat sie eine wilde Teeparty mit dem Märzhasen, dem Hutmacher und der Haselmaus, danach spielt sie Krocket mit dem Herzkönig und der Herzdame, wobei sie Flamingos als Schläger und Igel als Kugeln benutzen.

Was war mit ihr passiert? Hatte sie etwas Bestimmtes gegessen? War es etwas Giftiges? »Go ask Alice!«, sang die Rockband Jefferson Airplane in einem Hit, der 1967 von dem Märchen inspiriert war. »Feed your head!«

Blüten

Löwenzahnwein

1 l Löwenzahnblüten ohne
  Stängel
1 Orange, geschält und in
  dünne Scheiben
  geschnitten
1 Zitrone oder Limone,
  geschält und in Scheiben
  geschnitten
700 g Zucker
1 El Brauhefe
1 Scheibe Toast

Die Blüten in eine Schüssel
geben und mit kochendem
Wasser bedecken, umrüh-
ren, dann mit einem Tuch
abdecken und 3 Tage ste-
hen lassen, gelegentlich
umrühren.

In ein zweites Gefäß ab-
seihen, Orangen- und Zitronenschale sowie Zucker
hinzufügen. 30 Minuten
köcheln, abkühlen lassen.

Die auf dem Toast verteilte
Hefe zu dem Sud geben
und 2 Tage stehen lassen.
Dann in ein trockenes
Gefäß gießen und gut
verschließen. Nach zwei
Monaten in Flaschen ab-
füllen.

Auf Hawaii ist es in Hotelrestaurants üblich, einen Teller mit frischem Obst, ein Sandwich oder einen Salat mit einer Orchidee zu dekorieren. Damit soll den Touristen ein Hauch von tropischer Exotik vermittelt werden. Doch viele Touristen haben noch nie Orchideen gesehen, halten sie für einen Bestandteil des Gerichts und essen sie. Die Ärmsten.

Garnierungen von Speisen mit ungekochten Blüten und frischen Zweiglein sind inzwischen weit verbreitet. Doch während viele von diesen Dekorationen, wie Petersilie, nahrhaft und essbar sind, ist dies bei Orchideen nicht der Fall. Die meisten schmecken nicht sehr gut und sind geruchlos. Im Grunde sollte man nichts auf einen Teller tun, das nicht in den Mund gelangen darf.

Viele Blütenpflanzen sind nicht nur genießbar, sondern verleihen einer Mahlzeit auch eine überraschende, pikante Note und einer Dinnerparty einen Hauch von Eleganz, den die Gäste wohl nie vergessen werden. Außerdem sind sie nahrhaft. Die Sitte, Blüten zu essen, kam vor mindestens 5000 Jahren auf, als den Chinesen aufging, dass medizinische Kräuter und Nahrungsmittel den gleichen Ursprung haben – und Blüten waren ein wesentlicher Bestandteil von beidem. Der römische Koch Apicius bestreute Hirn mit Rosenblütenblättern, würzte verschiedene Haschees mit süßen Majoranblüten und bereitete eine Sauce mit Saflorblütenblättern. Der französische Romancier Alexandre Dumas kreierte ein Rezept für eine Kräutersuppe *à la dauphine*, die Tagetesblüten enthielt.

Und heute? Sogar einige Supermärkte in Amerika bieten einige Blüten in ihrer Frischwarenabteilung an, gleich neben Artischocken und Brokkoli. (Die ja ebenfalls Blüten sind.) Wie viele andere Lebensmittel, die in Euro-Amerika unbekannt sind oder abgelehnt werden, hat auch der schöne Teil der Pflanze seit einiger Zeit einen Nischenmarkt gefunden. Die Zahl der Blüten und ihrer kulinarischen Verwendungsmöglichkeiten scheint fast unendlich groß zu sein und ein Neuling auf dem Gebiet der Blütenküche mag sich fragen, wo er anfangen soll.

In einem der besten in letzter Zeit erschienenen Bücher zu diesem Thema, *Edible Flowers: From Garden to Palate* (1995), empfahl die Autorin Cathy Wilkinson Barash eine Liste der »Großen Zehn«, die auf den Kriterien Geschmack, Vielseitigkeit und einfacher Anbau basierte: Ringelblume, Schnittlauch, Taglilie, Minze, Stiefmütterchen, Rose, Salbei, Tagetes tenuifolia, Kürbisblüten und Kapuzinerkresse. Minze, Salbei und Schnittlauch könnte man als üblich bezeichnen. Aber wie viele Menschen in Europa und den USA legen eine von den anderen Blüten auf ihren Teller?

Meine ersten Kapuzinerkressenblüten habe ich in den 1960er Jahren gegessen, als meine Frau und ich dem Zurück-zur-Natur-Trend folgten und uns eine Farm in Kalifornien kauften, wo wir einen etwa 4000 Quadratmeter großen Garten anlegten. Dort gab es neben dem Komposthaufen auch ein Beet mit Kapuzinerkresse, die wir mit Kerbel, Öl und Zitronensaft als Salat anrichteten, nach einem Rezept aus einem Buch von Alice B. Toklas, der Gefährtin von Gertrude Stein, in den 1960er Jahren besser bekannt wegen ihrer Rezepte für Haschischkuchen.

Toklas war nicht die Einzige, die die Brunnenkresse schätzte. So berichtete schon der griechische Historiker Xenophon, diese Zierpflanze sei von den Persern um 400 v. Chr. gegessen worden. Ludwig XIV. ließ sie in seinem Garten anbauen, ebenso Thomas Jefferson, der sie als Gewürz verwendete. Sogar Dwight D. Eisenhower, der nicht gerade als Gourmet bekannt ist, ließ Kapuzinerkresse vom Koch des Weißen Hauses in Gemüsesuppen geben.

Der lateinische Name *Nasturtium* ist von den beiden Wörtern *nasus*, Nase, und *torquere*, verzerren, abgeleitet – die Blüte ist also wegen ihres strengen Dufts und pikanten Geschmacks ein »Nasenrümpfer«.

Manche vergleichen sie mit dem Geschmack von Kapern, kein Wunder also, dass Mrs. Barash Rezepte für Lachs mit Kapuzinerkressenbutter oder Nasturtium-Vinaigrette anbietet. Die Blüten können auch zusammen mit Nelken, Pfefferkörnern und Knoblauch für einen würzigen Essig verwendet oder mit Frischkäse gefüllt werden. Meist werden sie als Ganzes zu Salaten, Gemüsen, Pasta und Fleischgerichten serviert.

Bekannter, aber ebenfalls als Nahrungsmittel unterschätzt ist die Rose. Um keine andere Blume ranken sich mehr Geschichten und Legenden. In frühen katholischen Rosengärten galt die weiße Rose als Symbol der unbefleckten Empfängnis, die rote Rose stand für das Blut Christi. Beide Rosenarten flatterten auf den Fahnen der gegnerischen Armeen im Rosenkrieg. Heute ist für Songschreiber die Rose das höchste Symbol der romantischen Liebe.

Die Rose kann auch eine der schmackhaftesten und vielseitigsten Blüten in der Küche sein. Aus frischen Blütenblättern kann man Rosenwasser, aus getrockneten Rosentee bereiten. Man kann damit auch Butter würzen, Speiseeis parfümieren (in Indien beliebt), Gelee, Sirup und Marmelade herstellen, wie mit Kapuzinerkresse Essig oder Vinaigrette aromatisieren und Salaten und Gemüsen eine besondere Duftnote verleihen. Die Knospen können auch in Sommerpuddings oder getrocknet als Würze verwendet werden. Die stärker duftenden Rosen liefern das meiste Aroma, die dunkleren schmecken gewöhnlich am intensivsten.

Haben Sie jemals chinesische scharf-saure Suppe gegessen, dann haben Sie auch die getrockneten Blütenblätter der Taglilie verzehrt, die eine der Hauptzutaten ist. Die Blume heißt so, weil sie nur einen Tag blüht, aber sie wird seit Jahrtausenden in China gegessen, wo sie für den Export in die ganze Welt angebaut wird.

Die Blüten können auch mit Ente gekocht, mit Schweinefleisch und Zwiebeln gebraten, in Pfannkuchen eingewickelt, allein als Gemüse sautiert und mit Huhn oder Shrimps kurz gebraten werden. Die Knospen kann man mit Mehl bestäuben, in Teig ein-

tauchen, frittieren und mit einem Avocadodip servieren oder blanchieren und bis zu acht Monate lang einfrieren, so dass man sie fast das ganze Jahr vorrätig hat.

Die botanische Bezeichnung für die Ringelblume lautet *Calendula*, abgeleitet vom lateinischen Wort *calens*, dem ersten Tag des Monats. Die Sorte Tagetes tenuifolia gilt allgemein als schmackhafteste dieser großen Familie und sondert einen Zitronenduft ab, wenn man sie zerdrückt. Wegen ihrer leuchtenden Farbe geschätzt, wurde sie früher auch »Safran des armen Mannes« genannt und getrocknet und pulverisiert als Ersatz für dieses teure Gewürz verwendet.

Zu Beginn des 20. Jahrhunderts wurden die getrockneten Blütenblätter in amerikanischen Dorfläden wie andere Kräuter »per Unze aus einem Holzfass« verkauft. In ihrem Buch *The Fortgotten Art of Flower Cookery* (1973) schreibt Leona Woodring Smith: »Unsere Ururgroßmütter haben uns viele Rezepte mit Ringelblumen hinterlassen – in Brötchen, Reiseintöpfen, Kuchen, Brühen, Pickles und Getränken. Holländische Köche, die wegen ihrer Suppen und Eintöpfe berühmt sind, nehmen Ringelblumen als geheime Zutat. In vielen heutigen Wein- und Likörrezepten ist die Ringelblume die Basis.« So vielseitig wie die Rose, lassen sich die frischen Blütenblätter mit Quiche oder Eiern verarbeiten und zu einem Vanillepudding, zu Keksen oder einem Sandwichaufstrich hinzufügen. Die pulverisierten Blüten kann man mit Mehl, Butter, Frischkäse und Eigelb vermischen und aus diesem Teig Plätzchen backen.

Der Geschmack von Stiefmütterchen erinnert an Weintrauben, wenn die Blütenblätter verwendet werden, und an Pfefferminze, wenn die ganze Blüte zu Salaten und italienischen Gerichten gegeben wird. Salbei, Minze und Schnittlauch sind ja als Kräuter bekannt – doch probieren Sie einmal nicht die Blätter, sondern die Blüten. Ich habe auch schon gesehen, wie große gelbe Kürbisblüten von Bewohnern eines vietnamesischen Bergdorfs geerntet wurden, die sie mit Mais und Gartengemüse kochten. Xu Jian Chu vom

Kunming-Institut für Botanik in China berichtete mir, dass in der Provinz Yunnan 150 verschiedene Blütenarten gegessen werden, von insgesamt 1200 Pflanzenarten, die im ganzen Land als Nahrungsmittel und für medizinische Zwecke verwendet werden.

Wenn man, so eine alte chinesische Volksweisheit, ein Chrysanthemenblütenblatt in ein Glas Wein gibt, wird graues Haar wieder schwarz. Die Blüten von Borretsch, Kornblumen und Nelken verleihen einer Suppe oder einem Punsch Glanz. Bananenblüten, die in dichten Dolden in einer violetten Tasche unter der Frucht hängen, können gekocht und wie Gemüse gegessen oder gekocht und kalt mit Salaten serviert werden. Veilchen, Lavendel und Geißblatt geben Salaten oder Desserts eine süße Note. Senfblüten würzen Kasserollen. Reiskuchen aus Klebereispulver lassen sich mit getrockneten, pulverisierten Kamelienblütenblättern gelb färben. Zahlreiche Blüten werden »kristallisiert« – in geschlagenes Eiweiß getaucht, dann in feinem Zucker gewälzt und getrocknet –, und als Dekoration auf Teigwaren verwendet oder wie Bonbons gegessen. Löwenzahnblüten werden zu Kaffee oder Wein verarbeitet. Ebenfalls nahrhaft und wohlschmeckend sind bestimmte Arten von Kamille, Jasmin, Hibiskus, Gardenien, Nelken (rosa), Geranien, Gladiolen, Pfingstrosen, Schlüsselblumen, wilden Stiefmütterchen, Orangen- und Apfelblüten, Sonnenblumen, Tulpen, Gänseblümchen und Yuccablüten – um nur einige zu nennen.

Das heißt natürlich nicht, dass Sie einfach ein paar Blumen im Blumenladen oder Gartencenter kaufen oder über den Zaun in Nachbars Garten langen können, wenn es Essenszeit ist. Nicht alle Blüten sind essbar, viele schöne Blüten sind sogar giftig, wie zum Beispiel Azaleen, Butterblumen, mehrere Lilienarten, Rhododendron, Purpurwinde, Gartenwicke und Hyazinthe. Außerdem sind praktisch alle im Laden erhältlichen Blumen stark mit Pestiziden eingesprüht und manche sind Hybriden, so dass sie nur noch schön sind und wenig oder keinen Geschmack oder Nährwert haben.

B. Rosie Lerner, Gartenspezialistin an der Purdue University in den USA, hat noch weitere Hinweise parat: »Wenn Sie zu viele Blüten essen, können Sie Bauchschmerzen, Diarrhö und Magenkrämpfe bekommen. Sie sollten zunächst Blüten als Garnitur verwenden und Geschmacksproben nehmen, bevor Sie sich an kühnere kulinarische Freuden wagen. Oder streuen Sie ein paar Blütenblätter über einen Salat, um ihm zusätzlich Farbe und Aroma zu verleihen.«

Außerdem schlägt sie vor, Blumen am Morgen oder späten Nachmittag zu pflücken, wenn sie am meisten

Rechts: Chrysanthemengetränk in der Dose.
Gegenüber rechts: Kurz frittierte Blüten im Teigmantel auf dem Land in Frankreich – Angelika, Holunder und Ringelblume. Die Schale dahinter enthält die ungekochten Blüten zusammen mit ebenfalls essbaren Blüten von Rotklee und Blauer Malve.
Gegenüber links: Eine junge, wild wachsende Angelika. In diesem Stadium, kurz bevor sich die Knospe öffnet, eignet sich die Pflanze am besten zum Essen.

Wasser enthalten, oder am Mittag, wenn sie getrocknet werden sollen. »Nehmen Sie nur die Blüten, die frei von Insekten, Krankheiten oder anderen Schäden sind. Meiden Sie Pflanzen, die mit Pestiziden behandelt wurden. Waschen Sie die Blumen sacht in Wasser und lassen Sie sie auf Papiertüchern abtropfen. Die meisten Blumen halten sich nicht lange nach der Ernte und sollten bald serviert werden.«

Der Schlüssel zum Glück ist, sich die Zeit zu nehmen, um an einer Rose zu riechen – und sie dann zu essen.

Kakteen

Kaktussaft, -gelee, -sirup und -wein

»Jetzt sollten Sie sich mit der Küchenzange und einem großen Plastikeimer bewaffnen. Entfernen Sie die reifen Kakteen mit der Zange und geben Sie sie in den Eimer. Waschen Sie sie mit dem Gartenschlauch. Das Wasser sollte überlaufen – am besten waschen Sie die Früchte zweimal. Gießen Sie das Wasser auf eine Pflanze, die Durst hat. Geben Sie die Früchte nun in einen großen Kessel und fügen Sie zwei Liter Wasser hinzu. Zum Kochen bringen und dann die weich werdenden Früchte mit einer Gabel anstechen, so dass der Saft austreten kann. Sind die Früchte weich geworden, können sie durch eine Kartoffelpresse gedrückt werden. Die Reste in einem Sieb abtropfen lassen.

Nun den Saft durch drei Lagen Mulltuch abseihen. Jetzt können Sie sich an die Zubereitung von Kaktusgelee, -sirup oder vielleicht sogar Kaktuswein wagen.

Und so bereiten Sie Kaktusgelee: Geben Sie zu einem Liter Kaktussaft vier Tassen Zucker. Zum Kochen bringen und zwei Päckchen Pektin einrühren. Langsam köcheln lassen und dann vom Herd nehmen. Abkühlen lassen und in Plastikbehälter abgießen. Einfrieren.

Ich schwöre, dass die folgende Geschichte wahr ist. Ihre Moral: Man entferne vor dem Essen die Dornen oder Stacheln. Das scheint sich von selbst zu verstehen. Schließlich werden die meisten Tiere vor dem Verzehr gehäutet oder zumindest entfernt man ihr Fell, Enten und Hühner werden gerupft, Fische abgeschuppt und Stachelschweine vermutlich entstachelt. Aber ein Freund von mir sah einmal eine Kuh auf einer Weide im Südwesten der USA an einem Feigenkaktus fressen, jenen Kakteen, die wie lauter grüne Micky-Maus-Ohren aussehen, die in einem Zufallsmuster zusammenhängen. Im Frühling oder Sommer gehen an den Rändern leuchtende Blüten auf, gefolgt von saftigen, fleischigen Früchten, die meist rot oder gelb sind.

»Wie ich höre, sollen Kakteen ziemlich gut schmecken«, sagte mein Freund. Ich nickte und fragte ihn, ob er ein paar fürs Mittagessen zur Hütte mitnehmen wolle. Wir schnitten einige flache, ovale Früchte und jüngere Blätter mit einem Messer ab und ließen sie vorsichtig in einen kleinen Rucksack fallen. Mein Freund linste wieder zu der Kuh hinüber, die uns ebenfalls ansah und noch immer kaute. Da er offenbar meinte, was bei der Kuh funktioniere, würde auch bei ihm funktionieren, biss er in ein Blatt, ohne die Stacheln zu beachten, und stach sich in die Lippe. »Kaktus schmeckt wohl besonders gut mit Blut«, sagte ich.

In einer Hinsicht hatte mein Freund Recht. Kakteen werden normalerweise roh gegessen, aber erst nachdem sie geschält sind, wobei die Stacheln entfernt werden, die der Kuh überhaupt nichts auszumachen schienen. Es gibt viele Möglichkeiten, die Stacheln zu entfernen: Man schlägt auf die Früchte mit kleinen Zweigen ein, wenn sie noch an der Pflanze hängen, man rollt die Früchte und Blätter auf dem Boden hin und her, wobei man dicke Handschuhe trägt, oder man reibt sie mit einem feuchten, groben Handtuch ab.

Dann schneide man oben und unten ein Stück ab, schneide die Frucht längs ein und schäle sie.

Im Inneren befindet sich das pappige, süße Fruchtfleisch, das Ethnobotanikern zufolge seit etwa 9000 Jahren ein Bestandteil der menschlichen Ernährung ist. Sie können auch die Früchte längs halbieren und das Fruchtfleisch samt den Samen herauslöffeln und darauf ein paar Spritzer Zitronen- oder Limonensaft geben. Oder Sie picken die Samen heraus und rösten sie als Snack oder trocknen sie in der Sonne und zermahlen sie zu einer Art Mehl zum Brotbacken. Aus den Samen kann man auch Öl machen. Früchte und Blätter lassen sich für eine spätere Verwendung trocknen, man kann Gelees und Bonbons daraus bereiten und mit wenig Mühe ein Getränk mit niedrigem Alkoholgehalt brauen.

In *The Hunting Peoples* schildert Carleton S. Coon ein ungewöhnliches Verfahren, das die Indianer aus Baja California in Mexiko anwendeten: Sie hätten sich im Frühsommer an den süßen Pitahaya-Kakteen gütlich getan und dann die Kerne sorgfältig aus ihrem Kot herausgepickt, geröstet und zu Brotmehl gemahlen. Pater Jacob Baegert, ein Jesuitenpriester, der diesen Brauch im 18. Jahrhundert beobachtete, nannte ihn »eine zweite Ernte«.

Der Nährwert von Kakteen steht außer Frage. Fragen muss man sich allerdings, warum nicht mehr Menschen Kakteen essen, zumal sich mehrere essbare Arten – vor allem der Feigenkaktus, der allgemein als leckerster gilt – von ihrer nord-, mittel- und südamerikanischen Heimat aus nach Südeuropa, Nordafrika, in den Nahen Osten, nach Hawaii, Australien und in Teile von Asien ausgebreitet haben. Die Pflanze lässt sich auch leicht in Hausgärten und Blumentöpfen anbauen. Der Kaktus ist außerdem anspruchslos – stellen Sie ihn einfach in die Sonne und vergessen Sie ihn. Sie müssen ihn nur selten wässern – hier und da etwas Regen oder Nebel genügt.

Es gibt etwa 250 Feigenkaktusarten, die alle aus Amerika stammen. Hier heißen sie auch »Indianerkaktus«. (Bei den Franzosen verächtlich *figue de barbarie*.) Die Navajos ernteten die Stachelfrüchte mit gegabelten Stöcken, die Apachen mit hölzernen Zangen. Meist wurden sie geschält und roh gegessen, aber auch zur späteren Verwendung getrocknet. Manchmal wurden sie mit getrocknetem Rehfleisch und Fett gemahlen und dieses Gericht wurde mit den Fingern gegessen oder auf grobes Brot gestrichen. Die Indianer rösteten auch die ungeschälten Früchte (dabei wurden die Stacheln entfernt) oder benutzten sie als Trinkreserve, indem sie die »Feigen« schälten und das rohe Fruchtfleisch mit seinem hohen Feuchtigkeitsgehalt kauten. Auch die jungen Blätter wurden geschält, in Streifen geschnitten und wie Bohnen gekocht oder mit anderen Gemüsen in Fett oder Öl gebraten.

In Mexiko und im Südwesten der USA werden die jungen Stängelabschnitte der Feigenkakteen in Streifen oder Würfel geschnitten und mit grünen Gemüsen, Zwiebeln, Pepperoni, Käse, Eiern, Gewürzen und Kräutern gekocht und zu einer Tacofüllung verarbeitet. Man kann sie auch zu Salaten und gehackt in Omeletts geben. Park S. Nobel, Autor von *Remarkable Agaves and Cacti* (1994), schlägt vor, die jungen Stängel zu ernten, wenn sie erst ein paar Wochen alt und keine dreißig Zentimeter hoch sind und keine Stacheln haben, und mit einem Kartoffelschäler oder Messer die kleinen Knubbel zu entfernen, aus denen später die Stacheln wachsen. »Rund zehn Minuten in Wasser mit Salz und vielleicht noch mit Zwiebeln, Knoblauch und Korianderblättern köcheln lassen«, so lautet Nobels Rezept. »Schmeckt wie Essiggurken oder grüne Paprika, mit einer Struktur zwischen Fadenbohnen und Okra.«

In vielen Gegenden des amerikanischen Südwestens und in Mexiko, wo der Kaktus *nopal* heißt und die Früchte *nopalitos* genannt werden, hat sich in den letzten Jahren eine bedeutende Kakteenindustrie entwickelt. Inzwischen gibt es Kaktus in mexikanischen Lebensmittelläden als Gemüse in Büchsen sowie in Touristenläden und Supermärkten in Form von Bonbons und Marmeladen.

Ein Kaktus ist eine Pflanze der Familie *Cactaceae* – er ist grün, fleischig, hat typische blattlose Gelenke, ist sehr stachlig und bemerkenswert widerstandsfähig gegen Dürre. Neben ihrem Wert als Nahrung schrieben mehrere Indianerstämme der Pflanze eine religiöse Bedeutung zu, indem sie ihre neuen Häuptlinge damit auspeitschten, um ihnen große Kraft und Glück bei der Jagd zu verleihen.

Die Kakteen stellen mit ihrem hohen Feuchtigkeitsgehalt zuweilen die einzige Flüssigkeitsquelle in halbtrockenen Regionen oder Wüsten dar. Dieses rettende Nass bieten außer dem Feigenkaktus noch drei weitere Arten. Eine davon ist der Warzenkaktus, eine runde, gedrungene, fassförmige Pflanze voller Stacheln – man schneidet einfach das Oberteil ab und isst. Die zweite Art ist der Wachskaktus, eine hohe, dünne Pflanze mit Längsrippen, spitzen Stacheln und abstehenden Früchten. Alle Teile sind essbar – und wer Durst hat, bricht den Stamm ab und löffelt das Fruchtfleisch heraus. Die dritte Art, der Säulen- oder Riesenkaktus, kann einen bis zu 60 Zentimeter dicken Stamm haben und bis zu 15 Meter hoch werden. Seine Zweige wachsen rechtwinklig aus dem Stamm und wenden sich dann nach oben – als ob ein großer grüner Mann die Hände hebt.

Der Säulenkaktus dürfte wohl eine der gefährdetsten Kakteenarten sein – heute ist er nur noch in Südkalifornien, Arizona und einem schmalen Streifen im Norden Mexikos verbreitet. Früher mochten die Indianer seine süßen roten Früchte als ausgesprochene Leckerbissen und bereiteten daraus Marmeladen und vergorenen Sirup. Außerdem trockneten sie sie zur späteren Verwendung in einem Haferschleim.

Meinem Freund, der den Feigenkaktus probiert und sich dabei in die Lippe gestochen hatte, erklärte ich, die Stacheln seien dazu da, genau das zu verhindern, was er getan hatte. »Aber wie schaffen's dann die Kühe?« wollte er wissen. »Gar nicht«, erwiderte ich, »sie sind bloß noch hungriger als du.« Und noch etwas dümmer, dachte ich im Stillen.

Nach dem Auftauen haben Sie Ihr Gelee.

Falls Ihr Gelee nicht gelieren sollte, erhalten Sie schlimmstenfalls Kaktussirup. Er schmeckt großartig auf Pfannkuchen, Waffeln und Eis. Normalerweise nehmen Sie für Kaktussirup nur ein Päckchen Pektin für einen Liter Saft.

Um Kaktuswein zu bereiten, geben Sie acht Tassen Zucker auf vier Liter abgekühlten Kaktussaft. Rühren Sie dann einen Würfel Hefe hinein. Gießen Sie den Saft in ein großes Gefäß und decken Sie dieses leicht zu. Stellen Sie den Saft an einen kühlen, dunklen Ort, etwa in einen Schrank. In einem Monat ist der Wein trinkfertig.

Achtung: Wenn Sie das Gefäß zu fest verschließen, wird es Ihnen großen Kummer und Ärger bereiten – es explodiert nämlich in Ihrem Schrank.«

Mit freundlicher Genehmigung von David L. Epperle, *Arizona Cactus*, 1994

Oben: Blühender Igelkaktus
bei Sedona in Arizona.
Rechts: Feigenkaktus im
Tonto National Forest,
Arizona.

Der Kaktus,
der Australien fraß

Der Feigenkaktus wurde 1839 in Australien eingeführt als natürliche Hecken für Rancher, die ihr Vieh beisammen halten wollten, ohne kostspielige Zäune errichten zu müssen. Rasch begann die Pflanze in Teilen von Queensland und New South Wales wild zu wuchern; bis 1925 hatte der zähe Kaktus über 240 000 km² Land erobert, und auf der Hälfte dieser Fläche wuchsen keine anderen Pflanzen mehr. Und wie wurden die Australier damit fertig? Begannen sie den Kaktus zu essen? Nein – sie importierten stattdessen eine südamerikanische Raupe, die ihn fraß.

Durian

Durian-Eis

1 Liter Vanilleeis
1 Dose Durian
2 Tassen Ananas- oder
 Orangensaft

Das Eis für etwa 10 Minuten in den Kühlschrank stellen, damit es weich wird, während man die Durian vorbereitet. Den Saft aus der Dose abgießen und aufheben. Die Durian im Mixer pürieren oder gut mit einer Gabel zerdrücken. Das weiche Eis in eine große Schüssel geben und mit dem Durianpüree vermischen. Im Eisbehälter wieder einfrieren. Das Eis verwenden, sobald es wieder fest geworden ist, spätestens innerhalb von ein bis zwei Tagen. Den Duriansaft mit Ananas- oder Orangensaft vermischen und über das Eis geben.

Die arme Durian, eine wohlschmeckende südostasiatische Frucht, kann einem Leid tun. Sie ist nicht nur unattraktiv – sie stinkt auch noch. Viele Hotels erlauben Ihnen nicht, sie mit aufs Zimmer zu nehmen, und servieren sie auch nicht in ihren Restaurants. Sie ist allgemein verboten in Taxis, Bussen und auf Fähren und die Singapore Airlines konfisziert jede Durian, die von einem Passagier an Bord gebracht wird. In der U-Bahn von Singapur gibt es ein spezielles Verbotsschild: eine Durian im roten Kreis mit einem roten Querstrich – eines der vielen Verbotsschilder in diesem pieksauberen Stadtstaat.

Es liegt am Gestank. Die Durian, heißt es, schmeckt wie der Himmel und stinkt wie die Hölle. Man hat sie den »Limburgerkäse unter den Früchten« genannt. Sogar gute Köche sagen, sie habe einen Gestank irgendwo zwischen verfaulten Zwiebeln und überreifem Käse. Andere vergleichen sie mit »Aas in Vanillepudding« oder behaupten, man habe das Gefühl, »Speiseeis im Scheißhaus zu essen«.

Schon möglich. Die Durian, deren Name von dem malaysischen Wort *duri*, Dorn, abgeleitet ist, ist außerhalb von Asien kaum bekannt. Der Geruch einer reifen Durian ist unvergesslich und an einem warmen Tag kann man einen Verkaufsstand mit Durians schon aus einer Entfernung von mehr als einem Häuserblock riechen. Doch ihr Geschmack ist köstlich und trotz ihres üblen Geruchs, der sich noch verstärkt, wenn die Frucht reift, ist sie nicht billig und nimmt es dabei mit wohlriechenderen Früchten leicht auf.

Manche sagen, man müsse sich an den Geschmack gewöhnen oder dazu geboren sein, so wie man nur als Filipino Balut, als Chinese Fischmagen oder als Australier Vegemite genießen könne. Diese Frucht muss man entweder lieben oder hassen. Ich habe sie schon oft gegessen und finde, dass sie weder so köstlich ist, wie ihre Fans sagen, noch so stinkt, wie ihre

Kritiker behaupten. Wenn sie nicht überreif ist. Dann gebe ich Singapore Airlines Recht.

Dennoch gibt es in Singapur ein Restaurant, das Four Seasons, das eine ganze Abteilung seiner Speisekarte der Durian während der Hochsaison (Mai bis August) widmet, während ein anderes Lokal, das Durian House im schicken Stadtteil Clarke Quay, nur Durian verkauft – Durian-Pudding, Durian-Milchshake, Duriansaft, Durian-Mousse, Durian-Bohnenquark, Durian-Sagopaste, Durian-Mondkuchen, Durian-Klebereis, Durian-Bonbons, Durian-Kuchen, Durian-Windbeutel, Durian-Pfannkuchen, Durian-Eis, Durian-Nudeln und für diejenigen, die etwas von dem Zeug ins Flugzeug schmuggeln möchten, Tuben mit Durianpaste und Dosen mit Durianobst, -Bonbons und -saft, die »geruchfrei vakuumverpackt« sind.

Die in Malaysia heimische Durian wird seit Jahrhunderten angebaut, eine Frucht, die auf Bäumen wächst, die über dreißig Meter hoch werden und damit die Obsternte erschweren. Darauf zu warten, dass die Frucht herunterfällt, ist eine ebenso einfache wie gefährliche Möglichkeit. Im allgemeinen ist sie so groß wie ein Football und damit eine der größten Früchte der Welt. Ihre harte grüne Schale ist mit spitzen Dornen besetzt, so dass sie wie der Morgenstern, eine mittelalterliche Waffe, aussieht. Das hellgrüne Monstrum ist kein schöner Anblick.

Es kann bis zu fünfzehn Jahre dauern, bis der Baum nach dem Anpflanzen Früchte trägt, verglichen mit drei Jahren bei Mangos und anderen beliebten tropischen Früchten, und daher machen sich nicht viele Farmer die Mühe. Rodungen in Thailand, Malaysia und Indonesien bedrohen diese Pflanzenart, während die Nachfrage danach gleichzeitig zunimmt. In Hongkong ist sie ein Statussymbol der Reichen geworden, so dass die auf den verbliebenen Plantagen in südlicheren Ländern angebauten Früchte inzwischen großenteils exportiert werden. Cathay Pacific fliegt in der Hoch-

saison mindestens hundert Tonnen Durian von Bangkok nach Hongkong – täglich! In Peking kosten sie bis
zu 50 Dollar pro Stück. Und in Japan wird Durian als
»König der Früchte« vermarktet.

Im Innern der Frucht, die bis zu zwölf Pfund wiegen kann, befinden sich fünf oder mehr Segmente, die
einen beigefarbenen, puddingartigen Fruchtbrei mit
glatten, beigefarbenen Samen enthalten, die die Größe
und Form von großen Paranüssen haben. Die Durian
kann roh mit den Fingern gegessen werden, wie dies
auf den Straßen in vielen asiatischen Städten und
Dörfern üblich ist, nachdem man sie mit einem Beil
aufgeschlagen hat. Man kann sie auch mit Zucker und
Sahne süßen. Sie wird auch mit Zucker oder Salz kon-
serviert und als Gemüse gekocht. In Indonesien wird
sie mit Kokosnussmilch zu einem Obstgelee verarbeitet. Auch die Samen kann man essen, gekocht oder
über einem offenen Grill wie Kastanien gebraten.

1996 wollte ein Kondomhersteller in Thailand
Kondome mit Duriangeschmack vermarkten. Die
Regierung fand das gar nicht komisch – dies sei ein
Affront für einen geschätzten Bestandteil des landwirt-
schaftlichen Erbes und der Industrie Thailands. Der
weitere Verkauf des Kondoms wurde verboten.

Manche Menschen glauben auch, die Durian habe
aphrodisische Eigenschaften, getreu der Volksweisheit:
»Wenn die Durians fallen, gehen die Sarongs hoch«.
Das ist zwar noch nicht erforscht, geschweige denn
bewiesen worden, aber es beeinträchtigt vermutlich
nicht den Verkauf. Dann ist auch der Geruch egal.

Seite 195: Die stachlige
Frucht wächst direkt an
den Ästen.
Gegenüber: Das einzigartige
Aroma der Frucht prägt
auch Bonbons, Paste und
mit phantasievollem thai-
ländischem Flair auch
Kondome.
Links: Durian-Stand in der
Bugis Street von Singapur
im Hochsommer.

Käufer auf dem Durian-
Markt in der Bugis Street
von Singapur schnüffeln
an der stacheligen Frucht,
um die mit dem reichhal-
tigsten Aroma und Ge-
schmack zu finden.

Reste

Reste

Reste sind das, was von einer Mahlzeit übrig bleibt. Das ist das Essen, das sich aufwärmen, vielleicht noch zusätzlich würzen und am nächsten Tag servieren lässt. Die Feiertage in meiner Kindheit waren nicht nur wegen des Festmahls so denkwürdig, sondern auch wegen der folgenden Mahlzeiten mit den Resten, zum Beispiel wenn es an den Tagen nach einem ausgiebigen Thanksgiving-Day-Festessen Truthahnsuppe und -sandwiches gab. Und so ist es sicher überall und immer schon gewesen. Denn als sich einst Menschen um ein offenes Höhlenfeuer scharten, wurde ein ganzer Säbelzahntiger bestimmt nicht bei einem einzigen Gelage verputzt, selbst wenn sich auch Freunde daran gütlich taten.

Dieses Kapitel enthält Geschichten, Rezepte und andere Kuriositäten, die von den anderen übrig blieben, – Reste, die nicht in eindeutig definierte Kategorien passten oder sich gleich mehreren zuordnen ließen.

Beispielsweise wird jede tierische und pflanzliche Materie vergoren, bevor sie zu Nahrung wird. Die Gärung spielt also nicht nur eine wichtige Rolle im Alkohol, sondern erzeugt auch mehrere skurrile Spezialitäten. Das gilt auch für die verbreitete, fantasievolle Verwendung von Blut. Nicht nur Vampire genießen diese rote Delikatesse.

»Gefälschte Nahrung« wiederum ist eine Kategorie, bei der Gemüse vorgeben, Fleisch zu sein, und Zucker sich mit einem Chemiebaukasten nachahmen lässt. Stimmt die Formulierung »Man ist, was man isst«, dann frage ich mich, was wir eigentlich sind.

Dann ist da noch die Praxis, die in Asien als normal gilt, aber in den hoch entwickelten Ländern »barbarisch« genannt wird – etwas zu verzehren, das noch lebt. Ich gestehe, ich hab's auch schon gemacht. Zum Schluss zwei Kapitel über anorganische Substanzen, zwei Extreme auf der ökonomischen Skala: kostbare Metalle und Perlen sowie gewöhnliche Erde.

Blut

**Blut und Milch
à la Massai**

1 kleine Zwiebel, gehackt
(nach Belieben)
1½ Liter Rinderblut
½ Liter Milch
125 g Butter
Salz und Pfeffer nach Belieben

Klumpen von geronnenem
Blut abseihen. Die Zwiebel
in der Hälfte der Butter
goldgelb anschwitzen, dann
Milch und Blut hinzufügen,
bei schwacher Hitze
köcheln lassen und regel-
mäßig umrühren, damit die
Mischung nicht anbrennt.
Falls sie zu dick wird, weitere Milch hinzugeben. Die
restliche Butter hinzufügen,
salzen, pfeffern und zugedeckt 10–12 Minuten
köcheln lassen. Heiß zu
Reis servieren oder in einer
Schüssel zum Eintunken
mit Brot.

Verschiedene einheimische Köche,
Kenia 1972

Ein befreundeter Fotograf und ich begleiteten einen jungen Mann auf einer Einkaufstour in Asien. Während der nächsten beiden Wochen wollte er über zwei Millionen Dollar für asiatische Kunst ausgeben, für ein schickes Hotelprojekt seines Vaters auf Hawaii, und der Fotograf und ich arbeiteten gerade an einem Buch genau über diese Kunst. Unsere erste Station war Taipeh, wo wir uns nach dem obligatorischen Enten-essen direkt in die Snake Alley begaben.

Diese enge Handelsstraße im ältesten Teil der Stadt ist nach einer Reihe kleiner Läden benannt, die frische Schlangenblutcocktails anbieten, die – wie viele Bewohner Taipehs glauben – Rückenschmerzen heilen, das Sehvermögen verbessern, die Potenz stärken und eine nahrhafte Proteinquelle darstellen. Den ganzen Tag hatten der junge Mann und ich damit geprahlt, wer von uns einen der starken Cocktails am schnellsten schlucken würde, eine Geschicklichkeitsübung, die wir früher als Studenten in den USA praktiziert hatten.

Beim ersten Laden erblickten wir Dutzende von Schlangen, die in den Bergen gefangen worden waren und nun in Käfigen vor dem Laden gehalten wurden. Daneben waren die schlaffen, warmen Leichname mehrerer Schlangen aufgehängt, die aufgeschlitzt worden waren und denen man Blut und Galle entnommen hatte. Ein dünner Mann sprach auf Chinesisch über ein Mikrofon zu einer kleinen Schar von Touristen und Einheimischen. Im Laden hinter ihm saßen mehrere alte Männer friedlich an Tischen, stopften sich traubengroße Kräuterpillen in den Mund und spülten sie mit warmem Blut hinunter. Mein Freund und ich sahen uns argwöhnisch an. Der Fotograf machte bereits Fotos.

Der Verkäufer holte eine Schlange aus einem Käfig, zeigte sie den Umstehenden und schlitzte sie dann von Kopf bis Schwanz mit einem scharfen Messer auf, wobei er sie kopfüber über ein Glas auf dem Tisch vor ihm hielt. Die entleerte Schlange hängte er neben die anderen, stellte das Glas voller Blut auf ein Tablett mit einer Pille und kassierte etwas Geld. In drei Minuten war alles vorbei. Als der Mann sein Ritual zu wiederholen begann, sahen mein Freund und ich uns wieder an.

»Na?«, fragte ich.

»Na ja«, erwiderte er.

Der Fotograf lachte.

Kurz – ich tat's nicht. Auch der junge Mann von Hawaii nicht. Vielleicht ein andermal, sagten wir.

Ich habe noch immer kein frisches Schlangenblut getrunken, aber seit dem Erlebnis in Taipeh habe ich es oft auf Märkten gegessen. Einer meiner Lieblingsmärkte ist in Bac Ha im Nordwesten von Vietnam, wo die meisten Einkäufer farbenfroh gekleidete Angehörige des Bergstamms der Hmong sind. Der Markt erstreckt sich um eine Schule herum und zieht sich durch mehrere Seitenstraßen.

Betritt man den Schulhof, trifft man zuerst auf Stände mit lebendiger Nahrung. Da gibt es Schweine, Hunde und Katzen an Leinen oder in Käfigen. In der Nähe werden auf Tischen alle möglichen Fleischarten feilgeboten – und gleich daneben kocht eine Frau Blut. Ein sehr ökonomischer Betrieb.

»Huhn, Ente, Büffel, Schwein, Hund – alles«, sagte Duong Thi Thanh, mein Hmong-Führer, als ich ihn fragte, was für Blut dort gekocht würde. Das Blut wurde in einem großen Wok umgerührt und gekocht, bis es gerann, dann zum Abkühlen beiseite gestellt und in Würfel geschnitten. Thanh sagte, es würde als stärkender Snack gegessen, gewöhnlich mit etwas lokalem Maiswein. Überrascht stellte ich fest, dass die Würfel, die wie rötlich brauner Tofu aussahen, knackig waren. Und natürlich äußerst reichhaltig, wie geliertes Organfleisch schmeckend.

Das war eine völlig neue Erfahrung für mich. Als ich in den USA aufwuchs, beschränkte sich der Verzehr von Blut auf rohe Hamburger. Tatsächlich gibt es in

Euro-Amerika eine lange Anti-Blutgeschichte. Als Jugendlicher las ich im ersten Buch Mose: »Allein esset das Fleisch nicht mit seinem Blut, in dem sein Leben ist!« Auch in vielen anderen religiösen Texten wurde das Blut als »das Leben« verstanden, etwa im islamischen Koran, und daher war sein Genuss verboten. Die Metzger ließen Schlachttiere ausbluten und viele Köche entfernten das restliche Blut, indem sie das Fleisch in kaltem Wasser wässerten und salzten.

Da gab es auch noch die Geschichten um den rumänischen König Vlad Dracul, besser bekannt als Graf Dracula. Die Gelehrten glauben allerdings, der erste »Vampir« sei eine Frau gewesen, eine Gräfin namens Elisabeth de Bathory, eine eitle Frau aus einer prominenten ungarischen Familie. Sie schlug 1604 eine ihrer Dienerinnen, wobei etwas von deren Blut auf ihre Haut spritzte. Nachdem sie es abgewischt hatte, glaubte sie, ihre Haut sei weißer und glatter geworden. Daraus folgerte sie, wenn sie regelmäßig im Blut einer Jungfrau baden würde, dann würde ihre welkende Schönheit wiederkehren. Bevor sie verhaftet wurde, soll sie für den Tod von 650 jungen Frauen verantwortlich gewesen sein. Kein Wunder, dass der Genuss von Blut nicht in einem positiven Licht dargestellt wurde.

Lange vor Dracula sowie der gefürchteten Gräfin und trotz aller religiöser Verbote war Blut als wertvolle Proteinquelle wie als Heilmittel, als Mittel zum Hinauszögern des Alters und als Potenzverstärker vor Viagra geschätzt. In vielen frühen Kulturen wurde frisches Tierblut regelmäßig konsumiert.

Marco Polo berichtete, die mongolischen Heere seien ohne Proviant und ohne verräterische Kochfeuer ausgekommen – sie hätten ihren Pferden alle zehn Tage einen halben Liter Blut abgezapft, genug, damit der Reiter überlebte, ohne dass Gesundheit und Kraft des Tiers beeinträchtigt wurden. Blut war für die Mongolen also nicht nur nahrhaft, sondern die perfekte Überlebensnahrung.

Noch vor den Verboten des Islams kochten die Araber Pastetchen aus Kamelhaar und -blut über einem offenen Feuer. In der Gegend südlich des heutigen Golfs von Aden wie in Ostafrika hielten sich Nomadenstämme mit einer Ernährung aus frischem Blut und Milch von ihrem Vieh am Leben. Das praktizieren die unabhängigen Massai in Kenia und Tansania noch heute. Andere Stämme ziehen gekochtes oder geronnenes Blut vor, das im Kochfeuer gebraten wird.

Auch im mittelalterlichen Europa wurde in manchen Gegenden Blut gekocht und gegessen oder getrunken, ohne Rücksicht auf religiöse und literarische Vorurteile. In Irland wurde ein Kuchen bereitet, indem Salz auf eine Schicht geronnenes Blut gestreut, dann eine weitere Schicht Blut darüber getan, diese erneut mit Salz bestreut wurde und so weiter, bis ein Block entstand, der dann in Scheiben geschnitten wurde. Die Skandinavier kochen noch heute eine Gänseblutsuppe, die so genannte *swartsoppa* oder schwarze Suppe. In Polen wird Blut von Geflügel, Wild oder Schweinen mit Reis, Nudeln oder geröstetem Brot gegessen, angedickt mit einem Püree aus Hühnerlebern. Französische Köche nehmen Blut zum Andicken, häufig für Ragouts und immer bei bestimmten Huhn- und Kaninchengerichten, bei denen das Blut kurz geköchelt und dann unmittelbar vor dem Servieren zu dem Gericht gegeben wird. Solche Gerichte nennt man *en barbouille*, »in Schmiere«, weil sich die Essenden die Lippen mit Blut beschmieren.

Ein Glas Blut

»Die Marquise war von Arzt zu Arzt gelaufen, war aber jedes Mal mit einem bedauernden Kopfschütteln beschieden worden. Nur einer von ihnen hatte sie auf ein mögliches Heilmittel hingewiesen: Rosaria (die Tochter der Marquise) müsse sich den Scharen der Schwindsüchtigen anschließen, die sich bei Tagesanbruch zu den Schlachthöfen begeben, um das lauwarme Blut zu trinken, das den frisch geschlachteten Kälbern entzogen wird.

Bei den ersten Malen hatte es die Marquise sich nicht nehmen lassen, das Kind persönlich in die Schlachthöfe zu begleiten, aber der entsetzliche Gestank des Bluts, die warmen Kadaver, das Brüllen der Tiere vor dem Schlachten, das Gemetzel des Schlachtens … all das hatten ihr furchtbar Angst gemacht und ihr das Herz zugeschnürt. Sie brachte es nicht mehr über sich.

Rosaria war weniger ängstlich. Tapfer hatte sie das lauwarme Blut geschluckt und nur gesagt: ›Diese rote Milch ist für meinen Geschmack ein wenig dick.‹«

Jean Lorrain, *Das Glas Blut*, 1890

Schon im 17. Jahrhundert bemerkte ein Reisender in Irland, die Bauern würden »ihre Kühe bluten lassen und das Blut mit etwas Milch und Butter vom selben Tier kochen – mit einer Mischung schmackhafter Kräuter ist dies eines ihrer köstlichsten Gerichte«. Eine moderne Version heißt *drisheen*, eine Art schwarzer Pudding oder Blutwurst. Im viktorianischen England glaubte man, mit Blut könne man der Tuberkulose vorbeugen, und Frauen wie Männer konsumierten es im Schlachthaus ihres Viertels glasweise.

Blutwurst ist eine der ältesten gekochten Fleischwaren – es gab sie schon im alten Griechenland. Heute wird sie mit Äpfeln und Kartoffelbrei serviert und manche behaupten, in Frankreich gebe es so viele Arten von *boudin noir* wie Schweinemetzger – die einen nehmen gleich viel Blut, Fett und gekochte Zwiebeln, andere mischen das Blut mit verschiedenen Früchten, Gemüsen, aromatischen Kräutern, Milch, Sahne und entrindetem Brot.

Französische Siedler verbreiteten das Gericht in aller Welt und im 19. Jahrhundert wurde es im US-Staat Louisiana, damals Acadia genannt, eine großartige Delikatesse. Da Schweine alljährlich im Advent geschlachtet wurden, hob man die *boudin* meist für die Weihnachtsfeiertage auf. Die Cajuns, wie die Acadier hießen, schlachteten ein Schwein, fingen das frische Blut auf, gaben Salz dazu und rührten es um, damit es nicht gerann. Dann wurden darin frische Lunge, Herz und Nackenstücke vom Schwein drei Stunden lang geköchelt. Nach dem Abkühlen wurde das Fleisch in kleine Stücke gehackt und mit gehackten Zwiebeln, Pfeffer und Gewürzen in die Kochflüssigkeit zurückgetan, aufgekocht und dann abgeseiht. Mit etwas Mehl wurde das Ganze noch eine weitere Stunde unter häufigem Umrühren geköchelt. Die fertige Sauce wurde über eine Fleischvorspeise gegossen oder zu Fleisch und Gemüsen in einem Eintopf oder einer Suppe hinzugefügt.

In Schottland hat Blutwurst neben Haggis den Status des inoffiziellen Nationalfleischgerichts erlangt. Im 16. Jahrhundert wurden entsprechende Gerichte in *The Household Book of Lady Grisell Baillie* erwähnt und ein anderer Gastronom schreibt über einen der Richter vom Courts of Session, »mit Blutwurst, sehr viel Anchovistoast und genügend gutem Rotspon gelang es Seiner Lordschaft, seiner häuslichen Schwierigkeiten Herr zu werden«.

Noch heute sparen sie in Schottland nicht an Blut – bis zu drei Liter werden mit Rosinen, Zucker, diversen Nüssen und Kastanien (zerstoßen), Reis, Orangen (samt Schale) und Feigen vermischt und als Pfannengerichte gebacken. In anderen Rezepten wird jeweils ein Liter Schweine- oder Ochsenblut zusammen mit einem Viertelliter Milch, einem Pfund durchgedrehtem Nierenfett oder Schweinefett, einer großen Hand voll Haferschrot und einer Menge gehackter Zwiebeln, Pfeffer und Salz in einen gewaschenen Darm gefüllt, der an den Enden zugebunden. Diese Wurst wird dann auf die übliche Weise gekocht oder zur späteren Verwendung an einen Dachsparren gehängt.

Interview mit einem Vampir?

In einem 1996 erschienen Buch mit dem Titel *Something in the Blood* behaupteten zwei texanische Journalisten, in den USA gebe es etwa 8000 »Vampire«, die regelmäßig Menschenblut tränken, wenn es zur Verfügung stünde. Einer von ihnen, Cyne Presley, eine 38-jährige Sicherheitsbeamtin in El Paso, erklärte ihnen anscheinend, sie würde zwei- bis dreimal pro Woche bis zu einem halben Liter Blut trinken – eine Gewohnheit, die sie schon als Kind angenommen hätte, als sie die Schnitte und die zerschürften Knie ihrer Freundinnen ausgesaugt hätte.

»Ich liebe Blut«, habe sie der Los Angeles Times gesagt. »Ich lechze danach. Wenn ich es trinke, fühle ich mich so wohl. Wie wenn ich heimkomme.«

Woher bekommt Presley ihren Nachschub? Nein, nicht von der Blutbank ihres Viertels. Häufig ließen Freundinnen sie noch immer den fleischigen Teil in der Armbeuge mit einer Nadel oder einer Rasierklinge durchbohren. Dann würde sie sacht das Blut aussaugen. Nur selten hätte sie Mühe, einen Spender zu finden, aber gelegentlich müsse sie sich mit Blut von einer Kuh vom Metzger begnügen.

Natürlich sei das nicht ungefährlich. Hepatitis B und der HIV-Virus würden ja von Menschenblut übertragen. (Daher trinkt Presley nur bei Freundinnen.) Und sobald die Leute wissen, dass man Blut trinke, bekomme man Probleme. Der Texanerin habe man schon gedroht, ihr einen Pfahl durchs Herz zu bohren, während andere wissen wollten, ob sie in einem Sarg schlafe.

Genug. Die beiden Autoren, die über Presley und die anderen (meist ungenannten) 8000 »Vampire« schrieben, meinten es sicher nicht ernst. Ein Ulk, nicht wahr? Niemand hat sich bislang gemeldet und Presley ist nirgendwo zu finden.

Die polnische Blutsuppe heißt *tschernina* und in Ungarn bereitet man Blutfritten zu, indem man Zwiebelscheiben in Fett brät, Scheiben von geronnenem Gänse-, Enten- oder Schweineblut hinzugibt, mit Salz und Paprika würzt und das Ganze mit gekochten Kartoffeln und Salat serviert. Deutschland ist für seine Blutwurst bekannt, eine Wurst aus Schweineblut, Kalbs- oder Schweinelunge und gewürfeltem Speck, gewürzt mit Nelken, Muskatblüte und Majoran.

In Asien wird Blut nicht nur als belebendes Getränk geschätzt, sondern auch als herzhafte Nahrung. Isan, die nordöstliche Region Thailands, ist für viele innovative Gerichte bekannt, wie Rindsnudeln mit frischem Kuhblut. Dortige Köche verwenden auch Schweineblut in Curries und Fischmagensuppen sowie beim Grillen von Spareribs. Dagegen beginnen die *Mahouts* (Elefantentrainer) im Dschungel in Nordthailand den Tag mit einem Glas Blut vom wilden Eber, das von der Beute des Vortags geronnen ist. Auf den Philippinen heißt ein beliebtes Gericht *dinuguan*: gehackte innere Organe (meist von einem Igel), die vor dem Kochen großzügig mit Blut vermischt werden.

Heute befasst man sich in Brasilien ernsthaft mit der Einbeziehung von Blut in die menschliche Ernährung – ein experimenteller Nahrungsmittelzusatz gilt als mögliche Lösung für das weltweite Problem der Unterernährung. Die Hauptzutat dieses *Prothemols* ist Kuhblut. In armen Regionen, wo es dem Staat und den Hilfsorganisationen an Geld mangelt, um die benötigten Lebensmittel zu liefern, begannen brasilianische Ernährungswissenschaftler 1996 eine gelbliche, geruchlose, mehlartige Substanz aus Plasma, getrocknetem Eiweiß, Vitamin A und Mehl zu verteilen, die in Nahrung oder gesüßten Getränken aufgelöst wird.

»Unsere Kinder benötigten Proteine mit den wichtigen Aminosäuren, die der menschliche Körper nicht erzeugt, die aber für Entwicklung und Wachstum notwendig sind«, erklärte Dr. Naide Teodosio, Professorin für Physiologie an der Staatlichen Universität von Pernambuco. »Wir hatten genug davon, kostenlos, und wir haben es weggeworfen.«

Bei einer *Sa-dah-dah-eu*-Zeremonie zu Ehren der Ahnengeister in einem Dorf des Bergstamms der Akha in Thailand werden Schweine und Hühner geschlachtet und zusammen mit ihrem aufgefangenen Blut den Geistern als Opfergaben dargeboten. Die Akha, die im Hinblick auf Nahrungsmittel immer ganz pragmatisch sind, werden alles selbst essen, sobald die Geister von dem Opfer hinreichend Notiz genommen haben. Das Blut wird getrunken und auch als Würze verwendet.

Lebendig & fast lebendig

Iwerde immer wieder gefragt: » Was ist das skurrilste, das Sie je gegessen haben?« Am liebsten würde ich »Erdnussbutter« sagen, weil es wie – na, Sie wissen schon – aussieht und im Mund pappen bleibt. Aber das wollen die Leute nicht wissen. Sie wollen eine Story hören.

Ich erzähle dann immer eine Geschichte über ein Nahrungsmittel, das weniger »skurril« als »schwierig« war. Von meiner Weigerung, frisches Schlangenblut zu trinken, war gerade die Rede, andernorts habe ich erwähnt, welchen Widerwillen es mir bereitete, in eine gedünstete Wasserwanze zu beißen. Die größte Mühe aber, etwas zu schlucken oder vielmehr in den Mund zu stecken, hatte ich bei einer lebendigen und sich windenden Garnele.

Es geschah in Honolulu vor vielen Jahren, als ich mit einem Freund eine Sushi-Bar besuchte. Mein Freund war schon oft in Japan gewesen und sprach »fließend Sushi«, das heißt, er kannte die japanischen Wörter für Aal, Seeigel, Rogen, verschiedene Thunfischarten und andere vage zu identifizierende Proteinscheibchen, die kunstvoll auf daumengroße Klumpen von mit Essig gewürztem Reis deponiert werden. Fast ein Drittel aller Hawaiianer stammen aus Japan und die Inseln sind ein beliebtes Ferienziel für Japaner. Daher stellte der 50. amerikanische Staat eine Art Brückenkopf der Sushi-Invasion dar, die auf die Invasion der Elektrogeräte- und Autohersteller folgte.

Mein Freund und ich hatten uns durch die Sushi-Karte gearbeitet und dabei diese fingerhutgroßen Becher mit heißem Sake gekippt, die einem das Gefühl vermitteln, eigentlich nicht viel zu trinken. Dann verkündete er, nun sei es Zeit für das ultimative Sushi. Er sagte etwas zum Sushi-Koch, der mich angrinste und dann in ein Aquarium auf einem Regal langte und zwei kleine, lebendige Shrimps herausholte.

Mit sparsamen und raschen Bewegungen legte er zwei Klumpen Reis vor sich, schälte die lebendigen Krustentiere geschickt, legte sie auf den Reis, träufelte dann etwas Limonensaft auf jedes, woraufhin sich die kleinen Wesen hin und her wanden, weil ihnen das wohl äußerst unangenehm war. Mein Freund steckte sich seinen kleinen Leckerbissen in den Mund und kaute entzückt darauf herum. Vom Reiswein beflügelt, tat ich es ihm nach – allerdings meine ich, nicht gekaut, sondern geschluckt zu haben.

In den letzten zehn Jahren ist der Verzehr von lebendigem Protein – vor allem von Meeresfrüchten, allerdings nicht ausschließlich, wie wir sehen werden – fast eine Mode geworden. Nicht nur in China, Korea und Japan, wo das ganz beliebt zu sein scheint, sondern auch in ausgewählten Restaurants in Großstädten auf der ganzen Welt. Das Argument lautet: Wenn frisch gut ist, kann dann etwas besser sein als »lebendig«?

Der Gedanke ist sicher barbarisch und grausam, wenn wir Tierschützern glauben sollen. (Hat sich schon jemand für die Sushi-Garnele eingesetzt?) Ich erinnere mich an einen Film, in dem zum Beweis der Männlichkeit ein lebendiger Hummer auf einen Tisch gelegt und dann mit einem Beil in zwei Hälften zerhackt wurde. Der Mann, der getestet wurde, sollte den Vorderteil des Hummers packen, der noch immer zu entkommen suchte, und sein Fleisch herauspulen und essen.

Logischerweise müssen wir fragen: Ist es humaner, das Essen in einem anderen Raum zu töten, bevor wir es servieren? Und ist es weniger barbarisch, es zuerst zu kochen?

Natürlich ist das nichts Neues. Mit Sicherheit war das Essen in der Geschichte der Menschheit vor dem Kochen da, und einige frühe Mahlzeiten waren wohl so frisch, dass sie noch atmeten, zappelten oder sich wanden. Hunderttausende von Jahren lang aß der sich entwickelnde Mensch seine Nahrung roh, bevor er bewusst das Feuer benutzte. Man darf davon ausgehen, dass beispielsweise einige der gerade mit dem Speer erlegten Fische verspeist wurden, bevor sie ihren letzten Atemzug getan hatten.

In den 1920er Jahren bewiesen Collegestudenten in den USA ihre Männlichkeit dadurch, dass sie einen lebendigen Goldfisch verschlangen. Aber davon ist hier nicht die Rede. Heute gehen viele Menschen in schicke Restaurants und zahlen eine Menge Geld dafür, etwas zu essen, das nicht gekocht wurde. Für die Restaurants ist dies ein Segen. Sie brauchen keinen Koch zu engagieren, nur jemanden, der weiß, wie man einen Fisch filetiert, ohne ihn zu töten, so dass er serviert werden kann, während er noch auf dem Teller zappelt, aber ohne Gräten.

In einer Ausgabe der *China Youth Daily* wurde berichtet, in kommerziellen Etablissements und zu Hause zu besonderen Anlässen sei »der Verzehr lebender Tiere der letzte Schrei, um seinen Reichtum zur Schau zu stellen und den Glauben zu demonstrieren, dass lebendige Tiere gesünder seien als bereits geschlachtete«. Ein späterer Bericht von UPI lässt kein Detail aus: »Ein gesunder, drei Jahre alter Affe wurde empfohlen und in einen Käfig getan, wobei sein Kopf aus einer Öffnung ragte. Der Koch schneidet ihm geschickt die Haare ab, säubert den Kopf und bringt dann mit einem scharfen Messer einen kreisrunden Schnitt an der Schädeldecke des Affen an. Dann klopft er mit einem Hammer leicht auf den Schädel und hebt die Decke wie den Deckel eines Topfes ab. Der Gast kann das Gehirn auslöffeln, während das Tier verzweifelt, aber stumm im Todeskampf zuckt.«

Außerdem war in diesem Bericht von einem Gericht die Rede, das »drei Schreie« hieß, eine unglaubliche Geschichte, die mir später ein Freund aus China bestätigte. Dafür wurden mehrere neugeborene Mäuse gewaschen, feucht in einer Gewürzmischung gewälzt und in einer Art Korb serviert, aus dem sie nicht fliehen konnten. Zitat: »Schnappen Sie sich eine zappelnde Maus und dippen Sie sie in eine Würzsauce, wenn sie den ersten Schrei von sich gibt. Stechen Sie sie mit einem Messer oder einer Gabel, dann wird sie erneut schreien. Beißen Sie hinein und das kleine Ding

wird seinen dritten Schrei von sich geben, wenn es der Welt Lebewohl sagt.«

Weiter berichtete der Reporter, gehäutete, lebendige Tauben, Spatzen und Wachteln seien ebenfalls serviert worden, blieb aber eine Schilderung schuldig. Der Autor war aufgesprungen und vielleicht war ihm auch sein Essen hochgekommen.

Wie auch immer die Menschen auf den Verzehr lebendigen Essens reagieren – die Sitte selbst kann nicht ignoriert werden. In vielen Teilen der Welt werden noch heute verschiedene Insekten lebendig gegessen, kurz nachdem sie gefangen wurden. In Thailand habe ich gesehen, wie Menschen Wasserläufer von der Oberfläche eines Teiches fischten und sie als Snack in den Mund schoben. Sogar das *U.S. Army Survival*

Muscheln und Seescheiden werden auf der südkoreanischen Insel Cheju als roher Meeresfrüchtesnack angeboten.

Manual empfiehlt frisch gefangene, ungekochte Larven von Heuschrecken, Ameisen und Termiten als nahrhafte, proteinreiche Überlebensmahlzeit. Millionen Menschen in der so genannten Dritten Welt können dies bestätigen.

Richard Lair, der jahrelang bei Elefantentrainern im Dschungel lebte, meint, die Erfahrung habe seine Essgewohnheiten entscheidend verändert: Es gebe nichts, außer vielleicht Elefant, was er heute nicht essen würde. Als ich ihn fragte, welches das merkwürdigste

Gericht gewesen sei, das er je gegessen habe, berichtete er mir von zwei chinesischen Gerichten (andere behaupteten, sie seien japanisch), für die ziemlich normale Zutaten verwendet würden – ungewöhnlich sei die Art der Zubereitung gewesen.

»Man stelle einen Topf mit Wasser aufs Feuer oder auf den Herd, und sobald das Wasser heiß ist, werfe man ein paar Tofuwürfel und zwei Dutzend lebendige Froschbabys hinein«, erklärte er. »Die Frösche schwimmen zum Tofu und klammern sich daran, weil er kühler als das Wasser ist. Im Sterben klammern sie sich noch immer an den Tofu und nachdem Tofu und Frösche gekocht sind, hole man sie vorsichtig aus dem Wasser und serviere sie mit Gemüsen.«

Damit wären wir bei der »fast lebendigen« oder, wie Mr. Lair es formuliert, »vor ganz kurzem verstorbenen« Kategorie. Es gibt etliche ähnliche Geschichten, die ebenfalls in Asien spielen, also dem Teil der Welt, wo die Menschen alles essen, wie die meisten Menschen glauben, die anderswo leben. So werden etwa winzige lebendige Fische in einen Topf mit kaltem Wasser getan, zusammen mit Gemüsen mit hohlen Kammern, wie Lotuswurzeln, kleinen grünen Paprika oder Wasserwinde. Die Fische schwimmen beim Erhitzen des Wassers in die Löcher, worin auch sie gekocht werden. Anschließend werden sie mit Essstäbchen serviert. Mit einer schönen Chili-Dipsauce.

Bei einer anderen Variation des gleichen Themas werden lebendige Babyaale mit größeren Tofublöcken ins kochende Wasser getan. Die Aale verkriechen sich im Tofu, wo sie gekocht werden. Danach werden die Tofublöcke herausgeholt und vor dem Servieren gehackt.

Verzehr lebendiger Meeresfrüchte verboten

Sydney (Associated Press) – Einer jungen Frau, die entsetzt mit ansehen musste, wie ein Paar an einem anderen Restauranttisch Stücke von einer lebenden Languste abriss und aß, wird ein derartiger Anblick dank einem neuen Gesetz bald erspart bleiben.

Cyrina Holland, 18, war mit ihrem Freund zum Essen gegangen. Weil sie mit dem Hinweis auf der Speisekarte »Erleben Sie den Langustentanz« nichts anfangen konnte, bat sie ihren Freund um eine Erklärung. »Er zeigte zum Tisch hinter mir, und da lief eine in zwei Hälften zerschnittene Languste herum«, berichtete sie. »Sie lebte und wurde mit Essstäbchen aufgehalten.« Sie sagte, der Schwanz der Languste sei mit Reis und Nudeln gefüllt gewesen, aber der Körper habe noch gelebt, und die Gäste hätten die Beine abgebrochen. »Das hat mir total den Appetit verdorben.«

Holland nahm Kontakt mit der Gesellschaft zur Verhinderung von Grausamkeiten an Tieren auf, erfuhr aber, dass Krustentiere nicht unter die Tierschutzgesetze fielen. In Australien verabschiedete der Staat New South Wales in diesem Jahr ein Gesetz, das für das Servieren von lebendigen Fischen oder Meeresfrüchten eine Gefängnisstrafe von bis zu zwei Jahren vorsieht.

31. Juli 1997

Lebendiges Hummer-Sashimi, auf Japanisch *odorigui* genannt, was so viel wie »tanzen« und »essen« bedeutet. Bei der Zubereitung wird das unglückliche Lebewesen mit großem Tempo kunstvoll wieder zusammengesetzt, so dass es sich noch bewegt, wenn es den Tisch des Gastes erreicht. Ein Teil des Schwanzes wird umgestülpt und dient als eine Art Schale für das Fleisch, das zuerst herausgeholt und aufgeschnitten wurde.

Vergorene Nahrung

Bill Peterson war viel herumgekommen und ging auf die meisten meiner Essensvorschläge ein, aber im Grunde war er in gastronomischer Hinsicht nicht experimentierfreudig und nun beklagte er sich.

»Ich verstehe einfach nicht, wieso das gleiche Verfahren so viele gute Dinge zum Trinken – Bier, Wein und Whisky –, aber auch so viel schlechtes Essen produzieren kann.« Mein amerikanischer Freund, der Wurst in Deutschland und Straußenfilets in Australien probiert hatte, meinte die Gärung. Ich lachte und fragte ihn, was er denn probiert habe. »Denn wenn es keine Gärung gäbe, dann hätten wir auch kein Brot und keinen Käse.« »Okay, aber ich spreche von diesem Zeug, das ihr in Asien esst – die vergorene Fischsauce, die Tausendjährigen Eier, Kim chee – so was halt. Ich geb ja zu, ich mag nicht mal Jogurt oder Sauerkraut.«

Mein Freund ist nicht der Einzige. Viele glauben, wenn sie versehentlich ein vergorenes Nahrungsmittel in den Mund gesteckt haben, gebe es nur ein Mittel,

nämlich sich den Mund auszuspülen mit ... tja, etwas Vergorenem.

Vergorene Nahrungsmittel und Getränke sind Feststoffe und Flüssigkeiten, die zubereitet werden, indem Mikroorganismen oder Enzyme (als natürlicher Bestandteil der Nahrung oder hinzugefügt wie Hefen) die Eigenschaften der Nahrung verändern. Damit soll ein besserer Geschmack oder eine bessere Struktur erzielt werden und das Produkt dieser biochemischen Veränderung soll sich länger im Regal halten. So sind die verschiedenen Milchprodukte auf Grund der Tatsache entstanden, dass frische Milch rasch schlecht wird, während eine kontrollierte Gärung mit Milchsäurebakterien diesen Zeitpunkt hinauszögert. So kann die Milch weit und breit sicher vertrieben werden, ohne ihren Nährwert oder Geschmack zu verlieren.

Manche Leute, wie mein Freund, meinen dagegen, dieser Prozess verändere nicht bloß den Geschmack und die Struktur, sondern entstelle sie und schade – im übertragenen wie im wörtlichen Sinne – dem ursprünglichen Reiz der Nahrung. Viele Besucher Südostasiens werden die vergorene Fischsauce probieren, die so wichtig für die einheimische Küche ist, aber dann das Gesicht verziehen und sie »verdorben« nennen.

In gewisser Hinsicht haben sie Recht. In Thailand heißt diese Sauce *nam pla*, was in der Übersetzung unschuldig »Fischwasser« bedeutet, in Vietnam *nuoc mam*, in Laos *nam pa*, in Kambodscha *tuk trey*, in Birma *ngan-pya-ye* ... Jedes dieser benachbarten Länder rühmt sich, seine Marke sei die beste, doch Thailand exportiert die größten Mengen von dieser durchsichtig braunen Sauce. Alle Arten werden produziert, indem man Fische – manchmal auch Shrimps – mit Salz in Fässern mindestens einen Monat gären lässt und anschließend die entstandene Flüssigkeit abfüllt. Die Sauce fehlt in kaum einer südostasiatischen Mahlzeit. Sie ersetzt Salz und ist gewissermaßen das, was

---

Essen und Trinken

Die Gärung dient uns in vielerlei Hinsicht. Sie bereichert nicht nur unsere Speisekarten und verlängert die Haltbarkeit von Nahrungsmitteln ohne chemische Konservierungsstoffe, sondern vergorene Nahrungsmittel enthalten auch viele lebendige Enzyme. Beim Gärprozess werden komplexe Proteine, Stärken und Fette in einfache Verbindungen zerlegt, die der Körper leicht aufnimmt.

Neuere Forschungen zeigen auch, dass vergorene Lebensmittel die Entwicklung bestimmter Bakterien hemmen können, die Diarrhö auslösen, an der jedes zehnte Kind in Entwicklungsländern (durch Dehydrierung) stirbt. Daher nutzt die WHO (Weltgesundheitsorganisation) die Gärtechnik für die Zubereitung und Lagerung von Säuglingsnahrung. Und

wie steht's mit dem ungewöhnlichen, beißenden Geschmack und Geruch? Viele dieser vergorenen Nahrungsmittel lassen sich gut mit einem alkoholischen Getränk aus einer vergorenen Maische verschiedener Zutaten wie Körnern und anderen Pflanzen hinunterspülen. Am beliebtesten sind Whisky, Gin, Wodka und Rum, ferner – in alphabetischer Reihenfolge – Aquavit, Arrak (in Sri Lanka und anderen tropischen Ländern aus Zuckerrohr hergestellt), Bourbon, Cognac, Malzbier, Mezcal, Okolehao (ein hawaiianisches Zuckerrohrgetränk), Scotch Whisky und Tequila.

Bei Bier, Wein und Champagner wird Hefe in einer Lösung mit Zucker und Nährstoffen gefüttert, die sich dafür mit der Erzeugung von Kohlendioxidgas und Alkohol revanchiert.

die Sojasauce für die Chinesen und Japaner ist. Aber schärfer.

Fremde wie mein Freund haben ihre Schwierigkeiten mit Fischsauce. Schon Nicolas Gervaise, ein jesuitischer Missionar des 18. Jahrhunderts, notierte in seinem Tagebuch, *Thai kapi*, wie sie damals hieß, »hat einen so durchdringenden Geruch, dass es jedem übel wird, der nicht daran gewöhnt ist«. Und noch 1997 stellte Annabel Jackson-Doling in *The Food of Vietnam* fest, dass *nuoc mam* »in ihrer reinsten Form einen starken Geruch und einen unglaublich salzigen Geschmack hat, so dass sie außerhalb von Vietnam nur etwas für Kenner ist.«

In Asien gibt es auch einige feste vergorene Nahrungsmittel, die besondere Beachtung verdienen. Die laotische *padek* lässt sich am besten als Fischsauce beschreiben, in der sich noch Brocken des vergorenen Fischs zusammen mit etwas »Reisstaub« und Reisschalen befinden. Ihr Geruch ist so penetrant, dass der große Tontopf mit dem Familienvorrat meist draußen auf der Veranda aufbewahrt wird. In *Traditional Recipes of Laos* (1981) schreibt Phia Sing, *padek* sei meist hausgemacht: »Das Original ist im Westen nicht erhältlich, aber Gläser mit vergorenem Fisch von den Philippinen sind ein akzeptabler Ersatz. Und wie man mir erzählte, habe die laotische Braut eines Engländers ausgerufen, als man ihr zum ersten Mal eine Büchse Anchovis anbot: ›Aber das ist ja Padek – ziemlich salzig, aber gut!‹«

In Thailand wiederum gibt es ein Gericht, das *pla ra* heißt, wobei das zweite Wort »Schimmel« oder »Pilz« bedeutet. Laut David Scott und Kristiaan Inwood (*A Taste of Thailand*, 1986) erinnere dieses vergorene Fischgericht an den »konzentrierten Gestank verwesender Leichen, verlassener Hundehütten, ungewaschener Füße, abgestandenem Brackwasser und von mit Fliegendreck übersätem Abfall«. Man stellt sie her, indem man ausgenommene und abgeschuppte Süßwasserfische mit Salz in versiegelte Tontöpfe packt und nach ein paar Tagen, wenn die Fische zu »verwesen« beginnen, ein feines Pulver aus gebratenem Reis dazugibt.

Nach einer Woche kann man es essen, Kenner bevorzugen allerdings eine längere Gärzeit.

So wichtig solche Nahrungsmittel und Saucen für diese Länder sind, kann man doch durchaus südostasiatisch ohne sie kochen. Nicht so in Korea, wo *kim chee* (oder *kimchi*) den Status eines »Nationalgerichts« hat und praktisch mit allem serviert wird – und es nicht zu essen, gilt als grobe Beleidigung. Kim chee – ein allgemeiner Begriff für eine Gruppe vergorener Gemüsegerichte – hat einen typisch süßsauren Geschmack, ganz anders als Sauerkraut und andere vergorene Gemüse aus Europa und Nordamerika. Früher blieben auf diese Weise zubereitete Gemüse während der langen, kalten Winter im nördlichen Teil der koreanischen Halbinsel essbar, doch trotz der modernen Treibhauskulturen und der ganzjährigen Versorgung mit Gemüsen durch Importe ist das Gericht aus Korea nicht wegzudenken. Es gibt zwar etwa 150 Arten von Kim chee, doch am beliebtesten ist gesalzener gehackter Chinakohl und/oder Rettich, die gewaschen werden und mit

Während in keiner südostasiatischen Küche eine vergorene Fischsauce fehlen darf, bevorzugt man in Laos eine noch schärfere Zutat. *Padek* ist eine Sauce, die den gärenden Fisch noch enthält. Die teilweise zersetzten Fische werden herausgenommen und für verschiedene Gerichte verwendet.

Gewürzen und anderen Zutaten ein paar Tage lang an einem kühlen Ort gären. Das Ganze wird bei Zimmertemperatur oder leicht gekühlt mit Reis und Fleischgerichten serviert.

Eine andere koreanische Delikatesse, in Salz vergorene Austern, ist über 600 Jahre alt und soll nicht nur

Sonnenblumenkernkäse

Zubereitung: Geben Sie am Abend etwa ein Pfund rohe, geschälte Sonnenblumenkerne in eine große Schüssel und bedecken Sie sie reichlich mit Wasser. Sie können auch andere Kerne verwenden, etwa Kürbis- oder Pinienkerne, Walnüsse, Pekannüsse und Mandeln oder eine Mischung davon. Nehmen Sie kein gechlortes Wasser, weil es die Enzyme vernichtet und die Gärung verhindert. Lassen Sie die Kerne über Nacht einweichen.

Gießen Sie am nächsten Morgen das Wasser durch ein Sieb ab. Pürieren Sie eine Tasse Nüsse mit einer Tasse Wasser im Mixer und schütten Sie das Püree in eine große Schüssel. Pürieren Sie die restlichen Kerne auf die gleiche Weise und geben Sie das Püree in die Schüssel.

Stellen Sie die Schüssel offen auf einen Tisch oder ein Küchenregal und lassen Sie das Püree auf natürliche Weise gären. Je nach Wetterlage dauert dies 4 bis 7 Stunden – je heißer und feuchter es ist, desto kürzer die Gärzeit. Wenn es so weit ist, sieht die Oberfläche etwas aufgequollen aus, und das Wasser hat sich vom Püree auf dem Boden der Schüssel getrennt. Das Ganze riecht säuerlich.

Legen Sie ein großes Sieb mit einem Stück Gazetuch aus. Gießen Sie das vergorene Püree hinein und lassen Sie es über einer Schüssel etwa 30 bis 45 Minuten abtropfen. Schlagen Sie dann die Enden des Tuchs zusammen und pressen Sie so viel wie möglich von dem restlichen Wasser aus der Masse. Geben Sie das Püree in einen Plastikbehälter, verschließen Sie ihn fest und stellen ihn in den Kühlschrank. Das Püree hält sich etwa eine Woche.

Serviervorschlag: Geben Sie eine beliebige Menge Püree in eine Schüssel – pro Person genügt eine halbe Tasse. Fügen Sie gutes Meersalz, gemahlenen schwarzen Pfeffer oder Cayennepfeffer, 5 bis 6 fein gehackte Frühlingszwiebeln und 3 El Olivenöl hinzu. Sie können auch mit anderen Zutaten experimentieren, etwa Knoblauch und verschiedenen Gewürzen.

Vermischen Sie alles gut mit einem Löffel oder einer Gabel und geben Sie die Mischung in eine kleinere Servierschüssel. Sie kann als Brotaufstrich, als Dip für Chips oder Gemüsesticks, als Füllung für halbierte Avocados oder Tomaten verwendet oder einfach so mit einem Löffel gegessen werden. Sie können auch kleine Bällchen daraus formen, diese ihn gekochtem braunem Reis wälzen und größere Kugeln daraus bilden, die sie im Ofen kurz erhitzen und dann servieren.

Die eingeweichten Kerne zerlegen beim Gären alle Proteine, Fette und Kohlehydrate, so dass sich alle Nährstoffe leicht verdauen und aufnehmen lassen. Bei der Gärung entstehen auch hohe Konzentrationen von Aminosäuren, Vitamin B und aktiven Enzymen, die aus dem Püree eine ausgewogene Vollwertkost machen. Sie eignet sich auch ausgezeichnet für verschiedene Gewürze und Zubereitungsarten.

bei Müdigkeit helfen und zur Behandlung von Anämie eingesetzt werden, sondern enthalte auch den Geist und die Weisheit der Ahnen. In Hongkong wird vergorener Tofu häufig als Spezialität an Straßenecken angeboten. Ein fester, vergorener »Sojabohnenkuchen«, *tempe* oder *tempeh* genannt, wird allgemein als Fleischersatz in Indonesien konsumiert. Auf den Philippinen werden eine ganze Reihe von Gerichten aus gesalzenen und vergorenen Anchovis und winzigen Shrimps, so genannten *bagoong*, hergestellt.

Doch nicht nur in Asien gibt es vergorene Nahrungsmittel. In Alaska fangen die Inupiat- und Kobuk-Eskimos Flusslachse im Winter durch Löcher im Eis oder mit Netzen im Sommer, wenn die Fische flussaufwärts zum Laichen schwimmen. Das reichhaltige, ölige Fleisch und der Rogen der 20 bis 30 Pfund schweren Weibchen (die jeweils bis zu 350 000 Eier legen können!) werden den kleineren Männchen vorgezogen. Der gesamte Fang wird nicht ausgenommen, sondern in einer mit Laub ausgelegten Grube vergraben, wo die Fische in ihren natürlichen Säften mehrere Wochen lang gären (verfaulen). Kein Wunder, dass das aromatische Ergebnis umgangssprachlich »Stinkfisch« heißt – gewöhnlich wird er roh gegessen.

Ein ähnliches Gericht, *lutefisk* oder Laugenfisch genannt, wird in Norwegen zubereitet und im Dezember auf dem Höhepunkt des kulinarischen Jahres serviert. Diese Tradition stammt mindestens aus dem 14. Jahrhundert, als weiße Süßwasserfische im August und September in Gebirgsseen gefangen und dann in Birkenrinde gewickelt und vergraben wurden. Die Fische blieben bis zum ersten Schnee in der Erde und wurden dann ausgegraben, mit Salz eingerieben und mit dem Bauch nach oben dicht in Holzbehälter gepackt. Heutzutage werden die Fische auf ähnliche Weise etwa drei Monate lang oberirdisch gelagert, dann in einer stark alkalischen Lösung mehrere Tage lang gewässert, bis die Fische ganz weich sind. Im Allgemeinen verwendet man heute Ätznatron, aber aus mittelalterlichen Dokumenten geht hervor, dass man ursprünglich die Asche der Birke nahm. Nach dem Einweichen werden die Fische mehrere Tage in fließendem kaltem Wasser gespült und dann entweder gedünstet oder pochiert. Das Ergebnis sind durchsichtige, goldene Filets von einer steifen, geleeartigen Konsistenz. Merkwürdigerweise ist der Geschmack überraschend nichtssagend und normalerweise wird er unterschiedlichen Saucen verstärkt.

In Russland, Südwestasien und Osteuropa wird *Kefir*, zu einer schäumenden Flüssigkeit vergorene Milch, seit vielen Jahrhunderten erzeugt. In Deutschland wird aus geschnittenem, vergorenem Kohl bereitetes Sauerkraut mit Schweinshaxe oder Würsten serviert. In den USA und anderswo wird vergorener Apfelmost (cider oder cidre) als schwach alkoholisches Getränk angeboten. Jogurt, ein vergorenes Milchprodukt, das aus der Türkei stammt, wird heute in zahlreichen Sorten und Geschmacksrichtungen produziert.

Gegenüber: In einem Dorf in der vietnamesischen Provinz Phu Kanh wird *nuoc mam* – vergorene Fischsauce – noch immer auf traditionelle Weise in Holzfässern zubereitet. *Links:* Auf dem Gehsteig im Wintersonnenschein bereitet eine südkoreanische Köchin *Kim chee* in großen Mengen zu, die bis zum Frühjahr reichen. Sie hackt etliche Gemüse, die dann im Kühlschrank mit Chilis und reichlich Knoblauch gären. Traditionell wird *Kim chee* im November hergestellt. Daran beteiligt sich die ganze Familien- und Dorfgemeinschaft.

Gefälschte Nahrung

Als ich kürzlich in Singapur war, ging ich in ein vegetarisches Restaurant im Geylang-Viertel, wo traditionell Malaien, Araber und Indonesier wohnen. Das Restaurant war erwartungsgemäß sauber und gut beleuchtet, mit billigen Spitzentischdeckchen unter runden Plexiglasscheiben – ein erster Hinweis darauf, wie »echt« das Essen hier war.

Natürlich war ich nicht zum ersten Mal in einem vegetarischen Restaurant, aber zum ersten Mal bestellte und aß ich ganz bewusst Fleisch-Imitat. Gewiss hatte ich schon früher »vegetarisches Huhn« und »vegetarisches Rind« auf den Speisekarten von so genannten »Health Food Restaurants« gesehen, aber ich hatte mich stets für einen frischen Salat oder vielleicht ein Gemüsecurry entschieden.

Warum, fragte ich mich, tun Vegetarier das? Wurden diese Gerichte für die Konvertiten kreiert, die ehemaligen Fleischesser, die nun nur noch Gemüse essen? Vermissen sie etwa noch immer den Geschmack von Fleisch? (So wie einige zum Nichtrauchen bekehrte Raucher Nikotinkaugummi kauen.) Und schmeckt das Ersatzfleisch wirklich wie Rind oder Huhn? Ist es gut für mich? Ich bestellte ein Gericht mit Gemüsehühnerkeulen.

Es schmeckte wie Huhn – eine Formulierung, die sich wie ein roter Faden durch dieses Buch zieht, fürchte ich –, aber es fühlte sich nicht wie Huhn an. Es interessiert mich nicht, wie »strukturiertes Gemüseprotein«, wie es im Handel heißt, gekocht oder gewürzt wird – es nähert sich dem, was es kopiert, nur an und für mich ist es niemals überzeugend. Doch es gibt einen Markt für dieses Zeug: in Spezialläden, über den Versandhandel, sogar in traditionellen Läden und Supermärkten. Ein Versandkatalog pries kürzlich ein neues Produkt an: »Rein vegetarische Räucherbissen, fertig für den Verzehr. Großartig für Salate, Dips, Suppen, Omeletts oder überall da, wo Sie ein Speckaroma wünschen, ohne tierische Produkte zu verwenden.« Ein

Pfund kostet 9,95 Dollar, fünf Pfund nur etwas mehr als das Doppelte.

Viele Sorten von diesem Fleischersatz werden aus Sojabohnen hergestellt, einer Pflanze, aus der auf der ganzen Welt Öl und Mehl erzeugt wird und die in verschiedenen Formen als Nahrungsmittel für Vieh und Mensch dient. Tofu, ein Hauptnahrungsmittel in der asiatischen Küche, das in China bereits im 2. Jahrhundert verwendet wurde, wird aus Sojabohnen zubereitet. Sie werden eingeweicht, auf ein Püree reduziert, gekocht und abgeseiht und schließlich durch Zugabe eines Gerinnungsmittels geliert. Schon im 6. Jahrhundert hießen Sojabohnen in Japan wegen ihres hohen Proteingehalts das »Fleischgemüse«.

Die Motive für den Vegetarismus sind, kurz gesagt, in der Suche nach Gesundheit oder einem guten Karma verwurzelt. In diesem Sinne muss man glauben, dass es aus diätetischen oder philosophischen Gründen am besten ist, Fleisch und Fett vom Speiseplan zu streichen. Mit einer Schale vegetarischer »Hühnerbrühe« können Sie also Ihr Bedürfnis befriedigen, Ihrer nicht-vegetarischen Vergangenheit einen Besuch abzustatten und den Geschmack von Huhn zu genießen, ohne Ihre Gesundheit oder Ihr Glaubenssystem zu gefährden. Vegetarier behaupten nämlich, dass nicht nur tierische Fette schlecht für den Menschen seien, sondern dass auch zu viel natürlicher Wald zur Schaffung von Weideland für Tiere vernichtet werde.

Ich habe durchaus nichts gegen diese Philosophie. Dennoch verblüfft mich das inbrünstige Verlangen nach diesen Dingen, die aus künstlichen oder nachgemachten Zutaten fabriziert werden. In einer Werbekampagne, die Pepsi-Cola Marktanteile wegnehmen sollte, nannte Coca-Cola sich »The Real Thing«. Die Nahrungsmittel, von denen ich spreche, sind das Gegenteil. Das nicht reale Ding. Die Küchenfälschungen.

Nicht jedes Fleischimitat wird aus Soja hergestellt wie die »Hühnerbeine«, die ich in Singapur aß. Gluten, von einer Versandfirma als »fettarmer, leicht zu verwendender Fleischersatz« bezeichnet, ist ein Proteinderivat aus Weizen, seit Jahrhunderten in Asien beliebt und manchmal auch *seitan* genannt, die japanische Bezeichnung für gekochtes Gluten: »Im Unterschied zu strukturiertem vegetarischem Protein, das in verschiedenen Größen vorgeformt erhältlich ist, können Sie Gluten zu allen Formen oder Größen gestalten, die Sie für Ihre Lieblingsrezepte benötigen, selbst zu großen Rostbraten oder falschem Truthahn!«

Fleischartige Geschmacksnuancen und Alternativen sind nicht das Einzige, was die Nahrungsmittelindustrie zu bieten hat. Als einige Ernährungswissenschaftler und Gesundheitsexperten feststellten, Butter enthalte gefährlich viel Cholesterin, gelangten die Hersteller von Margarine und anderen Butterersatzstoffen zu Reichtum. Ebenso die Produzenten von allen fettarmen Brotbelägen, die heute in den Supermarktregalen neben Mayonnaise stehen, die aus Saflor- und Sojabohnenöl, Lebensmittelstärke, Zellulosegel und anderen Bindemitteln und Emulgatoren hergestellt wird (das Original enthielt zu viel cholesterinhaltiges Eigelb).

Und wie steht's mit all den synthetischen Wurstpellen, die den Schafs- oder Schweinsdarm ersetzt haben? Mit der Mockturtle-Suppe, die aus gekochtem Kalbfleisch statt Schildkröte besteht? Mit all dem »krebsartigen« Krebsfleisch, das ausschließlich aus gelierten und mit Streifen von roter Farbe versehenen Fischabfällen besteht? Wie weit entfernt sich von der Wirklichkeit ein Nahrungsmittel mit Hilfe der vielen modernen Zusätze – den Farbstoffen, Konservierungsmitteln, zulässigen Antioxidanzien, Aromastoffen, mineralischen Kohlenwasserstoffen, Emulgatoren und Stabilisatoren?

Das Konzept der imitierten oder »alternativen« Nahrungsmittel ist nicht neu. Als während der napoleonischen Kriege zu Beginn des 19. Jahrhunderts die britische Blockade der kontinentalen Häfen den Nachschub an Zuckerrohr von den Westindischen Inseln und von Südostasien abschnitt, begann die Zuckerrübe

ihren Siegeszug. Das war natürlich ein echtes Nahrungsmittel, eine weitere echte Quelle für echten Zucker. Doch es wies anscheinend den Weg in die nahe Zukunft.

1860 wurde ein Lebensmitteltechniker namens Hippolyte Mege-Mouries von der französischen Marine beauftragt, einen billigen Butterersatz zu erfinden. Das Ergebnis: Rindernierentalg, durchgedrehter Schweinemagen, gehacktes Kuheuter und etwas warme Milch, getaucht in warmes alkalisches Wasser. Napoleon III. war davon so angetan, dass er dem Erfinder eine ganze Fabrik überließ, und schon bald fand diese »Butterine« einen Markt in Amerika, wo man darin eine Möglichkeit sah, Organe, die normalerweise von Schlachthäusern weggeworfen wurden, profitabel zu verwerten. 1876 exportierten die USA über eine Million Pfund Butterine nach Großbritannien.

Im Laufe der Zeit veränderte sich natürlich das Rezept, zusammen mit dem Namen – Margarine –, als die Hersteller lernten, das künstliche Produkt »cremig« zu gestalten, es mit Mikroorganismen zu reifen, ähnlich denen, die bei der Herstellung echter Butter eingesetzt werden, pflanzliche Öle zu verwenden und Vitaminkonzentrate hinzuzufügen. Die Hersteller echter Butter schlugen erwartungsgemäß zurück und tun dies noch immer. Aber selbst mit massiven Werbekampagnen ließ sich das synthetische Produkt nicht mehr aufhalten, da Margarine nicht mehr aus Tierfett, sondern aus einem einzigen pflanzlichen Öl oder einer Mischung einer Reihe von Ölen wie Sonnenblumen-, Saflor- und Sojabohnenöl hergestellt werden konnte.

Ähnliche Entwicklungen vollzogen sich in der Zuckerindustrie. Einst war Zucker ein Luxus, den sich in Persien und im alten Arabien nur die Reichen leisten konnten. In Westeuropa erfuhr man davon erst im 9. Jahrhundert von den maurischen Eroberern. Damals bestand Zucker aus großen Laiben oder Blöcken, die zerbrochen und im Mörser zu einem Pulver zerstoßen wurden. Als später zu viele Menschen feststellten, sie würden zu viel davon konsumieren, hielten einige nach Ersatzformen Ausschau.

Einer der ersten künstlichen Süßstoffe wurde in den 1880er Jahren eigentlich durch Zufall in Baltimore von Wissenschaftlern der John Hopkins University entdeckt. Sie entwickelten in ihrem Labor das so genannte »Saccharin«, das dreihundert Mal süßer als Zucker sein sollte. Später meinten manche, dass es zwar nur acht Kalorien pro Teelöffel enthielte, aber Lebensmitteln beim Kochen einen bitteren Nachgeschmack vermittelte und – natürlich – krebserzeugend sein könnte.

Ende der 1960er Jahre erfanden deutsche Wissenschaftler das Acesulfam-K oder Ace-K, das 1988 von der FDA in Amerika zugelassen wurde – dieser Süßstoff, hieß es, sei zweihundert Mal süßer als Zucker und habe keinen unangenehmen Nachgeschmack. Er besteht aus Kohlenstoff-, Stickstoff-, Sauerstoff-, Wasserstoff-, Schwefel- und Kaliumatomen.

Und das ist Nahrung?

Es spricht einiges für gewisse Ersatznahrungsmittel und -getränke, wenn sie infolge von Knappheit oder aus anderen pragmatischen Gründen eingeführt werden, etwa als die Zuckerrüben das Zuckerrohr ersetzten oder im Zweiten Weltkrieg die etwas bittere Zichorie einen neuen Markt fand, weil der Nachschub an Kaffeebohnen unterbrochen war. Es war auch nicht praktisch, echte Eier im Kriegseinsatz zum Militär zu transportieren, und als ich bei der US-Army war, bekamen wir ein Eipulver namens Starlac vorgesetzt, das in Aussehen und Geschmack nur fern an Eier erinnerte.

Als Menschen die Erde in Raketen umkreisten, waren weitere Ersatznahrungsmittel erforderlich. In Raumkapseln gibt es schließlich nicht viel Platz für Vorräte. Also machte man die Nahrung durch Dehy-

drierung kleiner und leichter. Das zum Auflösen der Trockennahrung benötigte Wasser stammte aus den Brennstoffzellen der Kapsel.

In der Frühzeit der Raumfahrt war diese Nahrung nicht sehr schmackhaft. Die Astronauten des Mercury-Programms fanden die häppchengroßen, gefriergetrockneten Würfel und die halbflüssigen Pasten in zahnpastaähnlichen Aluminiumtuben unappetitlich und unpraktisch und mussten hinter Krümeln herjagen, damit sie nicht die Instrumente verschmutzten.

Beim Gemini-Programm wurden die Häppchen schon mit einer essbaren Gelatine überzogen, damit keine Krümel mehr umherflogen, und Wasser wurde in die Nahrungspäckchen durch eine Kanüle injiziert und der Inhalt geknetet, bis er feucht war, und durch ein Röhrchen in den Mund des Astronauten gedrückt. Doch noch immer erschien das ziemlich künstlich.

Beim Apollo-Programm gab es schon heißes Wasser, das die Nahrung attraktiver, wenn auch noch immer nicht köstlich machte, und im geräumigen Skylab bekamen die Weltraumjockeys Tisch und Stühle, an die sie sich fesselten, so dass sie sich im All zum Essen »hinsetzen« konnten. Es gab sogar ein Gefrierfach für Steaks und einen Kühlschrank zum Kühlen von Obst und Getränken.

In gewisser Hinsicht stellt das Space-Shuttle-Programm bei den Mahlzeiten einen Rückschritt dar. Da Lagerraum kostbar ist, wird wieder Wasser durch eine Hohlnadel in die Plastikbeutel mit den dehydrierten Gerichten injiziert. Immerhin ist das Essensangebot reichhaltiger geworden. Auf der Weltraumspeisekarte stehen über hundert Nahrungsmittel und fünfzig verschiedene Getränke. Aber noch immer muss alles rehydriert und thermostabilisiert werden, damit alle Mikroorganismen vernichtet werden.

Die Astronauten haben zwar nie Essen in Pillenform bekommen, doch viele Wissenschaftler meinen, darin liege die Zukunft – angesichts der expandierenden Weltbevölkerung und der schwindenden Landwirtschafts- und Weideflächen würden wir alle bald vor einem nahrhaften Teller mit Pillen sitzen.

Die ultimative gefälschte Nahrung

Gefälschte Nahrung soll ja so aussehen und schmecken wie echte Nahrung. In dieser Kategorie gibt es noch ein »Essen«, das echt aussieht, aber nie gegessen wird: die verlockenden dreidimensionalen Modelle japanischer Gerichte in japanischen Restaurantvitrinen. Ursprünglich von geschickten Künstlern aus Wachs modelliert, werden sie heute meist aus Kunststoff hergestellt.

1994 erklärte Robert Kok, ein Agraringenieur an der McGill University in Montreal, er wolle eine Fabrik bauen, um Insekten in »richtigen industriellen Mengen« zu züchten, und zwar zehntausend Tonnen pro Tag, um sie zu vertrauten Formen zu verarbeiten, wie simulierte Hamburger oder Hühnerbrust. Auf unserem übervölkerten, hungrigen Planeten könnten in Zukunft hundert solcher Fabriken einen Großteil des Weltbedarfs an Protein decken und die Säugetierhaltung ersetzen. Zur Demonstration servierte er der Presse eine Mahlzeit, die aus einem Zeltraupenhamburger und einigen Schwarzkäfer-Hotdogs bestand. Die Hotdogs, so Kok, seien »mit jedem Bissen genauso schlecht wie die echten«.

Am erstaunlichsten sind zwei Entwicklungen von 1998, als die US-Gesundheitsbehörde zwei neue »Lebensmittel«-Produkte zuließ. Johnson & Johnson vermarkteten einen neuen künstlichen Süßstoff ohne Kalorien, der wie Zucker schmeckt, sechshundertmal süßer ist, doch den Körper passiert, ohne eine verräterische Fettschicht zu hinterlassen. Wie ist das möglich? Die Wissenschaftler veränderten die Zuckermoleküle, um die Süße intensiver zu machen, ohne dass sie absorbiert wird. Sucralose, wie das Produkt heißt, lässt sich in fast allen Arten von verarbeiteten Nahrungsmitteln verwenden, von nichtalkoholischen Getränken und Speiseeis bis zu Backwaren, Gelees und Würfelzucker. Es gilt auch als sicher für Diabetiker, an die eine ganze Reihe von zuckerarmen »Spezialnahrungsmitteln« vermarktet werden. Ebenfalls 1998 führte Procter and Gamble unter dem Markennamen Olean (sprich: Oh-lien) einen Stoff namens Olestra in Mais- und Kartoffelchips ein. Er schmeckt wie Fett und lässt sich wie Fett zum Kochen verwenden. Doch der Körper kann es verdauen, so dass es gleichfalls den Verdauungstrakt passiert, ohne hässliche Kalorien zu hinterlassen. Eine Tüte Kartoffelchips mit Olestra hat 55 Kalorien (etwa genauso viel wie ein Reiskuchen) statt der üblichen 110, und alle 55 stammen von der Kartoffel. Nun brauchen wir nur noch eine gefälschte Kartoffel. Warten wir es ab.

Plastikkaugummi?

Kann mir jemand sagen, was ein »non-dairy creamer« ist, also eine Sahne, die nicht aus der Molkerei stammt? Sie enthält Glukosesirup, »essbares Gemüsefett«, zugelassene »Emulgatoren« und alle möglichen Zutaten aus Natrium, Kalium und Phosphat. Ist Kaffee aus getrockneter und gerosteter Zichorie oder Löwenzahnwurzel noch Kaffee? Wenn man Milch alles Fett entzieht, ist sie dann noch Milch? Selbst Kaugummi, ursprünglich aus *Chicle* bestehend, dem Saft eines mittelamerikanischen Baums, wird heute aus PVA (Polyvinylazetat, einem Kunststoff) plus künstlichen Aroma-, Farb- und Süßstoffen hergestellt.

Rechts: Kappa-bashi in
Tokio ist das Zentrum des
Großhandels für die Le-
bensmittelindustrie. Hier
gibt es auch Spezialläden
für Plastikgerichte, die in
Restaurantvitrinen ausge-
stellt werden.

Gegenüber: Was so aussieht
wie Wachteleier in kleinen
Nestern, ist in Wahrheit das
zuckrige Thaikonfekt *luk
chub*, das mit der gleichen
Liebe zum Detail hergestellt
wird wie die Obst- und
Gemüseschnitzereien.

Gold, Silber & Perlen

Gold ist seit Jahrtausenden das Symbol für Macht und Reichtum. Im alten Ägypten wurde es wegen seiner Sonnenfarbe mit dem Sonnengott Ra assoziiert, in China zur Zeit der ersten Kaiser mit dem Thron, im antiken Griechenland mit dem Sieg, im präkolumbianischen Mexiko und Peru wie auch sonst an all diesen Orten und zu allen Zeiten mit Kunst und persönlichem Schmuck.

In neuerer Zeit wurde es das am bereitwilligsten akzeptierte Tauschmedium für Güter und Dienstleistungen und seit dem 19. Jahrhundert wurde es als Sicherheit für die meisten Papierwährungen der Welt eingesetzt, was zu einem internationalen Goldstandard führte. Auch als der Goldstandard aufgegeben wurde, nahm das leidenschaftliche Begehren nach diesem seltenen Metall nicht ab. Zwar werden rund zwanzig Prozent der Weltproduktion von Gold in der Industrie eingesetzt (Gold ist ein elektrischer Leiter und wird in Mikrochips verwendet, Satelliten sind mit Goldfolie beschichtet, um die Sonnenhitze abzuweisen), doch ein Löwenanteil von 80 Prozent wird noch immer zu Kunstgegenständen und zu Schmuck verarbeitet oder zur privaten Absicherung für schwere Zeiten gehortet.

Da es mit so viel Wert verbunden ist, ist es da ein Wunder, dass Gold und sein weniger kostspieliger, aber noch immer »kostbarer« Verwandter Silber auf die Essteller der Gourmets gelangt sind oder in vermeintlichen Gesundheitsgetränken als Schwebeteilchen zu finden sind? Als reiche Japaner während des Booms Ende der 1980er, Anfang der 1990er Jahre nach neuen Möglichkeiten suchten, ein kleines Vermögen für eine Mahlzeit auszugeben, war mit echtem Gold garniertes Essen der letzte Schrei. Vor allem in Tokio und anderen Großstädten begannen Restaurants, Blattgold auf alle möglichen Delikatessen zu streuen oder sie damit zu umwickeln, um die japanischen Gaumen zu entzücken – man servierte sogar Omeletts, Curries und Eis mit winzigen Goldkörnchen. Ein Etablissement bot »Nudeln für ein langes Leben« aus koreanischer Ginsengsuppe, Nudeln und Goldblättchen an. Auch traditionelle Gerichte wie Sushi wurden mit Blattgold aufgemotzt – der Reis wurde statt mit trockenem Seetang mit Blattgold umwickelt. Und natürlich mit Goldsake hinuntergespült.

»Diese Mode wurde von Restaurantbesitzern eingeführt, die herausfanden, dass sich der Wert ihrer Speisen und Getränke durch Goldblättchen heben ließ«, erklärte ein Hersteller 1992 einem Reuters-Reporter. »Man glaubte, mit relativ niedrigen Kosten die Aufmerksamkeit potenzieller Kunden erregen zu können, da Blattgold scheinbar mehr Volumen hat, als es seinem tatsächlichen Gewicht entspricht.« Wie ist dies möglich? Zunächst werden Goldbarren mechanisch in etwa fünf Hundertstel Millimeter dünne Streifen gepresst und diese in einen halben bis einen Zentimeter kleine Stücke geschnitten. Diese Stücke werden auf Transparentpapier gelegt und in eine Ochsenhauttasche gesteckt, um die Wärme zu erhalten, die für das anschließende Schlagen so wichtig ist. Die mit Bambusstreifen fixierten Taschen werden dann von kräftigen jungen Männern mit schweren Vorschlaghämmern bearbeitet. Nach bis zu sechsstündigem Hämmern ist das Blättchen zwölfmal so groß und nun so dünn, dass es fast schon beim Anschauen zerreißt.

Diese hauchdünnen Goldblättchen werden dann von jungen Frauen in kleine Quadrate oder Streifen geschnitten, und zwar mit Bambusmessern – das Gold würde nämlich an einer Metallschere hängen bleiben.

Stärker als Schmutz!

Weil Silber antibakteriell sein soll, schlägt mindestens ein Hersteller vor, es zum Putzen von Fenstern, Spiegeln, Fernseh- und Computerbildschirmen, Holzmöbeln und Chromarmaturen, als Haarspray und Feuchtigkeitscreme, als Reinigungsmittel für alles, von Teppichen bis zu Kontaktlinsen, als Antiseptikum für den Mund und zum Gurgeln sowie als Fleckenentferner für Kleidung und Polster zu verwenden. Es halte sogar Zimmerpflanzen und Schnittblumen länger frisch.

Die Räume müssen luftdicht versiegelt sein und dürfen keine Klimaanlage haben, denn das Gold würde bei kühleren Temperaturen schrumpfen. Schließlich werden die kleinen Stücke in dünnes Papier verpackt und an die Restaurants geschickt.

»Blattgold ist so dünn, dass wir am Anfang Probleme hatten, die Sushi darin einzuwickeln«, erzählte Seiichi Ohmura, Besitzer eines Restaurants in Chiba bei Tokio, auf dessen Speisekarte 1992 eine ganze Reihe mit Gold garnierter Gerichte standen, »aber inzwischen haben wir den Bogen raus.« Damals habe er am Tag drei oder vier Gold-Sushi-Gerichte für 5000 Yen verkauft, also für etwa 40 Dollar pro Portion.

Während die Lust der Japaner auf Gold Ende der 1990er Jahre mit der wirtschaftlichen Entwicklung nachließ, gibt es inzwischen einen immer größer werdenden Markt für Gold und Silber als »Heilmittel« für alles – von Asthma über Depressionen bis hin zu Krebs. Viele Menschen konsumieren sie täglich. In einem Artikel mit dem Titel »Unser stärkstes Keimbekämpfungsmittel« berichtete Jim Powell 1978 in der Zeitschrift Science Digest: »Die Forschung hat uns die Augen dafür geöffnet, Silber als ein Wunder der modernen Medizin zu betrachten. Ein Antibiotikum tötet vielleicht ein halbes Dutzend verschiedener Krankheitsorganismen, aber Silber rund 650. Resistente Arten können sich nicht entwickeln. Mehr noch – Silber ist praktisch ungiftig.«

Genau genommen sind solche Produkte keine Lebensmittel, sondern werden als »Nahrungszusätze« kategorisiert, der Allzweckeuphemismus für Produkte, die angeblich gesund sind, wenn auch staatlich nicht genehmigt. Die meisten werden in alternativen Bioläden, Reformhäusern und durch Versandunternehmen vertrieben. Dutzende von Firmen in den USA verkaufen inzwischen Gold und Silber, entweder getrennt oder kombiniert, und zwar in kolloidaler Form, das heißt ionisch gelöst in destilliertem Wasser.

Das erste kolloidale Gold wurde 1857 von Michael Faraday hergestellt, dem berühmten englischen Wissenschaftler. Heute mischen einige Hersteller Gold und Silber mit Rhodium, Iridium und Platin oder verpacken es als Gel mit Aloe vera, einer Pflanze, mit deren klebrigem Inneren häufig Verbrennungen behandelt werden.

All das ist nicht billig. Ein Hundert-Gramm-Fläschchen mit kolloidalem Silber und Gold kostet gewöhnlich über 20 Dollar; die gleiche Menge einer Mischung, die auch die anderen Metalle enthält, kostet fast dreimal so viel.

Falls Sie nicht dazu neigen, sich selbst medizinisch zu behandeln – ich jedenfalls begnüge mich wie viele andere Menschen mit Aspirin und Alkohol (nicht unbedingt in dieser Reihenfolge) –, sollten Sie diese kostbaren Metalle vielleicht lieber ins Essen mischen. In Indien jedenfalls wird Blattsilber ziemlich häufig verwendet – eine extravagante Spielerei: In wohlhabenderen Städten wie Neu-Delhi isst man an einem heißen Sommertag am besten Eis mit Silberplättchen.

Es gibt auch ein alkoholisches Getränk namens Goldwasser, in dem sich winzige Blattgoldschwebeteilchen befinden. Ein ähnliches Getränk, Goldschlager, wird in Teilen der USA verkauft. Oder wollen Sie etwas für die Kinder? Eine US-Firma vermarktet Lollis mit Blattgold.

Erzernte statt Bergbau?

Wissenschaftler an der Massey University in Palmerston North auf Neuseeland erklärten 1998 in einem Artikel der Zeitschrift Nature, sie hätten entdeckt, wie Pflanzen Gold aus Erz saugen könnten. Christopher Anderson, Robert Brooks und ihre Kollegen schlugen zwar nur eine neue Methode zur Gewinnung des kostbaren Metalls vor, machten jedoch auch klar, dass die Entdeckung im Laufe der Zeit auch Küche und Esstisch erreichen würde. Wie es hieß, werde die so genannte Phytomining-Methode bereits zur Gewinnung von Nickel wie zur Beseitigung von Schadstoffen wie Blei und Quecksilber aus dem Boden verwendet. Das neuseeländische Team berichtete, dass indische Senf- und Zichorienpflanzen, die in Töpfen mit Erz wuchsen, nach einer Woche in ihren Blättern und Stängeln etwa 20 Mikrogramm Metall enthielten.

Während diese Bergbautechnik im Vergleich zu traditionelleren Gewinnungsmethoden als nicht rentabel gilt, liegt das Produktpotenzial auf der Hand. Die Fans von »Metallnahrung« werden sich freuen.

Rechts: Perlen werden für medizinische Zwecke in einer Apotheke in Singapur verkauft; man nimmt sie in Pulverform ein. Da Zuchtperlen einen großen Kern aus Süßwassermuschelschalen enthalten, können nur Naturperlen verwendet werden – eine kostspielige Angelegenheit.

Gegenüber oben: Birmanische Arbeiter in Mandalay schlagen auf Gold zwischen dicken Ochsenhäuten ein, um Blattgold zu produzieren.

Gegenüber unten links: Blattgoldkrümel in einem exotischen Lolli.

Gegenüber unten rechts: Während des Wirtschaftsbooms im Japan der 1980er Jahre war Blattgold-Sushi eine überteuerte Spezialität in einigen Restaurants. Da Gold chemisch inaktiv ist, hat es in diesen geringen Mengen keinerlei biologische Auswirkungen auf den menschlichen Körper.

Erde

Ich habe immer geglaubt, Erde zu essen wäre das letzte, was man täte, wenn es kein Gras, keine Blätter an Bäumen, nicht einmal Rinde gäbe. Eigentlich habe ich nie daran gedacht, jemals Erde zu essen, außer als Kleinkind, als ich Sandkuchen im Garten gemacht habe. Um so überraschter war ich, als ich bei den Recherchen zu diesem Buch entdeckte, dass der Verzehr von Erde, dem Dreck unter unseren Füßen, dem Boden, auf dem wir wandeln, eine lange und eindrucksvolle Geschichte, ja sogar einen wissenschaftlichen Namen hat: *Geophagie*, was wörtlich »die Geografie essen« bedeutet.

Geografie habe ich immer gemocht. Das war mein Lieblingsfach auf der Oberschule. Aus irgendeinem Grund war ich stolz darauf, alle Länder auf einer Weltkarte, ihre Hauptstädte sowie ihre Hauptexportprodukte benennen zu können. Ich sammelte Briefmarken und konnte jedem sagen, der es wissen wollte, wo Kamerun und die Cook-Inseln lagen. Ich liebe auch heute noch Landkarten. Irgendwann füllte ich als Erwachsener vierzig oder fünfzig Fläschchen mit Sand von den Stränden, an denen ich auf meinen Reisen gesessen hatte, und gab sie meinem Stiefsohn, der sich aber nichts daraus machte. In den 1960er Jahren schloss ich mich der »Back-to-the-Earth-Bewegung« an und kaufte ein Stück Land in Nordkalifornien, wo ich autark leben wollte. Ich verbrachte viel Zeit damit, dieses Land zu erforschen und zu bearbeiten. Am Ende des Tages frohlockte ich, weil ich Dreck unter den Fingernägeln hatte und meine Stiefel mit Schlamm bedeckt waren. Das hatte mir meine Mutter, die Gartenarbeit liebte, gepredigt: Eine der größten Freuden im Leben sei es, in der Erde zu arbeiten.

Ich wusste, dass Kinder häufig Erde essen, weil sie im Alter zwischen ein und drei Jahren gern alles in den Mund stecken, um es auf diese Weise zu identifizieren. Ich hatte auch Fotos von Menschen gesehen, die nach langer Abwesenheit oder aus dem Krieg in ihre Heimat zurückkehrten und sich hinknieten, um den Boden zu küssen. Ich wusste, dass Hühner und eine Reihe anderer Tiere Steinchen essen, um die Verdauung zu unterstützen. Und ich wusste, dass Würmer Erde essen. Aber Geophagie – das war neu für mich.

Dabei ist sie für die Menschheit überhaupt nicht neu. Inzwischen weiß ich, dass Menschen genau das

Der Fall von dem Sarg, der im Innern eines Menschen endete

Anscheinend gibt es zwei Arten von Erdessern. Zum einen sind da die Menschen, die unter »Pikazismus« leiden. Oft sind dies Kinder, die süchtig darauf sind, nicht nahrhafte Dinge zu essen, wie Erde oder Lehm. Die Ärzte meinen, das Kind fange damit gewöhnlich im Alter von ein oder zwei Jahren an, manchmal weil ihm die elterliche Liebe fehle oder weil seine intellektuelle Entwicklung hinterherhinke. Solche Kinder essen zuweilen auch Farbe von den Wänden. Hier ist eine medizinische Untersuchung dringend erforderlich.

Beim Pikasyndrom wird übrigens nicht nur Erde gegessen, sondern alle Dinge, die keine Nahrung sind, und die medizingeschichtlichen Lehrbücher sind voller seltsamer Fälle von Menschen – Erwachsenen wie Kindern –, die Haare, Kreide, Leim, sogar die eigenen Socken essen. So aß eine 22-jährige Amerikanerin jeden Abend eine halbe Socke. Den Ärzten erklärte sie, sie würde seit ihrer Teenagerzeit ihre Kleidung essen. Ein ebenfalls 22-jähriger Chinese schluckte täglich bis zu fünfzig Steine aus einem Straßenbaudepot. Er sagte, diese Gewohnheit habe er mit zehn angenommen, als er epileptische Anfälle hatte, während er die Ziegen seiner Familie hütete. Um die Schmerzen zu lindern, schluckte er Kiesel und die Beschwerden verschwanden.

Zwei andere Menschen erlangten eine merkwürdige Form von Unsterblichkeit, indem sie als Nahrung ungeeignete Dinge aßen. Der erste wurde von Robert Ripley in *Believe It Or Not!* (1937), einem seiner beliebten Karikaturenbände, »Der menschliche Strauß« genannt – weil man (fälschlicherweise) annahm, das Strauße alles fressen würden. Dieser Edmond C. Nickels soll 607 Objekte verzehrt haben: mehrere Dollars in Form von Pennies, Nickels, Dimes und Quarters, Nägel, Schrauben, Uhrenteile, Ketten und Straßenbahnmarken. 1934 starb er an Lungenentzündung, drei Jahre bevor Ripley ihn berühmt machte.

In der Ausgabe des *Guinness-Buchs der Rekorde* von 1996 wird unter der Rubrik »medizinische Extreme« Michel Lotito erwähnt, ein 46-jähriger Franzose aus Grenoble, den man *Monsieur Mangetout* (»Monsieur Allesesser«) nannte und der vom neunten Lebensjahr an Metall und Glas gegessen haben soll.

»Gastroenterologen haben seinen Magen durchleuchtet und seine Fähigkeit, ein Kilo Metall pro Tag zu konsumieren, als einmalig bezeichnet«, heißt es bei Guinness. »Zu seiner Ernährung zählten seit 1966 zehn Fahrräder, ein Einkaufswagen (in viereinhalb Tagen), sieben Fernsehapparate, sechs Kronleuchter, ein Cessna-Leichtflugzeug und ein Computer. Wie es heißt, stellt er den einzigen Fall in der Geschichte dar, in dem ein Sarg (mit Griffen und allem) im Innern eines Menschen endete.«

seit Jahrtausenden tun, und zwar freiwillig! Nicht weil sie verhungern und es nichts anderes zu essen gibt, sondern weil das für sie eine legitime Nahrungsquelle darstellt.

Das entdeckte ich, als ich über Eicheln recherchierte und in *Edible Plants and Animals* (1993) von A. D. und Helen Livingston las: »... bestimmte Indianerstämme mischten Lehm mit Eichelmehl (etwa im Verhältnis eins zu zwanzig). Der Lehm soll das daraus gebackene Brot süß gemacht haben und ließ es wie mit Hefe ›aufgehen‹.«

Dennis Frate, ein Professor an der University of Mississippi, der den Verzehr von Erde erforscht, erklärte 1997 einem Reporter des *Columbus Ledger-Enquirer* in Georgia, diese Praxis sei erstmals um 40 v. Chr. dokumentiert worden, als die Griechen eine Reihe von Lehm- und Tonerden zur Bekämpfung von Krankheiten verschrieben. »Fast jede größere Population wurde dabei beobachtet, wie sie Erde aß.« Frate räumte allerdings ein, es gäbe da auch gewisse Nachteile. »Es gibt dokumentierte Fälle von Darmverhärtung. Ich habe eine chemische Analyse des Bodens in unserer Gegend durchgeführt – nichts spricht dagegen, Erde zu essen, aber das heißt nicht, dass ich es befürworten würde.«

Andere Wissenschaftler schwärmten hingegen davon, wie wertvoll es sei, Erde zu essen. Die Forscher Susan Aufreiter, Laboranalytikerin an der University of Toronto, und William Mahaney, Geografieprofessor an der York University, veröffentlichten ihre Entdeckungen 1997 in der Zeitschrift *New Scientist* und im *International Journal of Food Sciences and Nutrition* und erklärten, auf Grund chemischer Analysen sei ein leichter, gelblicher Boden, wie er in China als Überlebensnahrung verwendet werde, reich an Eisen, Kalzium, Vanadium, Magnesium, Mangan und Kalium, und diese Mineralien seien in Hungerzeiten knapp.

Diese umfassende Studie wies auch darauf hin, dass die Einheimischen in Simbabwe den roten Boden von Termitenhügeln bei Verdauungsbeschwerden äßen – immerhin enthalte dieser Boden Kaolinit, den Haupt-

bestandteil im beliebten Diarrhöheilmittel Kaopektat. Der Lehm sei auch reich an Jod und Eisen, zwei Elementen, deren Mangel »für eine Menge von Unterernährungskrankheiten verantwortlich« sei, wie Mrs. Aufreiter sagte. Wenn der Termitenlehm gegessen werde, »lösen sich diese Elemente in den Magensäuren auf, und damit erhöht sich die Chance, dass der Körper sie aufnehmen kann, und das ist nahrhaft«. Eine weitere Bodenprobe aus North Carolina in den USA enthielt ebenfalls Eisen und Jod.

In einem historischen Rückblick wiesen Mrs. Aufreiter und ihr Kollege darauf hin, dass die Römer Tabletten aus Erde und Ziegenblut gemacht hätten, dass die Deutschen im 19. Jahrhundert statt Butter feinen Lehm aufs Brot gestrichen hätten und dass heute in einigen westafrikanischen Ländern Kügelchen aus Termitenlehm bei Verdauungsstörungen verkauft würden. Diese Praxis, die sich während der Zeit des Sklavenhandels bis in die USA verbreitete, sei noch immer in einigen abgelegenen Ecken des amerikanischen Südens gang und gäbe, wo diese Pillen meist von schwangeren oder stillenden Frauen genommen würden. Peter Farb und George Armelagos behaupten in »Consuming Passions: the Anthropology of Eating« (1980), dies sei eine Reaktion auf ein Bedürfnis nach Kalzium und anderen Mineralien.

Einige Indiostämme am Amazonas essen zum Fleisch Lehmblöcke. Bekanntlich ist Kalk auch eine Zutat im mexikanischen Gericht *posole*. Der spanische Forscher Cabeza de Vaca schrieb in seinen Memoiren, die Indianerstämme im heutigen Zentrum und Süden von Texas und im nördlichen Mexiko hätten Mesquitebohnen für den menschlichen Verzehr verarbeitet, indem sie sie mit Erde und Wasser mischten. Und in Indien werden Tonscherben in Sandelholzöl zerstoßen und zu Pillen geformt, die *mitti* heißen, und auch diese Form von Erde wird von schwangeren Frauen eingenommen.

Während der Schwangerschaft ändere sich der Geschmack der Frauen, erklärte der Vertreter des mexikanischen Herstellers. »Fragen Sie irgendeine Dame,

Auf dieser kolorierten Zeichnung, die am 24. Februar 1907 in *Le Petit Parisien* erschien, verbinden Straußenhalter den Vögeln die Augen, um ihnen Federn auszurupfen, aus denen später Staubwedel hergestellt wurden.

die in anderen Umständen ist. Sie möchte andere Dinge essen. Manche Frauen essen Tamarinde, andere vielleicht nichtvegetarisch, auch wenn sie ansonsten absolute Vegetarierinnen sind. Aber normalerweise essen sie Erde. Daher wurde dieses Produkt erfunden. Es duftet wie die ersten Tropfen des Monsunregens auf der harten Erde.«

Ebenfalls in Indien wird Schwemmsand aus dem Ganges in ein kühles Sommergetränk getan, das Trockenobst, Kräuter und Wasser oder Wasserbüffelmilch enthält.

Kann also jeder einfach in den Wald oder in den Garten gehen, etwas Erde aufklauben und erwarten, aus dem Verzehr irgendeinen Nährwert zu beziehen? Wahrscheinlich nicht. »Man kann nicht herumlaufen und Erde essen«, meint Aufreiter. Viele Bioläden und Restaurants auf der Welt würden den Namen »Good Earth« führen, aber das hieße nicht, dass alle Erde gut für uns sei. Um guten Lehm für medizinische Zwecke zu bekommen, empfiehlt die Forscherin den Besuch seriöser Geschäfte.

Man sollte auch nicht davon ausgehen, dass das Erde-Essen im amerikanischen Süden weitverbreitet wäre, einer Region, von der einige Außenstehende behaupteten, sie sei so arm und von so vielen unwissenden Menschen bewohnt, dass diese Erde äßen. Der Humorist Roy Blount Jr., ein Südstaatler, war diese üblen Nachreden von Seiten der Yankees so leid, dass er fiktive Rezepte verteilte, die er für echt ausgab, zum Beispiel für »geschwärzte rote Erde« im Cajun-Stil.

Mitte der 1990er Jahre konnte man eine Zeit lang Ein-Pfund-Tüten mit feiner roter Erde in Läden in Atlanta kaufen. Für nur 1,19 Dollar. Besucher von Tagungen kauften jede Menge.

Ausgewählte Literatur

Hier sind keine der von mir herangezogenen Zeitungsartikel und nur ein paar Zeitschriftenbeiträge aufgeführt, obwohl sie viele Informationen enthielten – es waren Tausende. Es fehlen auch die Nachweise von Zitaten aus verschiedenen Ausgaben von Collier's Encyclopedia, Encyclopedia Americana, Macmillan Family Encyclopedia, New Standard Encyclopedia und der World Book Encyclopedia. Ebenfalls unerwähnt bleiben viele Internetlinks und Fernsehdokumentarsendungen, wofür ich mich bei allen Autoren entschuldigen möchte.

A

Allen, Jana, Gin, Margret: *Innards and Other Variety Meats*, San Francisco 1974.

B

Barash, Cathy Wilkinson: *Edible Flowers: From Garden to Palate*, Golden, CO, 1993.

Bates, H. W.: *The Naturalist on the River Amazons*, London 1863.

Behnke, Frances L.: *Natural History of Termites*, New York 1977.

Blunt, Wilfrid: *The Ark in the Park: The Zoo in the Nineteenth Century*, London 1976.

Brennan, Jennifer: *Thai Cooking*, London 1992.

Bridgeman, Richard Thomas Orlando, Earl of Bradford, *The Eccentric Cookbook*, London 1985.

Bruman, Ray. »Ray's List of Weird and Disgusting Foods«, Internet: www.andreas.com/ray/food.html

Burkhill, I. H.: *A Dictionary of the Economic Products of the Malay Peninsula*, Bd. l u. 2, London 1935.

Bushnell, G. H. S.: *The First Americans*, London 1968.

Burton, Sir Richard: *The Hindu Art of Love*, New York 1967.

Ders.: *The Perfumed Garden*, New York 1965.

C

Cadwallader, Sharon: *Savoring Mexico: Classic Recipes of Traditionell Cuisine from All Regions of Mexico*, San Francisco 1987.

Canby, Thomas: »The Rat: Lapdog of the Devil«, in: *National Geographic* 152, Juli 1977.

Cherry, Ron: »Use of Insects by Australian Aborigines«, in: *American Entomologist* 32, S. 8-13.

Conniff, Richard: »From Jaws to Laws: Now the Big, Bad Shark Needs Protection from Us«, in: *Smithsonian*, Mai 1993, S. 32-43.

Cornwall, I. W.: *Prehistoric Animals and Their Hunters*, London 1968.

Cost, Bruce: *Bruce Cost's Asian Ingredients: Buying and Cooking the Staple Foods of China, Japan and Southeast Asia*, New York 1988.

Courtine, Robert J.: Einleitung zum *Larousse Gastronomique* von Prosper Montague, hrsg. von Jennifer H. Lang, London: 1988.

D

DeFoliart, Gene R.: »Edible Insects as Minilivestock«, in: *Biodiversity and Conservation* 4 (1995), S. 306-321

Ders.: »Insects as a Source of Protein«, in: *Bulletin of the Entomological Society of America* 21/2 1975, S.161-63.

Ders.: »Insects as Human Food«, in: *Crop Protection* 11, 1992.

Densmore, Frances: *How Indians Use Wild Plants for Food, Medicine and Crafts*, New York 1974.

Detrick, Mia: *Sushi*, San Francisco 1981.

Dorje, Rinjing: *Food in Tibetan Life*, London 1985.

Dowell, Philip, Adrian Bailey, Elisabeth Lambert Ortiz, und Helena Radecka: *The Book of Ingredients*, London 1983.

E

Ellis, Eleanor A., Hrsg.: *Northern Cookbook*, Ottawa 1998.

Eppele, David L.: *On the Desert: Arizona Cactus*, Internet, http://www.arizonacactus.com 1998.

Etkin, Nina L., Hrsg.: *Eating on the Wild Side*, Tucson und London 1994.

F

Fisher, M. F. K.: *The Art of Eating* (enthält *Serve It Forth, Consider the Oyster, How to Cook a Wolf, The Gastronomical Me* und *An Alphabet of Gourmets*), New York 1990.

G

Gattey, Charles Neilson: *Excess in Food, Drink and Sex*, London 1986.

Groll, Jonathan: »Introduction to Cassava«, Johannesburg 1998.

H

Headquarters, Department of the Army: *US Army Survival Manual*, FM 21-76, New York 1994.

Holt, Vincent M.: *Why Not Eat Insects*, Faringdon 1978.

Humphries, Bronwen: »What Did Our Ancestors Eat?« Internet: www.environlink.org/aiTS/essays/man eat.html.

I

International Starch Institute: »ISI Technical Memorandum on Production of Tapioca Starch«, Aarhus 1998.

J

Jackson-Doling, Annabel: *The Food of Vietnam*, Singapur 1997.

Jamaican Information Service: »Jamaican Cuisine«, Kingston

jiz@jamaica-info.com, 1998.

Jenkins, D.T.: *Amanita of North America*, Eureka, CA 1986.

K

Konto, Fumihiro, und Sheng-ji Pei, Hrsg.: *Proceedings of the International Symposium on Flower-Eating Culture in Asia*, Kunming 1989.

Ders., Guo, Huijin, Li, Yanhui und Tsui, Jingyun: »Record of Ethnobotanical Investigation of Flower-eating Culture in Yunnan Province of China«, 1990.

Kurlansky, Mark: »Better Red: Caviar lovers mourn the demise of communism«, *Scanorama* 1994.

Kyle, Russel: *A Feast in the Wild*, Oxford 1987.

L

Lever, Christopher: *They Dined on Eland: The Story of the Acclimatisation Societies*, London 1992.

Lincoff, G.H.: *National Audubon Society Field Guide to North American Mushrooms*, New York 1981.

Livingston, A. D., Livingston, Helen: *Edible Plants and Animals: Unusual Foods from Aardvark to Zamia*, New York 1993.

Luard, Elisabeth: *European Peasant Cooking*, New York 1988.

Lucan, Medlar, und Gray, Durian: *The Decadent Cookbook*, Sawtry, Cambs., 1995.

M

Majupuria, Indra, Lobsang, Diki: *Tibetan Cooking*, Lashkar 1994

McGee, Harold: *On Food and Cooking: The Science and Lore of the Kitchen*, New York 1984.

McKie, Robin: »The People Eaters«, in: *New Scientist*, 14. März 1998.

Miller, Richard Alan: *The Magical and Ritual Use of Aphrodisiacs*, Rochester, VT, 1985 und 1993.

Morris, Sallie: *South-East Asian Cookery: The Authentic Taste of the Orient*, London 1989.

N

Nancarrow, Loren, Janet Taylor Hogan: *The Worm Book*, Berkeley 1998.

Nobel, Park S.: *Remarkable Agaves and Cacti*, New York 1994.

Noh, Chin-hwa: *Traditional Korean Cooking*, Seoul 1985.

Novick, Alvin, M. D.: »Bats Aren't All Bad«, in: *National Geographic*, Mai 1973.

O

O'Hanlon, Redmond: *In Trouble Again*, London 1988.

P

Palmer, Joan: *All About Cats*, London 1986.

Pan, Lynn: *Sons of the Yellow Emperor: A History of the Chinese Diaspora*, Tokio 1990.

Pearman, Rosemary: *Even More Wild Ways with Cooking*, Linden 1998.

Peiris, Doreen: *A Ceylon Cookery Book*, Colombo 1995.

Peterson, Buck: *International Roadkill Cookbook*, Berkeley 1994.

Ponting, Clive: *A Green History of the World: The Environment and the Collapse of Great Civilizations*, New York 1993.

Pope, Clifford H.: *The Reptile World*, New York 1955.

R

Ross, Philip E.: »Man Bites Shark«, in: *Scientific American*, Juni 1990.

S

Scott, David, Inwood, Kristiaan: *A Taste of Thailand: A Practical and Atmospheric Guide to Thai Cuisine*, London 1986.

Shreeve, James: »Infants, Cannibals, and the Pit of Bones«, in: *Discover*, Januar 1994.

Sing, Phia: *Traditional Recipes of Laos*, London 1981.

Smith, Joan: »People Eaters«, in: *Granta* 52, Winter 1995, S. 69-84.

Smith, Leona Woodring: *The Forgotten Art of Flower Cookery*, Gretna, LA, 1990.

Sterling, Richard, Hrsg.: *Travelers' Tales: Food – A Taste of the Road*, San Francisco 1996.

Stewart, Matthew: *The Incredible Edible Wild: A Rare Collection of Wilderness Recipes*, Milan, IN, 1998.

Stobart, Tom: *The Cook's Encyclopedia*, New York 1981.

Stolzenburg, William: »Hunting Dragons: On Safari for the Big Game of the Insect World«, in: *Nature Conservancy*, Mai/Juni 1994.

T

Tannahil, Reay: *Food in History*, London 1973.

U

Unger, Lana: »Bugfood III: Insects Snacks from Around the World«, in: *Cooperative Extension Service*, University of Kentucky, 1998.

University of Hawaii Sea Grant College: »Ono Hawaiian Shark Recipes«, Honolulu Mai 1979.

US Department of the Interior: »American Alligator«, Washington, US Fish and Wildlife Service, 1995.

V

van der Post, Laurens: *First Catch Your Eland*, Leicester 1982.

Ventura, Emma: »Dinner with a Twist«, *Heritage* March/April 1998.

Vietmeyer, Noel D.: »The Preposterous Puffer«, in: *National Geographic*, August 1984.

Ders.: »The Puffer-World's Deadliest Delicacy«, in: *Reader's Digest*, Juni 1985.

W

Warren, William: *The Food of Thailand*, Singapur 1995.

Whitaker, Zai: »Winning the Rat Race in India«, in: *International Wildlife*, November/Dezember 1992.

Wiseman, John: *The SAS Survival Handbook*, New York 1995.

Y

Young, Mark C., Hrsg.: *The Guinness Book of Records*, New York 1977.

Danksagung

Die vorstehende Literaturauswahl verweist nur auf relativ wenige von den tausenden von Quellen und erwähnt nicht die rund hundert Personen, die mir Informationen geliefert und Geschichten erzählt haben. Im Laufe der drei Jahre, in denen ich dieses Buch »gekocht« habe, konnte ich am leichtesten eine lebhafte Diskussion auslösen, wenn ich den Titel meines geplanten Buches nannte. Andere schickten mir bereitwillig Literatur und informative E-Mails und verwiesen mich auf andere Quellen.

Als ich meinem Freund Richard Lair (der mehrere Geschichten über seine Jahre im Dschungel bei Elefantentrainern in Thailand beisteuerte) von meinem Vorhaben erzählte, machte er mich mit dem Fotografen Michael Freeman bekannt. Zu unserer Überraschung interessierten wir uns beide für seltsame Speisen. Während des darauffolgenden Jahres machte er Fotos auf drei Kontinenten, die sein bereits umfangreiches Archiv zu diesem Thema ergänzten, während ich den Text schrieb.

Besonders danken möchte ich auch folgenden Personen und Institutionen: Dee Aldrich, *Condé Nast Traveler*, New York; Karl Ammann, Primatologe (kammann@form-net.com); Vanda Balbir, Bangkok; Thng Wee Chong, Global Ostrich Holdings Pte. Ltd., Singapur; Charles Daly und Simone Jordan, Australian Ostrich Co. Ltd.; Gene DeFoliart und seinen Mitarbeitern beim *The Food and Insect Newsletter*, University of Wisconsin, Madison, WI; Duong Thi Thanh, Sapa, Vietnam; Iowa State University, Department of Entomology; Japan Whaling Association; Ian Lloyd, Singapur; Tom McRae, University of Queensland, Australien; Nittaya Phanthachat, Ban Bung, Thailand; Archiv von Ripley's Believe It or Not!, Orlando, FL; Rodrigo Rodriguez, Hersteller von Insekten- und Blattgoldlollis, The Woodlands, TX; Harry Rolnick, New York; Anthony Rose vom Biosynergy Institute,

Hermosa Beach, CA; den Sweetwater Jaycees, Promotern des Rattlesnake Round-Up, Sweetwater, TX; Roger Tomlinson, London Zoological Society.

Danken möchte ich schließlich auch meinen Verlegern Eric Oey und Christina Ong in Singapur sowie meiner Lektorin Sharon Silva in San Francisco für ihre nachhaltige Unterstützung und sanfte Führung und das gemeinsame Interesse an diesem Thema.

Bildnachweis

Alle Fotos © Michael Freeman – außer:

Seite IV–V, IX, 9, 65, 67, 228–229
Mary Evans Picture Library, London

Seite 184–185
Mary Evans Picture Library/Arthur Rackham Collection

Seite 123
Michael Jensen/Auscape International Photo Library, Australien

Seite 151
Reg Morrison/Auscape International Photo Library, Australien

Seite 32–35
Karl Ammann

Der Verlag war bestrebt, Zitate nachzuweisen, wo dies angebracht war. Irrtümliche Nachweise werden in späteren Auflagen korrigiert.